« La bibliothèque voltaïque »

Ouvrage accompagné par André-François Ruaud, relu et mis en page par Mérédith Debaque, sous une couverture de Melchior Ascaride, avec une illustration de gardes de Amandine Labarre, et des décorations intérieures de Melchior Ascaride et Amandine Labarre.

Édition collector, tirage limité à 4000 exemplaires.

Distribution-diffusion : La Diff / Hachette
www.moutons-electriques.fr
ISBN 978-2-36183-940-6

JEANNE MARIEM CORRÈZE

NOUS SERONS L'INCENDIE

À celles et ceux qui luttent pour notre libération commune,
Puissions-nous triompher

Je suis allongé dans l'herbe haute et sèche d'une dune endormie, l'océan, non loin, murmure le nom de mes mères et leur histoire, depuis que je les ai quittées. Je pourrais me lever et les rejoindre. Mais mes membres sont si lourds que je ne peux les soulever, car derrière moi bruisse la Forêt et la chanson qu'elle chante me retient prisonnier. Un vent frais et doux parfume ce matin éternel, dont je ne peux m'échapper. Il y a une grande paix, loin du vacarme, il y a une grande paix, dans la solitude. Le ciel ouvre ses bras immenses et son visage sans âge au-dessus de ma tête. Je voudrais l'accueillir en moi, lui laisser de la place entre mes côtes, le loger sous mon sternum tout contre mon cœur et combler, enfin, le vide qui s'y creuse. Mais je ne peux me remplir que de moi-même.
Et de moi-même, je manque.

Lettre de Trinh de Zinia,

négociatrice de la résistance de Sarda, représentante en exil du gouvernement élu auprès des cités-libres des Plaines.

Archives personnelles de Jaleh de Veyssanne.

Dame B,

Nous sommes bien arrivées dans les Plaines. Après une longue et fastidieuse traversée des montagnes et plusieurs semaines de marche le long de l'ancienne route impériale, nous avons atteint l'oasis d'Utiziro. Là, comme Dian nous l'avait promis, une guide nous attendait. Hélianthe a été notre première plongée au cœur des cités-libres et pourtant, elle n'y vit pas. Son peuple sillonne les grandes étendues arides des Plaines depuis bien plus longtemps que les citoyennes des cités. Elle fait donc la guide parfaite pour nous mener à bon port, puisqu'après les vertigineux vestiges d'Utiziro, toute route disparaît et il faut naviguer la savane à l'aide des étoiles.

Nous avons passé quelques jours au sein de l'oasis, pour reprendre des forces avant la suite du périple. À une époque pas si lointaine, on a cultivé en ces lieux du millet et du sorgho, ainsi que des dattes dont les arbres offrent ombre et protection aux vieilles pierres. Plus anciennes encore sont les ruines qui nous abritent. Des colonnes de roches roses aux chapiteaux de palme tendent leurs têtes découvertes vers le ciel violet. Le soleil orange et gonflé tombe lentement sur elles, semble se poser un instant là où s'est trouvé le fronton d'un temple, avant de disparaître derrière des murs éboulés et l'horizon au loin. Quelques fresques survivent dans les angles les plus abrités du vent. Un dragon décapité garde le passage couvert menant du temple au reste de l'oasis, son binôme depuis longtemps retourné à la poussière. Elle devait être bien puissante, cette antique religion des Plaines, pour que de tels témoignages de son

existence subsistent encore. Je souhaite à notre projet de démocratie ne serait-ce que la moitié d'une telle histoire.

Demain, nous retrouverons la route et dans un mois, nous devrions voir, enfin, les murs de Sangrisca. Je t'écrirai aussitôt que la mairesse de la ville nous aura reçus.

Que la Dame te garde et que la forêt vous protège.

T.

Le 3 Chourot 1043 du calendrier de Sarda ; milieu de rabi an 7 du mandat municipal d'Olivia Flane.

Les montagnes

« Je sens ma fin qui approche. Hier, j'ai rêvé de la forêt des pins bleus pour la première fois depuis le début de ma carrière de Géographe. Depuis plus de cent ans. J'ai peu de regret, étant donnée ma longue vie d'études et de voyages, mais ce qui me tient encore éveillé, en ces nuits que je sais mes dernières, ce sont ces Mémoires que je laisse inachevées. J'aurais tout autant voulu voir ce que les prochaines années réserveront à Sarda et à ses habitantes, que mettre moi-même le point final à l'œuvre de ma vie. Hélas, je m'éteins. L'avenir me sera pour toujours inconnu. »

Extrait du journal personnel d'Adhemar Fikri, Maître Géographe de la ville libre de Sangrisca.

Le goût de la cendre et l'âpreté du vin collaient la langue du mage à son palais. La fumée irritait ses yeux, son nez, sa bouche, s'agglutinait en amas crasseux dans le creux de ses oreilles, déposait sur sa peau noire une déplaisante pellicule grisâtre. Elle s'infiltrait partout, s'attaquait aux replis de son corps, s'incrustait dans ses tresses. L'alcool étouffait tout cela sous un voile bienfaiteur d'engourdissement. Une toux rauque le secoua et sa gorge laissa échapper une unique étincelle, qui alla se perdre dans l'incendie. Depuis la veille, la forêt de la Dame brûlait.

Du sommet de la colline, où s'élevait autrefois le temple millénaire de la Ferté Pluvieuse, le mage contemplait la ruine du Royaume de Sarda. Le feu était parti de la salle des prières, ravageant, fils par fils, les précieux tapis, dévorant les tables d'autels, éclatant en mille éclats colorés les

vitraux des fenêtres. Puis était venu le tour des couloirs et des pièces attenantes. Les flammes, après avoir dévoré goulûment les tapisseries, avaient carbonisé la pierre dorée des murs. Peu avaient survécu à la voracité du brasier : quelques fondations noircies, quelques vases précieux à demi calcinés, une poussière de tuiles et de gravats. Ce résidu sinistre craquait sous les pieds nus du mage tandis qu'il divaguait sans but, son outre de vin à la main, à travers la carcasse souillée et éventrée du temple.

« Tu vois, ma reine, cette fois-ci il ne reste vraiment rien. J'ai perdu jusqu'à la dernière miette de toi. Quelle ironie, je suis mage de feu et je n'hérite que de cendres. »

Une brise lourde de suie emporta ses murmures par-dessus les restes encore rougeoyants des troncs, les confia aux braises et aux charbons.

« Tout perd sa sève et prend le goût sec du vent, depuis que tu m'as quitté. Toute flamme devrait s'être éteinte en moi, pourtant, vois, je suis toujours là, je brûle, comme brûle ta forêt, comme a brûlé ta maison. Mais moi, moi je ne m'éteins pas. »

Un cliquetis d'armure attira son regard au-delà des fondations détruites, le long du chemin qui serpentait autour de la colline. Dans l'ombre opaque des fumées se découpaient les silhouettes voûtées d'une escouade de buprestes. Sur les lames aiguisées de leurs lances dansait le reflet de flammèches isolées. Le mage grimaça de dégoût.

« Oui, reprit-il du bout des lèvres. Tu t'en vas et s'en vient l'ignominie. »

Encore une fois, seule lui répondit la plainte du vent entre les ruines. Le groupe de soldats des Sabès se rapprochait, gravissant la pente en silence, foulant de leurs bottes de métal les charbons encore ardents du bois sacré qui avait poussé là. Le mage but une nouvelle rasade de vin, observa leur avancée. En d'autres temps, peut-être, aurait-il pu les repousser, invoquer des nuées d'étincelles, commander aux fumées. Il aurait fait surgir autour de ces inconscients des visions cauchemardesques, des monstres de braises et de flammes. Il les aurait brûlés vifs, si la peur ne les avait pas tués en premier. En d'autres temps. Désormais, son éternel foyer intérieur ne crachotait plus que par à-coup. La magie encrassait son corps sans pouvoir le quitter, nouant ses muscles, tordant son ventre, attaquant ses tempes argentées de mille coups de marteau. Il ne s'inquiétait pas. Qu'auraient pu faire ces soldats qui dépassent sa propre douleur ? Qu'auraient-ils pu lui infliger qu'il n'ait déjà subit ?

Les lachnidés sabès dépassèrent, sans un regard, les ruches effondrées et leurs tombeaux de cire fondue. Bientôt, ils franchiraient le seuil éboulé de la porte principale et ils ne pourraient pas rater le mage. Peut-être tenteraient-ils de le percer de leurs plombs. Ou bien chercheraient-ils à l'occire à coups de lance. L'un ou l'autre lui suffirait. Les Sabès étaient chez eux, désormais, que lui importait de vivre quand le royaume de sa femme n'était plus qu'une colonie ?

« Qu'ils viennent ma douce. J'aurais dû te rejoindre il y a bien longtemps »

Un froissement de plumes le tira soudainement de sa torpeur. Une volée de cendre fouetta son visage tandis qu'un dragon, rouge comme l'incendie sous son ventre, et sa cavalière, noir dans son manteau pastel, se posaient devant lui. Il manqua de tomber à la renverse lorsqu'un bec claqua à quelques centimètres de son nez. Le mage frissonna. Les yeux mordorés du volatile semblaient voir au-delà de sa peau, comme si chacune de ses failles se trouvait mise à nues, sans magie derrière laquelle se cacher. Il détourna le regard pour se concentrer sur Berhane, qui venait de mettre pied à terre, mais il se retrouva tout aussi exposé, détaillé de la tête aux pieds et jugé froidement. Il se drapa dans une fierté qu'il était loin de ressentir.

« N'y-a-t-il pas moyen de me laisser tranquille ? Vous et vos adelphes, n'avez-vous pas d'autres oiseaux à fouetter ? »

La grosse guerrière leva un sourcil septique.

« C'est étrange, lui rétorqua-t-elle, j'ai plutôt l'impression que c'est toi qui ne peux pas te passer de nous, Myrddin. »

Elle regarda les ruines de la Ferté-Pluvieuse, là où son ordre avait accueilli tant de pèlerines, tenu tant de cérémonie. Elle grimaça.

« Malgré tout, tu cherches encore à te réfugier près de nous. »

Le mage aboya un rire rauque et sauvage.

« Auprès de vous ? Ha ! Je n'ai que faire de vous, troufiones ridicules ! Vous n'êtes que de pâles imitations ! Des copies indignes des originales. »

Du goulot de sa gourde, il traça une étoile brouillonne dans le fraisil de la charpente, évita soigneusement le regard de reproche que Berhane lui adressa.

« Non je ne cherche pas la compagnie des cavalières de Sarda, je suis venu mourir entre les murs de la demeure de mon aimée. Mais même cela, on me le refuse.

– Tu es ivre, Myrddin. »

L'ébriété du magicien immortel ne sembla pas étonner Berhane. Elle en avait trop vu, en quatre ans, pour se soucier des états d'âme du mage. Derrière eux montaient les voix étouffées des soldats des Sabès, teintées d'un étonnement tournant à l'inquiétude. Ils les avaient entendus et ne tarderaient pas à attaquer. La cavalière s'en aperçut aussi. Elle tourna son visage décidé vers Myrddin, lui tendit la main.

« Grimpe, magicien, ni toi ni moi ne sommes plus les bienvenus ici. »

Il hésita. Le feu avait ravagé le temple et poursuivrait son œuvre de destruction au pied de la colline, avalant hectare après hectare de forêt. Les flammes n'avaient rien pris d'autre au mage que ses vêtements. Elles avaient caressé ses cheveux tressés, sa peau et les dessins intriqués de ses tatouages, mais ni leur chaleur ni leur fumée n'avaient joué le jeu de Myrddin. Il se hissa en selle derrière Berhane au moment où les soldats apparaissaient.

« Accroche-toi ! »

Un plomb siffla dans la nuit. La cavalière et le mage étaient déjà loin.

Elles survolèrent l'incendie grandissant, poursuivies par l'âcre fumée jaunâtre, repoussées toujours plus haut par l'air brûlant. Les grandes ailes de Desta brassaient des volutes de suie grise, qui noircissaient ses plumes écarlates et tourbillonnaient autour des deux cavalières. Myrddin enfouit son visage dans le manteau tissé de Berhane. La laine sentait le feu criminel et le froid des nuits de veille, la sueur depuis longtemps gâtée et un reste lointain de savon. Il se demanda ce qu'avait été le parfum de ce manteau de cavalière, à l'époque, avant la guerre, quand sa porteuse l'avait tout juste retiré au métier à tisser.

Lorsqu'ils se posèrent enfin, un froid pénétrant envahissait Myrddin. Berhane avait dû prendre beaucoup d'altitude pour se soustraire aux regards et, même blotti contre le dos de la cavalière, le mage avait souffert de l'étreinte glaciale des nuages, incapable soudain d'invoquer la moindre étincelle. Berhane, elle, semblait insensible aux fatigues de leur voyage. Mais on ne lisait plus beaucoup d'émotion sur le visage de la jeune femme, perdue la douce maturité juvénile de ses traits ; en quatre ans, Myrddin l'avait vu en prendre dix.

Le vin se rappela soudain à son bon souvenir et il rendit le contenu de son estomac sur ses pieds nus. Il entendit Berhane soupirer avant qu'un nouveau haut-le-cœur le secoue, manquant de peu l'envoyer la tête la première dans la poussière.

« Je m'en charge maîtresse-cavalière, intervint une voix. Les autres sont arrivées, elles vous attendent.

– Merci Roland, murmura Berhane avec soulagement. »

Les bottes usées du prince déchu entrèrent dans le champ de vision réduit du mage, une main l'attrapa par l'aisselle, le redressa. Le campement vacilla autour de lui. Les tentes de toile cirée, les foyers de cendres froides, les gardes en patrouilles de nuit, tremblotèrent derrière le voile brumeux de l'alcool. Il subissait sa première gueule de bois en presque mille ans. Le visage épuisé de Roland de Sarda apparut devant lui.

« Venez magicien, allons vous débarbouiller . »

Tout comme Berhane, le prince n'avait pas été épargné par les quatre années de lutte qu'elles venaient d'affronter. La fatigue, la peur creusaient désormais des rides autour de ses yeux, traçaient des lignes grises sur ses tempes. La guerre d'usure et d'attentats qu'elles menaient sans relâche contre les Comtés-Unis des Sabès se taillait la part du dragon chez les commandantes de la petite armée de rebelles. Mais pas chez Myrddin. Le mage se voyait épargné par toutes ces turpitudes. Les défaites et les victoires se succédaient, se fondaient les unes dans les autres, les combattantes allaient et venaient sans que sa mémoire saturée par plus d'un millénaire d'existence n'arrive à s'y attacher. Il avait déjà perdu trop de compagnons, trop d'amies pour que les victimes de ses erreurs n'ajoutent à sa culpabilité. Quelles que soient les difficultés auxquelles leur réseau de résistantes faisait face, quelles que soient les menaces qui pesaient sur elles, l'amour de la Forêt des pins bleus protégerait Myrddin, à jamais. Le mage tourna la tête vers l'homme qui le soutenait.

« Tu sais, Roro, bredouilla-t-il, rien ne t'oblige à perdre ton temps avec moi. Je suis tout à fait capable – un rot vineux l'interrompit – de m'occuper de moi. »

Il vit avec une joie mauvaise Roland grimacer à son nouveau surnom.

« Je ne fais pas ça pour vous, magicien. Mais pour maîtresse Berhane. »

Myrddin grogna bruyamment. Si, comme il aimait se le répéter la nuit, seul, allongé sur son lit de fortune, sa propre culpabilité ne l'étouffait pas de remords, celle du prince habitait chacun de ses actes, chacune de ses paroles. Ses torts présumés le consumaient et le torturaient nuit et jour.

Tant et si bien, que, lors de ses pires moments de faiblesse, le mage se sentait presque tenté de lui révéler l'étendue de ses machinations personnelles. La nausée le reprit, coupa court à ses tergiversations et acheva de purger son estomac. Roland laissa échapper un soupir, comme seule la présence du mage savait lui en arracher. Il laissa Myrddin reprendre son souffle puis le traîna sur les derniers mètres qui les séparaient de sa tente.

Dans ce bivouac, comme dans ceux qui l'avaient précédé, on avait relégué le mage à l'écart. Les abris élaborés du centre du camp s'adossaient chacun à un sapin ou un épicéa, se servant du tronc comme d'un soutien et du houppier comme d'un camouflage. Lui s'était vu repoussé à la lisière du bois, assez loin pour épargner sa vue aux combattantes, assez proche pour toujours le garder à l'œil.

Roland le fit asseoir sans ménagement sur la paillasse qui lui servait de couchage. Il lui lança une vieille couverture de lin rêche, que Myrddin échoua totalement à attraper au vol. Le drap tomba au sol sans un bruit et, trop tard, le mage leva la main pour l'intercepter. Son regard alla de ses doigts inutiles à l'outrageante couverture. Un rire rauque s'arracha à sa poitrine, suivie d'une toux grasse qui déclencha une nouvelle série de haut-le-cœur et, pour finir, lui tira un sanglot étranglé. Les deux hommes restèrent immobiles dans la tente précaire, l'un assis, l'autre debout. Une larme silencieuse roula sur la joue de Roland, aucune n'échappa à Myrddin. Brusquement, comme bousculé soudain, le prince ramassa la couverture, la drapa maladroitement sur les épaules du mage et sortit de la tente à grands pas. Une brise froide accompagna son départ. Myrddin ne se fit pas prier, il tourna le dos à l'entrée, se roula en boule sur le lit et trouva refuge dans le sommeil.

Berhane n'avait pas fait trois pas en direction de sa propre tente qu'une soldate enragée en sortait, marchant droit sur la cavalière, le visage agité de spasmes colériques, les bras levés en signe de protestation.

« Ils ont osé ! criait Brigandine. Ils ont osé toucher à la forêt la plus sacrée ! Ils me le paieront, Berhane, ils maudiront leurs parents de les avoir engendrés avant que j'en ai fini avec eux ! »

Bien qu'elle dominât l'autre cavalière d'au moins dix centimètres, Berhane ne put s'empêcher de faire un pas en arrière. Petite, blanche et brune, la figure traversée par une unique cicatrice de l'œil au menton, la jeune Matriarche tremblait de fureur contenue.

« J'irai mettre en pièce l'ambassadrice et toutes ses mécréantes, l'une après l'autre et chacune de celles qui ont participé à ce crime ! La moindre soldate, la moindre bouteuse de feu. Leurs corps pendront aux murs de Zinia et les corbeaux se repaîtront de leurs chairs pourries.

– Bri…

– La forêt de la Dame, Berhane, après ma citadelle, notre forêt… »

Un instant, elles se regardèrent en silence, Brigandine reprenant son souffle, entourées par les vas-et-viens pressés, l'activité discrète du camp. Berhane passa une main lasse à travers la multitude de ses tresses. Il y avait bien longtemps qu'elle ne croyait plus à la sacralité et à la magie des bois de la Ferté-Pluvieuse, pourtant, tout comme Brigandine, elle ressentait avec acuité cette perte soudaine. Ce n'était pas la première forêt que les Sabès sacrifiaient dans leur politique de terre brûlée, ni même le premier sanctuaire de la Dame qui succombait sous leurs assauts, mais cette fois, il s'agissait du cœur même de la foi de Sarda que l'on attaquait. Berhane redoutait déjà les débats à venir.

« Je sais que tu ne crois plus en la Mère, reprit Brigandine plus calmement, mais nous ne pouvons pas laisser passer un tel acte. Comment convaincre le reste de Sarda de se joindre à nous, si nous refusons de les venger ?

– Tu sais que c'est bien plus compliqué que ça…

– Ça n'a rien de complexe ! Les Sabès brûlent, les Sabès détruisent, à notre tour d'agir ! »

Leur échange attirait l'attention du campement. On interrompait sa tâche, on s'arrêtait à portée d'oreille. La colère et la peine que Brigandine exprimait si aisément se lisaient en miroir sur les visages attentifs. Une inquiétude sourde s'ajouta au chagrin de Berhane. Il n'y avait aucune façon de poursuivre cette discussion sans dommage, pas devant des témoins aussi sensibles, pas avec les cendres de la forêt encore accrochées à son manteau.

« J'ai vu les destructions des Sabès en première ligne, Bri. »

Lorcan les avait rejointes. Derrière les vêtements fatigués, derrière les cernes violets qui alourdissaient ses yeux, l'ancienne tisserande brillait d'une détermination farouche.

« J'ai vu de quoi sont capables les Comtés-Unis. J'étais là lorsqu'ils prirent les Marches du nord. Je sais ce que tu ressens, ce que vous ressentez toutes. »

Sa voix s'affermit et elle se redressa.

« La perte de la forêt de la Dame est une blessure qui ne se refermera jamais, dans nos cœurs tout comme dans notre terre. Nous n'oublierons pas la destruction de la Ferté, de ses murs, de son histoire, de son âme. Il viendra un temps pour reconstruire, pour replanter. Personne, ici, ne vous demande d'oublier, encore moins de pardonner. Seulement de prendre votre mal en patience, d'attendre, un peu, beaucoup sûrement, que notre cause triomphe. »

Elle se tourna vers Brigandine, lui offrit un sourire désabusé.

« Tu connais nos plans, Bri. Tu connais notre but. Nous n'avons pas d'autre choix que de nous y conformer. »

Lorcan dévisagea longuement la jeune cavalière et Berhane retint son souffle. Chez Brigandine, le chagrin balayait parfois la raison et la haine devançait le discernement. Si elle laissait parler sa colère, aussi justifiée soit-elle, les deux élues auraient beaucoup de mal à apaiser les partisanes témoins de ses exclamations. Avec un haussement d'épaules défaitiste, la Matriarche s'avoua vaincue. Berhane soupira de soulagement. Chacune retourna au travail, la jeune femme disparut derrière les rabats de la tente et seules restèrent ses deux collègues.

« Merci pour ton intervention. »

Lorcan eut un hoquet qui aurait pu être un rire.

« J'ai vu ton visage, je n'allais pas te laisser te dépatouiller seule avec Bri.

– Mon visage ?

Berhane passa la main sur ses joues et son menton, sentit la jeune repousse dont elle devrait bientôt s'occuper, la cicatrice, encore rose et boursouflée, qui barrait désormais sa mâchoire. Ses tresses, en revanche, venaient tout juste d'être reprises par Ife. Un rictus navré étira les lèvres de l'ancienne tisserande.

« Tu faisais cette grimace, celle qui ne croit plus à notre cause, celle qui veut baisser les bras. Elle ne reste jamais, mais je sais la reconnaître. »

Berhane s'autorisa un sourire.

« Merci. Je suis contente de te revoir. A-t-on reçu des nouvelles de Trinh ? »

Lorcan secoua la tête.

« Non. Rien de nouveau du côté de notre négociatrice en exil.

– Dommage. Une bonne nouvelle de sa part tomberait à point nommé. »

Elles traversèrent les quelques mètres les séparant de la tente et rejoignirent Brigandine à l'intérieur.

Il faisait chaud, sous les tentures, et plus sombre encore. Une couche trop fine de jonc sec peinait à donner une illusion de confort, deux caisses vides servaient de meubles d'appoint et disparaissaient sous des tas de notes, de cartes et de lettres. Entre le petit brasero de fortune, la table et le lit de camp, Brigandine faisait les cent pas.

« J'entends ton raisonnement, Lorcan, reprit-elle aussitôt. Mais que veux-tu que je fasse ? Que nous reste-t-il à protéger, à sauver ? Que me reste-t-il que la vengeance, tandis que le pays brûle ? »

Elle s'arrêta pour cracher dans les flammes.

« Quatre années de lutte réduites en cendre, comme ça, en une nuit. »

Malgré ses paroles amères, une nouvelle énergie émanait de la cavalière. S'éloignant du brasero, elle continua de tourner en rond dans l'espace limité, une lueur féroce éclairant son regard. Berhane s'approcha prudemment et posa une main apaisante sur son épaule.

« Maintenant plus qu'il y a quatre ans, nous devons nous battre, mon amie. Maintenant plus que ces dernières années. Nous avons tant accompli, engendré tant d'espoir. Chaque jour notre soutien grandit, chaque jour nous sommes plus nombreuses. Tu le sais, nous sommes à la veille de notre première grande bataille, dans les derniers instants de tout ce qui nous blesse et les premiers de notre guérison. Alors s'il te plaît, ne baisse pas les bras aujourd'hui.

– Je ne baisse pas les bras, rétorqua Brigandine, insensible à son discours. Je ne reviens pas sur le plan de demain, mais j'ai besoin que tu entendes ma colère, car beaucoup la partagent, parmi les nôtres comme dans le reste de Sarda. »

Berhane fronça les sourcils.

« Je ne crois pas qu'on puisse me reprocher de ne pas me battre, ou de ne pas être touchée par l'incendie de la Ferté. Pour moi aussi, le temple a de l'importance. Comme pour toutes les cavalières. »

Brigandine eut un rire railleur.

« Mais es-tu encore cavalière ? Nos citadelles sont toutes occupées par les Sabès, notre ordre est illégal, nos têtes mises à prix et surtout, tu as été élue par des femmes et des hommes de tout Sarda et pas seulement par nos sœurs. C'est indigne de la confiance qu'elles t'ont donnée que de ne pas te battre entièrement pour elles, même lorsque cela va à l'encontre de tes convictions personnelles ! »

Lorcan intervint avant que Berhane puisse rétorquer.

« Elle a raison. »

Berhane se tourna vers elle, à peine surprise de la découvrir du côté de Bri. La combattante avait installé la carte des montagnes sur la table et traçait du bout des doigts le relief dessiné à la plume.

« Je partage beaucoup de tes idées, Berhane, mais n'oublions pas pourquoi nous avons fait le choix de la démocratie. Elles nous ont délégué leurs voix, pas leur pouvoir. Nous représentons, c'est tout.

– Et donc nous devrions suivre les plus bas instincts des masses ? Sans chercher à élever notre pensée, nos actions ?

– Ce n'est pas ce pour quoi nous avons été élues. »

Berhane se força à respirer calmement. Aucune ennemie ne lui faisait face et ne défiait son raisonnement, mais des alliées, ancienne et nouvelle, avec qui elle avait cheminé plus de deux ans en tant que représentantes de la résistance. Deux ans durant lesquels elle croyait les avoir gagnées à sa cause. Ces retrouvailles laissaient un goût amer sur sa langue.

« Je comprends votre colère. Je la partage aussi, même si elle ne naît pas, ou ne naît plus, de ma foi en la Dame. Mais ne généralisons pas notre courroux à chaud qui plus est, à toutes nos électrices que nous n'avons aucun moyen d'entendre. Qui sait ce qu'elles souhaitent réellement ou même ce qu'elles souhaiteront demain ! La prise de Nordeau, voilà ce qui a été voté et débattu. Il y aura des procès, à la fin de cette guerre, lorsque nous aurons gagné. Mais la vengeance aveugle n'a jamais été notre but. »

Brigandine leva les yeux au ciel en une grimace appuyée. Chacune se détourna des autres, trouvant refuge dans un coin de la tente. Si proches dans l'espace réduit et pourtant plus éloignées, soudain, par leur dissension politique, qu'elles ne l'avaient été cette dernière année, envoyées aux quatre coins du pays pour y convaincre les autres factions séditieuses. Chez Berhane, la frustration devançait de loin la colère. Elles avaient déjà eu cette discussion. Plusieurs fois, d'ailleurs. Leurs visions de la Sarda future qu'elles cherchaient à inventer n'étaient peut-être pas irréconciliables, mais elles semblaient chacune partir d'un point opposé. Leur cause pouvait-elle subir ce genre de tension ? Lorcan brisa enfin le silence.

« Lorsque j'ai été élue, je ne pensais pas que je devrais faire face à ce genre de problème. Je croyais… Je voulais croire qu'il n'y aurait que des batailles, finit-elle par murmurer. Je ne sais pas si nous serons jamais totalement d'accord, mais je te rejoins sur un point, Berhane. Agir dans la précipitation nous desservirait et serait une trahison de la décision que nous avons prise toutes ensemble. Nous avons encore plus besoin des arquebuses en réserve à Nordeau. Le plan de demain doit rester inchangé. »

Brigandine fit face à son tour aux deux autres femmes.

« Je suis d'accord. Mais il faut me promettre une chose. Zénobie de Roquesière mourra avant la fin de l'été, de ma main ou des vôtres, peu m'importe, mais son sang souillera le grand hall des reines avant que notre victoire ne soit totale. Sur les cendres de la forêt de la Dame, j'en fais le serment. »

Un ardent éclat de haine seul trahissait la rage qui couvait en son sein. Sous tout autre aspect, la jeune Matriarche avait retrouvé un calme souverain. Berhane se contenta de hocher la tête. Il ne servait à rien d'argumenter sur le sujet, de lui rappeler la séparation irréductible entre pouvoir politique et justice, que seuls des procès équitables pour toutes ne fonderaient pas leur avenir sur une violence impardonnable. Elle n'aurait aucune chance de la convaincre ainsi. Les serments de Bri n'étaient pas proclamés en vain. Lorcan agit de même et, semblant considérer la question réglée, extirpa une carte de Sarda de l'une des piles instables de papiers. Les deux autres femmes la rejoignirent et elles se penchèrent de conserve au-dessus des lignes d'encre brune.

« J'ai réussi à rencontrer Dian et ses frondeuses, expliqua Lorcan en posant une figurine d'argile dans le quart sud-est de la carte. Dans une vallée perdue, un coin si paumé qu'aucun Sabès n'y a encore mis les pieds. »

Elle grimaça un rictus.

« Mais impossible de leur faire entendre raison. Dian dit ne pas pouvoir quitter leur forêt. Que leur combat, je cite, ne peut être que local et n'a pas vocation au national . »

Brigandine étouffa un rire acerbe dans sa paume.

« Sans grande surprise, mais décevant, vu le voyage que cela t'as demandé. Tu auras au moins pu établir le contact, c'est déjà ça.

– C'est même plus que prometteur, renchérit Berhane, en tout cas plus que nous. »

Elle retint une grimace à la pensée de ses échanges houleux avec les trois envoyés d'Imogène, dont les rapines incessantes à travers le plateau de la Dame, au-dessus de Zinia, ne différenciaient plus entre amies et ennemies.

« Les arguments sont toujours les mêmes, reprit-elle. Nous n'avons aucune chance de renverser Zénobie. Pas sans arme, pas sans Soufeu, pas sans l'aide des cités-libres de l'Est. »

Berhane soupira. Les années se succédaient et leurs espoirs de succès s'amenuisaient en miroir. Si leurs alliances en Sarda échouaient, il leur faudrait tout parier sur de possibles ententes étrangères. Une mission qu'elles avaient dû déléguer, à Trinh et ses collègues à Sangrisca.

« Autrement dit, nous en sommes toujours au point de départ. »

Lorcan secoua la tête.

« Oui, oui nous ne sommes pas plus avancées qu'avant, rétorqua-t-elle avec sarcasme. Il faut donc s'en tenir au plan. Reprendre Nordeau et mettre la main sur ses provisions de poudre et d'arquebuses. Pour la vengeance, on attendra. »

Elle jeta un regard appuyé à Brigandine et Berhane serra les dents. Agacer leur irritable amie était rarement la meilleure solution, surtout lorsque l'une d'entre elles portait encore des traces de l'incendie, comme un parfum provocant.

« Oh, ma vengeance peut attendre, répondit la jeune femme avec un sourire de miel et de ronce. Elle sera comme la braise qui couve, le vent qui se lève, la marée qui monte. Elle patientera, elle mûrira et, lorsque le moment sera venu, elle anéantira tous les Sabès qui se dresseront sur mon chemin. »

Écho d'Ejiro

« Dors, aziz-am, dors tout ton saoul. Ne crains pas les ombres et les murmures de la nuit, Sameera veille à la porte de la rumah-gadang. Personne n'entre sans sa permission.
Dors, aziz-am, dors à poing fermé. Ne t'inquiète pas de l'avenir, Kahina garde un œil sur ton futur. Tu vivras pleinement ton destin.
Dors, aziz-am, dors jusqu'au matin. Laisse tes mères se soucier des obstacles et des dangers qui accompagneront l'aube. Laisse-les louer les esprits de t'avoir apporté.
Dors, Ejiro, dors. »

La Forêt épouse mes pas. Je flâne, sans but, sur le chemin de terre entre ma maison et celle d'Adoua la gardienne, le sentier qui suit la courbe de la colline, à l'ombre des arbres, et qui poursuit sa route jusqu'à la Ville.

Je dépasse la bicoque d'Adoua. Jamais mes mères ne m'ont laissé aller plus loin, mais, dans le sommeil, il n'y a personne pour m'empêcher d'avancer. Je descends la pente douce entre les champs de lin, contourne sagement les restes rouillés d'un grand moulin de métal. Chaque pas que je fais, chaque mètre que je parcours, la Forêt m'accompagne. Elle quitte ses frontières au sommet de la colline, s'étend au-delà des rubans et des autels qui délimitent sa lisière. Elle prend racine sous mes pieds nus, étend sa mousse devant moi comme un tapis pour accueillir ma marche. Les arbres se bousculent derrière moi. Leurs troncs craquent et leurs branches gémissent dans leur croissance soudaine. Au loin, la silhouette de la Ville apparaît.

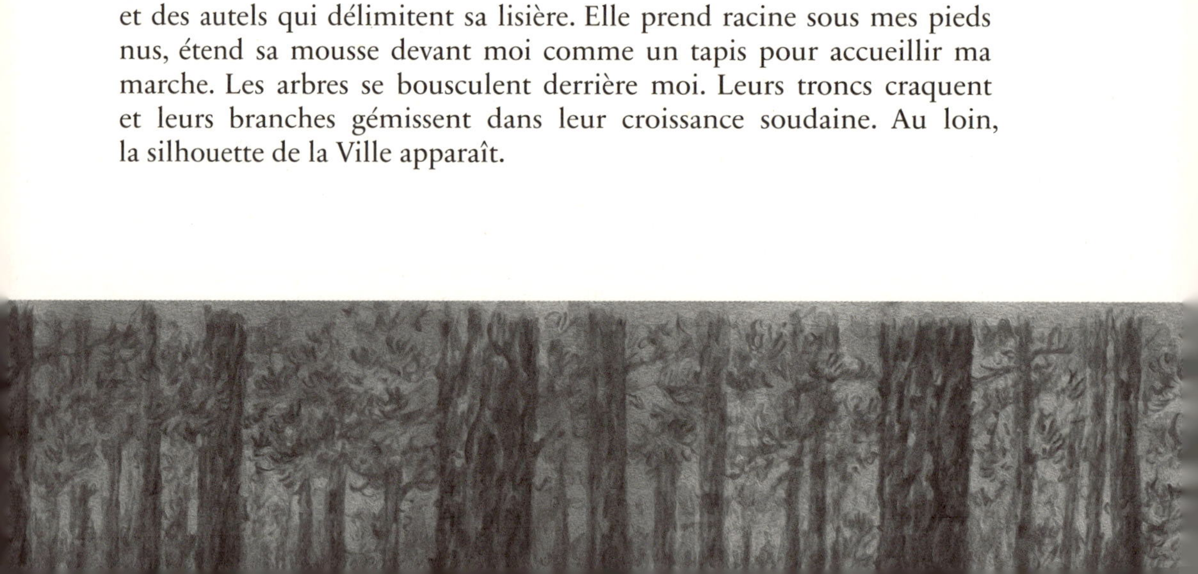

La Ville n'est qu'un enchevêtrement de copies de la maison que j'habite avec mes mères. Je m'avance vers ses portes, prêt à les passer pour la première fois, suivi par la Forêt, lorsque Sameera apparaît devant moi.

« Où crois-tu aller, jeune homme ? »

Ma mère me dévisage dans l'attente d'une réponse et je grimace. Même dans mes rêves, il faut respecter les règles. Je ne cherche pas à négocier, Kahina aussi la surnomme Sameera l'inflexible. La Forêt recule, sans rechigner, à mes côtés, tandis que je retourne au pied de la colline. Les pins retrouvent leur enceinte de fils et de charmes, les guirlandes de tissus qui entourent leur retraite.

Ils sont patients, il y aura d'autres occasions.

Je me souviens.

J'émerge du sommeil avec difficulté. Un parfum d'humus et de résine embaume toute ma petite chambre, colle au mobilier épars, aux rideaux brodés, à l'édredon de plumes d'oie. Je roule sous les couvertures, réticent à quitter leur confort.

« Ejiro ! Je ne veux pas avoir à me répéter ! »

Je me souviens.

La voix de ma mère résonne à travers la maison. Je me glisse hors du lit, à contrecœur. Sameera et Kahina sont déjà attablées au centre de la pièce, chacune devant une tasse d'infusion, encore emmitouflées dans leurs robes de chambre. Je me hisse entre elles, sur un tabouret de bois.

« Tu te lèves bien tard aujourd'hui, *aziz-am*. »

Sameera passe les doigts à travers le fouillis de mes cheveux crépus et en retire une aiguille de pin.

« Et en grand besoin d'un bon coup de peigne. »

Je secoue la tête, m'éloigne de ma mère.

« Je l'ai déjà fait hier !

– Ils sont pleins de sève », rétorque Kahina.

J'engloutis d'une bouchée la fin de ma tartine et saute hors de table.

« Je le ferai ce soir. J'emmène Chi pour mes corvées. »

D'un bon, je suis dans le jardin, ignorant le regard inquiet qu'échangent Sameera et Kahina.

Je me souviens.

La maison construite par mes mères à flanc de colline, là où naissent les champs de tournesols et où meurt l'ombre de la forêt, entourée de son jardin et de son potager, le toit à la courbe aiguë, recevant le ciel entre ses cornes.

Un reste de rosée couronne encore les parterres de trèfles, pourtant les têtes fleuries de la lavande oscillent, elles, déjà sèches. Je traverse les rangées de plantations, enjambe le persil, la sauge, le romarin et le thym, me faufile entre les haies de mûriers et débouche à l'arrière de la rumah-gadang. La fragrance épaisse de la glycine tombe sur la terrasse comme un voile de velours collant, dépose un tapis de suc sur les tessons de poterie. Le jardin, de ce côté, descend en pente douce jusqu'aux champs de tournesols. Leurs ondulations d'or s'étendent vers le Nord, où elles finissent par s'éteindre contre les prémisses d'une forêt de chênes. Une brise légère souffle son haleine parfumée à travers la campagne. Je la laisse embrasser mon visage, ébouriffer mes cheveux. Je chatouille de mes orteils les herbes folles faufilées entre les morceaux de tuiles du revêtement improvisé de la terrasse. Et me retrouve soudain sur le dos, le souffle coupé, incapable de me redresser.

« Chi ! »

L'énorme masse de fourrure blanche entreprend, comme à son habitude, de me lécher énergiquement le nez et le menton.

« Pousse-toi grosse bête ! »

Le chien me répond par un grondement amusé et un nouvel assaut de salive puante. Entre mon hilarité, la joie impossible à contenir de Chi et notre envie commune de continuer à rouler dans l'herbe plutôt que de se mettre au travail, il nous faut un rappel à l'ordre de Sameera avant que je ne m'attaque enfin à mes corvées matinales. Entre jeu et travail, mon chien et moi nous acquittons de nos tâches. Nous ramassons les œufs du poulailler. Nous arrosons les buttes du potager et Chi patauge gaiement dans la fosse à compost. Ignorant les houspillements de mes mères, elles aussi au travail, j'entraîne mon chien dans une course folle sous l'ombre protectrice des tournesols, là où les pluies de la veille imprègnent encore la riche terre noire. Les épaisses tiges hérissées de duvet piquant défilent autour de notre folle cavalcade. La cathédrale des grands hélianthes nous abrite du soleil. L'air humide fouette nos visage et museau, s'engouffre dans nos poumons avides. Je cours, Chi sur les talons et rien ne se dresse sur mon chemin.

Voilà le premier souvenir auquel je peux me raccrocher. Voilà les premières images que ma mémoire veut m'accorder. Avant cela, tout reste un peu flou. Peut-être m'en suis-je souvenu, à une autre époque, mais après tant d'années d'existence, peut-on me reprocher ces oublis ? Voilà ce dont je me souviens aujourd'hui. Une époque au parfum de soleil, bercée par le chant de mes mères au labeur, encore épargnée par les manigances de la Forêt. Les derniers instants de calme, avant la tempête.

Dans mon rêve, la Forêt me berce de son murmure. Toute la forêt vibre et chante autour de moi : du bruissement des cimes au froufroutement des fougères, du craquement plaintif des vieilles branches au bourdonnement des essaims d'insectes.

Dans mon rêve, je suis allongé sur un lit de bruyère, coiffé d'une auréole de lactaires et de bolets. Un brin de callune me chatouille le coude, pas assez, cependant, pour me pousser à bouger. Les mousses et les aiguilles sous mon corps alangui valent bien le duvet d'oie de mon véritable matelas. Je dors et je rêve que je dors.

Et la Forêt fredonne la mélodie de son essence, le refrain de son existence :

« Ejiro, Ejiro.

Écoute, les mille pattes des vaillantes fourmis, les mille élytres des sages lucarnes, les mille mandibules des scolopendres venimeuses. Elles sont la sève et la vie de mes entrailles. Écoute, les mille aiguilles bleues des pins danser dans la brise, les mille racines profondes fouir et manger la terre, les mille troncs qui craquent et qui gémissent. Ils sont la sève et la vie de mon cœur. Écoute, les mille voix qui me racontent. Elles sont la sève qui descend des frondaisons et remonte des tréfonds de la terre. Elle est la vie qui s'écoule lentement en mon sein. Ejiro, Ejiro, ne goûteras-tu pas les larmes des étoiles ? »

Je me souviens.

Cet après-midi-là, j'accompagne mes mères jusqu'à la maison d'Adoua et tente de les empêcher de poursuivre leur route, sans moi, jusqu'à la Ville.

Je m'accroche aux mains de mes mères et tirent sur leurs bras, dans une vaine tentative de les faire changer d'avis. Aujourd'hui, comme toujours, elles me permettent de m'adonner à mon rituel. Aujourd'hui, comme toujours, elles détachent gentiment mes doigts de leurs poignets, glissent de brèves caresses derrière mes oreilles. Puis elles me tournent le dos et s'engagent sur la suite du chemin. Je les regarde s'éloigner. Leurs silhouettes si différentes gravitent naturellement l'une vers l'autre, jusqu'à se mêler à l'horizon et devenir une seule et même ombre, au loin, après les champs.

Adoua me laisse ruminer sur cette route honnie et désirée. Elle disparaît à l'intérieur de sa vieille maison, retourne à ses concoctions et potions. Chi et moi finissons par la rejoindre, tête basse, traînant des pieds et des pattes. Elle nous laisse à notre manège habituel. Kahina et Sameera lui confient leur fils une fois par semaine, parfois plus, lorsque des affaires urgentes les appellent en Ville, voire plus loin encore, et, à chaque fois, je tente de les retenir. Depuis quelques mois, en revanche, mon attitude face à la Ville a changé. Je ne crains plus de voir mes mères partir, mais bien de ne pas les accompagner. Adoua m'observe du coin de l'œil, tout en poursuivant sa confection de lait végétal. Une marmite d'eau et d'avoine bouillonne dans l'âtre, des linges propres attendent sur sa table de travail et, juste à côté de leur belle pile droite, les bouteilles en verre qui accueilleront la boisson, une fois cuite et filtrée.

« C'est pas juste », je marmonne finalement, pendant qu'Adoua retire son chaudron du feu.

Elle n'a pas besoin de me demander pour que je glisse un sous-plat sur la table, afin qu'elle dépose son fardeau. Je m'attelle ensuite sans rechigner à être son assistant, lui passant les linges, versant le liquide tamisé dans les bouteilles.

« C'est pas juste qu'elles ne veuillent pas m'emmener, je poursuis enfin. J'ai le droit de voir la Ville maintenant, je suis plus un bébé. Et puis, comme ça, je pourrais les aider !

– Et qui m'aiderait à faire le lait d'avoine si tu partais avec elles ? Tiens. »

Elle place d'autorité un bol de bouillie de céréales entre mes mains.

« Pour les aider à quoi ? Sais-tu seulement ce qu'elles font lors de leurs visites à la Ville ? »

Elle ajoute une cuillère de miel épais dans chacune de nos portions, ainsi qu'une demi-pêche coupée en morceaux.

Je suis Adoua dans son jardin. Un immense fayard le couvre entièrement de son ombre séculaire. Des festons de tissus et de rubans entremêlés se lovent autour de son large tronc courtaud, bosselé par le temps. Ses branches ploient sous leur âge, jusqu'à presque toucher terre. C'est sur l'une d'entre elles que nous prenons place pour déguster notre goûter, l'herbe frôlant tout juste nos pieds.

« Mais c'est toi qui m'a dit un jour, on peut tout apprendre, si on y met du sien. Donc je pourrai apprendre à les aider et apprendre à comprendre ce qu'elles font et qui elles sont.

– Tu penses qu'on peut comprendre ses parents ? »

Je regarde les rayons du soleil se glisser entre les feuilles ciliées du vieil hêtre.

« Je sais pas, je réponds honnêtement. Mais je sais pas non plus si on peut comprendre totalement quelqu'un. »

Du moins, pas comme mes mères se comprennent. Pas comme elles sont la totale somme de leurs deux êtres. Je rêve d'un même engagement, d'une même intelligence, d'un même amour.

Les montagnes

« En conséquence, Leurs Grâces les cinquante-trois Comtes-Unis des Sabès ont muni des pleins pouvoirs son Excellence l'ambassadrice Zénobie de Roquesière en Vesq, laquelle, après être entrée en ses pleins pouvoirs actuels, conviendra des articles suivants :

Article 1 : Leurs Grâces feront occuper par leurs troupes les places fortes d'Ousterre, Nordeau et Estari ; Zinia, Veyssane et Orrosar ; et autres places, tours et forteresses situé dans le royaume de Sarda. Seules les places fortes de Soufeu et des Marches du sud ne seront pas soumises à l'occupation. Les places fortes occupées sont nécessaires pour la sécurité des troupes et peuvent servir aux fins proposées, nommément à ôter aux Sardais tous les moyens de pouvoir nuire par-là aux fidèles sujets et aux possessions des Comtés-Unis. »

Extrait du traité de reddition de Sarda, après la guerre des Trente Jours.

Dans son rêve, Pènderyn est fraîchement cavalière. Son nouveau manteau tissé flotte dans son dos, porté par un doux vent d'été, qui soulève aussi ses boucles blondes. Elle vient à peine de mettre pied à terre, revenant d'une mission de six mois près de la frontière. Il semble à Berhane qu'elle la voit pour la première fois, qu'elle découvre, là, à l'instant, que cette jeune femme appartient elle aussi à Nordeau.

Dans son rêve, elle ne sait rien encore du destin de Pèn. Elle ignore tout des souffrances à venir. Il n'y a que cette belle cavalière qui se pavane dans le hall de la citadelle, qui lui lance des œillades appuyées, qui lui donne rendez-vous, plus tard, dans le verger. Elle décidera, en revanche, de leur seconde rencontre. Dans la quiétude de la bibliothèque, entre deux

passages des cavalières-archivistes, Pènderyn lui raconte les patrouilles sur la frontière, les soldats des Sabès, en face, leur morgue et leurs insultes. Elle l'écoute attentivement. Leurs fronts se frôlent, leurs joues se touchent, leurs épaules se pressent l'une contre l'autre. Dans son rêve, comme elle l'a fait il y a près de cinq ans maintenant, sous le regard des livres et des rouleaux, elle recueille les inquiétudes de Pèn.

Puis son rêve se tord et se bouscule, les étagères disparaissent dans le brouillard du sommeil et la forêt des pins émerge. Les troncs bleus se dressent tout autour de Berhane, leurs aiguilles agitées par une brise qui ne concerne qu'elles, leur parfum entêtant noyant toute autre odeur. Un chemin de terre sombre serpente aux pieds des pins. Pèn, le nez en l'air, en suit la piste quelques mètres plus loin.

Dans son rêve, elle peut rejoindre Pènderyn sans qu'aucun obstacle ne se dresse entre elles.

« Ce n'est pas ton rêve préféré, ma tendresse, pourquoi avoir choisi celui-là ?

– Je n'ai pas choisi. »

Pèn glisse sa main dans la sienne.

« On choisit toujours ses rêves en été, même sans le savoir. »

Berhane soupire.

« Alors je suppose que je voulais oublier ce que je sais déjà. Je voulais voir tes yeux pleins d'espoir et d'envie. Je voulais un rêve d'été pour réchauffer ma nuit. »

Pènderyn sourit. Elles marchent à l'ombre des pins, leurs doigts entrelacés, leurs ombres projetées comme d'immenses oriflammes sombres derrière elles. Déjà une lumière crue perce entre les arbres et cherche à dénicher la rêveuse. Le sommeil la fuit, bientôt, elle perdra à nouveau Pèn. Au moins pour cette nuit.

« Tu me manques tant.

– Et je te manquerais encore, mais chaque jour et chaque nuit un peu moins et de plus en plus facilement.

Elles s'arrêtent et Pènderyn se tourne vers elle, lui sourit affectueusement.

« Je sais que tu ne me crois pas. Mais j'ai toute confiance en toi, ma tendresse. Tu sauras faire face à tout ce que le monde attend de toi. »

La lumière gagne encore en intensité, si forte qu'elle doit en protéger ses yeux.

« Je vais me réveiller.

– Je sais. »

Dans son rêve, les lèvres de Pèn ont la douceur d'un brin de laine neuve.

Berhane émergea du sommeil et de la forêt des pins dans l'obscurité bleutée qui baignait sa tente. Les derniers charbons ardents du brasero finissaient d'agoniser dans l'ombre, leur lueur orangée lentement étouffée par la fin de la nuit. Dans ce refuge de ténèbres pâlissantes, elle se laissa aller à pleurer.

Une aube fraîche l'attendait à l'extérieur, ainsi que Brigandine, assise près d'un jeune feu. Un mince filet de fumée blanche s'élevait des flammes pour monter se perdre dans la brume épaisse qui couvrait le campement des rebelles et les flancs de la montagne. De la sécheresse qui dévorait les plaines, en bas, elles étaient encore épargnées. Une marmite d'eau posée en travers des bûches atteignait tant bien que mal un état d'ébullition. Berhane rejoignit Bri, prit place sur l'un des tabourets autour du foyer, étira ses bras loin au-dessus de sa tête. Les craquements de son dos achevèrent de la réveiller.

« Si la maîtresse-herboriste d'Ousterre me voyait… »

Brigandine jeta une poignée de feuilles brunes dans deux tasses.

« Elle avait tout un rituel autour du thé, avec des règles strictes, un ordre bien précis pour l'infusion et le service.

– Je vois ce que tu veux dire, sourit Berhane. Frêne était pareil, elle régulait même le choix des tasses et de la théière.

– C'est probablement une des caractéristiques obligatoires pour devenir l'herboriste d'une citadelle.

– Avec les rides, le chignon sévère et l'humeur grincheuse ? »

Leur rire discret s'étouffa en bâillement commun. Le sourire de Bri s'effaça, laissant place à la grimace mélancolique qui s'accrochait habituellement à ses lèvres.

« Comment était ta nuit ? »

Berhane détourna le regard. Ce n'était pas la première fois qu'elles avaient cette conversation, tout comme ce n'était pas le premier jour à les trouver comme cela, assises l'une en face de l'autre, autour d'un piètre petit-déjeuner.

« Tourmentée j'en ai peur, répondit-elle enfin. Hantée.

– Par elle ? »

Un ricanement amer lui échappa et se perdit dans le matin brumeux.

« Qui d'autre. »

Elle se tourna vers Brigandine, lui jeta, à son tour, un regard entendu.

« Et toi ? »

L'autre cavalière s'appliqua à verser l'eau dans chacune de leurs tasses avant de lui répondre. Elle ne fuyait pas la conversation : elles avaient là un échange bien huilé, une saynète à jouer chaque matin avant le début de la journée. Une routine comme il n'en existait plus et à laquelle elles s'accrochaient de toutes leurs forces.

« Toujours le même rêve. »

Brigandine lui tendit sa tasse, but une gorgée de la sienne. Le goût fané du thé rassis lui arracha une grimace dépitée. Sa maigre réserve d'infusion supportait mal leurs voyages incessants.

« C'est toujours la même chose, continua la jeune femme. Je suis au milieu de ma citadelle, Ousterre encore debout et peuplée de toutes ses cavalières, et je vois au loin la silhouette de Sophie. Je l'appelle, mais elle ne se retourne pas. Je cours après elle, je crie son nom de toute la force de mes poumons. Elle s'éloigne toujours plus, se faufile dans la foule sans que je puisse la rattraper. Lorsqu'elle atteint les portes de la ville, je me réveille. »

La cavalière secoua la tête, se redressa, commença à faire les cent pas de l'autre côté du feu. Elle ne dit rien, d'abord, concentrée sur sa boisson, les yeux dans le vague. Puis d'une voix enrouée de fatigue :

« J'ai peur d'avoir oublié son visage. Nous avons eu si peu de temps ensemble. »

Elle rit brièvement.

« Tu dois me trouver bien égoïste, Berhane, à me lamenter ainsi. Mon amour vit toujours, même si c'est loin de moi et il a choisi son exil, ce qui veut dire qu'il peut, un jour, me revenir. »

Berhane lui sourit avec tendresse, sans oser rencontrer son regard.

« Je ne sais pas, Bri. Parfois je crois m'étouffer de rancœur et de jalousie quand je pense à la possibilité de votre histoire. Parfois, je suis bien heureuse d'avoir vécu quelque chose, aussi bref et fugitif que cela ait été. Je n'ai pas la prétention à la plus grande douleur. Roland aussi a perdu celle qu'il aimait. Tout comme nombre de nos camarades. Même Myrddin est seul. Je crois, en revanche, qu'il n'y a pas de compétition à mener entre nos souffrances. Elles sont. Quel bien y-a-t-il à les comparer ? »

Lorsque Roland ouvrit les yeux, peu après l'aube, le souvenir de ses rêves lui échappa. Une lumière bleutée s'infiltrait sous l'entrée de la tente commune qu'il partageait, projetant des ombres grises sur l'unique coffre, les couchages de fortune, la toile cirée de leur abri. Il était le seul encore au lit. Dehors, on s'activait déjà, pourtant aucun cri, aucun appel, ne troublait le silence matinal, les rebelles ne se permettaient pas ce genre de liberté. Il s'arracha avec regret au confort relatif de ses couvertures, chaussa ses bottes, passa son haillon de manteau par-dessus sa chemise chiffonnée de sommeil et sortit dans l'aube toujours froide de la montagne. Même au cœur de l'été, les sommets du nord ne perdaient pas leur atmosphère humide. Berhane et Brigandine buvaient leur thé en silence lorsqu'il les rejoignit.

« Maîtresses-cavalières », les salua-t-il avec une inclination marquée de la tête.

Il ne s'était pas encore assis près du foyer que déjà Brigandine se levait. Elle eut un bref sourire pour Berhane, un regard de haine contenue pour Roland et disparut sous l'ombre des arbres dans un tourbillon de manteau-tissé. L'or de ses ourlets refléta un instant la lueur discrète des braises avant d'être avalé par la forêt, rappelant à Roland que, malgré son jeune âge, elle était Matriarche, d'une citadelle détruite par ses machinations.

« Mes excuses, maîtresse Berhane, j'ai fait fuir votre compagne de petit-déjeuner, murmura-t-il pour dissiper sa honte.

– Alors, prends sa place, répondit la cavalière en étendant le bras dans un geste d'invitation. Lorcan ne devrait pas tarder à nous rejoindre et nous avons beaucoup à faire avant votre départ. »

Roland s'assit face à elle. Le foyer de braises les séparait tout autant que leurs vies passées. Entre le prince et la cavalière, un sillon de différence s'était creusé bien avant la guerre. La résistance seule avait réussi à construire un pont fragile d'un bord à l'autre de leurs deux êtres. Roland acquiesça et se servit une tasse de thé.

« J'ai supposé que nous étions sur le départ en sortant de ma tente ce matin. Quels sont vos plans ?

– Je veux envoyer notre *gouvernement* – un sourire moqueur – plus au sud, pour quelques jours. Un voyage officiel, si possible, quelque chose qui vienne titiller Zénobie de Roquesière dans tous ses défauts et toute sa suffisance. Elle ne résistera pas à la possibilité de te mettre la main dessus, ta tête est tout ce qui manque à son trophée de chasse, à son palmarès d'ambassadrice de Sarda. »

Elle but une gorgée de thé.

« Avec la mienne et celle de Lorcan, je suppose, ajouta-t-elle après réflexion. En tout cas, j'ai besoin que son attention se concentre ailleurs, qu'elle nous croit sur le point d'agir près de la frontière avec les Plaines et avec Sangrisca, qu'elle se détourne du nord juste un instant. Car c'est là que nous allons frapper en premier. »

Elle se pencha sur le côté, là où avait été assise Brigandine, et sortit une mesure de riz d'un sac de cuir d'où dépassaient aussi quelques pots d'aromates et une tête d'ail. Elle versa le riz dans la marmite d'eau bouillante posée sur les braises, ajouta une pincée de chaque épice, remua le tout avec la dague à sa ceinture. Une odeur de cumin s'éleva dans l'air matinal, qui réchauffa Roland plus que le maigre feu.

« Comment va notre mage en résidence ? demanda Berhane après plusieurs minutes de silence confortable. J'imagine qu'il souffre d'une belle gueule de bois. »

Roland tourna inconsciemment son regard vers l'extrémité du camp et la tente de Myrddin.

« Je suppose, répondit-il, il était vivant lorsque je l'ai laissé hier soir.

– Hm. Espérons qu'il soit prêt à voyager. »

La cavalière fit mine de ne pas voir son sursaut de surprise.

« Vous voulez qu'il m'accompagne ? Mais… Je croyais que vous souhaitiez garder un œil sur lui, qu'il pouvait se montrer utile au combat.

– Utile, oui, dit Berhane en testant la cuisson du riz. Mais indispensable, non. Aussi, je crois qu'il vaut mieux l'éloigner autant que possible de l'incendie de la Ferté. La perte du temple sacré l'a… ébranlé. »

Elle souleva quelques grains de riz du bout de sa dague, les goûta en soufflant tout autour, car ils lui brûlaient la langue puis hocha la tête, satisfaite. Elle prit l'ail dans le sac, entreprit de le hacher, appuyée sur sa cuisse en cotte de cuir.

« Avec un peu de chance, il aura plu d'ici à nos retrouvailles et les flammes se seront éteintes. Sinon, il faudra qu'il dépasse son chagrin, si cela est possible.

– Ce n'est pas comme si nous en avions vraiment besoin », intervint Lorcan en s'approchant.

Vêtue de son armure et armée jusqu'aux dents, l'ancienne tisserande semblait largement dominer en taille comme en carrure ses deux camarades assises. Avec une parodie de salut militaire, elle prit place à leurs côtés.

« Myrddin à Nordeau ne serait qu'un obstacle de plus, ou pire, une contrainte pour nos guerrières. Il sera dans nos pattes ou dans notre dos, rien qui ne puisse nous aider. De plus, il me semble que sa magie devient… hasardeuse, lorsque son moral en prend un coup. Rappelle-toi de la fuite de Zinia.

– Je pense que tu sous-estimes ses capacités, fit remarquer Berhane, mais la conclusion reste la même : il ne peut pas nous accompagner. En revanche. »

Elle ajouta les gousses coupées à leur petit-déjeuner avant de se tourner vers Roland.

« Il peut se révéler un atout intéressant pour toi et ta *cour*, si jamais vous veniez à croiser de trop près la route de Zénobie et ses sbires. S'éloigner de l'incendie lui fera le plus grand bien. Ses tours de magie font encore illusion, notre attaque de demain repose là-dessus, il pourrait couvrir une possible fuite. Il ira donc avec toi.

– Ne devrions-nous pas lui demander son avis ? Intervint Roland. Je ne suis pas certain que la perspective de voyager avec moi l'enchante. »

Lorcan ricana, tout en se brûlant les doigts avec du riz chaud qu'elle piochait à main nue à même la marmite.

« Au contraire. Je pense qu'il sera ravi de nous quitter un temps. Surtout si c'est avec toi, Roland, tu sembles être le seul qu'il supporte réellement. Je suis sûre qu'il a le plus grand respect pour Berhane, même s'il ne nous l'avouera jamais, mais tu es très clairement son préféré. »

Roland refusa de rougir à cette provocation. Berhane mélangea sa préparation encore un instant avant de faire signe aux rebelles les plus proches que le repas était prêt. Une courte file se forma autour du feu, comme à chaque foyer à travers le campement. Une par une, les citoyennes de la petite république résistante vinrent recevoir un bol de riz à peine cuisiné, à peine parfumé. Berhane et Roland se chargèrent du service, Lorcan faisait la navette d'un bout à l'autre du camp, s'assurant que chacune ait droit à sa part. Entre les remerciements et les récriminations sur la piètre qualité du repas, Berhane échangeait un mot avec chaque rebelle qui venait à elle. Lorsque toutes furent installées et nourries, les cantinières du jour purent se servirent à leur tour. Chacune sortit son bol et elles mangèrent en silence.

Ce flanc de montagne n'allait pas manquer à Roland. Les ombres oppressantes des sapins, l'humidité constante, tout conspirait à le plonger dans des introspections malheureuses. Les mêmes questions revenaient le hanter, à la faveur de l'altitude. Qu'avait-il jamais fait qui soit utile à ce combat ? Prêter son visage et son nom à un gouvernement fantoche, attirer l'attention de l'ambassadrice lorsque la résistance avait besoin d'une diversion ? Ce n'était qu'un piètre prix à payer pour toutes ses erreurs passées. Après tout, n'était-il pas de celles qui avaient déclaré la guerre à leurs voisins ?

La voix de Berhane l'arracha à ses ruminations.

« Roland ? Dans combien de temps penses-tu pouvoir partir ? »

Il se secoua, finit son riz entre deux phrases.

« Une heure, peut-être deux, maîtresse-cavalière. Je n'ai quasiment rien à empaqueter, mais il faut aussi s'occuper de Myrddin… »

Lorcan hocha vivement la tête.

« Voilà qui est réglé alors. »

Elle engloutit la fin de son bol, le rangea à nouveau à sa ceinture et se leva sans attendre.

« En route, votre sérénissité, vous avez du pain sur la planche, inutile de traîner ! Les grandes personnes ont fort à faire et vous ne feriez que nous gêner. »

Malgré ses inflexions moqueuses, Roland ne prit pas ombrage. L'insolence de Lorcan apaisait sa culpabilité, comme si l'irrévérence de l'ancienne tisserande pour son statut de prince lui écrivait lentement un nouveau visage. Une identité neuve dont il serait le seul responsable. Il se leva à son tour, nettoya grossièrement son bol avec un fond d'eau et un vieux chiffon et prit congé des deux résistantes.

« Roland » le rappela Berhane alors qu'il s'éloignait.

Elle s'était redressée aussi, avait passé à son épaule le sac d'ingrédients.

« Merci. »

Elles avaient disparu entre les tentes avant qu'il ait eu le temps de réagir.

Roland traversa le camp, le visage baissé, autant pour s'épargner les regards coléreux des rebelles qui croisaient son chemin que parce que sous l'excitation du départ sourdait une angoisse inquiète, aux sources multiples. Dans quel état trouverait-il Myrddin ? Quelle serait la réaction du mage à l'annonce de leur départ immédiat ? Quelles seraient les rebelles choisies pour les accompagner ? Par le passé, lorsque Berhane avait déployé le gouvernement fantôme, elle avait toujours ajouté à l'équipée une cavalière de confiance. Aujourd'hui, cependant, Roland savait qu'aucune des guerrières survivantes n'était prête à abandonner ses sœurs à l'aune d'une bataille aussi cruciale. Elles ne manquaient pas de courage, contrairement à lui. Ses pas l'avaient ramené à sa tente et non pas à celle de Myrddin, où il avait eu l'intention de se rendre. Il n'avait pourtant rien, ou presque, à préparer pour le voyage. Rien d'importance en tout cas. Toutes ses possessions avaient été perdues lors de l'attaque de Zinia par les armées sabès. Berhane l'avait arraché in extremis de la tour sérénissime assiégée, avec pour bagages seuls les vêtements qu'il portait. Il ne lui restait qu'une dague, qu'il gardait toujours à la hanche. Il joua un instant avec un fil de son manteau. Il ne servait à rien de repousser l'inévitable. Avec un soupir, il rejeta la tête en arrière, fixa l'immensité anonyme du ciel bleu au-dessus des montagnes. Une dernière inspiration pour se donner du courage et il…

« Bien le bonjour, Roro. »

Le cri de surprise de Roland attira l'attention des rebelles à proximité, leur curiosité se transformant bien vite en mépris lorsqu'elles eurent identifié la source du raffut. Roland leur offrit un maladroit sourire d'excuse, qui ne sembla pas les apaiser. Jugeant inutile de les provoquer à nouveau par sa simple présence, il préféra tourner son attention vers Myrddin. Le mage dégustait avec application un bol de riz dans lequel il avait cassé un œuf cru. Il tenait aussi entre deux doigts une tranche de fromage et un morceau de jambon de dinde grillé. La Dame seule savait où il était allé piocher tout cela. De son ivresse de la veille, il avait réussi à camoufler les signes, bien que Roland sût en voir plus d'une trace dans la teinte jaunâtre de ses yeux, le pli amer au coin de ses lèvres, sa pose avachie.

« On est debout à l'aube, à ce que je vois, reprit Myrddin entre deux bouchées. Des plans machiavéliques à planifier ? De frauduleuses activités à ourdir frauduleusement ? Des complots à comploter ? Qu'est-ce qui arrache le prince de Sarda à son lit si tôt dans la matinée ?

– Notre départ pour le sud, Myrddin.

– Eh bien, bon vent ! Le grand air vous fera le plus grand bien. Je garderai un œil sur maîtresse-Berhane pour vous.

– Vous venez avec moi. »

Cela, au moins, fit taire le magicien. Interrompu dans sa logorrhée, il se contenta de fixer son interlocuteur, les yeux ronds, sa tranche de dinde à mi-chemin de sa bouche. Roland se permit un sourire railleur. Myrddin finit par se reprendre, fronça les sourcils, se redressa légèrement.

« J'ai cru… Berhane m'a bien fait comprendre que je ne devais en aucun cas quitter ses côtés – un bref rire aigre – Dame ! Elle est même venue me chercher à la Ferté… »

À l'évocation de l'incendie, une fugitive étincelle de colère éclaira le regard apathique et résigné du mage, la tension aux coins de sa bouche se mua presque en intention. Il dévisagea longuement Roland, à la recherche d'une quelconque supercherie, d'un mensonge narquois. L'autre se contenta d'un haussement d'épaules laconique.

« Ce sont nos ordres. Je n'ai pas posé de question, je me contente d'obéir aux directives de la résistance.

– Une nouvelle habitude ! Cela doit vous faire un drôle d'effet », persifla Myrddin.

Disparus ses états âmes d'il y a un instant. Le magicien se caparaçonnait à nouveau de moqueries.

« Au contraire, rétorqua Roland, j'y trouve tout à fait un sens. Elles ont été élues parmi leurs pairs pour diriger, je respecte donc leurs décisions. Vous n'imaginez pas le soulagement qu'il y a à se trouver utile dans le regard de l'autre. »

Plus que son annonce de départ, cette tirade sembla estomaquer le mage. Il secoua la tête, délogeant l'une des tresses argentées de sa tempe de son chignon sommaire, croqua distraitement à la fois dans sa tranche de fromage et dans son morceau de jambon, laissa son regard se perdre dans la cime des arbres. Le jour achevait de se hisser au-dessus des montagnes, lançait sa lumière franche sur leur versant d'adret et sa pente boisée. Tout le camp bruissait d'une activité discrète, sous le regard d'or du soleil qui perçait entre les branches des feuillus et les rameaux des résineux. Myrddin s'ébroua enfin. Comme au sortir d'un rêve, il adressa un sourire en demi-teinte à Roland et s'éloigna entre les tentes encore debout, en direction de son propre abri.

« Nous partons dans l'heure, Myrddin ! Ne soyez pas en retard ! »

Le mage se contenta d'un vague signe de la main avant de disparaître dans l'ombre des troncs. Roland soupira. Les humeurs de Myrddin étaient changeantes comme un vent d'ouest, traître comme un courant océanique. Il n'avait pas le temps de se laisser emporter dans leur tourbillon. Sans plus un regard vers la forêt, il se mit au travail.

Le gouvernement fantôme se rassembla en silence autour de Berhane et Lorcan moins d'une heure plus tard, leurs maigres possessions solidement empaquetées dans les fontes de leurs montures. Les quinze vorombes agitaient leurs grosses têtes emplumées, secouaient leurs ailes courtaudes, frappaient le sol de leurs ergots puissants. Ils faisaient pourtant pâle figure aux côtés des dragons des cavalières. Plus grandes, plus grosse, campées sur quatre pattes énormes terminées par des serres, les mythiques montures gardaient leurs ailes immenses repliées le long de leur corps. Roland avait glissé ses mains contre l'encolure de son oiseau, dans une pauvre tentative de se rassurer. De l'autre côté du cercle de voyageuses, la tête rentrée dans les épaules, ses tresses cachées sous une vieille écharpe, Myrddin semblait enfin souffrir de sa gueule de bois. Deux cavalières seulement s'ajoutaient à la parodie de cour qui accompagnerait Roland vers le sud. Leurs mines renfrognées ne laissaient aucun doute quant à leur envie d'être là. C'est à elles que s'adressait Berhane.

« Crois-moi, Keala, je ne vous éloigne pas de la prise de Nordeau pour vous punir. Bien au contraire. C'est parce que je vous fais entièrement confiance que je vous confie cette mission. Si Zénobie – elle cracha le nom au sol – ne mord pas à l'hameçon, nous autres au nord n'auront aucune chance. »

Elle leur prit chacune la main.

« Courage, mes sœurs. Si la Dame le veut, nous nous reverrons très vite. »

Les trois femmes pressèrent leurs fronts les uns contre les autres, puis la cour pastiche se mit en selle. Lorcan prit la parole à son tour.

« Vous savez toutes l'importance de votre mission. Ce n'est pas la première fois que nous vous déployons ainsi afin d'attirer les troupes sabès à votre poursuite, nous avons souvent trompé Zénobie de cette façon. Aujourd'hui plus que jamais, notre réussite dépend de vous. Il faut compter cinq jours pour parvenir jusqu'à la frontière des terres d'Estari puis trois autres afin d'atteindre les nouvelles mines d'argent. C'est là que vous ferez connaître votre présence. Cela nous laissera le temps d'atteindre Nordeau et de préparer l'attaque. Vous resterez à l'Est deux jours de plus afin que les troupes dépêchées depuis le nord n'aient pas le temps de faire demi-tour. Si la Dame le veut, d'ici là nous aurons repris la citadelle, activé les charmes d'illusions du mage Myrddin et notre première véritable base nous sera acquise, ainsi que ses réserves d'arquebuses. Alors vous nous reviendrez. Car ce n'est que la première d'une longue suite de batailles et nous aurons besoin de vous. »

Elles acquiescèrent de conserve. La dénommée Keala talonna son dragon et prit la tête du groupe.

« Allons-y. »

La troupe se mit en branle, traversa les restes du campement démonté et s'enfonça dans la forêt. Vorombes et dragons progressaient côte à côte, dans l'attente d'un terrain plus propice où les cavalières pourraient s'envoler. Jusqu'au premier lacet du chemin, Roland ne put s'empêcher de se retourner dans sa selle. Jusqu'à ce qu'elles disparaissent, Berhane les regarda partir.

GESTE D'OIHANA

Le nom de la grand-mère s'est il y a longtemps perdu au sein du village de Cherchefeuille. Ses parents sont morts depuis tant d'années, tout comme ses frères et sœurs et, lentement, chacun de celles qui l'ont connue dans sa jeunesse. Aucun de ses enfants ne l'a jamais appelé autrement que Mama et elle ne s'est jamais souciée de se présenter à leurs pères. Parfois, il lui semble qu'elle oublie elle aussi.

Ce soir, comme tous les soirs depuis près d'une semaine, le crépuscule semble ne pas vouloir en finir. Il se traîne et s'étire jusque tard dans la nuit, incapable d'accepter son terme, refusant de mourir. L'obscurité s'en voit toujours repoussée. La grand-mère y trouve à la fois un atout et une menace. Certes, son travail en est grandement simplifié, mais ni elle ni ses camarades ne peuvent plus se cacher dans les ombres. Les ténèbres leur refusent la sécurité de leur étreinte, et bien qu'elles puissent ainsi agir plus vite, planter plus efficacement, le couvert de la nuit leur manque terriblement.

La grand-mère passe ses journées auprès de ses petites filles. Les cinq enfants l'appellent Nana, ce qui est à la fois si près et si loin de son véritable nom. Pour contrer le mauvais sort et préserver les mémoires futures, elle récite dans sa tête leurs prénoms en égrainant les perles d'un bracelet qu'elles ont confectionné. Usoa, Garbi, Irune, Edurne, Amets. Un tour de bracelet pour une ronde de fillettes, puis elle recommence. Usoa, Garbi, Irune, Edurne, Amets. La plus âgée n'est pas encore pubère et la plus jeune n'a connu que la guerre, pourtant elles jouent et chahutent dans la cour de la maison de leur grand-mère, comme si aucune menace ne

pouvait les atteindre, comme si l'empire voisin se trouvait encore confiné dans ses frontières. Elle n'a pas le cœur à les reprendre. La vieille yeuse sacrée étend ses branches fatiguées au-dessus de leurs têtes, les protège des flocons sinistres qui tombent sur le village. Lentement, ses feuilles, tout comme les rues et les toits, se couvrent d'une épaisse couche de cendre. La grand-mère fait signe à ses petites-filles et la nuée de fillettes se rassemble autour d'elle. Usoa, Garbi, Irune, Edurne, Amets. Elles forment un arc de cercle autour de la vieille femme, bien en face, que le mouvement de leurs lèvres lui soit facile à lire.

« Rentrez jouer à l'intérieur, signe-t-elle, je vais servir le goûter. »

Sagement, les petites hochent la tête. Tandis qu'elles disparaissent entre les murs de la maison, la grand-mère sort dans la rue, rejoint la foule qui se masse sur la place centrale du village. Même si elle ne l'entend pas, elle sait qu'un brouhaha inquiet les agite. Toutes et tous lèvent le nez vers le ciel, scrutent anxieusement la couverture nuageuse. Nuées et fumée se sont mêlées si intimement qu'on ne peut plus les différencier, la cendre tombe sur les campagnes desséchées de Sarda, marques sordides du quatrième été d'occupation. La vieille femme se fraie un chemin sans peine jusqu'à l'avant du rassemblement. Sous le couvert du bosquet saint, la Mairesse palabre avec une villageoise essoufflée, probablement dépêchée par leurs voisines les plus proches. Lorsque son regard croise celui de la grand-mère, l'élue acquiesce discrètement. Le cœur de la vieille femme se serre ; alors c'est arrivé, ce qu'elle redoutait tant. Ses rébellions nocturnes lui paraissent soudain bien maigres, bien inutiles face à l'armée sabès. Quelle influence ont-elles, les habitantes de Cherchefeuille, sur le sort du monde ?

Les mains de la Mairesse s'agitent en accompagnement, quand elle prend la parole, la grand-mère suit donc tout de son bref discours.

« Je sais que cette neige étrange nous inquiète toutes, mais une messagère de Persbreuil est venue jusqu'à nous avec des nouvelles. »

On s'émeut autour de la grand-mère, quelqu'un avance puis recule.

« Les soldats de l'ambassadrice Zénobie ont mis le feu à la Ferté-Pluvieuse. »

Même sans bruit, la colère et le désespoir du village bousculent et submergent la grand-mère. Une onde de chagrin et de ressentiment les secoue, les malmène. Elle devine leurs cris de rage sans avoir à les lire sur leurs bouches. Ils ont osé ! Ils ont tué le pays ! Que la Dame les prenne ! Qu'ils pourrissent sous terre ! La Mairesse a bien du mal à faire revenir un semblant de calme.

« Je comprends votre colère. Je ne sais pas quoi faire ni quoi vous dire. Mais les flammes s'éteindront et alors nous rebâtirons. »

Sept jours plus tard, l'incendie ne s'était pas éteint.

Le crépuscule n'en finit plus de tomber sur la campagne environnante. Malgré l'heure avancée, les silhouettes des villageoises de Cherchefeuille se découpent clairement dans la nuit. L'horizon au loin n'est plus l'ombre opaque et familière qui entoure habituellement leur pays, mais une langue orangée dévorant tout, forêt sacrée comme champs cultivés. Du ciel suinte son aura jaunâtre, qui baigne le monde entier d'une lumière sale et éclaire malgré elles les femmes et leur labeur secret. La grand-mère garde le nez baissé sur son travail. Elle ne peut entendre personne arriver, pas plus qu'elle ne pourrait les voir, sa vue a tellement décliné ses dernières années. Usoa, l'aînée de ses petites-filles, monte la garde près d'elle. Elle porte aussi les graines que sa grand-mère offre l'une après l'autre à la terre. Elle a la chance de posséder sa propre pelle. Les autres ne sont pas toutes aussi fortunées, elles creusent le sol à mains nues, s'ouvrent les phalanges sur des racines, cassent leurs ongles contre des pierres. Pourtant aucune ne s'arrête ni n'interrompt sa tâche. Cette nuit, comme chaque nuit avant elle depuis près de deux années, elles repoussent l'inévitable, luttent contre les dégâts des Sabès. Là où ils coupent, elles plantent : où ils brûlent, elles sèment.

La grand-mère a bien conscience que leurs actions de reboisement sont un pari fragile avec la sécheresse. Toutes ces noix, ces glands, ces faines amassées durant l'automne n'ont que peu de chance de prendre, le soleil peut les brûler, les oiseaux s'en rassasier. Seulement une poignée germera durant la saison. Et de celles-là, moins encore atteindront le stade suivant. La grand-mère ne s'assiéra jamais sous leurs frondaisons, elle ne profitera jamais de leur ombre rafraîchissante en été. Même Usoa, qui lutte contre le sommeil et oscille doucement à ses côtés, ne les contemplera pas dans toute leur maturité. Il en va ainsi pour toutes les villageoises autour d'elle, pour leurs épouses et leurs époux, leurs fils et leurs filles. Chaque nuit, depuis deux ans, le village de Cherchefeuille travaille, non pas pour celles qui sont, mais pour celles à venir.

Les premiers temps, la grand-mère va seule. Elle sort le soir après le coucher des fillettes, un sac sur l'épaule, sa pelle à la main, s'éloigne des maisons et creuse, là, juste à la bordure des terres cultivées, où un petit bois s'étendait et que le légat des Sabès a fait couper. Elle revient le lendemain et le surlendemain encore. Puis les quatre filles de la tisseuse la rejoignent. Il n'y a plus rien à tisser depuis que les Comtés-Unis ont saisi leurs métiers comme leurs chèvres. Elles n'échangent pas un mot, pas un geste de discussion. Le jour d'après, c'est deux des chasseurs qui se joignent à elles. Sans en parler, sans planifier, le village entier se joint à la cause de la grand-mère.

Son nom s'est perdu depuis bien longtemps. On ne l'appelle plus que Nana, ou bien grand-mère, tout simplement. Mais la vieille femme, elle, se souvient encore. Et la forêt se rappelle avec elle.

Oihana.

Oihana, murmure l'amande, le gland, la faine. Oihana, disent les jeunes pousses tout juste sorties de terre. C'est une requête douce, une délicate invitation. Rien de péremptoire, rien d'impérieux dans ce bruissement de feuilles, ce froufrou de tiges. La forêt n'impose rien, elle demande. Et Oihana répond. Chaque soir elle se confie à la nuit et part sauver ce qui peut encore être sauvé.

Oihana ! Oihana !

L'appellent les arbres à venir.

Nous comptons sur toi, Oihana !

ZINIA

« Mes échanges avec l'Ambassadrice Zénobie de Roquesière se limitèrent toujours à la diplomatie la plus pure. Jamais ne devions-nous échanger la moindre trivialité personnelle ou révéler le plus petit détail domestique. Si notre correspondance fut immanquablement d'une politesse à toute épreuve, elle ne porta jamais trace de la moindre familiarité. Je ne le regrette pas, il m'est tout à fait impossible d'éprouver de l'amitié pour les abjections dans son genre. »

Chroniques d'un mandat municipal par Olivia Flane, géographe, maire de la cité-libre de Sangrisca.

Le petit matin et l'ambassadrice des Comtés-Unis des Sabès Zénobie de Roquesière en Vesq trouvèrent le poète de sa cour, Omiros de Castel en Naudary, patientant devant le bureau de Son Excellence, une liasse de papier à la main et une grimace sur la figure. S'il avait trouvé le courage de se lever, il n'était pas allé jusqu'à s'habiller et avait seulement enfilé une robe de chambre par-dessus son pyjama de soie.

« Vous êtes bien matinal aujourd'hui, le salua Zénobie en déverrouillant la porte.

– Oui, acquiesça tristement le poète, j'attendais une missive malheureuse depuis plusieurs mois déjà… Et la voilà. »

Il pressa les feuillets froissés contre sa poitrine.

« Adhémar Fikri, le maître géographe de Sangrisca, est décédé à l'automne dernier. »

Ils pénétrèrent dans la pièce, prirent leurs places habituelles : Zénobie derrière la grande table de bois précieux, Omiros dans l'un des fauteuils près de la fenêtre.

« C'est bien tard pour recevoir des nouvelles d'un proche. Toutes mes condoléances.

– Oh je ne le connaissais que de nom, la détrompa-t-il. Fikri était l'un des analystes les plus intéressants et les plus perspicaces de notre époque. Du moins, à mon avis. Quant au retard qu'a pu prendre la nouvelle, il est difficile d'entendre quoi que ce soit de Sangrisca quand on est soi-même sabès. La ville libre n'a que peu d'amitié pour les tyrans comme nous, vous savez. »

Zénobie eut un rire qui découvrit ses dents.

« Oui, j'ai eu vent de leur désapprobation. »

Un page frappa à la porte, se glissa en silence jusqu'à l'ambassadrice et posa devant elle les dossiers de la journée. Il ressortit sans un mot et un cortège de servantes prit sa suite. Les bras chargés de plats, de carafes et de panières à pain, elles prirent d'assaut le bureau, déplacèrent les fauteuils, les guéridons et la bancelle pour dresser à leur place une table d'appoint, trois chaises et une partie du petit-déjeuner. Omiros soupira intérieurement ; même loin de Castel, le faste et la grandiloquence des Comtés-Unis ne pouvaient être évités. Zénobie releva le nez de ses innombrables dossiers et lui jeta un regard curieux.

« N'allez-vous pas m'en dire plus sur votre géographe ? D'habitude, je n'ai pas besoin de vous prier pour me faire la conversation. »

Elle déchira une lettre, en décacheta une nouvelle.

« Alors ? »

Le poète sourit.

« Je ne pensais pas voir le jour où vous réclameriez mes bavardages. Soit. Adhémar Fikri a longtemps été le messager officiel entre Sangrisca et les Comtés-Unis, mais aussi parfois Sarda. Il a fini par prendre sa retraite pour se consacrer à ses mémoires et à son rôle de maître géographe. J'ai peur que ses dernières années n'aient été consumées par la maladie.

– Messager aux Sabès ? J'en aurai entendu parler.

– C'était bien avant votre naissance, vous connaissez l'espérance de vie exceptionnelle des géographes. »

Omiros hésita un instant.

« Si vous n'êtes pas familière du nom de Fikri, vous l'êtes sans doute plus de celui de son élève et héritière, Olivia Flane, l'actuelle maire de Sangrisca. »

Une étincelle orageuse éclaira soudain le regard de l'ambassadrice. Elle froissa la lettre entre ses mains et la posa si brutalement sur son bureau qu'une vague carmine échappa à son encrier et se répandit sur les documents les plus proches.

« Ah, la salope ! s'exclama-t-elle sans se soucier de l'encre renversée, si j'avais la tête d'une résistante pour chaque coup bas qu'elle m'a faite, je serai débarrassée de cette putain de rébellion infernale depuis longtemps ! »

Elle se leva pour faire les cent pas devant la cheminée.

« Je ne sais pas laquelle je déteste le plus, Olivia pour m'avoir mis des bâtons dans les roues toutes ces années ou Berhane de Nordeau pour m'avoir empêché d'exécuter le prince Roland il y quatre ans. D'ailleurs, si je pouvais le pendre celui-là, j'accrocherai son gibet au mur de Zinia ! Leur condottiere a séché, depuis le temps. Les corbeaux ont besoin de chair fraîche. »

Elle se tourna vers Omiros qui dissimulait tant bien que mal son fou rire derrière sa main.

« Et cela vous fait rire, bien entendu.

– Votre Excellence… »

Un hoquet hilare l'interrompit.

« Votre Excellence, je ne me permettrais jamais de…

– Oh vous vous permettez bien des choses, Omiros. Heureusement pour vous, j'ai un certain sens de l'humour. »

L'ambassadrice se rassit devant son bureau et entreprit d'éponger les dégâts causés par son accès de colère. Un page se précipita à son secours, armé d'une série de buvards et d'un encrier plein. Elle se laissa aller en arrière dans son fauteuil. À chaque mouvement, la lumière des cierges sur les bijoux de sa coiffure jetait des éclats d'or aux quatre coins de la pièce. L'ancien bureau de la condottiere avait été totalement réaménagé pour les besoins de l'ambassadrice, après la prise de la capitale par les armées sabès. Omiros ne l'avait jamais connu qu'habité par Zénobie, mais même sans cela, il pouvait deviner que la pièce n'avait plus rien à voir avec son aspect précédent. Il ne restait ici d'origine que les cartes suspendues aux murs. Tous les meubles, de la table de travail aux armes de collection exposées au-dessus de la cheminée, en passant par les guéridons, les bancs, les coffres et même la cathèdre où trônait Zénobie, tout venait de sa maison à Roquesière. Au reste du palais-caserne, elle n'avait apporté que des altérations superficielles. Ses intentions avaient été claires dès leur installation à Zinia à la fin de la guerre, ces quartiers-là restaient temporaires. Bientôt feu le royaume de Sarda deviendrait le cinquante-quatrième Comté des Sabès et Zénobie, sa comtesse. Elle élirait alors domicile dans l'antique tour des reines. Une fois les travaux de restauration terminés.

Omiros relut une dernière fois la missive en provenance de Sangrisca puis la glissa dans la poche intérieure de sa robe de chambre. Il y avait longtemps qu'il ne s'était pas levé aussi tôt et la table dressée du petit-déjeuner au milieu de la pièce le tentait bien plus que le reste de sa correspondance.

« Attendons-nous quelqu'un? demanda-t-il. À moins que cette troisième chaise ne soit réservée à mon talent immense, ou au génie de son Excellence ?»

Zénobie lui concéda un demi-sourire, mais ne leva pas le nez de ses dossiers du jour.

« J'ai fait mander Alhari pour partager notre repas. Mais comme je ne vous attendais pas avant tard dans la matinée, j'ai peur qu'il ne nous faille patienter encore un peu. »

Omiros se vautra un peu plus dans son fauteuil avec un soupir sonore.

« Vraiment ? Nous allons devoir supporter cette emmerdeuse à table ? Belle façon de commencer la journée.

– Je la commence bien en votre présence, très cher, alors tâchez de faire contre mauvaise fortune bon cœur. »

Le poète acheva de glisser tout au fond de son siège, enleva ses pantoufles et posa les pieds sur le fauteuil d'en face. D'une seconde poche de sa houppelande brodée, il préleva un très fin feuillet de papier jaune, ainsi qu'un crayon et se plongea dans l'écriture.

Une heure passa, leur silence studieux interrompu seulement par les allées et venues des pages de Zénobie, les courriers qu'on empile et le grattement des plumes sur le papier. Plus d'une fois Omiros se surprit à contempler le vide, l'esprit égaré dans quelques rêveries plaisantes, si bien que lorsque l'on annonça l'arrivée d'Alhari, il n'avait réussi à écrire que deux maigres vers.

« Faites-la entrer », ordonna l'ambassadrice, tandis que le poète se redressait, se rechaussait et rajustait le tombé de sa robe de chambre.

Zénobie nota alors la présence du petit feuillet entre les mains d'Omiros.

« Tiens, seriez-vous en pleine rédaction d'un nouveau chef-d'œuvre ? »

Le poète lui offrit une révérence faussement modeste.

« Je n'irai pas jusque-là et puis il m'est très difficile de travailler le ventre vide, ce n'est qu'un début de brouillon. »

Ils prirent place autour de la table, Zénobie à la tête et Omiros à sa droite, laissant la dernière chaise, plus éloignée, pour leur invité.

« Qu'importe, je souhaite les entendre. Lisez-moi ce que vous avez, il y a longtemps que je n'ai pas entendu de poésie.

– Votre Excellence, ce n'est qu'une ébauche.

– J'insiste. »

L'arrivée d'Alhari dissimula le soupir exaspéré du poète. L'ancienne cheffe de maisonnée du prince Roland ne cachait pas son énervement. Elle hocha brièvement la tête en guise de salut à l'ambassadrice et n'accorda pas un regard à Omiros. D'un geste, Zénobie l'invita à s'asseoir.

« Vous nous rejoignez juste à temps. Omiros allait justement nous lire un peu de sa dernière œuvre.

– Brouillon.

– Certes. »

Avec une grimace, il reprit son mince cahier, s'éclaircit la voix.

« *J'ai quitté les Sabès pour l'ancienne Sarda.*
J'ai quitté les collines et les vastes vergers,
Les champs de blé mûr et les allées de cyprès.
J'ai quitté ma maison, pour visiter Sarda.
Sans un regret, je crois, sans une hésitation,
J'ai emprunté la voie qui quitte le giron
Du Comté favori où j'ai passé ma vie.
J'y reviendrai, peut-être. »

Il eut une grimace contrite pour Zénobie.

« Voilà.

– Effectivement c'est un peu court.

– Je vous l'avais bien dit. »

L'ambassadrice frappa dans ses mains et la nuée de servantes réapparue, portant des plateaux de plats chauds et tout juste sortis des cuisines. Omiros se servit abondamment de tout, remplit son assiette jusqu'à faire disparaître les dorures décorant la faïence, évita soigneusement le regard de dégoût que lui lança Alhari et passa à table. Zénobie, comme à son habitude, préféra piocher directement dans les plats dans se soucier de l'étiquette. Une extravagance qu'elle pouvait se permettre, loin de Naudary. Seule leur invitée ne mangeait pas. Ignorant le repas copieux offert devant elle, elle fixait un point visible d'elle seule derrière l'épaule de l'ambassadrice, les lèvres pincées, les sourcils froncés.

« Vous ne mangez pas ? demanda Zénobie avec une innocence feinte.

– Non, répondit Alhari. Vos méthodes ont l'art de me couper l'appétit. »

Une fausse exclamation outrée échappa à l'ambassadrice.

« Mes méthodes ? J'ai peur de ne pas saisir. »

Elle étala une épaisse couche de confiture sur sa tranche de brioche.

« Si vous voulez parler de votre femme et de votre fille, leurs emplois au sein de ma maisonnée sont tout ce qu'il y a de plus respectables. Votre femme prête son expertise de mère de famille à nos cuisines et participe ainsi au bien-être de tous les employés. Quant à votre fille, elle est chambrière auprès de mes concubines. Je connais de nombreuses jeunes femmes qui seraient ravies d'une telle opportunité. Les possibilités de carrière…

– Arrêtez. »

Alhari n'avait pas haussé la voix. La lassitude déformait sa figure autrefois affable, un pli soucieux barrait son front.

« Je n'ai pas besoin d'être cajolée par vos mensonges. Que voulez-vous ? »

Zénobie but de longues rasades de jus de fruits frais avant de lui répondre.

« J'ai besoin du reste des papiers du prince Roland. Je sais que vous avez conservé toute sa correspondance et ses documents, même ce que vous m'avez assuré être inutile ou insignifiant. L'ensemble de son secrétariat doit m'être remis. »

La mâchoire d'Alhari se contracta visiblement et Omiros crut un instant qu'elle allait refuser. Puis l'accablement submergea sa colère, elle se leva de table, salua sans un mot et quitta la pièce. La fatigue et l'angoisse avaient depuis longtemps eu raison de sa rébellion. Une fois la porte refermée derrière Alhari, le poète se tourna vers l'ambassadrice. Elle attaquait le plat d'œufs brouillés.

« Vous pensez pouvoir tirer quelque chose de ces vieux papiers ? » demanda-t-il.

L'ambassadrice déglutit avec un sourire.

« Je l'espère. Je le sens, nous sommes tout près de mettre la main sur ce gouvernement racoleur et, derrière, sur les têtes pensantes de cette rébellion. J'en ai ma claque des provocations du prince Roland, qui vient se pavaner juste sous mon nez pour mieux s'enfuir ensuite. Il est temps de trouver une corde pour son cou. »

Elle se resservit du café, repoussa son assiette et se leva de table pour retrouver son bureau.

« Vous savez, Omiros, depuis quatre ans que nous nous affrontons, je commence à comprendre la façon de penser de Roland de Zinia et de Berhane de Nordeau. Je pense même pouvoir dire qu'eux et moi nous connaissons. On ne peut vraiment haïr que ceux que l'on connaît intimement. Cependant, il faut avouer que leur obstination à me mettre des bâtons dans les roues a quelque chose d'admirable, vous ne trouvez pas ? Leurs collègues du plateau de la Dame ou des montagnes de l'Est font tout autant de dégâts, mais eux seuls se posent en symbole. Je veux les voir écrasés avant la fin de l'été. »

Omiros haussa les épaules avec une moue mitigée. Ce ne serait pas la première fois que Zénobie se laissât emporter par son désir d'en finir avec les rebelles. Les informations qui leur parvenaient n'étaient qu'une série de rumeurs et de légendes. Les différents groupes étaient-ils liés ? Malgré les affirmations de l'ambassadrice, nul n'était sûr que les supposés soutiens du prince Roland soient les alliés des autres groupes séditieux agissant à travers le pays. Le mystère de leur système d'organisation était la cause de plus d'une envolée colérique de Zénobie. Omiros trouvait tout cela un peu dramatique. Mais, après tout, il n'était que poète.

« Cependant, reprit Zénobie, ce n'est là qu'un but secondaire. À l'époque de la passation de pouvoir des condottieres, juste avant la guerre, le prince Roland a eu dans son entourage une jeune cavalière du nom de Sophie Pendragon. Quasiment aucune trace de son existence ne subsiste, mais, grâce aux sources que j'ai pu récupérer, je suis désormais certaine d'une chose : la gamine était en possession de Lunde et de Baldré. »

Omiros manqua de s'étouffer.

« Vous plaisantez ! L'épée et le baudrier de la reine Maude ? Entre les mains d'une simple cavalière ? C'est impossible.

– Oh, c'est tout à fait possible. Une machination d'Eliane de Nordeau sans aucun doute. Même morte, elle trouve encore son utilité, si je peux mettre la main sur les reliques…

– Vous serez comme leur reine… »

Un grand rictus de joie sauvage illumina le visage de l'ambassadrice.

« Les Sardais respectent ces vieilleries plus que tout au monde. Plus que l'ordre des cavalières en tout cas, et bien plus que ces pauvres petites élues de la résistance. Ce sera comme un signe de la Dame elle-même, pour eux. La rébellion perdra tout soutien populaire et je verrai enfin pendre ses meneurs au gibet. »

Elle rit, brièvement, avant de tirer vers elle une liasse de papier et de se remettre au travail, sans plus un regard pour lui. Omiros resta interdit, un instant, dansant maladroitement d'un pied sur l'autre, avant d'enfin retrouver sa voix.

« Si votre Excellence veut bien m'excuser, je vais me retirer dans mes appartements, l'inspiration m'appelle. »

Plongée dans la lecture d'un compte-rendu codé, Zénobie se contenta d'agiter vaguement la main dans sa direction avant de se saisir d'une plume et d'un morceau de papier et de prendre frénétiquement une série de notes. Omiros n'en attendit pas plus et sortit du bureau.

Il referma la porte avec soin et manqua de trébucher sur la concubine Dilys.

« Oh ! s'exclama-t-elle avec un grand sourire innocent, pardonnez-moi, je ne voulais pas vous surprendre ! »

Elle épousseta sa robe immaculée, repoussa une mèche de cheveux derrière son oreille et fit une petite révérence.

« Je suis confuse maître-poète, je ne pensais pas vous trouver déjà en compagnie de l'ambassadrice. »

Omiros grimaça à l'appellation toute sardaise puis soupira sans méchanceté.

« Ce n'est rien, Dilys. Plus de peur que de mal. Ne vous cachez plus derrière la porte cependant.

– Oh, mais je ne me cachais pas ! J'ai voulu entrer juste alors que vous sortiez, c'est tout. »

Et, avec une nouvelle révérence et un nouveau sourire, elle se glissa derrière lui et pénétra dans le bureau. L'exclamation ravie de Zénobie parvint à Omiros à travers l'épaisse porte de bois, aussi ne s'attarda-t-il pas. Tout en remontant le couloir d'un bon pas, pressé qu'il était de se remettre à écrire, il ne put s'empêcher de repenser à la présence opportune de Dilys derrière la porte. Ses réunions avec l'ambassadrice étaient loin d'être confidentielles et les courtisanes de Zénobie se distinguaient par leurs savoirs rigoureux et leurs compétences variées, elles avaient parfaitement le droit d'y assister. Pourtant, un arrière-goût de méfiance s'attardait chez le poète. Il atteignit l'escalier qui descendait au niveau inférieur, emprunta les marches quatre à quatre et se promit de garder un œil ou deux sur la favorite.

ÉCHO D'EJIRO

Ejiro ! Ejiro ! Raconte-nous le premier de tes âges. Oui, raconte-nous l'enfance au parfum de paradis, l'amour de tes mères l'apprentissage à l'ombre de la Forêt.

Je me souviens.

Notre vie qui s'organise autour de la Forêt sur la colline. D'un côté, le plus opposé à la Ville, à la frontière des terres habitées et des montagnes sauvages, la maison de mes mères. Et de l'autre, à l'orée des pins bleus, la masure d'Adoua où des générations de Gardiennes se sont succédé avant elle. Puis le long du chemin, le hameau, et ensuite la Ville, qui n'a de Ville que le nom, mais non la forme ou la densité que ses ancêtres présentaient. Les quelques milliers d'âmes qui vivent là sont, comme moi, ignorantes des temps difficiles et de la civilisation qui les ont précédés. Tu fronces les sourcils, tu te demandes d'où et quand je te parle. Efface ses rides de ton beau front. Je n'invente rien. Le monde de mon enfance m'est à jamais inaccessible, mais il a son histoire, ses peuples, sa géographie. Toute une vie ne te suffirait pas à le comprendre dans son entièreté.

Je me souviens.

Tu vois, je les ai longtemps jalousés. J'ai désiré et haï la route qui menait entre leurs murs. J'ai voulu plus que tout m'aventurer là-bas, échapper à l'œil toujours alerte de Kahina et rencontrer enfin ces femmes et ces hommes qui étaient nos voisins. Une main invisible m'a toujours retenu. Était-ce ma poltronnerie ? Ou l'action de mes mères ? Je n'ai jamais passé le pas. Qui sait, si j'avais cédé à la tentation de la Ville, peut-être aurais-je ignoré les promesses de la Forêt.

Un jour, finalement, c'est la Ville qui vient à moi.

Adoua s'absente pendant quatre longues journées où je suis chargé de m'occuper de son jardin et de sa maison. Je traîne des pieds sur le chemin chaque après-midi, lorsqu'il est l'heure de m'y rendre et même l'impatience de Chi ne m'empêche pas de bouder. J'ai espéré, au début, pouvoir pousser jusqu'à la Ville en secret, découvrir ses rues et ses habitations par moi-même, enfin. Bien sûr, avec l'œil de Kahina toujours un peu tourné vers moi et la simple connaissance de mon caractère par mes mères, je suis vite découragé de cette entreprise. Chi et moi passons donc ces après-midi à tourner en rond chez Adoua, à mettre le bazar dans ses plantes séchées, à arranger sa réserve de bûches en une tour vacillante. La demeure de la Gardienne perd beaucoup de son charme en l'absence de sa propriétaire.

Je m'applique cependant au soin de sa pépinière, obéis à la lettre à ses consignes. Devant l'une des rares fenêtres de la masure, sur une vieille table aux planches salies et tachées par les ans, s'alignent une série de pots, tous détachés de leur usage originel et offert à une nouvelle destinée. Dans cette collection hétéroclite de tasses à thé ébréchées, d'anciens pots de confiture, de cafetières de verre à moitié brisées et, même, dans les plateaux d'une antique balance d'étain, poussent les précieux semis d'Adoua. Les petites pousses vert tendre tendent leurs feuilles nouvelles vers le ciel et la lumière, pressées de s'arracher à l'ombre de la terre, de déployer leurs ramages au soleil. Je veille à ce que leur terreau soit toujours humide, mais sans le détremper, comme me l'a martelé la Gardienne. J'assure la danse des pots le long de l'établi, variant leur degré d'exposition.

Le quatrième jour, en fin d'après-midi, tandis que Chi s'agite près de la porte, impatient de la course qui nous attend sur le chemin du retour, j'entends deux voix en provenance de la route. L'une m'est particulièrement familière, mais la deuxième, plus juvénile, m'est totalement inconnue. Je rejoins Chi sur le seuil. C'est bien Adoua qui arrive, le dos et les bras chargés de ses emplettes à la Ville, accompagnée d'une acquisition à laquelle je ne m'attends pas. Quelqu'un accompagne la Gardienne. Pour la première fois de mes neuf années d'existence, je rencontre un nouveau visage. Myriam a le même âge que moi, lorsqu'iel commence son apprentissage aux côtés d'Adoua, mais son regard sérieux, son air appliqué, impressionne beaucoup le jeune garçon qui lui fait face. Puis un sourire immense ouvre de joie sa figure, le rajeunie considérablement et je pressens ce qui restera ma prédiction la plus juste : je suis au début d'une amitié merveilleuse, de celle qui complète une existence entière.

« Eh bien ne reste pas planté là ! »

L'interpellation d'Adoua m'arrache à mes pensées. Bredouillant des excuses, je m'avance et la décharge d'une grande partie de son fardeau.

« J'espère que mes semis sont en pleine forme, Ejiro, ou ça va barder pour toi jeune homme. »

Ses piques sont adoucies par le bisou qu'elle colle au sommet de mon crâne, comme elle réintègre sa maison. Myriam, iel, s'arrête devant moi et me tend la main.

« Myriam. Enchanté de te rencontrer.

– Ejiro, je réponds en serrant sa petite main tiède dans la mienne. J'habite un peu plus loin avec mes mères.

– Oh ! Tu es le fils des dames-mages ? »

Je me rends compte alors que Sameera et Kahina fréquentent d'autres personnes qu'Adoua et moi, sans compter les rares visites des autres magiciennes. Qu'elles ont des connaissances, peut-être même des amies, là-bas, à la Ville, où je n'ai pas le droit de me rendre. Une humeur sombre brouille un instant le plaisir de cette nouvelle rencontre. Ainsi, mes mères ont une vie en dehors de moi, de notre maison, de la Forêt. Le sourire de Myriam détourne mon attention, suffisamment longtemps pour que j'accepte d'oublier mes récentes découvertes. Pour le moment.

« Qu'est-ce que tu fais avec Adoua ? Je demande, tâchant de retrouver mon entrain de tantôt.

– Iel est mon futur successeur, interrompt Adoua. Maintenant au travail ! J'ai du pain sur la planche. »

Myriam et moi sourions innocemment. C'est seulement à ce moment-là que je remarque les similitudes entre les deux Gardiennes. Une même étincelle habite leurs regards, une même attitude imprègne leurs gestes. Elles tendent naturellement vers le ciel, même avec leur différence de taille je le vois clairement, elles sont comme les arbres dont elles sont les traductrices auprès des habitantes de la Ville, vibrante de vie et de savoir, un trait tracé entre la terre et les nuages.

Je me souviens.

Je suis Adoua et Myriam comme une ombre et dans la mienne marche Chi. Je les suis dans le jardin de simples de la Gardienne : caché dans la haie, je m'accroupis sous les fenêtres dans l'espoir d'attraper une once de ce savoir qu'on me refuse.

Le soir, après sa journée de travail, Myriam me retrouve derrière une boucle du chemin, hors de vue de nos maisons respectives, presque à l'ombre des pins. Là, à l'abri des regards, iel m'apprend à son tour ce qu'Adoua lui a enseigné. Je découvre ainsi les secrets des Gardiennes, celles qui ont précédé Adoua dans sa petite bicoque, mais aussi celles qui vivent plus loin, près d'autres Villes et d'autres bois sacrés. Myriam ne sait pas me dire si ces Gardiennes-là aussi ont à leur charge une forêt de pins bleus.

« Le lien entre Adoua et la Ville doit être aussi fort que celui qui la lie à la flore et à la sylve, m'explique Myriam un soir. C'est parce que l'accord n'a pas été passé entre elle et d'un côté les arbres, de l'autre les êtres humains, mais directement entre ces derniers. Une Gardienne est une passerelle, un pont qui enjambe un fossé d'incompréhension. C'est pour cela qu'on attend ses dix ans avant de confier son élève à une Gardienne, je ne pourrais pas être un lien si je n'en avais pas d'abord tissé avec les habitantes de la Ville. »

Comme Myriam aime instruire. Iel est très sérieux dans ce rôle de tuteur que nous lui avons inventé, iel me donne des exercices à faire, des leçons à apprendre. Je m'efforce de répondre à ses attentes, même si pour cela je dois me cacher de mes mères, mais ça en vaut la peine, quand iel me complimente sur mes progrès. Je crois que Myriam fera un excellent professeur, lorsque viendra son tour de former une héritière, même si je n'étais pas là pour le voir enseigner.

Je me souviens.

Les années passent et l'amitié entre Myriam et moi ne fait que croître, comme les semis d'Adoua que je surveillais lors de notre première rencontre. L'une des plantes orne le coin de la fenêtre de ma chambre, désormais. Sur le pot, je grave le début de nos deux noms. Myr et Eji. Plus tard, je reprendrais le sien.

Je me souviens.

N'ignorant rien de mon école buissonnière en compagnie de Myriam, mes mères s'attellent, enfin, à mon grand soulagement, à mon éducation. Le jour de mes dix ans, seule Kahina m'attend à la table du petit déjeuner. Ni Chi, ni Sameera ne se trouve dans la cuisine, je n'entends même pas ma mère s'activer ailleurs dans la maison.

« Assieds-toi », me dit Kahina.

Pourquoi lui désobéir ? Mon petit déjeuner m'attend à ma place à table, je ne suis pas en retard sur mes tâches de la journée et ma mère a ce petit sourire qui laisse entendre qu'elle va me faire plaisir. Je m'assois sans mot dire, en l'observant à la dérobée. Kahina n'est pas de celles qui tournent autour des pots métaphoriques.

« Ejiro, tu as l'âge d'entrer pleinement dans ton héritage de mage, désormais. Tu nous assisteras donc, Sameera et moi, à différentes tâches, qu'elles soient magiques ou non, et ce jusqu'à ce que nous ayons décidé que tu sois suffisamment formé. »

Elle prend le temps de capter mon regard avant de poursuivre.

« Alors tu pourras décider du cheminement de ta vie et quitter la vallée, si c'est ce que tu souhaites. »

Cette nouvelle secoue bien plus mon existence que ma rencontre avec Myriam. Alors on peut vivre en dehors de la vallée de mes mères ? Alors le monde n'est pas que forêt, une fois les limites de nos terres dépassées ? Alors il y a d'autres univers que celui, placide et tranquille, autour de la maison de Kahina et Sameera ? Je me souviens comme j'ai du mal à y croire. Tu sais, maintenant, combien je sous-estime les possibilités qui s'ouvrent alors à moi.

Jamais une journée n'a passé aussi vite. Kahina m'entraîne à sa suite et à la magie sans s'arrêter, sans prendre de pause. Elle va avec résolution d'une tâche à une autre de son emploi du temps, comme si elle suivait un chemin tout tracé, une sente visible d'elle seule. C'est probablement le cas. Même avec tout mon entraînement au côté de Chi, je dois parfois courir pour ne pas me laisser distancer. Je cours après ma mère qui court d'office en mission, assurant la bonne santé de nos plantations, le bien-être des insectes, des rongeurs, des oiseaux. Nous nous enfonçons dans la forêt de feuillus qui s'étend autour de chez nous, aussi loin que l'œil peut voir. Je n'ai jamais été aussi profondément sous les arbres. Jamais sans Chi à mes côtés, en tout cas. J'ai à peine le temps de regretter l'absence de Myriam et de mon chien. Nous traversons des rues dans lesquels je ne me suis jamais baigné, présentons nos hommages à des géants si vieux que toute ma famille ne pourrait faire le tour de leurs troncs. Kahina me donne tout juste quelques explications quand elle prélève un jeune plant là, attache un cheveu à une branche ici. Pourtant, je peux sentir la magie se tisser tout autour de nous. Avec résolution et précision, ma mère construit son sortilège, renouvelle ses enchantements, étend ses rets subtils au-dessus de la vallée. Jamais je n'atteindrai son niveau de justesse. Je n'en aurai pas le temps.

Je me souviens.

Dans mon rêve, je marche et la Forêt marche dans mes pas. Elle étend ses racines, ses rhizomes, ses stolons dans la terre qui porte mes pieds, laisse couler sa sève dans l'empreinte de mes orteils, tend ses longues branches tortueuses au-dessus de ma tête, pour me protéger comme pour me retenir. Ce n'est ni le jour ni la nuit, dans mon rêve. Un crépuscule, une aurore éternelle accompagne la venue de la Forêt des pins bleus, la devance et la poursuit. L'air se charge de résine et d'aiguille, une fragrance si lourde qu'elle colle à mes poumons, s'attache à mon souffle. Mon haleine s'emplit d'un parfum de sous-bois.

Dans mon rêve, la Forêt murmure à mon oreille, tandis que j'avance le long du chemin de terre.

« N'es-tu pas las, Ejiro ? N'en as-tu jamais assez ? Ne voudrais-tu pas dépasser ses frontières que l'on t'a imposées ? »

La Forêt susurre et bruisse tout autour de moi. Elle glisse les mots au cœur des sporophiles, les fait mûrir à l'abri des chatons en fleur, en gave ses spores jusqu'à plus soif et les relâche en nuages jaunâtres porteurs de son message.

« Comme j'aime te voir grandir, Ejiro, chaque jour que tu vis t'élève et te hausse, toujours plus beau, toujours plus fort, j'ai hâte de te contempler dans toute ta maturité. Mais comme cette vallée est petite pour un magicien tel que toi ! Tes mères ont choisi leur exil, pourquoi devraient-elles te l'imposer à toi ? »

Les grains microscopiques se collent à mon palais, se glissent dans ma gorge et j'étouffe, presque, de ses monologues enflammés. Je ne réponds jamais, dans mes rêves, je ne peux que tousser. De toute façon, pourquoi riposterais-je ? Elle n'a pas tort, la Forêt.

Dans mon rêve, les pins se resserrent autour de moi. Leur écorce effleure ma peau, leurs aiguilles caressent l'auréole de mes cheveux crépus. La mousse épaisse et ses petites fleurs violettes se pressent sous mes pas, comme pour me pousser en avant, m'encourager dans ma marche. Pourtant, je n'ai pas de destination, je rêve. J'avance sans but, sur un sentier qui semble n'avoir pas de fin, pour le simple plaisir de poursuivre mon chemin. La Forêt, elle, est résolue. Elle se blottit derrière moi, n'ose pas prendre les devants, mais ses instructions sont claires.

« Va, Ejiro, murmure son pollen à travers mes bronches. Sors donc de ta vallée. »

Dans mon rêve, la Ville se dresse soudain au bout du chemin. Elle n'est toujours qu'un assemblage compact de multiples copies de la maison de mes mères et de celle d'Adoua, mais pour la Forêt comme pour moi il n'y a aucun doute possible.

J'accélère, sans même avoir besoin de la pression des pins et de la mousse. J'ai fait mienne l'envie de la Forêt, moi aussi je veux voir la Ville et dans mon rêve il n'y a personne pour m'en empêcher.

J'attaque ma première foulée de course quand Kahina se dresse sur le sentier. Elle ne me regarde pas, toute son attention fixée sur les arbres bleus derrière moi.

« Stop. »

Toutes les autres fois, dans tous mes autres rêves, sa simple présence à suffit à m'arrêter, à me tirer du sommeil plus vite que Chi sautant sur mon lit. Dans ce rêve, sa voix ne me ralentit même pas. J'avance toujours sur le chemin, vers la Ville au loin. Kahina disparaît. La Forêt exulte. Puis déchante, quand mes mères réapparaissent, côte à côte, en travers de notre route.

« Ejiro, arrête-toi », disent-elles à l'unisson.

Je n'ai jamais vraiment su leur dire non. Mon rêve se dissout dans un nuage de pollen doré.

Je me souviens.

Mon oreiller collant de sève sous ma tête. Mes draps recouverts de poussière jaunâtre. Les aiguilles bleues dans mes cheveux. Chi recroquevillé dans un coin de la pièce, qui grogne faiblement, mais n'ose pas encore s'approcher. Et le parfum de pins et d'humus imprégnant toute ma chambre d'enfant.

NORDEAU

« La nuit vient vite, lorsqu'on la redoute. Et d'autant plus, lorsqu'on l'oublie. »
Proverbe sabès

Elles descendirent de la montagne comme une avalanche et comme le vol discret des harfangs. Elles quittèrent la sécurité des sommets, le secret des combes, le couvert des arbres, retrouvèrent des altitudes habitées, des vallées civilisées, la proximité des villages. Leur ancienne cachette les relâcha sans amertume, sans garder rancune. Il n'y avait là aucun abandon, seulement le besoin naturel de pousser en dehors du giron maternel ; si leur assaut tournait mal, elles seraient à nouveau les bienvenues en son sein.

Elles attaquèrent le campement des Sabès à la tombée de la nuit. Dans la lumière du crépuscule, entre dragon et chimère, elles dévalèrent les flancs de la montagne, sous l'ombre des feuillus. La sentinelle tomba la première. Son sang tacha le tapis de feuilles du sous-bois et son corps roula sous un buisson, abandonné à la forêt. En silence, elles allèrent de tente en tente et égorgèrent les occupants dans leur sommeil. Plus rien ne séparait les soldats des Sabès de la colère des rebelles. Elles les fauchèrent comme du blé mûr, en une terrible moisson de mort.

« C'est ici que nous nous quittons, chuchota Lorcan à Berhane tandis qu'elles se tenaient au milieu du camp décimé. Moi et les miennes – elle se tourna brièvement vers Thulile et Nisha, deux de ses compagnes de toujours – allons descendre sous Nordeau et pousser jusqu'au village pour bloquer tout message qui essayerait de passer. »

La cavalière hocha la tête, les sourcils froncés, le regard déjà tourné vers sa citadelle.

« Si la Dame le veut, nous nous retrouverons demain dans la cour de Nordeau.

– Tu as les charmes de Myrddin ? »

Plongeant la main dans une poche de son manteau-tissé, Berhane en ressortit trois petites pives qui rougeoyaient faiblement, animées d'une pulsion magique et vivante, écho du pouls lointain de leur créateur.

« Tu crois vraiment en leur efficacité ? »

Brigandine les avait rejointes. Elle tenait à la main son épée encore éclaboussée de sang, une grimace écœurée assombrissait son visage. Dissimulé dans l'ombre, à la lisière du campement, son dragon rodait, la surveillant de près, à la fois massif et discret à l'abri de la nuit. Berhane savait Desta tout proche, lui aussi, ses ailes inconfortablement repliées contre ses flancs, sa belle tête aviaire obligée de se courber pour suivre le cheminement de l'unité de rebelle que commandait sa cavalière. Ce clouage au sol imposé leur pesait chaque jour un peu plus. Pour les guerrières de Sarda, il n'y avait plus tant d'occasions de voler ces temps-ci. De nouveau, elle glissa dans sa poche les sortilèges confiés par Myrddin, avant de se tourner vers Brigandine.

« Oui, affirma-t-elle. Les illusions du mage ne nous ont jamais fait défaut jusqu'ici.

– Il faut une première fois à tout, rétorqua sa consœur. Tu ne sais rien des véritables plans de Myrddin, de ce qu'il mijote en secret, de ce qu'il prépare dans notre dos. »

La rancœur imbibait chacune de ses paroles comme le sang imprégnait l'humus sous leurs pieds. Une haine inextinguible brûlait chez Brigandine d'Ousterre, cavalière d'une citadelle détruite, Matriarche de ruines et de cendres ; une haine qui n'avait qu'un objet, bien au-dessus de la colère qu'elle destinait aux Sabès, une haine qu'elle réservait pour Myrddin aux doigts de feu. Seul Roland s'attirait parfois par sa simple présence les foudres de la jeune femme. De fait, dans son jugement endeuillé, Brigandine mêlait l'un à l'autre, le mage au prince déchu, faisait de deux rancunes, une colère. Elle dévisageait à présent ses deux complices avec détermination, attendant leur réponse. Un recoin de mémoire pinça soudain la poitrine de Berhane. Dans ces yeux assombris de colère, elle retrouvait presque l'obstination de Sophie. À quel point Brigandine s'était-elle moulée dans le souvenir de son amour ?

« Je comprends ta défiance envers Myrddin, Bri, lui souffla Berhane. Et je pense sincèrement qu'il est nécessaire que tu continues de douter de lui. Je te demande seulement de me faire confiance à moi. De notre unité dépend, non seulement l'attaque de tout à l'heure, mais tous les combats à venir ensuite. »

Brigandine hocha la tête sans mot dire. Une mélancolie lasse avait remplacé sa colère, reléguant sous un masque fatigué son ire brûlante. Sous les regards attentifs de Berhane et Lorcan, elle essuya la lame de son épée et la rengaina.

« Très bien. »

Elle renversa un instant la tête en arrière, laissa se perdre son regard dans les frondaisons obscures, y puisa l'énergie nécessaire au reste de la nuit.

« Allons-y. »

La silhouette de pierre de la citadelle se découpait nettement dans l'obscurité nocturne, baignée par la clarté du grand fleuve d'étoile traversant le mauve du ciel. Depuis sa cachette à l'orée de la forêt, Berhane voyait les vigies sabès aller et venir le long du chemin de ronde, qu'elle avait elle-même emprunté bien souvent. La flamme vacillante d'une lampe à huile éclairait deux buprestes en poste devant la grande porte, peinait à repousser les ombres de leurs visages sous leurs casques à cornes retroussées et leurs demi-masques à mandibules. Un lachnidé en armure complète, accoudé à son pavois noir et blanc, montait lui aussi la garde. Quelques lumières éparses brûlaient derrière les meurtrières percées de ce côté-ci des remparts. Le murmure de la Vouivre, descendant de sa source là-haut dans la montagne et traversant la citadelle du nord au sud, parvenait jusqu'à la cavalière embusquée. Une nouvelle vague de chagrin secoua Berhane. Même s'ils étaient plongés dans la nuit, occupés par des forces ennemies, elle reconnaîtrait toujours les murs de sa maison. Malgré l'étage effondré, malgré le feu qui l'avait en partie dévorée, la vue de cette forteresse, à la fois haute et trapue, soulagerait toujours les nœuds d'angoisse emprisonnant son ventre. Même quand elle ne devait la retrouver qu'un temps, même quand elle lui réservait un sort terrible. Pourtant, cette nuit aussi, la simple proximité de Nordeau la réconfortait.

« Maîtresse Berhane. »

L'une des éclaireuses avait surgi des fougères.

« Adèle. Quelles sont tes dernières estimations ?

– Six buprestes et trois lachnidés chargés de la protection de la porte principale, douze arquebusiers sur le toit et deux escouades stationnées dans la cour. C'est moitié moins qu'avant le départ du prince Roland pour l'Est. »

Berhane ne se donna pas la peine de corriger l'utilisation du titre obsolète.

« Et à l'intérieur ?

– Personne. Il semblerait que même les soldats des Comtés-Unis soient sujets à un peu de superstition. »

La cavalière hocha la tête gravement. C'était un pari risqué, mais Adèle et les siennes observaient les allées et venues des Sabès autour de Nordeau depuis plusieurs mois déjà. Berhane leur faisait absolument confiance.

« Bien. Allons-y. »

Elles se retirèrent sous le couvert des arbres, rejoignirent le gros des troupes. La piste qu'elles suivaient n'était rien de plus qu'une sente d'oiseaux sauvages, un lacet étroit slalomant entre les troncs, les ronces et les halliers, mais il avait le mérite d'être indécelable depuis la citadelle et de permettre un repli rapide sous la couverture des fougères, en cas d'urgence. Les autres éclaireuses les rejoignirent en chemin, ainsi que les quelques rebelles en mission de reconnaissance sur les flancs de la montagne. Elles marchèrent longtemps à travers la forêt.

Elles entendirent la clameur du camp avant de l'apercevoir. En bordure de la limite des arbres, juste avant le terrain nu où elles avaient installé leurs quartiers temporaires, la quiétude de la forêt laissait place à une activité tapageuse. On allait et venait sans relâche entre les tentes, les corrals, les auvents. Épées, lances et boucliers passaient de main en main, pièces d'armures et de harnachements trouvaient leur propriétaire. On s'interpellait d'un bout à l'autre du campement, on criait des ordres, bravait la peur de la mort à grand renfort de vocifération. Les dragons, rassemblés à une extrémité de la sommière, unissaient leurs huissements criards aux voix humaines, en un concert discordant. Berhane les survola du regard, trouva immédiatement Desta, mais ne se permit pas de le rejoindre. Elle avait à faire avant de pouvoir étouffer son angoisse dans les plumes de son encolure.

« Berhane ! Par ici ! »

Brigandine agitait son bras tendu au-dessus de la foule. La jeune Matriarche avait dressé la table des opérations tout au milieu du camp, comme pour mieux inclure l'entièreté des rebelles à leur plan.

« Il est presque minuit, attaqua-t-elle immédiatement à l'arrivée de Berhane. Lorcan et son groupe doivent désormais être en position à travers toute la campagne de la plaine et avoir pris le contrôle du village. Nous avons encore cinq heures de nuit devant nous, c'est assez pour reprendre Nordeau, mais pas pour nous perdre en chemin. »

Berhane acquiesça, retrouva aussitôt son sang-froid face à l'imminence de l'assaut.

« Les vorombes vont être gênés par la densité de la végétation, les dragons, eux, n'auront aucun obstacle sur leur chemin. Il faudra patienter, ne pas lancer l'attaque tant que l'infanterie ne sera pas à portée de la citadelle.

– J'ai transmis l'ordre de patience à toutes nos cavalières restantes, mais je ne sais pas si elles seront capables d'attendre. Je les comprends. Moi aussi, j'ai envie de tuer du Sabès. »

Berhane ne put qu'approuver d'un hochement de tête. Elles étaient si proches. Il lui semblait qu'elle n'avait qu'à tendre le bras pour toucher la Nordeau de pierre comme elle effleurait à l'instant celle de papier.

« Comme nous toutes – une grande inspiration –, il est temps. »

Brigandine porta deux doigts à sa bouche et émit un sifflement doux, à peine perceptible par-dessus le brouhaha régnant sur le camp. Seules les rebelles les plus proches l'entendirent. Elles s'arrêtèrent, se turent, s'approchèrent de la table et de la carte. Celles qui les voyaient se rassembler interrompirent leurs propres activités, puis les suivantes et ainsi de suite, jusqu'à ce qu'un grand silence s'installe à travers la montagne. On n'entendait plus que le murmure des feuilles sous la brise nocturne, le bruissement des plumes des dragons. Les flammes des braseros jetaient des reflets d'espoir sur les visages de la résistance, unie dans un seul souffle, une seule respiration. Les soldates prêtes à partir au combat, les villageoises ayant perdu jusqu'au chaume du toit de leurs maisons, les cavalières criant vengeance, tous et toutes tourné ensemble vers un même but. Berhane échangea un regard avec Brigandine. Quand avait-elle été jugée digne de la confiance de tous ces hommes et de toutes ces femmes ? L'élection qu'elles avaient tenue, il y a deux ans déjà, semblait si futile à l'époque. Les pierres noires et blanches, ramassées sur les chemins durant leur fuite vers le nord et la sécurité des montagnes et des forêts, déposées dans une grande jarre, brisée depuis, les avaient désignées, Lorcan et elle, représentantes de la résistance sardaise. C'est à cette occasion qu'elle avait rencontré sa collègue, élue en majorité par ses compatriotes nordiques. Berhane regrettait son absence à leurs côtés en ce moment, bien qu'elle sache l'importance de sa mission. L'ancienne tisserande n'aurait pas approuvé un grand discours.

« Il est temps, répéta Berhane. Que chacune gagne son poste, nous partons au combat. »

Il n'y eut pas d'exclamation de joie ni de clameur guerrière. Son ordre se transmit de rebelles en rebelles, murmuré souvent, dit parfois, jamais clamé. Berhane regarda tour à tour les visages beaux et graves autour d'elle. Ce n'était pas une armée qui se trouvait devant elle, mais à force d'obstination et d'acharnement, elles avaient fini par construire les prémisses d'une révolution.

La résistance se dispersa aussi vite qu'elle s'était rassemblée. On se glissa sous les tentes pour terminer les tâches qui ne pouvaient être ajournées, on acheva de se barder d'armures et de lames. On dit ses adieux. Sur les cent âmes qu'abritait la montagne, près de la moitié partait ce soir-là au combat. Les autres assureraient la sécurité du camp, protégeraient leurs arrières, rapporteraient leur défaite au reste de la résistance encore caché dans la forêt. Brigandine resta aux côtés de l'élue.

« Fais attention, murmura-t-elle à Berhane. Je suis totalement incapable de mener qui que ce soit à la victoire sans Lorcan et toi. »

Elles avaient longtemps débattu de ce que leurs rôles d'élues impliquaient dans l'organisation du plan de bataille. Elles ne souhaitaient ni rester en arrière dans une relative sécurité ni perdre bêtement la vie sous les coups des Sabès, comme, en cela, toutes leurs camarades rebelles. Il avait été impossible de convaincre Lorcan de rester au camp et personne n'aurait pu refuser à Berhane la reconquête de sa citadelle de cavalière, alors Brigandine, la colérique, l'endeuillée, avait assumé la responsabilité des arrières.

« Je suis toujours prudente, tu sais bien, lui répondit Berhane avec un triste sourire.

– Il en faut une, entre nous trois. »

Elles rejoignirent leurs dragons à l'extrémité du campement. Les bêtes ailées conservaient leur majesté d'antan, malgré les conditions de vie humiliante que leur imposait la vie de rebelles. Un jour, ils retrouveraient une volière digne de ce nom et elles prendraient soin de leurs plumes et de leurs ergots, de leurs blessures qui ne guérissaient pas, de leurs ventres vides. Desta vint frotter sa grosse tête de rapace contre la joue mal rasée de Berhane. Elle glissa en retour ses doigts sous les plumes de son poitrail. Ce n'était pas leur première bataille, mais ce serait la première fois qu'elles combattraient sous les murs de leur foyer.

« Elles t'attendent », chuchota Brigandine, appuyée contre sa propre monture.

Berhane acquiesça. Il était temps.

La forêt défilait sous le ventre de Desta. Ombre de canopée à peine visible dans l'obscurité de minuit, elle abritait les soldates de la résistance à pied ou à vorombes, étouffait le bruit de leur pas, couvrait leur approche. Une femme plus croyante aurait pu y voir l'intervention de la Dame étendant ainsi sa protection à ses ouailles. Il aurait fallu, pour cela, oublier les massacres d'Ousterre et de Zinia, l'occupation sabès, la mort de plusieurs milliers de cavalières. Berhane n'oubliait pas.

Arrivées en vue de Nordeau, les cavalières et leurs dragons prirent de l'altitude, confiant au ciel étoilé leur effet de surprise et leur sécurité. Elles avaient survolé la forêt le plus lentement possible, accompagnant le trajet de leurs camarades à travers le sous-bois, mais, aux abords de la citadelle, pour ne pas trahir leur approche, elles avaient dû retrouver la sûreté des hauteurs. Berhane laissait Desta planer paresseusement sur un courant ascendant montant de la plaine, loin au-dessous d'elles. Il fallait patienter. Attendre sagement le signal, ne pas se précipiter. Elle n'avait aucun mal à contenir les accès de violence que faisait naître en elle la vue des soldats sabès sur les remparts de Nordeau. Elle n'avait jamais eu de facilité à tuer. Il n'en allait pas forcément de même pour ses sœurs. Qu'elles soient ou non originaires de la citadelle du Nord, les femmes autour d'elle vengeraient ce soir tout autant les habitantes de Nordeau que leurs propres compagnes cavalières tombées au combat ou assassinées par les Comtés-Unis. Et pourtant, elles devaient attendre. Pour cela, Berhane devait les soutenir. D'une pression du genou droit, elle guida Desta aux côtés d'Ife d'Estari. Ses mèches de cheveux lockés formaient un chignon épais sur le sommet de son crâne, rappelant la propre silhouette de Berhane. Elles se saluèrent d'un geste presque invisible de la main.

« Encore quelques instants, chuchota Berhane à la nuit.

– Si les autres se dépêchent, souffla Ife en retour. J'ai promis à la Matriarche Brigandine, mais je ne sais pas si j'aurais beaucoup plus de patience.

– Je sais. Je comprends. Il faut attendre pourtant.

– Mais regarde-les. Ils se pavanent sur tes murs tandis que ma citadelle pourrit à ciel ouvert, éventrée par la curée de ces vautours. Je n'offrirais pas moins à la mémoire de mes sœurs. »

Les autres cavalières et leurs montures s'étaient approchées, tant et si bien qu'elles avaient, par réflexe, pris une formation de vol de combat, deux paires d'ailes de chaque côté d'un corps central : Berhane et Ife.

« Certaines d'entre nous n'ont plus aucune raison de se battre, plus aucune proche à protéger, seulement une revanche à prendre. Alors qu'attendons-nous ?

– Seules, nous nous ferons massacrer.

– Tu nous en demandes beaucoup, Berhane.

– Trop. Je vous en demande trop. Mais quel choix avons-nous ? Vous ne pouvez plus vous battre pour vos proches ? Battez-vous pour des inconnues. Battez-vous pour nos terres, pour les enfants qui y naîtront, libres de l'occupation des Sabès. Battons-nous pour notre droit à déterminer nous-même de notre destin. C'est vrai, ce soir, je vous demande un grand sacrifice : je vous demande de survivre. »

Seule une brise douce répondit à sa tirade. Les cavalières s'étaient tues. Berhane ne pouvait pas les voir, sous le couvert de la nuit, alors elle les imaginait, le visage grave, le corps tendu en avant par l'expectative. Des larmes, peut-être, tachaient leurs joues, comme elles tachaient les siennes. Elles patientèrent dans la nuit. Les étoiles tournèrent dans le ciel au-dessus de leurs têtes. Puis une lueur vacillante s'alluma à l'orée du bois, en amont du chemin menant aux portes de Nordeau, hors de portée des Sabès. L'infanterie rebelle était là. Berhane prit une grande inspiration.

« Maintenant. »

Leurs dragons se jetèrent sur les arquebusiers en patrouille sur le toit. D'une poussée de ses pattes puissantes, Desta balança l'un d'eux par-dessus le rempart. Sur son dos, se tournant et se retournant, Berhane jouait de sa lance avec la vivacité d'un faucon, piquant du bec les mains des soldats sabès, les forçant à lâcher leurs armes à feu. Très vite, elle dut mettre pied à terre, se glisser sous les ailes de Desta pour mieux combattre, repousser les soldats qui, même sans leurs terribles arquebuses, menaçaient la cavalière et son dragon. Un coup de feu retentit dans son dos, suivi d'une plainte grinçante et du bruit mou d'un corps qui sombre.

« Aku ! »

Berhane dévia la lame d'un Sabès, le repoussa contre les créneaux. Une langue de flammes embrasa le soldat. Avec un cri de douleur, il bascula dans le vide. De chaque côté de la grande porte, on prenait les armes. Les escouades stationnées dans la cour avaient été arrachées au sommeil par les cris d'alarme de leurs camarades de garde, les buprestes et les lachnidés devant la porte étaient pris d'assaut par les rebelles arrivées de la forêt. Berhane quitta brièvement les côtés de Desta pour ceux d'Ife, aux prises avec quatre lanciers montant les escaliers. Elle plongea son épieu dans le cou vulnérable de l'un d'entre eux, dû abandonner son arme lorsqu'il bascula en arrière et menaça de l'entraîner dans sa chute.

« Il faut ouvrir les portes ! hurla Ife par-dessus la cacophonie des combats. Si les autres n'entrent pas, nous sommes perdues ! Ils vont nous abattre une par une ! »

Avec un cri étranglé, une cavalière s'effondra sur leur droite, le bras à moitié arraché par un plomb. Plus loin, un dragon agonisait en travers du chemin de ronde, les entrailles fumantes dans l'air estival. Du coin de l'œil, Berhane vit Desta prendre son envol pour échapper aux tirs croisés de deux arquebusiers. Elle se tourna vers Ife. D'un regard, elles se comprirent.

« Pour Sarda ! »

Le dernier lancier roula au bas des marches.

« Dame, regarde-moi ! »

Elles dévalèrent l'escalier quatre à quatre, se jetèrent sur les trois Sabès seulement en partie habillés venant à leur rencontre, se taillèrent un chemin à la pointe de l'épée. Les soldats dans la cour finissaient enfin de s'organiser. Berhane se précipita sur la poutre barrant les portes, s'arcbouta contre le battant, poussa des épaules, du dos, des jambes. Ife fit face aux Sabès se ruant sur elles. Deux cavalières contre plus de quarante lachnidés et buprestes sabès. Les rebelles derrière la porte étaient leur seule chance. Un premier bupreste atteignit Ife, s'empala sur son arme. Deux autres la prirent en tenaille, forçant sa retraite, entaillant sa cuisse d'une plaie profonde. Berhane redoubla d'efforts. Il fallait seulement basculer la poutre. Un cri. Ife se fendit, laissa trois cadavres derrière elle et, abandonnant sa position, la rejoignit devant les portes. Les Sabès étaient sur elles. Berhane chercha vainement son épée. Un torrent de flammes s'abattit des remparts, coupa la route des soldats, les plongea dans un tourbillon mortel. Leur nombre les empêcha de s'arrêter à temps et la première ligne fut précipitée par les arrières au cœur du brasier. Leurs hurlements guerriers se transformèrent en beuglement de souffrance. Sans perdre un instant, Berhane et Ife unirent leurs forces contre la poutre. Avec maints soupirs et ahanements, tandis que les Sabès pris dans le feu des dragons agonisaient, les deux femmes firent coulisser le bastaing de chêne dans ses crampons de fer forgé. Les portes s'ouvrirent sur un flot de rebelles. Le fleuve de flammes se tarit et la résistance rencontra les Sabès.

Berhane se plaqua contre le mur de l'entrée, laissa passer le torrent de guerrières, s'accorda un bref répit au milieu du combat. Elle croisa le regard mort d'une rebelle abattue. La victoire était à portée de main. Un frisson de peur et de hargne mêlé parcourut son dos, ses bras, ses mains. Elle ramassa l'épée de la combattante décédée et se jeta à nouveau dans la bataille.

Geste d'Oihana

Les soirs où elle ne plante pas, les soirs où les Sabès rôdent autour du village et dans la campagne environnante, Oihana tisse. Sur le petit métier personnel que les Sabès ne lui ont pas encore pris, avec les derniers brins de laine qui lui restent, elle tisse. Elle tisse sur le métier familial, vertical, aux contrepoids de galet, si vieux qu'elle-même ne sait pas à quand remonte sa fabrication. Avant, c'était son fils qui le réparait, lorsqu'une lisse cassait par exemple. Désormais, elle doit se débrouiller seule, il n'a plus l'énergie. Elle tisse tout de même. Elle tisse les motifs floraux, les animaux, les spirales qui s'emboîtent à l'infini. Elle tisse de petites étoffes, des toiles modestes. Rien de l'envergure de ce que Cherchefeuille produisait. En même temps, les grands métiers à tapisserie sont partis, emportés par les Sabès dans leurs manufactures officielles, d'où sortent leurs productions officielles, pour les marchés officiels. Elle en connaît beaucoup qui ont choisi ou se sont résolues à aller travailler dans ses conditions là. Plus jeune, moins fatiguée, sans cinq petites-filles dont elle doit s'occuper, peut-être Oihana aurait-elle, également, cédé. En attendant, elle tisse. Ce qu'elle tisse, elle le vend au marchand ambulant qui descend et remonte le fleuve, une fois par mois, afin qu'il les vende ensuite aux villes en aval. Du moins jusqu'à ce que les taxes et les monopoles des Sabès ne le découragent de faire le voyage.

De toute façon, la réserve de laine de la grand-mère a fondu comme neige au soleil. Elle ne peut plus en acheter aux cardeuses qui avaient l'habitude de les fournir, puisque les Sabès rachètent tout et plus cher. Quant à sa propre production, après les réquisitions des Comtés, il ne lui est plus resté qu'un maigre ballot de laine brute. Une fois triée, lavée, cardée, c'est à peine si Oihana peut en tirer quelque chose de tangible. Une

unique pelote, de quoi tricoter un bonnet à l'une de ses petites-filles. Elle a heureusement un petit peu de réserve, du fil de moins bonne qualité, de quoi faire du tissu grossier, même pas du drap, rien de la délicatesse de ses productions habituelles. Et puis rien pour les teindre non plus. Sans sa belle-fille, sans son fils présent et attentif, la grand-mère n'a plus moyen de se rendre au marché de Persbreuille où transitent épices, herbes, racines et mixtures à teindre. En supposant qu'il existe toujours.

Ses outils, ses ressources, tout se délite et disparaît, au fur et à mesure que son art lui est arraché. Bientôt, elle en viendra peut-être à oublier la connaissance même de son métier de tisserande. Il ne sera pas transmis à Usoa, Garbi, Irune, Edurne, Amets. Pas d'héritage pour la ronde de fillettes, qu'une étable vidée de ses habitantes, un unique métier à tisser vertical et aucun savoir-faire.

La mairesse, parfois, essaye de lui donner un peu d'espoir.

« Même si elles ne peuvent jamais produire comme nous le faisions, explique-t-elle lorsqu'elle vient boire le thé, elles trouveront leur propre voie de tisseuses. Différente de la nôtre, certes. Mais tout aussi importante.

– À quoi ça sert ? rétorque la grand-mère de gestes saccadés. On ne peut pas tisser que pour soi, pour son usage personnel. Il faut faire circuler les fils et les tapisseries, la laine et l'étoffe. »

Cela fait toujours un peu lever les yeux au ciel à la mairesse. Comme si c'était une invention d'Oihana et non pas une injonction de la Dame.

« Parfois, j'oublie que nous n'avons pas tout à fait le même âge. »

Cela, en retour, fait renâcler la grand-mère. Mais elles ne se fâchent pas. Il y a entre elles une trop longue amitié pour que les conséquences de l'occupation sabès viennent y semer la discorde. Leur colère, si colère il doit exister, est commune et dirigée contre le même objet. Ce n'est pas difficile, elles entendent le martèlement de leurs bottes dans la rue depuis la fenêtre, l'entendent résonner sous les voûtes inhabitées de l'étable voisine. Même le vieux bouc aveugle, les Sabès l'ont emporté.

Il est trop dur pour la grand-mère de se résoudre à oublier leurs anciennes pratiques. Elle ne veut pas apprendre à ses petites-filles une caricature de leur art ancestral, elle veut les former comme elle a été formée, comme sa propre grand-mère a été formée et son père avant elle et la mère de celui-ci. Elle veut que les choses redeviennent comme avant et que rien, plus jamais, ne change.

C'est un soir de printemps, à la toute fin de l'hiver, que les soldats des Sabès ont saisi leurs troupeaux. Oihana a regardé ses précieuses chèvres s'éloigner sous escorte armée, accompagnées des bêtes de ses voisines, sous le regard satisfait du légat de l'ambassadrice. Les bêlements, les cris, l'odeur forte et familière se sont éloignés lentement. Il a fallu beaucoup d'agitation de la part des buprestes pour faire monter les bêtes dans les gabarres amarrées le long des berges. L'une des plus belles chèvres des filles de la tisserande est tombée à l'eau et, emportée par le poids de son épaisse toison, n'est pas reparue.

La vieille femme est restée immobile au milieu du chemin, ignorant les appels enjoués de ses petites filles qui la retrouvaient après une journée d'absence. Autour d'elle, les bras chargés du peu de laine qu'elles ont eu le temps de récolter, les habitantes du village sont frappées par la même stupeur. Elles se sont attendues à une telle main-basse, après tout certaines de leurs proches sont déjà parties pour les mines d'argent de Zénobie. Mais voir véritablement leurs troupeaux s'éloigner sonne comme un deuxième abandon, une deuxième défaite. Une pointe d'angoisse a étreint la poitrine d'Oihana et elle a dû lutter pour refouler ses larmes. Elles ne feraient revenir ni ses chèvres ni sa belle-fille. Elle a fait signe aux autres villageoises, désigné les ballots de laine encore entre leurs mains. Elles sont rentrées chez elles, avec leur maigre butin.

Il n'y a déjà plus, à cette époque, de velléités rebelles chez les habitantes de Cherchefeuille. Pas depuis les premiers mois d'occupation. Elles ont bien essayé, au début, de refuser les ordres du légat des Sabès, de s'opposer aux directives du commandant bupreste. Les conséquences ont été immédiates. Personne n'a encore osé recommencer. Aux ruines de la maison-breuil de leur cavalière de province, personne n'a touché depuis. La poussière de ses os, les cendres de sa chair, sont toujours mêlées aux décombres de sa demeure, apaisés, peut-être, par cette parodie de rites funéraires. Son dragon a fui, loin vers l'Est, et n'est pas revenu. Le charbon du bosquet sacré, lui aussi, a tenu lieu de bûcher mortuaire. Le légat y a fait attacher quatre villageoises, après leur premier soulèvement, et y a fait mettre le feu.

Plusieurs années ont passé, l'été s'est installé sur Cherchefeuille et pour la troisième fois, les habitantes ne sont pas montées à l'estive. Les villageoises et leurs familles se sont retranchées entre les murs de leurs maisons. Entourée de ses petites filles, Oihana s'est remise à tisser. Les aînées, Usoa et Garbi, savent déjà filer la laine avec talent et Irune, celle du milieu, carde sans se déconcentrer. Edurne et Amets, elles, jouent allongées par terre avec les figurines de bois que leur mère a sculpté, avant de partir pour les mines. Elles ne sauront peut-être jamais se servir des grands métiers à tisser de Cherchefeuille, ne pourront pas produire des voiles de navires, des tapisseries de temple, des étoffes chatoyantes. Mais elles sauront manœuvrer le petit métier qu'il leur reste. Elles sauront faire sillonner la navette entre les fils de trame et les fils de chaîne, sauront fixer ceux-ci aux lisses, sauront fabriquer un peu de tissu, juste des chutes, rien de fameux. Mais elles sauront. Elles connaîtront un peu du savoir de Cherchefeuille et le porteront en elles, toute leur existence.

Plaines de l'Est

À l'Est de Sarda, entre le petit massif montagneux du plateau de la Dame et l'étroite, mais haute chaîne des Tembok-timur qui sépare le royaume des cités-libres, s'étend une plaine fluviale fertile, riche en blé, maïs, vignes et fruitiers. Seconde en production agricole derrière les exploitations de la citadelle d'Ousterre, elle est principalement administrée par des petites fermes indépendantes et des coopératives paysannes dont les origines remontent aux seigneurs forestières d'antan. Cependant, s'y est développée récemment une campagne d'acquisition de terres à grande échelle par les bourgeois-marchands de la ville-frontière de Veyssane. »

Introduction d'un rapport de terrain pour Son Excellence l'ambassadrice Zénobie de Roquesière en Vesq.

Roland avait beau se dévisser le cou, se renverser en arrière dans sa selle, mettre à mal son assise pour mieux observer le ciel, il ne parvenait pas à apercevoir un éclat de bec, une plume fugitive. Les deux cavalières qui les accompagnaient s'étaient élevées si haut et si profondément au cœur des nuages, qu'il n'avait aucune chance de les discerner parmi les nuées mêlées de cendre roulant leurs vortex nébuleux au-dessus de sa tête. Ça ne l'empêchait pas d'essayer. Il ne se lassait pas de les voir en vol, malgré les dernières années passées à leurs côtés. La puissance à peine contenue des dragons, les reflets multicolores de leurs ailes, le danger de leurs quatre jarrets armés d'ergots. Il y a une éternité, déjà, il avait côtoyé une femme à l'envergure égale à celle de sa monture et tout aussi dangereuse. Éliane de Nordeau n'avait jamais brisé le tabou entourant les dragons pour lui, mais elle s'était prêtée sans rechigner à des démonstrations de haut vol, dans le ciel de Zinia. Parfois, sous les feux trompeurs d'un coucher de soleil, il lui semblait voir sa

silhouette ou entendre sa voix impérieuse au milieu des gémissements du vent entre les pins. Il rêvait, ponctuellement, de son visage.

« Si tu continues comme ça, Roro, ce n'est pas juste un torticolis que tu risques, mais bien une nuque brisée. »

Tout souvenir échappa à Roland dès que la voix de Myrddin résonna derrière lui. Il dut fermer les yeux, inspirer profondément, s'obliger à relâcher la prise de ses doigts sur les rênes, avant de pouvoir se tourner vers son compagnon de route.

« Magicien. C'est très aimable à vous de vous soucier de ma sécurité, mais je vous assure que je suis parfaitement capable de veiller à mon intégrité physique tout seul. »

Myrddin haussa les épaules avec l'un de ses insupportables petits sourires en coin.

« Je n'en doute pas, je fais seulement preuve de prévenance. N'est-ce pas là l'un des piliers de l'idéal républicain de notre chère Berhane ? La solidarité ?

– Comme si vous étiez capable de comprendre les convictions de la résistance, rétorqua Roland avec une grimace. Les idées de Berhane, Brigandine et Lorcan vous sont totalement étrangères. »

Le mage poussa son vorombe à la hauteur de celui de Roland avant de répondre.

« Pas plus qu'à vous, il me semble. »

Le vouvoiement lui était revenu et, avec, une certaine gravité, comme Roland lui en avait rarement vu.

« N'oubliez pas qui de nous deux fut le prince régnant de ce royaume.

– C'est vous qui avez mis en place le système qui m'a un jour donné le pouvoir !

—Et vous y êtes resté. Rien ne vous obligeait à en profiter. »

La réponse de Myrddin lui coupa le souffle et la parole. Le mage ne l'avait même pas regardé. Le visage tourné vers le chemin qu'ils suivaient entre les champs, il semblait entièrement concentré sur le voyage. Roland sentit ses sourcils se lever.

« Mais c'est trop facile ! Trop facile de me reprocher de ne pas avoir abdiqué ! »

Myrddin haussa les épaules.

« S'il n'y avait pas eu la guerre, comment le vœu démocratique de maîtresse Berhane et de ses acolytes d'Estari aurait-il pu mûrir ? Elles n'avaient aucun moyen d'organiser des élections à grande échelle qui aurait justifié le changement de régime. Elles n'auraient pu que lancer un mouvement de protestation, de révolution. Pas forcément violente, je suppose, mais il y aurait eu affrontement, d'une façon ou d'une autre. Qu'auriez-vous fait alors ? »

Roland refoula la honte qui menaçait une fois de plus de le submerger. Ses actions passées étaient une humiliation intime, qu'il devait endurer seul. Pourquoi le mage venait-il y fouailler chaque jour que la Dame faisait ? Ne pouvait-il s'occuper de ses propres échecs ? Sûrement sa longue vie devait-elle en être jalonnée de tous bords.

« Je ne sais pas », répondit-il sèchement.

Il déglutit difficilement, s'éclaircit la gorge, voulut reprendre, s'interrompit. Myrddin patienta. Roland retint un soupir irrité. Le mage ne pouvait-il pas aller enquiquiner quelqu'un d'autre ? Il tourna la tête et choisit de l'ignorer. Sous les pattes de leurs vorombes, le chemin devint une route, autour d'eux les champs de blé et de tournesol se muèrent en vignobles. Elles quittèrent les abords de la montagne pour des collines plus douces, roulant leurs courbes agricoles jusqu'à l'horizon. Des rebelles qui les accompagnaient, la moitié ouvrait la marche, se tenant juste assez loin pour les surveiller sans avoir à leur adresser la parole. Les autres avaient en partie mis pied à terre et se faufilaient dans les ombres des arbres, des talus, des fossés, devant et derrière la troupe, attentives aux perturbations des alentours. Elles n'avaient plus rencontré de Sabès depuis quelques jours, il leur faudrait bientôt y remédier. Le nœud dans la gorge de Roland se relâcha et il reprit la parole.

« Je ne peux pas vous dire ce que j'aurais fait, si les choses s'étaient passées autrement. Je ne suis pas certain de l'utilité de l'exercice. Ni vous, ni moi, n'avons le pouvoir de revenir dans le temps. »

Il hésita, jeta à Myrddin un regard en coin.

« Il me semble. »

Cela arracha un rare sourire authentique au mage.

« Non, rassurez-vous, je suis incapable d'un tel miracle. Et aucune des mages que j'ai côtoyées dans ma longue vie ne possédait un tel pouvoir. »

Il fit mine de réfléchir.

« Il me semble. »

Roland leva les yeux au ciel.

« Ce que j'essaye de vous dire, c'est que je n'ai pas de contrôle sur d'imaginaires actions passées. Je ne peux qu'agir sur le présent et par là l'avenir. Mais ce qui aurait pu être n'est pas de mon ressort. Peut-être existe-t-il un autre temps, un autre monde où un autre Roland s'est comporté autrement ? Je ne suis pas lui et il n'est plus moi. Je ne peux donc pas parler de ses actions. »

Il risqua un coup d'œil vers Myrddin, tâcha de jauger son opinion.

« Comme le dirait maîtresse Berhane, tout ce qu'il me reste à décider est devant moi. »

Ce fut au mage de rester silencieux. Il dévisagea longuement Roland, puis reporta son attention sur la route devant eux qui allait en s'élargissant. De nouveaux villages ne tarderaient plus et, avec eux, l'attention de Zénobie.

« Je crois que… oui, je suis d'accord avec vous.

- Pardon ? »

Myrddin grimaça.

« Vous m'avez très bien entendu. Pas la peine d'en rajouter, ça me surprend autant que vous. »

Roland se détourna, fit mine de se concentrer sur le paysage, cacha le sourire qui menaçait ses lèvres. Il allait céder à la tentation de provoquer le mage lorsqu'une guerrière, Sauda, à la tête du groupe, leva le poing. Toutes s'arrêtèrent. Un murmure inquiet parcourut les rebelles.

« Que se passe-t-il ? demanda Myrddin. Des Sabès à nouveau ? »

Roland en avait oublié que le mage n'avait jamais accompagné le faux gouvernement en mission.

« Probablement. Nous allons bientôt devoir rebrousser chemin.

– La fuite ? Déjà ? »

Roland acquiesça.

« Les agentes de Zénobie sont malines, il ne faut pas prendre de risque inutile. Elles savent que nous sommes ici, mieux vaut nous éclipser avant que ses soldats ne nous rattrapent. Ni vous ni moi n'avons envie de retrouver Zinia avec eux. »

Il avait difficilement articulé le nom de la capitale. Ses appartements de la tour sérénissime, où avaient séjourné ses ancêtres depuis tant de générations, lui manquaient cruellement. La douceur du lit en noyer et du matelas de plume, la salle de bain et ses bassins chauffés, lui semblaient des souvenirs vieux d'une décade. Mais le confort matériel seul n'était pas le manque le plus vif, ce n'était qu'un détail pour occuper ses nuits. La familiarité des lieux, le quotidien ordonné de ses jours là-bas, l'habitude des pièces, des tomettes, des tentures, l'espace lui-même où il avait tant vécu, cette vie qu'il ne retrouverait jamais, voilà ce qui lui manquait le plus. Les mouvements de troupes des rebelles devant lui le rappelèrent au moment présent.

« Votre majesté ! »

Le titre sonnait artificiel dans la bouche de ces républicaines convaincues, Berhane n'était pas naïve au point de le confier à des sympathisantes de la principauté. Sauda avait fait volter son vorombe pour le rejoindre et jouait la même scène, plusieurs fois répétée.

« Votre majesté, répéta-t-elle en haussant le ton, une troupe sabès approche, il serait plus prudent de faire demi-tour.

– Bien sûr, répondit Roland. »

Elle avait déjà détourné sa monture, criait des ordres à ses soldates.

« Le prince, protégez le prince ! »

Il les vit, alors, les douze buprestes envahisseurs qui remontaient le chemin sous l'ombre bienvenue d'arbres alourdis de fruits. Les mains déjà sur leurs arquebuses, le regard décidé de ceux cherchant à tuer, ils avaient clairement repéré le groupe et son identité.

« Votre majesté, il faut y aller. »

L'urgence chez Sauda n'était pas feinte. Sur les sept rebelles à ses côtés, cinq avaient déjà pris position en travers de la route, prêtes à retenir les soldats sabès en approche, les autres n'attendaient que lui. Roland talonna son vorombe. Elles s'engagèrent entre les coteaux de vigne, les ergots de leurs montures soulevant des gerbes de terre et de cailloux, laissant derrière elles le chaos du combat commençant. Tâche ardue qui attendait ces guerrières, que celle de retarder, repousser, contenir l'attaque sabès sans se laisser tuer et sans abattre tous leurs ennemis, afin que la rumeur circule, que l'information remonte jusqu'à l'ambassadrice. Elles les abandonnèrent et poursuivirent leur route.

Dans les jours qui suivirent, elles ne furent plus que des ombres parcourant la plaine. De bosquets en vergers, de chemins en fourrés, elles échappèrent enfin à la poursuite des Sabès. Les champs, les hameaux, les bois se succédaient comme un manteau-tissé de campagne, si bien qu'elles pouvaient presque en oublier l'influence des Comtés-Unis, le saccage de leurs terres, l'occupation étrangère. L'Est leur offrait sa protection à travers l'alternance de ses breuils fruitiers, prolongement humain du couvert de la forêt. Après cette dernière échauffourée, elles ne rencontrèrent plus directement de soldats sabès. Leur présence devint un murmure, une brise rebelle agitant les blés.

Elles parcoururent ainsi la grande plaine fluviale et ses coteaux tranquilles. Les champs, parfois, laissaient place à de vastes ronciers, à d'épaisses friches, difficilement pénétrables pour les vorombes mais parfaits pour dissimuler toute trace de leur passage. Puis, un soir, l'une des éclaireuses revint porteuse d'un avertissement.

« Je t'apporte le message de Sachin, dit-elle, encore essoufflée par sa course. Un régiment de Sabès approche, vingt, peut-être trente kilomètres devant nous. Ils passent la campagne au peigne fin, c'est une véritable battue.

– Et nous en sommes les proies. »

Sauda ferma les yeux en soupirant, passa une main sur son crâne et les boucles serrées qui en suivaient la forme.

« C'est que l'ambassadrice a mordu à l'hameçon. Bien. »

Elle ignora Roland, se tourna vers Myrddin.

« Voici le moment de prouver votre utilité, magicien. J'espère pour vous que Berhane avait raison de vous envoyer avec nous. »

Le mage n'hésita qu'un instant. Son regard passa de Sauda à Roland puis revint à la rebelle.

« Que voulez-vous que je fasse ?

– Les illusions que vous avez enchantées pour nos sœurs à Nordeau, pouvez-vous en produire de pareilles ? »

Une ride soucieuse barra le front éternellement jeune de Myrddin. Avec hésitation, il leva ses deux mains à hauteur de poitrine, fit jouer chacun de ses doigts, colla ses paumes l'une contre l'autre. Le soir autour du groupe de rebelles se fit plus intense, toute la lumière du jour agonisant sembla aspirée par ces deux mains jointes. Les pêchers et les abricotiers entre lesquels elles se terraient agitèrent leurs branches chargées de fruit. L'herbe jaune de l'été ondula sous la caresse d'une brise qui n'existait que pour Myrddin et la campagne alentour. Un frisson parcourut Roland. Le mage s'accrochait à son regard, s'ancrait, comme s'il lui fallait résister à l'appel de son propre sort, à un peu de réalité contenue seulement dans les yeux de l'autre homme. Les troncs des fruitiers craquèrent et l'obscurité tomba brutalement sur les rebelles attroupées.

« Ça va manquer d'un peu de finesse, mais ça devrait faire l'affaire. »

Myrddin écarta légèrement les mains. Une lueur orangée, douce comme un âtre crépitant au cœur de la tempête, éclaira les visages tout autour. Toutes portaient la même expression de curiosité sereine, teintée d'un étonnement à peine discernable. Toutes, comprit Roland, avaient oublié la grâce et la tendresse d'un sort qui se tisse. Combien de temps avait passé depuis leur dernière rencontre avec une herboriste, ou une tisseuse royale ? Quelqu'une qui utilisait son don au quotidien, avec la familiarité de la routine. Plus les mains du mage s'ouvraient, plus la lumière gagnait en intensité. Il s'accrochait toujours au regard de Roland. Une tiédeur soudaine s'exhala du sortilège, se déploya sur les rebelles. Tout en les abritant, la montagne ne les avait-elle pas ensauvagées ? Sous son ombre protectrice n'avait-elle pas éloigné, car telle était sa nature, toute civilisation, toute poésie de la résistance ? Même Zénobie, dans son palais volé, avait à ses côtés un poète de cour.

Une vingtaine de centimètres séparaient désormais les mains de Myrddin et, entre elles, tournoyait un soleil gros comme une noix, entouré d'étincelles tourbillonnantes. La nuit était tombée sur la plaine, pourtant les rebelles baignaient dans une aube délicate.

« Écartez-vous, s'il vous plaît », demanda le mage.

Elles s'éloignèrent sans protester, laissèrent devant lui une ouverture où générer l'illusion. Sauda s'avança à son côté.

« Envoyez-nous vers le sud, faites-nous contourner Estari par l'ouest, ainsi nous devrions avoir le champ libre pour retrouver les montagnes. »

Myrddin se contenta d'acquiescer. Le soleil miniature quitta le creux de ses paumes, s'avança dans l'espace vide laissé par les rebelles.

« Attention à vos yeux. »

Un éclair de lumière aveuglante traversa la nuit. Roland n'eut pas le temps de détourner le regard et, tandis que les particules sombres maculant sa vision se dissipaient, la suite du sort lui échappa. Lorsqu'il put de nouveau distinguer les environs, un groupe de silhouettes indécises flottait là où le charme de Myrddin brillait un instant auparavant. Leurs traits s'affinèrent, leurs vêtements se précisèrent, rapidement c'est tout le gouvernement factice qui se trouva fabriqué. Deux fois plus faux, une illusion apposée à un mensonge. D'un mouvement délicat des doigts, le mage leur imprima un mouvement, elles s'en allèrent sans un bruit, descendirent le coteau et disparurent dans la nuit. L'obscurité se referma sur les rebelles et leur mage, soudaine et bien plus opaque, maintenant que le sort était terminé.

« Ça fera l'affaire », murmura Myrddin.

Roland douta que quiconque l'ait entendu. Le mage semblait épuisé par sa performance, comme vidé d'un peu de lui-même. Usé, peut-être, mais pas soulagé. Sauda hocha la tête, satisfaite.

« Voilà qui est fait. Très bien. »

Elle se tourna vers les rebelles.

« Avançons encore, annonça-t-elle en haussant la voix, mettons un peu de distance entre nous et nos doubles de magie. Bientôt, nous prendrons le chemin du retour. »

Un murmure satisfait parcourut les rangs et Roland trouva qu'il le partageait. Le campement de la résistance, la présence de toutes ces femmes et ces hommes au travail, le calme de Berhane, tout cela lui manquait plus qu'il ne souhaitait se l'avouer. Plus peut-être, en ce moment, que son palais de Zinia. Sans un bruit, encore sonnées par ce qu'elles venaient de voir, elles retrouvèrent leurs montures et reprirent la route. Sauda les guida vers le nord pendant une partie de la nuit, à travers champs abandonnés et jachères anciennes, jusqu'aux abords d'une hêtraie touffue. Elles retrouvèrent avec plaisir le couvert des arbres. Un vieux et gros fayard trônait au centre du bosquet, étendant ses vénérables branches sur une clairière où il régnait seul. Elles dressèrent le camp à ses pieds. Dans un bruissement de plumes et une pluie de branchettes brisées, deux dragons se posèrent au-dessus de leur tête. Il fallut quelques acrobaties à Kaela et sa sœur pour atteindre le sol.

« Je vois que je ne vais rien t'apprendre de neuf, dit la cavalière en s'époussetant. Si vous êtes ici, c'est que vous savez pour la troupe sabès. »

Sauda confirma d'un bref mouvement de tête.

« Je pensais vous attendre pour reprendre le chemin de Nordeau, mais puisque vous voilà nous pourrons nous remettre en route très vite.

– Et les soldats de Zénobie ? »

Sauda désigna Myrddin du doigt.

« Il s'en est occupé. »

Kaela haussa un sourcil surpris, jaugea longuement le mage, puis lui offrit un sourire satisfait.

« Comme quoi, tout le monde a son utilité. »

Elle s'avança jusqu'au large tronc du fayard, posa les deux mains sur son écorce grise et lisse.

« C'est un bel endroit que tu as trouvé, Sauda. La Dame veille sur nous cette nuit. »

Encouragé par sa réussite précédente, Myrddin alluma deux feux, couverts d'un de ses sorts d'illusion, au sein de leur campement. Les rebelles se réunirent autour de l'un et le mage et Roland s'assirent auprès de l'autre. La forêt frémissait tout autour d'elles. Les chuchotis de la nuit, oiseaux de proies, brise fraîche, poule faisane dans les fourrés, un chœur discret, mais constant résonnait à l'ombre des hêtres. La tiédeur magique du sort de Myrddin semblait déjà manquer à Roland. Malgré sa cape de voyage et la capuche qu'il avait rabattue sur sa tête, il sentait les regards mitigés des rebelles dans son dos. En face de lui, le mage n'était pas plus à l'aise. Même ses flammes magiques ne parvenaient pas à briser la gêne entre eux.

« Dire que sans vous nous n'aurions même pas de feu auquel nous éclairer », lança Roland à mi-voix.

Myrddin souffla un rire et quelques étincelles.

« Attention, Roro, serait-ce de la gratitude que j'entends dans ta voix ?

– Tout de suite les grands mots. Je dis juste qu'il est parfois utile d'avoir à ses côtés un magicien capable de flammes, et d'illusions avec lesquelles les dissimuler à nos ennemis. »

Cela tira, à leur surprise mutuelle, un sourire au mage.

« Oui, il semblerait que je sois encore d'une quelconque utilité. Je n'y croyais plus trop…

– Même Kaela semble prête à vous pardonner. »

À ces mots, le sourire de Myrddin se transforma en rictus désabusé.

« Je n'irai pas jusque-là. Et puis – il hésita – je me demande, parfois. Pouvons-nous, devons-nous être pardonnés par toutes celles à qui nous avons fait du mal, consciemment ou non, tout au long de notre existence ? Voire, par toutes celles à qui *nos ancêtres* ont fait du mal, volontairement ici, durant leurs propres années de vie ? Est-ce nécessaire à notre survie, notre bien-être ? Et surtout, est-ce une condition de notre décision de faire mieux ? De nous améliorer ? De faire ce qui est juste ? »

Le mage haussa les épaules, faisant sautiller ses tresses.

« Je ne sais pas, Roland. Tu veux te racheter de ton rôle dans cette guerre et j'ai décidé d'aider, puisque Berhane refuse de me laisser mourir ou de m'abandonner. C'est un maigre début, comparé à d'autres, mais c'est un début, ce qui est mieux que rien. »

D'un geste nonchalant des doigts, il envoya une poignée d'étincelles s'élever plus haut que leurs sœurs vers les branches du fayard et, derrière, le ciel étoilé. Les flammes animaient de reflets dorés les aspérités du tronc, la mousse autour des racines. Roland resta, heureusement, silencieux. L'instant méritait d'être préservé. Myrddin avait longtemps réfléchi, durant leur voyage vers l'Est, à ce qui motivait ses actes, à quoi pouvait-il se raccrocher, quand tout s'effondrait autour de lui. Il n'avait pas eu le choix, le voyage était si long et si ennuyeux, malgré leurs rencontres régulières avec des Sabès. Il y a longtemps, il avait perdu son unique amour et désormais, le pays qu'elles avaient fondé et fait prospérer ensemble se consumait lentement sous l'occupation de son voisin. Agir et se mouvoir lui semblait bien surfait, quand il ne restait que des cendres de ses vies précédentes.

« Mais je ne sais pas si cela s'appliquerait à toi, Roro. »

L'autre homme fronça les sourcils.

« Non, attends, reprit Myrddin aussitôt devant sa confusion. Je ne dis pas que tu ne mérites pas le pardon. Loin de là. Mais je pense que tu surestimes ta faute.

– Ma faute ? Magicien, tu oublies que c'est moi qui aie provoqué la guerre, il y a quatre ans. Ce sont mes machinations qui ont renforcé les tensions avec les Sabès, ma folie qui a vu Hadi de Zinia perdre sa place de condottiere et l'affrontement passer de possibilité à réalité. Ma faute, Myrddin ! »

Le mage secoua la tête. Peut-être que s'il…

« Tu n'étais pas seul. »

Roland renifla de dédain.

« Non, je n'étais pas seul. Mais qu'est-ce que ça change ? Eliane était à mes côtés, mais j'ai pris mes propres décisions. Avec ou sans cavalière intrigante, j'ai fait mes propres erreurs, catastrophiques comme elles l'ont été. »

L'aveu bouscula le mensonge dans la bouche de Myrddin. Ce serait si simple de détruire la honte et les regrets du prince. Il suffirait d'à peine plus d'une phrase, d'une bien courte explication, peut-être même d'un simple regard. Et les yeux bruns de Roland gagneraient en éclat. La langue du mage joua un instant avec la vérité, puis la renferma bien au chaud, derrière ses cordes vocales, au cœur du brasier qui l'habitait. Il n'avait pas ce genre de courage.

« Alors, poursuivons notre œuvre d'expiation, répondit-il, tentant d'invoquer un sourire. Et peut-être serons-nous, si ce n'est pardonné, au moins…

– Tolérés ?

– Oui. C'est un début.

– Ce qui est mieux que rien. »

Ils haussèrent les épaules de conserve, partagèrent une grimace gênée. Sauda les interpella depuis son propre foyer.

« Extinction des feux, magicien. Demain matin nous partons à l'aube, il nous reste encore du chemin avant de pouvoir retrouver nos sœurs d'arme. »

Myrddin acquiesça en silence. D'un simple mouvement de la main, les doigts fermés en un poing lâche, il réduisit ses flammes magiques à l'obscurité. La nuit descendit soudain, étendit son silence et son ombre sur le campement de rebelles. Rêves nébuleux et cauchemars marchaient à sa suite.

ÉCHO D'EJIRO

Je t'ai un peu menti. Il faut dire que les souvenirs me reviennent brusquement. Et puis, je suis gravement blessé. Je t'ai un peu menti, car mes mères ont cinq amies, sœurs, compagnes d'armes et j'ai rencontré chacune d'entre elles, bien avant la venue de Myriam et après. Elles nous ont toutes rendu visite, au moins une fois, durant mon enfance.

Je me souviens.

Lorsque Satomi vient, elle est toujours précédée de ses chiens. De nous tous, c'est Chi qui, le premier, sent l'arrivée de la meute. Il n'y a pas si longtemps il en faisait lui-même partie, avant que sa précédente maîtresse n'en fasse don à Sameera et Kahina.

Une visite de Satomi se déroule habituellement de cette façon : mon chien s'arrache soudain à notre jeu en cours, pour lever la truffe vers la forêt. Rien, pourtant, ne semble avoir changé. Le vent n'a pas tourné, le soleil brille encore au-dessus de la rumah-gadang. Rien n'annonce, d'abord, la venue de la Chasse aux mille crocs. Seul Chi sent venir nos invités. Je finis toujours par m'arracher à ma tâche, intrigué par son manque d'attention ou le grognement très bas qu'il émet à ce moment-là. Nous regardons ensemble l'horizon mouvant des arbres soulever et affaisser sa houle de feuilles. Et puis le ciel se couvre. Un orage gronde soudain au loin. C'est à cet instant que Kahina choisit de pointer le bout de son nez, l'œil brillant de la lumière rasante du jour juste avant qu'il ne se fonde dans l'obscurité du soir.

« C'est elle », déclare simplement ma mère, avec la résignation de celle qui perçoit par-delà les brumes du présent et prévoit déjà la durée du séjour de notre hôte et ses compagnons canins.

Alors, le premier éclair frappe la terre avec un jappement de plaisir. Le vent forcit au-dessus des champs, secoue les hélianthes et le lin, soulève des tourbillons de feuilles, de brindilles et de pétales. L'orage achève de recouvrir la rumah-gadang et un chœur d'aboiement perce la voûte nuageuse du ciel.

Chi gronde en retour une plainte qui oscille entre joie et inquiétude. C'est que les visites de Satomi ne sont pas de tout repos. L'arrivée de la meute est à chaque fois une épreuve pour les nerfs, en particulier ceux de mes mères. La présence de tant de bêtes de chasse à travers leurs terrains ordinairement si calmes et soignés a bien de quoi tester leur patience. Mais chez mon chien, c'est leur départ qui se prouve le plus difficile. La Chasse aux mille crocs n'est pour lui qu'une suite de tentations immenses, amplifiées par cette douce mélancolie accrochée à tout ce qui aurait pu être, si l'on avait seulement suivi un autre chemin. À l'époque, je déteste cette hésitation chez mon compagnon de toujours. Désormais, tu te doutes bien que je suis coutumier du sentiment.

Les chiens, comme d'habitude, devancent leur maîtresse.

Ils émergent des bois et de l'orage, s'arrachent aux troncs et aux nuées. Molosse, clébard, roquet. De race, bâtard, mêlé. Grand, petit, poilu, à nu. Un éclair frappe et un caniche s'avance là où la foudre a laissé sa marque. D'un buisson sort un immense berger blanc. Entre les pattes des lévriers courent de minuscules chihuahuas. La Chasse aux mille crocs est un cortège disparate de bêtes trouvées ici ou là par leur meneuse.

Justement, la voilà qui paraît.

Satomi émerge de sa meute sans s'imposer au paysage. Elle se glisse dans l'horizon, tranquillement, délicatement, avec les mêmes précautions qu'elle met à suivre la menée d'un cerf. Elle ne prend jamais le chemin le plus court, de la forêt à la rumah-gadang, mais oscille et hésite, se penche parfois pour inspecter une trace. Elle cherche la piste qui la mènera jusqu'à nous. Sa petite silhouette trapue, ses cheveux noirs, sauvages et emmêlés, la précision de ses gestes, tout cela la lie à son environnement, poursuit le ventre charnu des nuages, la courbe des collines. Pour un peu, on croirait qu'elle a toujours été là.

Sameera et Kahina finissent toujours par se porter à sa rencontre, malgré leur désamour évident pour la Chasse baveuse et odorante qui les accompagne sur le chemin. Je n'ose pas trop m'avancer. Je me tiens à Chi autant que je le retiens à mes côtés, effrayé, plus que je ne me l'avoue, qu'il rejoigne son ancienne meute en m'abandonnant. J'ai toujours peur, tu sais, d'être laissé en arrière. Mes mères et Satomi se sont arrêtées devant le jardin pour se plonger dans l'une de leurs discussions animées. Leur réminiscence du passé ne m'intéressait guère, dans l'enfance, mais depuis que j'ai commencé mon apprentissage de mage, une nouvelle curiosité me tenaille. Je veux savoir ce que mes mères ont vécu avant ma naissance. Je suis friand, aussi, de toute information qui touche à l'extérieur de notre vallée. Les murmures de la forêt des pins sont particulièrement vivaces dans ma poitrine. Alors je quitte l'ombre rassurante de notre cuisine, pour m'approcher des trois femmes-mages.

L'odeur de Satomi me saisit immédiatement à la gorge. Il est presque physique, ce parfum, comme un double de sa porteuse. Une présence secondaire qui hante sa vicinité se fait la mémoire de la forêt, des bêtes, de la traque. Satomi sent le cuir, la viande, la fumée. La terre humide, l'humus pourrissant, le sang frais. Toutes les battues, les curées, les affûts, toutes les chasses qu'elle a un jour menées prennent vie directement dans nos narines. Elle me sourit, quand je m'approche. Ses canines toujours un peu plus longues qu'il ne le faudrait dans une bouche humaine.

« Ça faisait longtemps, Ejiro. Tu as bien grandi. »

Chi vient effleurer sa main de sa truffe. Elle lui flatte la tête, le gratte derrière les oreilles.

« Toi aussi, mon tout beau. »

Elle l'appelle de son vrai nom de chien, que seuls les membres de la Chasse aux mille crocs connaissent, dont je ne peux pas me rappeler.

Mais, comme toutes les sœurs-mages de mes mères, elle ne s'intéresse pas longtemps à moi. Son attention se reporte très vite sur Kahina et Sameera.

« Vous savez que la Chasse ne piste pas sans but. Je viens porteuse de nouvelle. Il y a des rumeurs, dans la forêt et chez les bêtes, des rumeurs qui inquiètent. Des forces anciennes se sont mises en mouvement. On parle de guerre. Plus d'une fois dans ma course, j'ai aperçu un tronc bleu au loin, ou trouvé un rameau d'aiguilles indigo. »

Mes mères prennent grand soin de ne pas me regarder.

« Nous aussi, répond Sameera, nous avons senti son réveil. »

Elles se tournent, toutes les trois, vers la colline qui domine notre maison et sa couronne de pins bleus. Dans un autre monde que le mien, un vent prophétique aurait pu agiter leurs cimes, souffler en sifflant entre leurs troncs, mais chez moi il n'y a pas même un nuage pour cacher le soleil revenu. Mes mères et leur invitée ne semblent pas rassurées pour autant. Avec un bref signe du menton, Kahina propose à Satomi d'entrer.

« Veux-tu rester jusqu'à demain ? Nous avons un beau feu, du pain en quantité et des histoires à partager. »

La chasseuse semble presque tentée, un instant, puis elle secoue la tête, rappelle ses chiens d'un bref sifflement.

« Je ne peux pas. D'autres pistes m'attendent, j'ai une terrible proie à traquer. »

Elle embrasse mes mères chacune à leur tour, murmure un secret à Chi, presse doucement mon épaule. Puis elle s'en retourne à sa meute et à sa poursuite. L'orage gronde une dernière fois au-dessus de notre vallée. Un dernier concert de jappement résonne à travers la campagne. La Chasse aux mille crocs s'en repart au sein de la forêt. Seul leur parfum traîne encore autour de la maison jusqu'à la fin de la journée.

Je me souviens.

Il est l'une des sept femmes-mages pour qui l'amitié de mes mères se teinte d'un profond respect. Lorsque Rangda se présente à l'entrée de leur jardin, jamais à l'improviste, toujours précédée d'une lettre annonçant sa venue, elles sortent leur plus belle nappe, leurs bols les moins ébréchés et rafraîchissent les bouquets de la rumah-gadang. La sorcière leur reproche leurs extravagances. Pourtant, à la lueur accrochée au fond de son œil, je vois bien que cela la touche.

Une brume légère avertit de son arrivée. Une humidité envahit le chemin, les champs alentour, hésite un instant derrière la clôture du jardin, puis se faufile entre les taillis de la haie et vient humer les plants de lavande. Chi se réfugie alors à l'intérieur. Il va se cacher sous mon lit, un peu tremblant, refuse d'en sortir jusqu'au départ de Rangda. Celle-ci ne lui en tient pas rigueur, bien qu'elle s'arrête parfois dans l'encadrure de la porte pour le toiser en grimaçant avant de tourner les talons.

Je me souviens.

J'ai onze ans lors de la dernière visite de Rangda à mes mères. Myriam et moi sommes inséparables et, même si nous passons la plupart de notre temps du côté de chez Adoua, ce jour-là, nous sommes cachés à l'arrière de la rumah-gadang. De par son métier de Gardienne, mais aussi par son caractère, mon meilleur ami a une affinité toute particulière pour les plantes. À l'inverse, j'ai tout sauf la main verte. Iel s'est donc mis en tête de me transmettre un peu de son savoir pratique, en plus de notre école buissonnière de magie. Nous sommes totalement inconscients de la visite de Rangda. Je sais, pourtant, qu'elle doit venir bientôt, mais Myriam et ses boutures accaparent toute mon attention. Alors quand mes mères l'accueillent à l'entrée du jardin, l'invitent à s'asseoir à table et lui servent une tasse de thé noir sucré, je ne m'aperçois de rien. Du terreau sous les ongles, les manches remontées au-dessus des coudes, je suis tout entier tourné vers nos petits pots et leurs frêles pousses vertes. Lorsque la sorcière passe la porte arrière pour nous saluer, Myriam et moi, nous ne nous apercevons d'abord pas de sa présence.

Puis je lève les yeux et il devient impossible de nous détourner.

Je ne peux pas me souvenir de l'apparence de Rangda, ou de ses vêtements. Je voudrais te la décrire, invoquer pour toi une image, une esquisse de son apparence, mais je ne peux pas. Comme la mer versatile, elle passait d'un visage, d'un aspect à un autre. Mais même sans arriver à fixer sa semblance dans ma mémoire, je ressens encore sa présence. Rien d'autre ne pouvait avoir d'importance, lorsque la Reine-sorcière se révélait. Rien d'autre ne pouvait comparer, face à l'attraction qu'elle dégageait. Myriam et moi sommes submergés par son regard, prisonniers de sa gravité, dans l'attente de sa parole. Puis elle sourit et le charme se brise, comme la vague sur les rochers.

« Alors c'est là que tu te caches, Ejiro ? »

Myriam et moi nous levons brusquement. La jeune Gardienne n'a pas lâché sa dernière bouture, iel tient les deux feuilles et leur réseau de racines blanches entre des doigts qui tremblent. Je comprends. Même souriante, même bienveillante, Rangda semble une force incontrôlable, pouvant à tout instant nous submerger.

« Et tu n'es pas seul, je vois que votre petit groupe s'est agrandi. »

Elle se détourne de nous, revient sur ses pas jusque dans la maison.

« Personne ne m'a prévenue que vous aviez adopté », lance-t-elle à mes mères.

Leurs rires me parviennent un peu étouffés. Nous suivons la sorcière à l'intérieur.

« Myriam n'est pas notre enfant, même s'iel est le bienvenu chez nous tant qu'iel le voudra, répond Kahina.

– C'est l'apprenti Gardienne d'Adoua », précise Sameera.

Rangda acquiesce et nous sourit une dernière fois, avant de prendre place à table avec mes mères.

Les sept n'ont pas de cheffe. Elles sont toutes égales les unes aux autres, quels que soient leurs domaines. Aucune ne commande le reste du groupe, le groupe ne peut imposer sa volonté à l'une de ses membres. Cela étant dit, Rangda reste à part, au sein de ces femmes-mages. Elle ne s'est pas retiré des conflits comme mes mères, n'est pas tout entière dévouée à ses ouailles, comme Puanani, Yaara et Satomi. Quant à Agrona, à onze ans, je ne l'ai encore jamais rencontrée, mais leur ordre, si je peux l'appeler ainsi, n'a jamais été sa priorité. C'est Rangda qui est la plus ancienne. C'est Rangda qui, la première, les a rassemblées. Ses pouvoirs n'ont d'égal que son âge ancestral. Je t'ai dit que je ne pourrais pas la décrire, ce n'est pas tout à fait vrai. Mais donner une description de Rangda serait comme assigner un unique aspect à l'océan, dont les eaux sont turquoise et grises, azur et sombres comme le vin. Dont la houle se fait d'huile puis annihile les côtes, dont le ventre est stérile puis fécond de poissons. Tu ne saurais pas fixer la mer en un seul état, de même je ne peux te décrire Rangda.

Mes mères ont beau considérer la sorcière comme une invitée de marque, celle-ci ne cherche pas à déroger à sa part de travail. Tandis que Sameera hache des gousses d'ail et que Kahina tranche de belles rondelles de pommes de terre, elle mélange du beurre, de la farine et du sucre. Nous allumons rarement le four, préférant la cuisinière où faire mijoter des plats plusieurs heures, alors quand il faut le lancer, mes mères en profitent. Ce soir, ce sera gratin de patate et croustade de fruits.

« Tu restes manger Myriam ? » demande Sameera.

Mon ami secoue la tête. Adoua n'est pas la plus sévère des professeures, mais elle n'aime pas que son élève reste loin d'elle trop longtemps. Je l'accompagne dehors et jusqu'au bout du jardin. J'expédie un peu nos au revoir, ce jour-là, car avec la brise nocturne me parvient le parfum de la forêt des pins et sa curiosité est devenue mienne. Myriam ne m'en voudra pas. Iel est déjà bien plus sage que moi.

Je rejoins mes mères et Rangda à l'intérieur, juste à temps pour me voir confier la tâche d'allumer le four. À l'époque, c'est ma plus grande fierté. Tu peux rire, vraiment, je t'y autorise. C'est le seul sort qui n'appartient qu'à moi, que j'ai appris auprès de Sameera et Kahina, mais que je suis seul à pouvoir réaliser, au sein de notre petite communauté. Regarde, je m'y prends toujours de la même façon. Je replis les doigts d'une main, pas tout à fait un poing, je souffle puis je relâche. Et une poignée d'étincelles quitte ma paume pour embraser les feuilles mortes et le bois sec que Kahina a disposé. À l'époque, mes mères prennent encore le temps de me féliciter. Même Rangda semble satisfaite, jusqu'à ce qu'elle retire une aiguille bleue de mes cheveux.

Une ombre voile soudain son visage. Mes mères prennent grand soin de ne pas interrompre leurs tâches, Kahina verse le lait dans le plat à gratin, Sameera se concentre sur sa purée de fruits. Ni l'une ni l'autre ne laisse transparaître le moindre trouble. Je ne m'en étonne pas, je ne comprends pas, pas encore. Après tout, elles ont l'habitude des apparitions de la forêt dans notre maison, de sa présence discrète qui se trahit parfois par un morceau d'écorce, un parfum de pinède. Lentement, sans s'en apercevoir, notre foyer a gagné un nouveau membre. Je ne m'en plains pas, tu sais, au début, je ne conçois pas encore que la forêt soit un parasite.

Rangda ne fait aucune remarque, après sa découverte. Très vite l'inquiétude qui assombrit son visage se lève et son sourire amène reprend sa place. Elle s'installe près du four, surveille la cuisson du gratin avec attention tout en échangeant des banalités avec mes mères. Une frustration immense naît en moi. N'ont-elles pas d'autres sujets de discussion ? Ne peuvent-elles parler de leur passé commun ? De leurs combats ? De leurs histoires ? Je croyais tant apprendre ce soir-là sur ce qui s'étend au-delà de notre vallée. L'insatisfaction est insurmontable. Je ne m'aperçois même pas qu'elles choisissent précisément d'esquiver tout cela, qu'il y a des oreilles indiscrètes parmi nous. Je me contente de faire la tête plus ou moins ouvertement dans mon coin de la cuisine. Même la venue de Chi, bravant sa peur ancestrale de la sorcière, ne suffit pas à me dérider. Je ne décroche pas un mot durant tout le repas. Tu imagines ? Être en présence de cette grande sorcière, de tant de pouvoir et préférée boudée. Je ne regrette pas de ne plus avoir onze ans !

Je me souviens.

Avant son départ, le soir même, après le repas, Rangda vient s'accroupir devant moi. Je me suis déridé un peu, bien aidé par le sucré de la croustade, et j'arrive à lui faire un bref sourire. Elle ne m'en veut pas. Elle a affronté bien pire qu'un marmot gâté et boudeur.

« Je suis contente de te voir grandir, Ejiro. Tes mères peuvent être fières de toi. Je sais que la magie te fascine et qu'il y a beaucoup de choses que tu veux découvrir, mais prends aussi le temps d'être juste un petit garçon. C'est tout aussi prodigieux. »

Elle se penche et pose de ses lèvres sèches un baiser sur mon front. Un parfum d'iode et de marée me submerge un instant, mais déjà Rangda s'éloigne en compagnie de mes mères. Seul me reste le souvenir de son bécot, entre mes cheveux et mes yeux.

Je ne rêve plus de la forêt pendant plusieurs semaines.

Je me souviens.

Puanani et Yaara sont des figures régulières de la vie de mes mères, si bien que je ne considère pas leurs visites comme des incidences, au contraire de celles des autres femmes-mages, mais comme l'un des nombreux rituels qui rythme notre existence au fond de la vallée. Les deux sœurs viennent souvent jusqu'à nous. Rarement pour plus qu'une après-midi, mais toujours porteuses d'un cadeau quelconque pour mes mères et moi. Les plus beaux arbres du jardin n'ont d'abord été que des graines dans la main de Puanani. Les abeilles de nos ruches reconnaissent encore Yaara comme leur apicultrice préférée. Le crapaud dans la mare qui vocalise la nuit tombée, les lombrics dans le compost, la haie de lavande devant l'entrée, tout cela est un don des deux sœurs. Tout est grouillant, tout est racine, tout est vivant, avec elles. Leurs cadeaux sont toujours utiles, jamais éphémères. Pourtant, lors de leur dernière visite, elles semblent ne s'être chargées de rien. Mes mères, bien sûr, s'en aperçoivent à peine et surtout ne pensent même pas à s'en offusquer. Mais pour l'enfant que je suis, c'est une déconvenue. Je n'offre qu'à contrecœur ma joue à leur bise et mets un point d'honneur à traîner des pieds tandis que les quatre femmes font le tour du jardin.

Puanani et Yaara ne rentrent jamais dans la maison. Elles vont pieds nus, prudemment afin de ne rien écraser par mégarde, et toujours avec le ciel au-dessus de leurs têtes.

« Avez-vous vu Satomi récemment ? demande Sameera.

– Non. Mais je sens sa présence lorsqu'elle arpente mes forêts.

– Non. Mais les vers et les larves de mouches qui nettoient les carcasses de ses proies m'informent de son passage. »

L'or et le brun de l'automne semblent plus brillants à leur passage, une nuée d'insectes vient bourdonner autour d'elles, même le discret hérisson du tas de bois pointe le bout de son nez.

« Abhela, abeille, lebah, dvora

– Carballo, chêne, ek, ‘oak. »

C'est plus fort qu'elles, il faut qu'elles nomment les êtres de leurs domaines respectifs, qu'elles reconnaissent leurs présences. Elles égrainent les noms, en multitude. Sameera aime tout particulièrement cette habitude, peut-être parce que chez elle aussi, on donne de multiples noms à sa spécialité. Elle lève le regard vers la cime de nos arbres. Une brise soudaine vient agiter leurs branches et décrocher leurs feuilles jaunes, orange, bronze qui tombent en ronde autour de nous. Des cris de joie identiques échappent à Puanani et Yaara. Ma mère s'excuse.

« Ce n'est qu'éphémère, mais j'ai toujours trouvé ça beau.

– La chute est éphémère, mais il faut que l'ancien tombe pour que pousse le nouveau. Ce cycle est éternel.

– La chute est éphémère, mais les insectes y trouveront un abri pour l'hiver et les nutriments retourneront au sol. Ce cycle est éternel. »

Kahina s'éclipse un instant puis revient porteuse d'un plateau de thé. C'est une véritable tradition chez mes mères, tu sais, et tu pourrais à peine imaginer ma joie quand je l'ai retrouvée ici, bien plus tard. Nous nous asseyons à même le sol, sur l'herbe humide et la terre noire du jardin.

« Minoca, lombric, cacing tanah, shiḷeshvil »

Des vers remontent à la surface pour remuer aux pieds de Yaara, elle prend le temps d'effleurer chacun d'entre eux, entre deux gorgées de thé. Ma mère a choisi un mélange d'agrumes et d'épices, une boisson au goût intense, où je soupçonne qu'elle ait rajouté un peu de cardamome. C'est un peu fort pour mes papilles d'enfant. Puanani et Yaara, elles, s'en délectent en silence. Elles parlent peu ces femmes-mages là. Elles ont toujours traduit leur affection par des gestes plutôt que par des mots. Cela est d'ordinaire apprécié chez nous, mais, ce jour-là, Kahina semble vouloir absolument meubler la quiétude du jardin.

« Et Rangda ? L'avez-vous vue ?

– Oui. Nous avons parlé des crabes et des algues, des pieuvres et des coraux. Sur la côte se rencontrent bien des choses vivantes.

– Oui. C'est elle qui nous envoie. »

Ma mère se détend considérablement, en entendant cela. Elle se laisse aller contre sa femme, ressert à chacune une tasse de thé. La tension ne s'est pourtant pas envolée. Elle stagne au-dessus de nos têtes, se transmet aux autres. Je m'agite, incapable de nommer le pressentiment qui m'étreint le cœur. Sameera semble impuissante à cacher sa propre inquiétude. Seules Puanani et Yaara ne sont pas affectées. Elles sont trop occupées à énumérer les noms des créatures qui peuplent notre jardin. Je crois que cela a toujours été leur place, au sein des sept femmes-mages. Un peu à part, un peu en dehors. Leurs préoccupations sont à la fois micro et macroscopique. Elles régissent la mort et la vie du plus petit au plus grand, se préoccupent d'un temps à la fois court et long, tricotent dans le vaste et dans le détail. Aujourd'hui, pourtant, elles font l'effort de se concentrer sur le moment présent. Puanani se tourne vers mes mères.

« Nous avons vu Rangda et elle nous envoie chargées d'une mission et d'un message. »

Yaara se tourne vers moi.

« Nous avons vu Rangda et elle nous envoie porteuse d'un présent pour toi. »

Cela raidit et soulage Kahina et Sameera. Elles se redressent, leurs tasses oubliées dans l'herbe, regardent attentivement Puanani qui me demande mon bras. Je le lui abandonne sans réfléchir, pour moi c'est enfin le cadeau tant attendu qui va m'être offert. J'ai tort et raison à la fois et je me souviens mieux de cette scène que du visage de mes mères.

Je me souviens.

La femme-mage presse les cinq doigts de sa main gauche dans la chair de mon bras, en une étreinte dont je ne peux me défaire. Puis elle forme un cercle du pouce et de l'index droit et des doigts restants caresse l'intérieur de mon avant-bras, du coude jusqu'à la paume. Une douleur soudaine fleurit sous ma peau. Comme un trait de feu qui serpenterait de l'intérieur. Comme l'inflammation brutale des nerfs après un coup. Je n'ai pas le temps de chercher à retirer mon bras, déjà la douleur disparaît. À la place, sur ma peau noire, une osmonde royale déroule la spirale de ses frondes.

« Fento, fougère, pakis, fern. »

Yaara ne s'embarrasse pas de plus de cérémonie. Se penchant par-dessus sa sœur, elle vient appuyer son pouce sur ma clavicule. Le même pincement douloureux perce un instant ma peau, comme la piqûre d'un insecte. Quand la femme-mage retire son doigt, la sensation s'évapore et il ne reste pour toute trace qu'une abeille aux ailes d'or, bourdonnant au-dessus de mon sein.

« Abhela, abeille, lebah, dvora. »

Puanani et Yaara me regardent, satisfaites. Je me tords le cou pour apercevoir les tout premiers tatouages d'une longue lignée. J'hésite à filer les contempler dans le miroir de notre salle de bain, mais mes mères n'apprécieraient sans doute pas, après ça, que je fausse compagnie à nos invitées. Je leur fais ma plus belle courbette.

« Merci beaucoup pour vos dons, Dame Puanani, Dame Yaara. »

Elles échangent un rire et un regard amusé.

« Dame ? Personne ne nous a jamais appelées comme ça.

– Dame ? Attention, nous pourrions y prendre goût ! »

Mes mères se joignent à leur hilarité bienveillante et même moi, je ne peux m'empêcher de sourire devant leur joie. Nous restons encore longtemps au jardin. Lorsque Puanani et Yaara partent, c'est à regret que nous les regardons s'éloigner.

Cette fois-ci, la forêt déserte mes nuits pour plusieurs mois. Je ne rêve plus que de bribes de chêne et de miel dont j'ai peine à me souvenir au réveil.

Malheureusement, tu t'en doutes, cela ne dure pas.

Je me souviens.

Tout change un jour et contre ce changement nous ne pouvons rien. La vie si douce et si tranquille que je mène auprès de mes mères, de Myriam et d'Adoua, bascule une nuit d'été dans un grincement des gonds rouillés du portillon. Seule Kahina est déjà debout. Elle sait qui vient de la sorte sans s'annoncer. Kahina qui surveille. Kahina qui prédit. J'ai oublié souvent que mes mères aussi étaient des femmes-mages. Avec le recul, je suppose qu'elle savait aussi tout ce qui allait se passer par la suite bien qu'elle ne nous en ait jamais touché mot. Ou peut-être que si, peut-être s'est-elle confiée à Sameera dans l'intimité de leur couche. Cela expliquerait la patience de ma mère à son égard.

Le portillon se referme avec son claquement caractéristique et j'entrouvre les yeux, encore à moitié pris par le sommeil, écrasé par la masse blanche de Chi.

« Bonjour, Kahina. J'espère que je ne te dérange pas ! »

La voix enjouée d'une connaissance inconnue de mes mères traverse la quiétude de l'aube, met à mal la paix qui règne sur notre demeure. D'un bon, Chi a quitté mon côté et grogne à la porte de ma chambre. J'entends, depuis mon état hébété, la réponse de Kahina.

« Tu ne nous déranges jamais, Agrona, quelle que soit l'heure à laquelle tu souhaites te pointer.

– Parle pour toi ! »

Sameera s'est levée elle aussi, mais sans partager la bonne humeur de sa compagne.

« Je ne suis pas étonnée que tu l'ignores, mais certaines personnes dorment encore à cette heure de la nuit. »

Le rire aigu d'Agrona finit de m'arracher à mon lit et je me glisse jusqu'à la porte d'entrée pour enfin poser les yeux sur cette invitée surprise. Grande, blanche, la tête rasée et le visage couturé de cicatrices, elle sourit largement à Sameera et Kahina, découvrant une rangée de dents pointues.

« La nuit ? Enfin ma chère, le soleil est déjà levé, je ne fais que respecter les règles de l'hospitalité. »

Se disant, elle agite nonchalamment la main en direction des collines, à l'Est. Je m'aperçois alors qu'elle dit vrai, le soleil qui, un instant auparavant, se cachait encore timidement derrière l'horizon, colore désormais le ciel d'une aube rouge et or. Une aube violente comme je n'en ai jamais vu, mais qui me reviendra plus tard, les matins suivant les batailles, tandis que je cheminerais entre les morts. Un mal de crâne soudain emprisonne mes tempes. Chi, à mes côtés, geint plaintivement. Même mes mères grimacent devant l'apparition nouvelle du jour.

« Tu vois ? Une heure parfaite pour rendre visite à de vieilles amies. »

Son unique œil se plisse en un sourire carnassier tandis que mes mères soupirent, un peu lasses, mais un peu amusées aussi, par cette démonstration de pouvoir. Je l'observe, moi, bouche bée, toute douleur oubliée devant l'immensité de ses capacités. Alors il est là le véritable pouvoir des sept femmes-mages ? Imposer sa volonté au soleil ? Modifier l'ordre du jour ? Je reconnais maintenant que cette vision des choses n'était qu'un fantasme d'enfant, une déformation de la puissance de mes mères et de leurs adelphes. Je ne voyais que les milliers de possibilités qu'elles détenaient, sans rien savoir de leur prix. Il me faudrait de longues années d'errance et de tâtonnement avant d'en comprendre la nature, la source et les règles.

Kahina finit par s'avancer et sert Agrona contre sa poitrine.

« J'ai plaisir à te voir, ma sœur, même aux dernières heures de la nuit. »

La main de Sameera se pose sur l'épaule de notre invitée.

« Moi aussi, vieille carne, je suis heureuse de te voir. »

Le sourire d'Agrona s'agrandit encore, comme s'il pouvait, de joie, lui ouvrir la figure en deux. Puis son regard se pose sur moi. Son œil d'un brun profond, frangé de cils épais, s'arrondit de surprise enjouée. Pendant un instant, ses traits se déforment, son visage se métamorphose : groin et hure remplacent nez et lèvres, deux défenses percent et s'élèvent de sa bouche. Puis un jeu de lumière traverse mon champ de vision et l'illusion se dissipe.

« Serait-ce le fameux fiston ? »

Agrona échappe à mes mères et se dirige à grands pas vers moi.

« Comme il a grandi. La dernière fois que je l'ai vu, il tenait tout entier dans ma paume. »

D'une main immense aux doigts solides, elle tente de me pincer la joue. Un grognement de Chi suspend son geste.

« Tiens donc, quel beau familier que voilà. »

La magicienne et mon chien se dévisagent en silence, comme jaugeant de la dangerosité de l'autre, grondent presque tous deux. Un frisson de peur hérisse l'échine de Chi, mais il ne flanche pas face à Agrona.

« Il t'est très attaché, finit par trancher l'invitée. C'est bien. »

Puis elle se désintéresse totalement et de moi et de mon chien. Pour une fois, c'est un soulagement. Chi ne cesse ses grondements alarmés que lorsque Agrona est de retour auprès de mes mères.

« Contrairement aux apparences, ceci n'est pas une visite de courtoisie.
– Elles sont rares, de nos jours », répond Sameera.

Ma mère n'a pas lâché Kahina. Malgré la bienvenue qu'elle a souhaitée à Agrona, la méfiance reste de mise, ses doigts sont crispés autour de la taille de sa femme. La Guerrière sourit.

« Je n'ai jamais prétendu à l'originalité.
– Mais toujours à la franchise », rétorque Kahina.

Elle est plus avenante que son épouse. Elle sait ce qui amène Agrona, car rares sont les futurs qui lui demeurent cachés, elle a peut-être même déjà pris sa décision, cette nuit-là. Pour autant, elle ne la laissera pas nous tourmenter avec ses ronds de jambe. La Guerrière retrouve un semblant de sérieux.

« C'est vrai. Je suis venue vous chercher, mes sœurs, car la guerre faire rage Au-dessus et En-dessous, Au Loin et Tout Près. Je sais que vous vous êtes installées ici afin de laisser notre combat derrière vous, mais je ne peux pas faire face seule. J'ai besoin d'aide et vous avoir à mes côtés garantirait ma victoire.
– Non. »

La réponse de Sameera tombe comme un couperet au milieu de la conversation et de notre vallée. Un vent froid se lève, malgré la tiédeur relative de la nuit, serpente entre les coteaux, s'emmêle au cœur des bosquets. Une bourrasque balaye le jardin avec force. Je me colle contre Chi, cherche à me rassurer au cœur de son épaisse fourrure blanche. Une boule d'angoisse me noue les intestins. Il est si rare de voir ma mère utiliser ses pouvoirs sous le coup de l'émotion. Kahina pose une main apaisante sur le bras de Sameera et le vent retombe.

« Tu sais que nous avons fui, tu sais que nous avons fondé une famille. Pourquoi revenir maintenant ? Notre foyer sera toujours ton foyer, ma sœur, mais si tu ne me donnes pas les explications nécessaires, je te chasserai sans vergogne. »

Sa voix tremble de colère et de chagrin. Je n'ai jamais vu ma mère bouleversée comme cela. Impétueuse, oui, caractérielle, inflexible. Mais toujours en contrôle, toujours sûre d'elle. Je m'accroche plus fort à mon chien, bien que nous tremblions autant l'un que l'autre.

« Calme Samy, calme, répond Agrona goguenarde. Ce n'est pas la peine de monter sur tes grands chevaux. Je vais te donner toutes les explications que tu veux. Même si, sans vouloir t'offenser, je m'attendais à une autre réponse, venant de toi. Pas à ce genre de réaction épidermique. Tu es sûre de ne pas trop côtoyer Puanani et Yaara ? »

Comme elle connaît bien ma mère, Agrona la Guerrière, la Tête-de-porc, Celle qui moissonne les champs morts. Elle sait quoi dire pour l'exaspérer, sait où appuyer pour que les mots fassent le plus mal. Ça ne manque pas, Sameera se dresse sur ses ergots, une brise furieuse agite ses cheveux bouclés.

« Ne m'insulte pas, Agrona, j'ai combattu autant que toi !

– Alors qu'est-ce qui te retient ? La vie de fermière t'a transformée en poule ?

– Stop ! »

Il faut toute la voix puissante de Kahina, qui claque comme un fouet, pour mettre fin à l'esclandre. Sameera et Agrona se foudroient du regard par-dessus ma mère, la respiration hachée de colère, tremblante de fureur mal contenue. Elles n'osent pourtant aller contre son ordre. Lorsque la Guerrière fait mine d'ouvrir la bouche, pour s'excuser ou en rajouter, un geste de Kahina la réduit au silence. Ma mère se tourne ensuite vers sa femme, doucement, presque délicatement, comme si elle craignait de l'effrayer. Je ne le vois pas, mais dans cet affrontement elle a clairement un bord.

« Rentre à la maison. Ce n'est pas à toi qu'Agrona est venue parler. »

Une expression douloureuse traverse le visage de Sameera. Elle veut négocier, rétorquer quelque chose. Kahina ne lui en laisse pas la chance.

« Rentre à la maison. Occupe-toi d'Ejiro. Je reviens. »

Les yeux de ma mère la supplient d'une promesse qu'elle ne formulera pas. À contrecœur, elle revient vers Chi et moi, vers le seuil de notre maison, tandis que son épouse et Agrona passent le portillon et s'éloignent. Je ne m'aperçois que je pleure qu'une fois le nez enfouit dans le cou de Sameera.

« Tout va bien, aziz-am. Tout va bien. »

À sa voix, je sais qu'elle-même n'y croit pas. Nous nous recroquevillons sur le sofa, Chi à nos pieds. Nous ne parlons pas. Nous attendons le retour de Kahina, enroulés l'une autour de l'autre.

Zinia

« On dit de la Caserne qu'elle aurait été la première véritable demeure des reines de Sarda. Peu de preuves archéologiques viennent étayer cette théorie, mais je me refuse à l'écarter complètement tant que de véritables fouilles n'auront pu être menées sur place. Cela aurait été possible du temps de la princesse Adalinde, mais la guerre avec les Sabès à la fin de son règne a interrompu toutes possibilités de recherches historiques. Depuis, l'instabilité du royaume et la domination des Comtés-Unis me privent de toute influence sur place. C'est regrettable, car bien des mystères attendent d'être dévoilés, dans les sous-sols de la demeure des condottieres. »

Journal personnel d'Adhémar Fikri, maître géographe de la ville libre de Sangrisca.

Longtemps, Omiros avait tenté de se lever de bonne heure. Durant ses premières années à Castel, bien avant sa rencontre avec Zénobie, il s'était efforcé de commencer ses journées à l'aube, de se mettre au travail après un rapide petit-déjeuner et de produire au moins un poème par jour. Cela n'avait pas duré. Il avait été incapable d'écrire la moindre ligne, le moindre vers. Les rimes lui échappaient, les syllabes s'emmêlaient sous sa plume. Tant et si bien que son employeuse, la baronne Eudokia de Lyford en Tavard, avait menacé de l'envoyer retrouver l'inspiration à la campagne. Omiros en frissonnait encore, dix ans plus tard. Il n'aurait rien trouvé là-bas qu'un rhume des foins. Finalement, après plusieurs mois de souffrance, il avait repris un rythme de sommeil plus approprié et, ainsi, un rythme de travail. S'il avait retenu une leçon de cette période, c'est qu'il ne servait en rien de

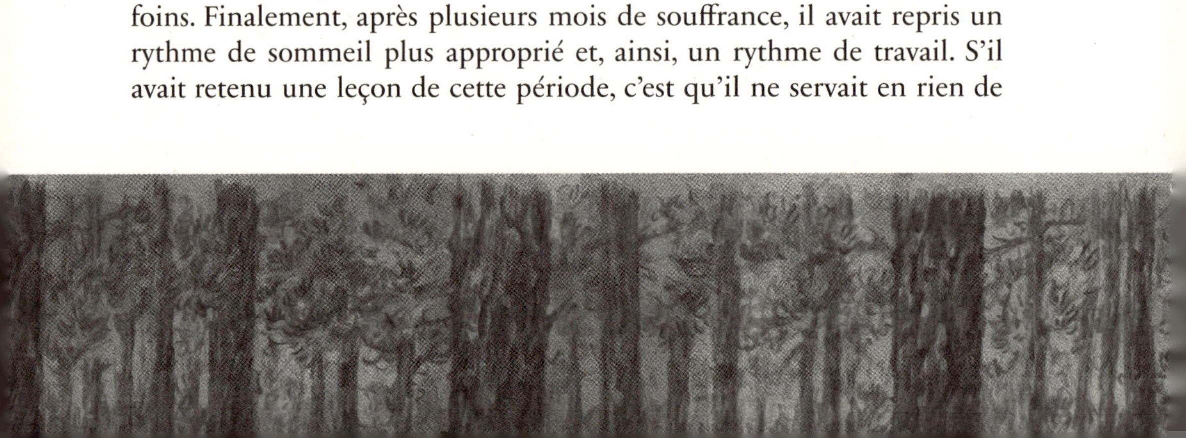

se soumettre à la cadence d'autrui, mieux valait au contraire chercher son propre équilibre. Depuis, il émergeait rarement de ses appartements avant la fin de la matinée.

La lumière crue du soleil de midi le frappant au visage l'arracha au sommeil. Des serviteurs étaient passés très tôt le matin même, pour ouvrir les rideaux, fermer les fenêtres et déposer sur son bureau une collation froide. Le poète roula sur le dos et grimaça lorsqu'il sentit sa chemise de nuit coller à sa peau, moite de sueur. Ce fut assez d'argument en faveur du lever.

Lorsqu'elles ne servaient pas Zénobie, les cuisines de la Caserne retombaient très vite dans leurs habitudes culinaires sardaises, préférant le riz au pain, les ragoûts de légumes aux plats de viande, le thé aux jus de fruits. Cela leur avait déjà valu des remontrances de la part de l'ambassadrice, lorsqu'un membre de sa maisonnée lui faisait remonter les faits, mais Omiros n'avait jamais rien dit. Les déjeuners sabès lui semblaient toujours trop riches, surtout quand la sécheresse battait son plein. Il prit le temps de faire un sort au repas avant de passer dans la salle d'eau attenante à sa chambre. La baignoire d'eau chaude avait depuis longtemps refroidi, aussi ne s'embarrassa-t-il pas d'une toilette prolongée. Une fois ses ablutions terminées, sa poitrine bandée et une tunique propre enfilée, il n'eut plus aucune excuse pour ne pas s'asseoir à son bureau.

Le mince cahier de feuillets l'attendait sagement. Bien en évidence au milieu de la table, il n'avait pas bougé depuis la veille. Ou l'avant-veille. Ou le jour d'avant encore. Omiros grimaça à sa vue. L'inspiration le fuyait tout autant que son envie de travailler. Il s'installa tout de même. Un page discret vint récupérer le plateau vidé de ses victuailles. Plus tard, une servante lui apporta du thé. Il vida la théière. Le cahier continuait de trôner au milieu du bureau. Une certaine fébrilité s'empara de lui, sa jambe droite sautillait sans sa permission, il tapotait un air populaire sardais du bout des ongles. Son regard tomba sur sa panière de courriers. Les lettres s'entassaient dans le seul ordre de leur arrivée, des bouts de réponses, des sceaux déchirés, se mêlaient au désordre. Sans regret, Omiros vida le contenu de la panière en travers du bureau. Le cahier de poésie disparut sous les missives.

Après le tri minutieux de sa correspondance, il classa ses encres par couleur, ses réserves de papiers par taille et par qualité, ses plumes dans l'ordre de ses préférences. Il aligna ses bibelots, des brimborions emportés avec lui des Comtés-Unis, avec le bord de la table. Puis il se leva, secoua les draps, fit le lit nettement, devançant ainsi les servantes qui le pensaient absent. Elles en perdirent leurs sauts à cendre et leurs balais, lorsqu'elles passèrent la porte pour le trouver occupé à secouer ses oreillers par la fenêtre.

« Toutes nos excuses, maître-poète, marmonna la première dans un comitat très maîtrisé. Nous avons entendu la maîtresse-ambassadrice vous demander, alors nous nous sommes permis de venir nettoyer votre chambre. »

Les formules de politesse sardaises sonnaient étrangement embarrassées par les courtes syllabes de la langue sabès. Omiros leur offrit un sourire qu'il voulait rassurant.

« Aucun souci, je vous assure, commença-t-il. Vous avez raison, c'est moi qui…

– Oh, on veut pas vous chasser ! L'interrompit la deuxième, dans un comitat moins précis.

– Non, non, je…

– Toutes nos excuses ! Nous reviendrons plus tard ! »

Elles disparurent par la porte de service avant qu'il n'ait pu traverser la pièce.

« Vraiment ce n'est pas un problème », murmura-t-il à la chambre vide.

Seuls lui répondirent les pigeons et les corneilles nichant sous les toits des tours-palais. Il n'avait aucune envie de se retrouver en tête à tête avec l'ambassadrice, ou pire, en présence de sa favorite. Zénobie était prise d'une frénésie inquiétante depuis qu'elle avait récupéré tous les papiers du prince Roland, portée qu'elle était par sa passion pour la recherche de Lunde et Baldré. Pour échapper à cette obsession, Omiros pouvait prétendre à un soudain accès d'inspiration, mais cela nécessiterait des efforts de sa part et l'obligerait à se rasseoir à son bureau. Peut-être une promenade dans les rues de la capitale ? Un ciel bleu immense et mensonger s'ouvrait au-dessus de la ville. Il faisait beau, certes, et étouffant. On frappa à la porte.

« Je sais », cria-t-il à travers le battant.

Un serviteur entra tout de même dans la chambre. Le vieil homme, un des employés de l'ambassadrice, portait à la main une note où s'étalait l'écriture cursive de Zénobie. Il leva un sourcil rigoureusement neutre devant l'état de la pièce et son habitant dilettante, puis lui tendit le message.

« Son Excellence l'ambassadrice Zénobie de Roquesière en Vesq vous fait demander. »

Omiros grimaça.

« Je sais, merci. Malheureusement, je ne suis pas disponible. J'ai prévu de sortir explorer un peu la ville. »

Le serviteur agita la note et le poète dut s'en saisir.

« Merci.

– Ce sera fait, poète.

—Merci. »

Le vieil homme sortit et Omiros fut de nouveau seul. Une poigne angoissante s'était refermée sur sa poitrine, ses mains faisaient et défaisaient des nœuds avec ses doigts. Face à la rencontre, il devenait très clair que tout était préférable à cette invitation. Avec détermination, il termina de s'habiller, limita les couches de vêtements que la décence lui imposait au strict minimum et quitta ses quartiers.

On fréquentait peu les couloirs de la Caserne. À une autre époque, peut-être, y aurait-on croisé des pages, des estafettes, des gardes, des cavalières. Les salons auraient-ils bruissé de conversations secrètes, les alcôves auraient-elles vu des embrassades interdites. Après tout, la rumeur courrait encore, même au sein des Sabès, que le prince Roland et la Matriarche Éliane avaient été unis par des liens plus que professionnels. Omiros était souvent tenté d'en tirer un poème. Incessamment sous peu, en tout cas. Ce jour-là, seuls ses pas résonnaient sous les voûtes de pierre des corridors du palais. Il n'y avait aucune foule dans laquelle disparaître, aucun flot de courtisans auxquels se mêler. Il emprunta les escaliers de service et, pour plus de discrétion, changea deux fois de direction, comme s'il lui fallait brouiller les pistes, semer de potentiels espions. Il était tout à fait possible que Zénobie le fasse surveiller. Comme elle faisait surveiller toute sa cour, toute sa famille, tous ses ennemis. Omiros ne s'en offusquait pas. Il ne s'agissait pas d'une insulte ni d'un compliment d'ailleurs, aux Sabès, tout comte qui se respecte possédait au moins une dizaine d'espions et assassins personnels, s'il comptait rester au pouvoir. Pour faire bonne mesure, le poète filouta un instant encore dans les quartiers des domestiques, avant de s'enfoncer plus bas.

Depuis son arrivée à Zinia, il n'avait eu que peu d'occasions d'explorer les fondations de la Caserne et leur labyrinthe de couloirs sombres. Par manque d'envie, d'abord, car malgré la proximité de Sarda avec les plaines semi-arides des cités-libres, les hivers du petit royaume n'en restaient pas moins rigoureux. Les palais de la capitale se transformaient alors en caves humides et froides, leurs murs de pierre emprisonnant la bruine et le gel, aspirant la chaleur des feux. Le poète avait donc remis son exploration à des saisons plus clémentes. Puis le temps avait filé, l'hiver était revenu et voilà que l'été gouvernait de nouveau au climat. Peu importait, vraiment, les excuses qu'il s'était forgées à l'époque. Aujourd'hui, l'exploration des sous-sols devenait son prétexte, il n'y avait pas une meilleure occasion de s'y rendre.

Le premier niveau sous le plus bas des étages de la Caserne ne formait tout au plus qu'un enchevêtrement de caves et de celliers, pleins, malgré la sécheresse, de victuailles et de provisions. Bien assez pour nourrir l'entièreté de la cour de l'ambassadrice. Omiros s'y faufila avec toute la discrétion dont il était capable. Il ne ferait pas bon d'attirer l'attention parce qu'il furetait près des réserves de Zénobie. Non pas qu'on l'aurait accusé de vol, mais toute la raison de sa présence ici-bas tenait à ce que l'ambassadrice l'ignorât. Il se glissa entre les caisses de choux et les paniers de riz, les carcasses de canards et de poules, les sacs de farine. Le couloir suivait une légère pente descendante, qui devenait très vite de larges marches grossières. Il y trouva encore des jambons de vorombes, des étagères de fromages de chèvre. Puis l'escalier se fit plus étroit et très vite il n'y eut plus que quelques miettes, quelques feuilles fanées à même la pierre. Omiros poursuivit. Il lui parut qu'il n'était pas moitié assez préparé pour son expédition qu'il aurait pu l'être. Il n'avait emporté qu'une simple lampe à huile. Ni ses bottes de cuir ouvragé, ni sa tunique brodée, ni sa délicate écharpe de soie n'étaient adaptées à un long voyage au cœur des souterrains. Un dépôt blanchâtre et poussiéreux s'attachait à ses vêtements là où il effleurait les murs, l'eau stagnante au sol avait déjà infiltré ses semelles. C'était presque assez pour le pousser à faire demi-tour. Presque. Il s'aventura plus profondément entre les racines du palais. Le tunnel de calcaire formait une voûte étroite juste au-dessus de sa tête et les parois s'approchaient lentement, abandonnant leurs habits de maçonnerie pour une nudité plus dépouillée, le simple marquage des outils qui les avaient creusées. Omiros parvint à une première intersection. Bien peu différenciaient les quatre boyaux les uns des autres, rien de suffisant pour qu'il retrouvât son chemin au retour, en tout cas.

« Voilà ce qui arrive quand on fuit ses obligations, marmonna-t-il en s'agenouillant entre deux flaques. Ni papier ni crayon. Je suis le pire poète de ma génération. »

À la lueur faiblarde de sa lampe, il dénicha un caillou suffisamment aiguisé pour graver, dans la pierre poudreuse du mur à sa gauche, le dessin d'une épée rudimentaire. Ce n'était pas grand-chose, mais avec un peu de vigilance, il serait capable de rebrousser chemin quand le moment serait venu d'affronter les remontrances de Zénobie. Il emprunta le couloir du milieu.

Le reste du dédale souterrain s'avérait à la fois plus grand et moins étendu qu'il ne l'avait imaginé. Le réseau de caves et de salles hypogées formait un disque grossier qui dépassait à peine les dimensions extérieures de la Caserne, mais entrelaçait et recroisait ses innombrables tunnels de calcaire avant de s'enfoncer plus loin. Omiros prit le temps d'explorer ce premier niveau en profondeur, développant une série complète de pétroglyphes à chaque carrefour, décorant les murs de tournesols, d'épées, de dragons approximatifs. Sans lumière du jour et sans l'activité du palais, le temps s'écoulait chaotiquement pour le poète, un tour du méandre souterrain lui semblait parfois prendre à peine quelques minutes et le suivant le voyait finir couvert de sueur, son écharpe à la main. Consumée par l'obscurité du sous-sol, la réserve d'huile de sa lampe s'évaporait à toute vitesse. Bien plus vite qu'il ne l'avait prévu. La belle flamme scintillante des débuts de son exploration s'était muée en loupiote tremblotante et menaçait de s'éteindre incessamment. Une panique soudaine saisit Omiros à l'estomac. Il croyait connaître ces couloirs, mais dans la nuit grandissante, leurs ombres se pressant autour de lui, prêtes à le toucher, ils lui parurent plus identiques, encore, qu'à son arrivée. Il se hâta. Sans courir, de peur de voir la lampe s'éteindre pour de bon, il chercha le chemin d'épées qu'il s'était tracé. Chaque dessin disparaissait un peu plus dans les ténèbres, ralentissant sa fuite, le forçant à s'arrêter pour scruter les parois, les caresser du bout des doigts jusqu'à retrouver un indice de son passage.

Les dernières braises de la mèche se consumèrent dans l'huile chaude avec à peine un soupir. Omiros s'immobilisa dans le noir.

« Et merde. »

Sa main se crispa sur son écharpe, sa poitrine retint son souffle dans ses poumons, la sueur perla à son front. Une obscurité pesante l'enveloppait, étouffait chacun de ses sens. À tâtons, du bout des doigts, il effleura la roche humide.

« Je vous ne le fait pas dire, vous êtes bien dans la merde. »

La voix surgit de l'ombre en même temps que la lueur discrète d'une lanterne sourde lui parvenait soudain.

« Même si je dois dire que l'idée des marques était bien trouvée. »

Bien que matinée d'un fort accent sardais, le comitat de la voix mystérieuse était parfaitement maîtrisé. Avec le retour de sa vision, une partie de la tension pétrifiant Omiros relâcha son emprise, remplacée aussitôt par une autre forme d'angoisse. La lumière au bout du couloir se transformait en clarté réelle, amenant avec elle le contour d'une grande silhouette, qui avançait tout droit sur lui. Un croassement paniqué lui échappa. Puis l'ombre ne fut plus qu'à quelques mètres de lui et sa carrure imposante, son visage vaporeux prirent forme humaine. Lorsqu'il s'arrêta à côté du poète, l'homme semblait presque trop ordinaire, en regard de son arrivée dramatique. Ses yeux retombaient légèrement aux coins, au contraire de son front qui s'élevait vers le sommet de son crâne. Sa barbe et ses cheveux refusaient de trancher entre le blond terne et le gris quelconque. Sa multitude de ridules résistait à lui donner l'air sage, pour mieux souligner ses traits fatigués. Seul son accoutrement, un assemblage hétéroclite de couleurs et de textures bigarrées, proche de la propre tenue d'Omiros s'attachait à le démarquer. Ça, et sa présence mystérieuse dans les sous-sols de la Caserne.

« C'est une drôle d'idée de descendre sans lampe de réserve, sans fil, sans cartes et non accompagné dans ce qu'il me semble être un ensemble de vestiges labyrinthiques. Je me retiendrais de faire certaines plaisanteries reliant votre manque de préparation avec vos origines géographiques, car je ne crois pas aux généralisations, même pour cause humoristique. Je serai pourtant en mon bon droit, vu que vos compatriotes ont envahi mon pays, assassiné mon mari et occupent désormais ma maison. Bref. Pour en revenir à votre déclaration de départ, vous êtes bien dans la merde. »

Les réponses se bousculèrent dans la bouche d'Omiros sans que l'une parvienne à dominer les autres. Il mâcha ses mots, s'étouffa avec sa riposte, demeura bouche bée devant l'inconnu. L'homme lui sourit gentiment.

« Je vous taquine. J'ai de quoi relancer votre lampe à huile et je peux vous ramener jusqu'aux cuisines, ça vous évitera d'autres mauvaises surprises. »

Il pencha la tête de côté, l'air étonné devant le manque de réponse d'Omiros.

« Vous allez bien ? »

Le poète s'ébroua totalement, s'arrachant à son ébahissement.

« Je suis désolé, oui tout va bien. Enfin… Tout va bien maintenant que j'y vois à nouveau. Vous m'avez surpris, je ne pensais pas croiser qui que ce soit dans ces souterrains.

– Je ne pensais pas y croiser quelqu'un moi non plus ! répondit le vieil homme avec un enthousiasme qui ne semblait pas feint. C'est bien la première fois que j'ai de la visite, mais je ne recherche pas vraiment la compagnie des envahisseurs. »

Son amabilité prit une tournure tranchante. L'appréhension saisit de nouveau Omiros, comme un poing autour de sa poitrine. L'inconnu vivait ici caché, un clandestin troglodyte dont Zénobie ignorait certainement l'existence. Occupait-il les sous-sols depuis la guerre ? Lorsqu'il parlait de maison, désignait-il Sarda, Zinia ou bien la Caserne ? Mille possibilités terribles surgirent devant le poète. Il se sentit blanchir.

« Je ne… Je ne voudrais pas abuser de votre gentillesse. Si vous avez de quoi relancer ma lampe, je vous serai très reconnaissant. Et si jamais vous vous aventurez parfois à la surface, je pourrais vous remercier correctement. »

Tout en bafouillant sa réponse, Omiros recula d'un pas. L'inconnu lui saisit le bras et rétorqua :

« J'insiste »

Ils se dévisagèrent en silence, jaugeant chacun la menace que représentait l'autre. Le mystérieux habitant des tréfonds écrasait le poète en taille comme en carrure et une certaine grâce imprégnait ses mouvements, une suggestion de violence potentielle. Omiros, en revanche, détenait l'avantage de son emploi auprès de Zénobie. Sa disparition ne passerait pas inaperçue, on irait à sa recherche, des soldats seraient dépêchés à travers

Zinia et, à un moment ou à un autre, dans les souterrains qu'il avait déjà mentionnés plusieurs fois. Ni l'un ni l'autre n'espérait cette issue.

« Je suis désolé. »

L'homme mystérieux relâcha sa prise sur le bras du poète et s'écarta, les mains levées et bien en vue en signe d'apaisement.

« Je ne voulais pas vous faire peur. Je m'appelle Kalyan.

– Je suis Omiros. »

Il ne douta pas que Kalyan ait noté son oubli des titres formels. Puis il fronça les sourcils.

« Je suis enchanté de vous rencontrer, vraiment Kalyan, mais que faites-vous dans cette partie de la Caserne ? »

Un sourire amusé dansa un instant sur les lèvres de son mystérieux interlocuteur.

« Je vous l'ai dit, non ? Vos collègues m'ont chassé de chez moi.

– Vous voulez dire…

– J'habitais ici. Enfin, là-haut. Depuis plus de quarante ans. J'avais des quartiers, un bureau et même une terrasse où j'ai passé beaucoup de temps. Avant cela nous avions des terres à proximité de Zinia et une maison dans la haute-ville, entre lesquelles nous faisions les allers-retours selon la saison de la cour. Voyez, maître-poète, mon mari a fidèlement servi son royaume, pendant de longues années, avant de perdre sa charge. »

Omiros déglutit péniblement.

« Et d'être assassiné, bien sûr. Même si votre ambassadrice dirait plutôt exécuté.

– Vous êtes l'époux de Hadi de Zinia, le condottiere. »

Kalyan lui lança un regard aigu de douleur et de fierté mêlées.

« Oui. J'ai eu le très grand bonheur d'être marié à un homme admirable pendant la majorité de ma vie et je dois affronter le reste de cette existence sans lui désormais. J'aurais tendance à dire, par la faute de votre pays. »

Omiros ne put qu'acquiescer. Qu'avait-il à répondre ? Il occupait certainement des pièces que Kalyan avait arpentées, utilisées, habitées. Ses repas venaient des mêmes cuisines, son linge allait aux mêmes lavoirs, ses pas résonnaient dans les mêmes couloirs. Il avait assisté à l'exécution de Hadi de Zinia, assis derrière Zénobie dans la tribune honoraire. Le vieux condottiere n'avait pas ouvert la bouche, ni levé les yeux, et puis, bien sûr, il en avait été incapable. Y'avait-il eu un procès ? Omiros venait d'arriver, il n'avait pas posé de question. L'ambassadrice n'était pas connue pour sa mansuétude envers ceux qui la trahissait, ou qu'elle considérait l'avoir trahie.

« Peut-être pouvons-nous discuter ailleurs qu'au milieu du couloir ? Je ne sais pas comment vous faites les choses, à l'ouest, mais en Sarda on sait accueillir nos invités avec une bonne tasse de thé. »

L'idée de s'asseoir sonna comme un poème aux oreilles d'Omiros. Tous ses tours et détours sous la terre l'avaient plus fatigué qu'il n'était fier de se l'avouer ; la peau de sa main droite, couverte de la sueur humide et blanchâtre des murs, le tiraillait douloureusement.

« Ce serait avec plaisir. Bien que je n'ai rien sur moi pour vous remercier de votre invitation, ni douceur ni babiole. Vous ne m'en voudrez pas ? »

Ils échangèrent un sourire entendu, bien qu'une partie d'Omiros doutât être réellement dans la confidence.

« Vous vous rattraperez la prochaine fois, conclut Kalyan. Suivez-moi. »

Ils s'enfoncèrent dans le cœur de la terre. Les étages suivants étaient dans un plus piteux état encore que celui qu'Omiros avait minutieusement exploré. Certains boyaux s'étaient effondrés, d'autres descendaient en pente abrupte jusque dans des puits d'une eau dormante sombre et inquiétante. Parfois, le plafond se courbait tant que le poète et son guide devaient plier l'échine et avancer le menton sur les genoux. Le premier escalier avait été une épreuve de courage. Seule la lumière de la lanterne éclairait leur chemin et Kalyan la tenait bien en main. Même s'il avait été en mesure d'y voir, une fois les couloirs familiers du premier niveau abandonnés derrière lui, Omiros n'aurait jamais retrouvé son chemin. Son compagnon devait avoir senti son trouble, car il avait très vite sorti un fil de sa poche, qu'il avait glissé dans des anneaux abandonnés, des anfractuosités de la roche, toute une série de crochet improvisé afin de guider un possible retour en solitaire. C'était un grand risque, qu'il prenait là, et un grand cadeau.

Au bout de quelques détours, dont Omiros n'eut aucune chance de mémoriser les boucles et les méandres, ils débouchèrent dans une vaste salle chthonienne. D'immenses piliers de calcaire s'élançaient vers des ogives perdues dans l'obscurité, de longues flaques d'eau noire étendaient leur miroir à travers la boue grisâtre du sol. Chacun de leurs pas résonnait mille fois sous la voûte invisible du plafond. Quelques signes d'occupation indiquaient déjà la présence de Kalyan dans les sous-sols : un sentier tracé à force de passage, des caisses vides pas encore réclamées par la saleté et le temps, un espace d'aisance improvisé dans un coin éloigné. Ils poursuivirent leur chemin, jusqu'à une petite ouverture, fermée d'un épais rideau. Kalyan en releva le drapé et laissa son invité entrer le premier.

Un souffle chaud embrassa immédiatement le visage d'Omiros, caressa son corps transi par le froid et l'humidité caverneuses du dédale, déclencha une série de picotements agréablement douloureux au bout de ses doigts. La tanière clandestine de Kalyan n'avait rien du trou vaseux qu'il lui avait imaginé. De lourdes tentures couvraient les murs, un empilement de tapis sur un plancher grossier isolait la pièce du sol de roche brute, des coussins, des duvets, des édredons débordaient, s'échappaient des lits, des fauteuils, des causeuses. Dans la vieille cheminée creusée à même la pierre, un petit feu brûlait. Des livres, des feuillets, des recueils envahissaient tout ce qu'il restait d'espace libre, s'empilant sur les tables basses, se dispersant sous les meubles, surélevant les tasses oubliées de-ci de-là. Une bulle comme un sanglot de joie gonfla et éclata dans la poitrine d'Omiros. De toute son existence dans les Comtés-Unis des Sabès, il n'avait jamais vu d'appartement aussi personnel, de chambre aussi habitée, que le refuge souterrain de Kalyan de Zinia.

« C'est… »

Il s'interrompit pour admirer encore un peu la petite salle devant lui.

« Ce n'est pas grand-chose, acquiesça Kalyan avec un sourire modeste. Mais pour les quatre dernières années, ce recoin discret a bien joué le rôle de maison pour moi.

– C'est fantastique ! »

L'exclamation avait un peu plus échappé à Omiros qu'il ne l'avait autorisé à sortir.

« Pardon, se reprit-il, je sais que mon avis importe peu. C'est un bel endroit que vous avez là, même si les conditions de sa création ne sont pas… idéales ? »

Une sueur de crainte submergea Omiros au moment où l'effroi le saisissait. Qu'avait-il failli avouer ? Que l'occupation de Sarda par les Sabès n'était pas légitime ? Que, personnellement, il n'avait aucune sympathie pour Zénobie de Roquesière et que ses manières de tyran lui semblaient autant cruelles qu'horrifiques ? Il avait trop longtemps gardé ses opinions pour lui-même, sous le scellé de son silence, bien à l'abri de sa conscience. Les dévoiler ainsi, à un inconnu, sans certitude de leur sûreté, lui coupait le souffle. Un voile trouble se posa sur ses yeux. Il déglutit péniblement, du se retenir au fauteuil le plus proche. Kalyan sembla remarquer son désarroi. Et le comprendre.

« Ne vous inquiétez pas, poète. »

Il le guida jusqu'à la cheminée, le poussa à s'asseoir sur un tabouret bas.

« Vous vous doutez bien que je n'ai pas beaucoup de compagnes de conversation, ces temps-ci, et encore moins parmi vos compatriotes sabès. »

À l'aide d'une manique de laine, il retira une casserole du feu, versa le lait frémissant dans une théière en fonte.

« Et puis, vous avez bien plus de pouvoir sur moi que moi sur vous. Ironiquement, de nous deux, c'est moi qui suis dans l'illégalité. Vos opinions sont en sécurité avec moi. »

Kalyan s'éloigna. Omiros en profita pour souffler et inspirer deux fois en profondeur, comme le lui avait appris Eudokia, à l'époque. Sa vision retrouva sa clarté, son rythme cardiaque, un peu de calme. Son hôte revint, muni de deux tasses à la facture délicate.

« Un cadeau de mariage de la princesse Adalinde. J'ai réussi à les sauver, à l'époque. »

Ils attendirent en silence qu'infuse le thé.

Omiros sentit l'angoisse refluer jusqu'à ne redevenir qu'une tension discrète à l'arrière de son crâne et dans le creux de son estomac. L'abîme qui s'était ouvert devant lui pendant un instant, quand ses paroles avaient manqué de dépasser sa pensée, avait retrouvé une dimension acceptable, celle d'un obstacle qu'il pourrait franchir. Il se répéta que Kalyan avait autant à perdre que lui. Le mari du condottiere Hadi de Zinia vivait au nez et à la barbe de Zénobie, juste sous ses pieds, et seul le poète était au courant. D'un autre côté, se dit-il tandis que Kalyan leur servait chacun une tasse de thé, n'était-il pas temps de se confier enfin ? Il avait laissé derrière lui tous ses amis, toutes ses alliées, tous ses collègues de la Ligue modérée lorsqu'il avait accepté de suivre l'ambassadrice en Sarda. Depuis combien d'années n'avait-il pas eu une conversation à cœur ouvert avec un égal ?

Kalyan le laissa longuement à ses ruminations, préférant se concentrer sur son thé. Les yeux perdus dans le vague sous ses paupières tombantes, il s'était laissé aller contre le dossier de son fauteuil, les jambes tendues vers la cheminée et son feu, sa tasse fumante lovée entre ses deux mains. Sa tranquillité n'était pas feinte, semblait-il à Omiros, mais elle n'était pas totale non plus. Malgré son air détendu, le Sardais n'avait pas lâché le poète du regard. Sa patience bienvenue ne pouvait avoir pour but que de pousser son invité à la confession et pour quoi ? Pour s'assurer de son innocuité ? Pour mieux utiliser leur future conversation comme objet de chantage ? Par sincère sympathie ? Une nouvelle vague d'anxiété le traversa et il but la moitié de sa tasse de thé pour dissimuler son trouble.

Le parfum des épices le dérouta suffisamment pour faire retomber la houle inquiète secouant ses entrailles. La cardamome, la cannelle, le fenouil s'enroulèrent paisiblement autour de sa langue et de son palais. L'anis, le poivre et la muscade emplirent son nez et sa gorge d'un calme entêtant. Le sucre et le lait achevèrent d'apaiser les soubresauts de son estomac. Une exclamation surprise lui échappa.

« Vous n'avez jamais bu de chai, avant ? demanda Kalyan avec un sourire amusé.

– Non jamais », répondit Omiros en prenant une nouvelle gorgée de thé.

Encore une fois, les épices et le sucre l'envahirent de leurs arômes inhabituels, éloignèrent son angoisse.

« C'est délicieux.

– Je le prépare encore comme le faisait ma mère… Avec les mêmes épices, les mêmes dosages. Je suis bientôt à court malheureusement, mais je ne sais pas si j'oserai à nouveau chaparder dans le garde-manger de votre ambassadrice.

– Ce n'est pas mon ambassadrice. »

La réponse avait fusé. Volontairement, cette fois-ci. Omiros et Kalyan se regardèrent, séparés seulement par une table basse et une théière de fonte ; et les côtés opposés, d'une guerre terminée plus vite qu'elle n'avait commencée, qu'ils représentaient chacun. De son affirmation, le poète venait d'en brouiller la frontière. Il prit une profonde inspiration, posa sa tasse devant lui.

« Je ne suis pas sujet-électeur, aux Comtés-Unis. Ma position de poète de cour m'offre beaucoup d'avantages, mais elle ne me donne pas accès aux fonctions électives pour autant. Je n'ai pas choisi les comtes qui siègent à l'Assemblée seigneuriale. Je n'ai pas choisi l'ambassadrice qu'ils ont envoyée en Sarda. Je n'ai pas choisi de venir ici, pas vraiment. Ma précédente employeuse me convenait très bien, mais elle devait des… faveurs, à Zénobie. Comme tout le monde. Alors quand l'ambassadrice a demandé ma présence, qui étais-je pour refuser ? »

Il laissa tomber son regard sur son giron et ses mains nouées de détresse. L'aveu avait toujours eu un goût amer. Il se pencha pour se ressaisir de sa tasse, noya le remugle de la confession sous le parfum du chai.

« Je crois savoir pourquoi elle m'a choisi, mon amitié avec la Ligue modérée est bien connue, mais Zénobie les déteste. Peut-être apprécie-t-elle sincèrement mon œuvre, mais je suppose plutôt qu'elle voulait se donner une image plus avenante. Moins radicale. »

Kalyan eut une moue sceptique.

« Ce n'est pas vraiment une réussite. »

Omiros gloussa tristement dans sa tasse.

« Non, pas vraiment. »

Son hôte leur resservit du thé.

« Vous n'avez aucune possibilité de rentrer chez vous ?

– Un jour, sûrement. Lorsque l'Assemblée seigneuriale trouvera que Sarda est suffisamment dressé. Un comté de plus à ajouter à leur couronne. Zénobie et sa lignée en deviendront la famille comtale et y installeront définitivement leur cour. Je devrais avoir le choix de rester ou de rentrer, à ce moment-là. »

Kalyan fronça les sourcils, faisant un clair effort pour résister à la grimace qui se tapissait sous son visage.

« Cela pourrait prendre des années.

– Espérons-le ! » renchérit Omiros, désireux de le rassurer, si cela était seulement possible.

Un silence pesant retomba entre eux. Il se maudit d'avoir laissé la conversation glisser sur cette pente périlleuse, de n'avoir pas su éviter l'écueil qu'était le destin de Sarda. Pourquoi n'avait-il pas tout simplement suggéré une clause contractuelle le rattachant à l'ambassadrice ? Kalyan était-il au fait des circonvolutions juridiques sabès ? Il frotta son pouce contre la peau tendre entre ses deux yeux, chercha une manière, élégante si possible, de détourner la discussion vers un sujet plus neutre. Kalyan lui coupa l'herbe sous le pied.

« Comment est-ce, chez vous ? Très différent d'ici, je suppose, mais au-delà des clichés et des on-dit, racontez-moi ce qui vous attache aux Sabès. »

La question prit tant Omiros par surprise qu'il manqua s'étouffer avec son chai. Tandis qu'il toussait du thé et tentait, tant bien que mal, de retrouver le contrôle de ses voies respiratoires, son hôte se leva. D'un coin d'œil brouillé par les larmes, le poète l'observa trifouiller à travers ses étagères bancales, ses caisses à vin réemployées, ses piles de livres désordonnées, puis pousser une exclamation de joie et revenir jusqu'à son fauteuil. Avec toutes sortes de précautions révérencieuses, Kalyan débarrassa la table basse et posa l'ouvrage en son centre.

« Atlas Géodésique et Historique de la Péninsule des Confins, en particulier des Comtés-Unis des Sabès et des Duchés Libres du Héron et de la Truite, par Adhémar Fikri, maître géographe de l'Université de Sangrisca. »

La stupeur manqua de faire échapper à Omiros la tasse entre ses mains, ce qui lui valut un regard désapprobateur de Kalyan. Il s'en aperçut à peine. Un véritable ouvrage du professeur Fikri, là, sous ses yeux, alors qu'il venait d'apprendre sa mort, il y a tout juste dix jours. S'il avait cru en la double Triade, Omiros aurait pu y voir un miracle. D'une main tremblante, il posa sa tasse au sol et de l'autre, il effleura la couverture de cuir rouge à gros grains et ses volutes estampées d'or. Kalyan défit le rabat et ouvrit l'Atlas. Une somptueuse carte, étendue sur l'entièreté de la double page, s'offrit à son regard. Il reconnut immédiatement le comté de Tavard, les vallées encaissées de ses moyennes montagnes, les terrasses de vigne et d'olivier qui faisaient sa richesse, sa capitale, nichée dans un méandre du Grand Rodhan. Omiros caressa la page comme on caresse une caille de compagnie. Il avait arpenté plus d'une fois ces vignobles et ces vergers, lors d'un séjour dans les domaines de campagne d'Eudokia, elle inspectant ses sarments et lui affligé par le rhume des foins. Kalyan poussa l'atlas vers lui.

« De quel comté venez-vous, maître poète ? »

Omiros tourna une page avec dévotion.

« De Naudary. Et même de la capitale. Je n'ai jamais été très attiré par le monde rural, la ville me suffit bien.

– Vous ne quittiez jamais Castel ?

– Parfois, si. Pour accompagner ma mécène, par exemple. Mais je cherchais toujours toutes les excuses possibles pour me dérober à ces voyages. On ne manque de rien, à Castel. Il y a tous les musées, tous les théâtres, toutes les boutiques dont on peut rêver, pourquoi aller plus loin ? J'allais toujours à la même brasserie quand je sentais qu'il fallait que je sorte de mon bureau pour prendre l'air. J'y avais mes habitudes, j'y retrouvais des membres de la Ligue modérée. »

Kalyan lui lança un regard profondément étonné. Omiros se renfrogna.

« Vous ne croyez pas que je puisse appartenir à un mouvement politique minoritaire ?

– Pas du tout, répondit le Sardais. Au contraire, même. Je suis simplement surpris que les modérés aient encore des partisans de nos jours. »

Le poète haussa les épaules.

« La guerre avec Sarda ne fait pas l'unanimité dans les Comtés-Unis. Et même au sein de l'Assemblée Seigneuriale, ne serait-ce que de quelques voix.

– Je l'ignorais. Même si vous conviendrez que, pardonnez-moi l'expression, ça me fait une belle jambe. »

Cela tira un sourire à Omiros. Il feuilleta quelques pages supplémentaires, laissa défiler sous ses doigts les comtés qu'il connaissait le moins et ceux qui ne l'intéressaient pas. Puis il trouva Naudary. Le comté-mère des Sabès déploya les lignes sépia de ses courbes de niveau, de ses relevés hydrographiques et de ses agglomérations à travers l'Atlas. À la confluence du Grand Rhodan et de l'Arar, se dessinaient les remparts circulaires de Castel et les trois îles qui constituaient son cœur. On y distinguait à peine, à cette échelle, la succession précise des différents quartiers.

« Ah, fit Kalyan. La fameuse capitale, pourvoyeuse de tous les besoins. Plus loin il y a un plan détaillé, si vous voulez. »

Omiros tourna la page. Le quadrillage rectiligne de Castel se déroula sous ses yeux. Du bout du doigt, il suivit le tracé des rues, se remémorant les promenades qu'il avait pu faire entre son appartement du quartier-poète et le quartier-horloge, où se tenaient les réunions de la Ligue. Il serpenta le long des berges aménagées de l'Arar et remonta son cours jusqu'à l'île aux Saints, l'île aux Temples, l'île aux Comtes. Il contourna le quartier-poudre par les jardins du héron et de la truite, se demanda comment avait évolué la situation dans les deux Duchés libres depuis qu'il avait quitté Castel. Aucune lettre de la Ligue ne pouvait plus lui parvenir sans que Zénobie n'en voie le contenu. Il leva enfin les yeux vers Kalyan, qui patientait en silence, un sourire en coin.

« Pardon.

– Ne vous excusez pas. Il est normal d'être envahi par l'émotion, lorsqu'on retrouve un peu de son chez-soi. Parlez-moi de votre ville. »

Omiros prit une longue inspiration. Puis il raconta. Il raconta les six ponts entre les trois îles et son préféré, celui reliant les Saints aux Temples. Il raconta les faubourgs orientaux et leurs échoppes de verreries, de breloques, de bibelots, où il faisait le plein de cadeaux pour les jeunes élèves de l'école des poètes, et ensuite les faubourgs occidentaux où il prenait ses collations de midi. Il raconta le Musée national et sa collection unique de pièces archéologiques datant des rois-oiseaux, les salles, sous la coupole immense, où s'alignaient les tableaux, les statues, les étagères de céramiques, la serre et ses essences rares, le café de prédilection des amoureux.

Il raconta la beauté de sa ville, de ses rues, de ses immeubles, des palais des comtes, de l'Assemblée seigneuriale, de tout ce qui faisait sa substance et son charme. Il raconta les aspects sordides, le gouffre entre les classes sociales, le pont infranchissable entre modérés et conservationnistes, les allées laissées aux pigeons et aux corbeaux, les arrière-cours abritant des commerces illégaux. Il raconta le beau et le sale, le privilégié et le laissé pour compte, tout ce qui faisait la richesse de sa ville. Il raconta Castel et il se raconta, tandis que Kalyan écoutait.

Lorsque le flot de souvenirs et de paroles se tarit, ils restèrent silencieux. Puis le Sardais l'invita à se lever. Il le guida à travers le dédale souterrain et ses multiples embranchements, à travers les étages du sous-sol et jusqu'à la surface. Ils se saluèrent comme en Sarda, d'une brève courbure du buste, et se séparèrent sans un mot de plus. Pourtant, Omiros le savait, il venait d'être réinvité.

Il rentra directement à sa chambre, sans prendre la peine d'excuser sa disparition à Zénobie. Il ferma la porte à double tour derrière lui, s'assit à son bureau, choisit une plume et l'un de ses cahiers de poésie. Il commença à poser les vers sur le papier.

« Tu as quitté ton Nord natal et sa brume matinale,
Ses sous-bois, ses sapins, son ultime frontière.
Retrouvons-nous, amie, là où tout commença et
Tel l'orage qui roule au-dessus des montagnes,
Notre rencontre fera choir en bouquet les éclairs. »

Geste d'Oihana

Un matin, une garnison de lachnidés vient stationner à Cherchefeuille. La grand-mère les évite autant que possible, mais, elle le sait, les sorties nocturnes doivent prendre fin le temps de leur présence parasite. Usoa, Garbi, Irune, Edurne et Amets ne se formalisent pas de ces nouveaux venus, même si les uniformes rutilants les fascinent longuement lors de la première traversée du village par les soldats. Plus tard, lorsque ces derniers sont installés dans l'hôtel de ville, la mairesse vient dîner chez Oihana.

« Ils ne vont pas rester longtemps, je pense », signe-t-elle tandis que les petites-filles dorment et que le fils se concentre sur son tricot.

« Pourquoi sont-ils là ? » demande la grand-mère.

La mairesse hausse les épaules.

« Leur commandant n'a pas voulu me dire. Je crois qu'ils préparent une expédition pour le Ravin. »

Cette suite de signes les fait frissonner toutes deux. Que veulent les Sabès à l'ancienne frontière ? Celle qui sépare depuis toujours les Comtés-Unis du vieux royaume ?

« La Dame se chargera de leur sort », promet Oihana avec de brusques gestes des doigts et de la tête, les sourcils froncés.

La mairesse acquiesce du menton. Le Ravin est une ombre au bord des ombres, à l'ouest du village, une plaie et une bouche dans le paysage. Parfois, son haleine sucrée remonte jusqu'aux habitations, parfois c'est un parfum putride de décomposition. Personne ne met les pieds dans le Ravin. Ou plutôt, personne n'y va et n'en revient. La dernière fois que quelqu'une est descendue entre ses mâchoires de pierre, c'était la veille

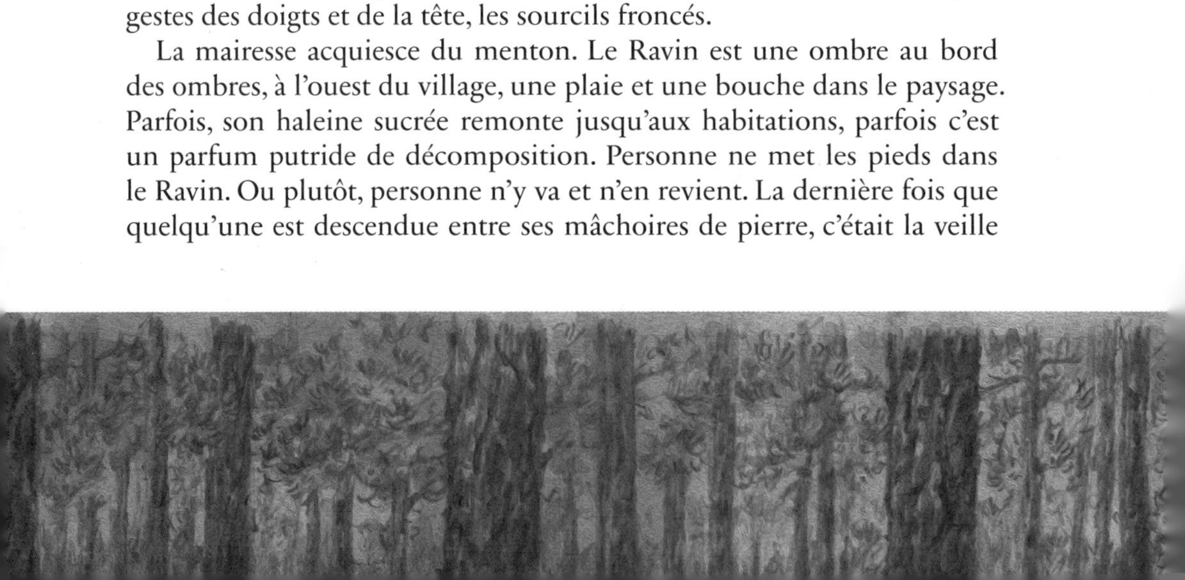

de la guerre. Et la rumeur veut que le mage Myrddin lui-même fût de l'expédition. Si les Sabès veulent perdre inutilement cinquante des leurs entre ces babines mortelles, grand bien leur fasse, pense la grand-mère dans un accès de colère qu'elle ne s'autorise que rarement. Du coin de l'œil, elle distingue tout juste la silhouette de son fils, penché sur son ouvrage de laine, coupé de ce qui fait la vie de ses filles et de sa mère. Le départ d'Enara a ouvert chez lui plus d'une blessure inguérissable que personne n'arrive à franchir. La venue des lachnidés n'a en rien participé à son rétablissement. La vieille femme ne se fait pas d'illusion, seul le retour de sa femme des mines d'argent d'Estari pourrait rendre sa douceur à son visage.

La mairesse et la grand-mère boivent leur thé sans plus échanger de gestes ni de regards. Elles ne peuvent rien contre la perte imminente des soldats sabès. Peut-être, au fond, ne veulent-elles rien empêcher.

Le régiment de lachnidés quitte Cherchefeuille trois jours plus tard, emportant avec lui deux chasseuses et un bon quart des réserves du village. La routine d'occupation habituelle retrouve son cours, presque préférable à la présence des soldats supplémentaires. La grand-mère reprend ses sorties nocturnes. La terre est dure, compacte, sous sa petite pelle de jardin, les graines qu'elle y dépose ne survivront probablement pas à la sécheresse. Les Sabès partis pour le Ravin non plus.

Il faut deux jours pour atteindre le bord oriental de la gueule de roche, un peu plus pour toute une troupe équipée, résonne la vieille femme tandis qu'elle remonte la rue centrale du village. Si l'on dépêche dans la journée une messagère jusqu'au régiment, elle devrait les atteindre avant qu'ils ne pénètrent dans le Ravin. Avant qu'ils ne soient perdus. Oihana se presse. Ses petites jambes âgées peinent à suivre le rythme qu'elle s'impose. Elle voudrait avoir vingt ans de moins et pouvoir encore, si ce n'est courir, au moins trottiner. Elle l'a beaucoup souhaité aussi, quand ils ont pris sa belle-fille. Sa carrure et sa force en feront une bonne mineuse, leur ont-ils dit en l'emportant. Et maintenant, après deux ans sans l'avoir vu, voilà que la grand-mère s'apprête à sauver les mêmes soldats qui leur ont volé Enara. Elle ravale les larmes qui menacent ses joues. À quatre-vingts ans passés, elle a bien suffisamment pleuré dans sa vie sans avoir besoin de verser son sel et son eau pour des ennemis. Pourtant, elle ne s'arrête pas. La rue défile sous ses pas, les habitantes se retournent à son passage, les enfants interrompent leurs jeux pour la suivre un instant. C'est la mairesse qui finit par la rattraper, à quelques mètres de l'hôtel de ville.

« Mais qu'est-ce que vous faites, Mama ? » signe-t-elle précipitamment, les joues rougies par sa propre course et son inquiétude.

La grand-mère fait non de la tête sans répondre. Si elle s'explique, si elle rentre dans les détails, elle va changer d'avis et les soldats seront perdus. Elle devine ce que pense la mairesse, et sa voisine qui s'approche à son tour et les filles de la tisserande qui hésitent encore. Qui sont ses soldats pour mériter son aide, sa pitié ? Qui sont les Sabès pour valoir la moindre once de compassion ? Et puis, moins il y a de régiments de lachnidés et de buprestes, plus les chances sont grandes pour les rebelles d'un jour d'inverser le rapport de force.

Oihana se secoue. Elle ne se laissera pas convaincre, par les autres comme par elle-même. Elle reprend la direction de l'hôtel de ville, bien décidé à interpeller le commandant en place. Usoa se jette dans ses bras et la cloue sur place, nette.

« Nana, Nana, où tu vas ? »

Les signes de la fillette sont un peu brouillons dans son inquiétude, elle ne cesse de jeter des regards soucieux par-dessus son épaule en direction de la garnison, presque tremblante de nervosité. Cela arrête Oihana. Elle ne veut jamais causer de détresse à ses petites-filles. Surtout Usoa, qui la seconde en tout, même lorsqu'il s'agit d'aller replanter la forêt la nuit, même lorsqu'il faut s'occuper de ses petites sœurs. La grand-mère referme ses bras osseux autour de l'enfant. Une même quinte de toux les secoue. Que la fumée de l'incendie est épaisse aujourd'hui ! Que ses miasmes prennent à la gorge, encroûtent les poumons ! Oihana voudrait protéger Usoa de cela, mais que peut une vieille femme face à l'appétit des flammes ? Elle relâche doucement leur étreinte, repousse gentiment la fillette.

« Sois sage », signe-t-elle.

Et elle poursuit sa route.

Le commandant de la garnison sabès a bien repéré leur groupe et l'agitation qui les parcourt, mais il attend que cela se dénoue. Il n'est pas là depuis bien longtemps, pourtant tout le monde à Cherchefeuille sait qu'il les voit comme des paysannes un peu simples d'esprit, des culs-terreux sympathiques, tout au plus. Si c'est lui qui était parti, peut-être la grand-mère l'aurait-elle laissé mourir. Dévorée par le Ravin, sa morgue ne lui aurait plus servi à rien.

Oihana s'avance sans entrave désormais. La mairesse retient Usoa et les autres hésitent. Faut-il l'arrêter de force ? Ou au contraire, se désolidariser de son acte de folie, par crainte d'être plus tard associé à son geste. Car ils ne vont pas la croire, les Sabès, ils vont l'envoyer paître. Et lorsqu'elle insistera, ils vont la menacer, puis l'accuser de vouloir leur nuire et ils l'emprisonneront. Au moins pour ne plus avoir à l'entendre. Elle sait tout cela, Oihana. Elle les a vus exercer leur pouvoir sans vergogne. Mais toutes les jeunes pousses méritent sa protection. Certains de ces lachnidés, tout fier avec leurs arquebuses rutilantes, n'avaient pas plus de vingt ans. La grand-mère se souvient avoir eu vingt ans, il y a très longtemps, ce n'est pas un âge pour mourir. Quand bien même sont-ils venus ici de leur plein gré, volontairement peut-être, la fleur au canon. Elle fait taire ses pensées, fait taire le souvenir de sa belle-fille. Elle avance.

Elle a presque atteint le commandant, le voit décroiser les bras et venir à sa rencontre quand les premières familles de Persbreuille apparaissaient au bout du chemin. Il n'y qu'une seule voie qui traverse Cherchefeuille, le village n'en mérite pas plus et elle va d'un côté jusqu'au prochain hameau, de l'autre vers la grande route qui rejoignait Ousterre, à l'époque. C'est par le bout qui mène à l'incendie que tous les gens de Persbreuille arrivent à Cherchefeuille.

« Qu'est-ce que c'est que ça », braille le commandant sabès.

La colère et l'incompréhension ont remplacé le dédain et l'ennui sur son visage. Derrière Oihana, les filles de la tisserande sont allées rameuter tout le monde. On s'agglutine sur la route, on se presse pour voir ce qu'il se passe, on s'amasse en grappe autour de la mairesse et de la grand-mère.

Au loin, l'horizon a tourné à l'orange, mais ce n'est pas le soleil couchant.

Persbreuille s'en vient et l'incendie marche dans ses pas.

Nordeau

« J'ai voulu chaque citadelle unique. J'ai dessiné des plans simples, mais utiles, incarnant ce que je comprenais des cavalières de chaque Marches du Royaume. Les noms me sont venus en rêve, ce qui explique leur simplicité, mais je leur trouve une sonorité appropriée. Après tout, il faudra pouvoir les crier au combat. Soufeu, Ousterre, Estari, Nordeau. Oui, je les crois adaptés. »

Journal intime d'Offaze, cavalière de la couronne de Sarda, architecte des quatre grandes citadelles de l'ordre des cavalières.

Quatre années d'absence de ses cavalières avaient déposé un linceul d'abandon sur la citadelle de Nordeau. Des herbes folles perçaient entre les pavés, la mousse envahissait les murs, un dépôt de boue et de feuilles mortes formait une congère grossière contre la muraille. Les rebelles passèrent l'arche de pierre que ne fermaient plus les grandes portes de bois. Le bouillonnement du torrent les accueillit, ses eaux tumultueuses débordaient du canal, charriaient branchages et déchets végétaux. Un vague parfum de combustion imprégnait encore les restes de charpentes et le mortier effondré des bâtiments incendiés. Ce qui avait un jour été la volière et la sellerie gisait éventré, offert aux humeurs de la montagne. Seule la bâtisse principale tenait encore debout, bien que les vestiges de sa toiture se soient éparpillés à travers la cour. Une émotion douloureuse prit Berhane à la gorge, comme une odeur nauséabonde. Tout ce qui avait fait de la forteresse une demeure de l'ordre des cavalières avait disparu. Emportés, les cris, les rires, les pleurs. Emportés par la guerre, le feu, les saisons.

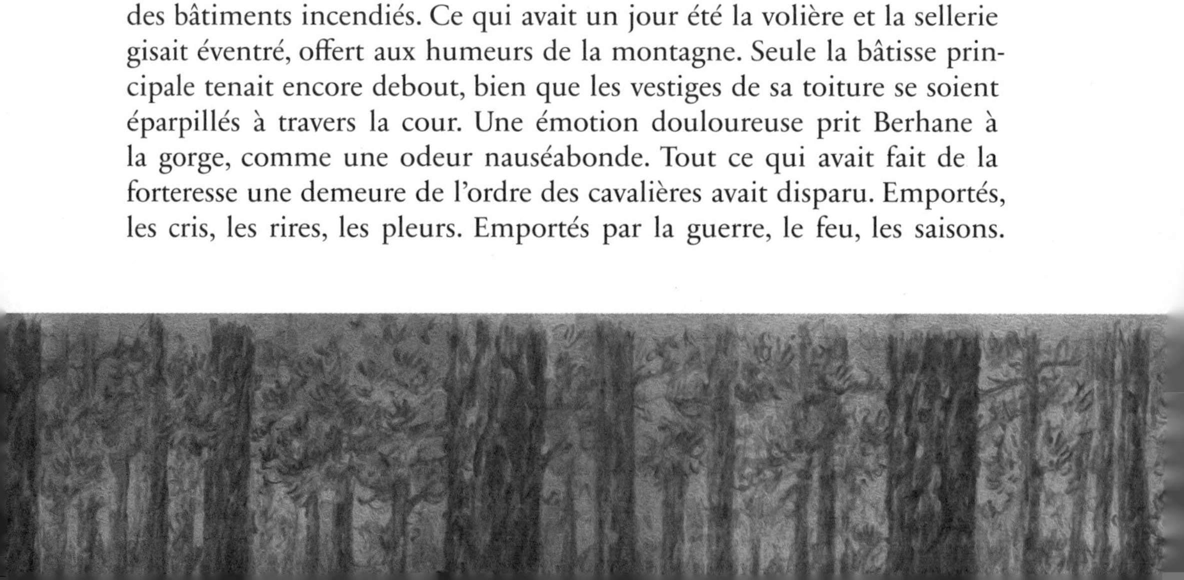

Disparues les novices, les Aînées, les écuyères. Dans la foule qui se pressait derrière Berhane, seule une poignée avait un jour appelé cette ruine leur foyer et bientôt, si leur plan se déroulait sans accroc, il ne resterait plus rien auquel retourner.

L'occupation précaire par la garnison sabès n'avait en rien enrayé la décomposition de la citadelle. Elle l'avait accélérée. Une partie de l'escalier menant aux terrasses avait servi de carrière d'appoint pour la construction de leur camp, le verger avait été rasé et transformé en bois de chauffage, des traces nauséabondes maculaient le rempart surplombant la plaine. Leur passage laissait dans la pierre comme une intuition de destruction. Il laissait aussi, juste devant les portes, une large tache de sang carbonisé et une pile de corps tordus par les flammes et l'agonie. Les rebelles prenaient soin d'éviter la salissure macabre. Il était trop tôt pour réfléchir à leurs exactions. Berhane poursuivit sa route, elle aussi, repoussant à la nuit le service mortuaire qu'elle devait à leurs adversaires. L'aube ouvrait le ciel par-dessus les montagnes, à l'Est ; certaines choses ne se font pas sous le regard du jour.

Comme rapporté par Adèle, les sabès n'avaient pas osé pénétrer le corps de la citadelle. La porte donnant sur le grand hall pendait sur ses gonds, entrebâillée comme si une dernière cavalière venait d'en sortir. Personne n'avait plus traversé ce seuil depuis. Berhane passa sous le linteau tête baissée. Une nuée de pigeon s'échappa par une fenêtre cassée, suivit de quelques corneilles et d'une poule faisane paniquée, plus alarmée par cette nouvelle arrivée que par les combats de la nuit. Une douce obscurité dissimulait les plaies internes de la forteresse, posait sur les séquelles de son abandon un voile pudique. L'élue y trouva un certain réconfort. Aurait-elle supporté de découvrir ses souvenirs étalés dans la boue, éventrés, exposés aux yeux de toutes ? Cachée ainsi dans l'ombre, elle pouvait presque prétendre qu'ils n'existaient pas.

« Au moins, il en reste les murs. Même si ce n'est plus pour longtemps. »

Le dédain et l'aigreur dans la voix de Brigandine furent un tour de couteau dans une plaie vive. Une impatience étouffante submergea soudain Berhane, lança des points noirs devant ses yeux.

« Peux-tu me guider ? poursuivit la Matriarche, j'aimerais voir la cellule de Sophie, si elle est encore là. »

Berhane tourna vers elle toute l'exaspération qu'elle ne pouvait contenir.

« Tu t'entends, parfois ? cracha-t-elle. Ou est-ce que ta bouche s'agite sans ton contrôle ? »

Brigandine recula d'un pas. Estomaquée par ce revers soudain, elle ne tenta pas d'arrêter Berhane lorsque celle-ci disparut dans la gueule obscure de la citadelle.

Les murs s'étendaient sans fin autour de la cavalière, s'étiraient vers des plafonds invisibles sous la voûte desquels résonnaient ses pas. Elle traversa les cuisines abandonnées, ignora son ancien bureau d'intendante, ne s'attarda pas devant le vitrail crevé du réfectoire et les éclats colorés éparpillés au sol. Elle gravit l'escalier sans s'accorder de pause, malgré son souffle court. Le premier étage l'attendait. Les bouches avides de présence des cellules des cavalières s'ouvraient à son passage, lui présentaient le souvenir de leurs habitantes, une par une, impossible à faire taire. Là une sœur, trans elle aussi, qui lui avait appris à se raser. Là une autre, dont elle n'avait jamais supporté les incessants soupirs. Le bruit des pages qui se tournent, depuis la cellule de la cavalière-archiviste. L'odeur musquée et séduisante d'un béguin presque oublié. Les rires d'écuyères debout à point d'heure.

Deux autres escaliers. Et puis sa propre chambre. En milieu de couloir, identique à toutes les autres, mais d'où, en se penchant un peu par la fenêtre, l'on pouvait voir le sommet de Face-de-pierre surplombant la citadelle. Là où Pèn et elle s'étaient aimées bien des fois. Elle s'interdit de ralentir l'allure. Il lui fallait poursuivre son ascension, atteindre le ciel sans permettre aux réminiscences de sa vie passée de la rattraper. Elle ne pouvait pas regretter ses actions à venir. Son pas trembla à peine lorsqu'elle dépassa la cellule de Pènderyn.

Un vent glacial dévalait les marches menant au dernier étage. Plus haut, il ne restait de la charpente qu'une carcasse noircie et, ensuite, l'aube qui tournait au matin. La dernière ascension fut la plus facile. Berhane laissa derrière elle les voix des cavalières de Nordeau et déboucha à l'air libre.

Seuls les appartements de la Matriarche avaient subi l'ire des Sabès. Ils y avaient mis le feu, comme souvent lorsqu'ils souhaitaient blesser Sarda dans sa chair, mais n'avaient pas cherché à poursuivre leur œuvre de destruction. Peut-être Zénobie n'accordait-elle pas tant d'importance à un ordre qu'elle avait fait démanteler et interdire ? Ou d'autres préoccupations plus urgentes l'avaient détournée de la citadelle ? À moins, alors, que la totale annihilation d'une forteresse des cavalières soit trop symbolique. Cela n'avait pourtant pas arrêté les Comtés-Unis, lorsqu'ils avaient rasé Ousterre et brûlé ses habitantes, combattantes comme civiles, au milieu des décombres. L'ambassadrice n'avait tout simplement pas considéré Nordeau et ses cavalières comme une menace crédible. Pas après la signature du traité. Et dire que les rebelles comptaient terminer ce qu'elle avait commencé.

Le souffle hivernal des montagnes descendait en rafales éparses les flancs abrupts de la grande falaise, soulevait les tresses et le manteau-tissé de Berhane, séchait ses larmes à même la peau de ses joues charnues.

Son dragon l'attendait. Perché sur un tas de maçonnerie éboulée, il nettoyait avec application les plumes de ses ailes et de son poitrail. Elle vint s'y blottir. La tiédeur et le ronronnement familier du brasier intérieur de Desta furent un baume à son âme meurtrie, car il est des blessures que seul un dragon peut apaiser chez sa cavalière. Il pressa sa tête contre le dos de Berhane, l'enveloppa de son corps massif, replia ses ailes autour d'elle afin de la protéger du vent. Elles restèrent pelotonnées ainsi, comme coupées du reste du monde, de la guerre et de la résistance. Le harnachement de Desta, dont Berhane avait pris soin pendant leurs neuf années de vie au sein de la citadelle, n'était plus qu'un pâle reflet de son raffinement passé. Certaines sangles étaient perdues, d'autres ne tenaient que par de trop nombreux raccommodages. L'un des étriers n'était plus qu'une simple boucle en tissu. Pourtant, comme la veille au soir, elle se hissa sur son dos et, comme autrefois, elles prirent leur essor. Desta se laissa basculer par-dessus le rempart, chuta brutalement vers la campagne, à peine discernable plusieurs centaines de mètres plus bas. Puis, là où le mur cédait la place à la falaise, ouvrit grand les ailes.

Une bourrasque s'engouffra brusquement sous son ventre, les porta bien au-dessus de la citadelle, de Face-de-pierre et son surplomb rocheux, presque au niveau des sommets. L'aube enjambait justement les montagnes. Les premiers rayons du soleil embrassèrent le visage de Berhane avec la passion d'une amante. Comme ce paysage lui avait manqué ! Elle avait été lève-tôt, à l'époque, quand elle était intendante d'une forteresse de cinq mille âmes. Couche tôt aussi, lui rappela son corps éprouvé par la bataille. Ses yeux brûlaient de fatigue et de beauté. Elles flottèrent longtemps, profitant de la chaîne montagneuse s'étendant sous Desta. Bientôt il faudrait redescendre. Terminer les préparatifs autour de Nordeau, s'occuper des blessées et des mortes, faire ce pour quoi elle avait été élue : guider. Mais pas tout de suite. Elle pouvait, d'abord, s'accorder un moment de quiétude.

Et assurer leur sécurité à toutes. Elle sortit de sa poche les trois pommes de pin enchantées de Myrddin. Elles étaient tièdes au creux de sa main, malgré le froid mordant de l'altitude, et scintillaient légèrement sous les feux de l'aurore. Le magicien l'avait sermonné longuement sur la façon de les activer, si bien qu'elle pouvait presque entendre sa voix lui assénant les consignes. Une par une elle leur souffla dessus, les brandit bien haut face au soleil. Elles s'embrasèrent entre ses doigts, sans la blesser, de flammes qui ne brûlaient que de magie.

« Bien. Qui ne tente rien n'a rien, n'est-ce pas ? » murmura la cavalière au dragon.

Pour toute réponse, Desta secoua la tête avec un bruissement de plumes et souffla de son bec un bref filet de fumée. Berhane sourit. Les moments de solitude s'étaient faits rares depuis le début de la guerre, mais, entre tous ses sacrifices, elle n'avait pas renoncé au lien qui l'unissait à sa monture. De toutes les identités qu'elle avait endossées depuis sa naissance, les évidentes comme les proclamées, celle de cavalière lui avait toujours semblé la plus juste. Celle qui lui seyait le mieux, tel un manteau-tissé bien ajusté.

Les trois pignes magiques grandirent encore en ardeur, lancèrent leurs feux haut vers le ciel, défièrent de leur trio de lueur la lumière du jour. Berhane jugea qu'elles étaient aussi mûres que Myrddin l'avait prévu. Elle arma son bras et, les deux autres précairement retenues d'une seule main, lança la première pomme de pin au loin. La pive enflammée tourbillonna dans l'air. Avant d'éclater dans une explosion d'étincelles multicolores. La détonation, si semblable à celle d'une arquebuse des Sabès, alarma tant Desta qu'il perdit quelques mètres d'altitude et faillit précipiter sa cavalière dans le vide. Berhane eu tout juste le temps de s'agripper au pommeau usé de sa selle. L'une des pignes restantes manqua lui échapper. Elle la rattrapa du bout des doigts. Puis le dragon reprit son aplomb et elles retrouvèrent leur élévation initiale.

« Pardon, mon vieux, s'excusa Berhane en flattant l'encolure de Desta. Je ne pensais pas que ce serait bruyant. »

Il s'ébroua avec autant de force qu'il lui était possible sans désarçonner sa cavalière. Poussa un faible huissement irrité.

« Oui, c'est clairement la faute du mage, répondit-elle avec un petit rire. Non, tu ne peux pas le brûler vif lorsqu'il rentrera. »

Une gerbe de flammes pâles échappa au bec du dragon.

« Je ne suis pas sûre que cela soit efficace, de toute façon… »

Berhane lança la deuxième pomme de pin, à l'opposé de la première. Comme auparavant, mille escarbilles aux reflets multiples jaillirent en tous sens lorsque le sortilège éclata. Mais cette fois-ci, au lieu de se fondre dans le jour qui s'installait, elles continuèrent de scintiller, suspendue dans l'air, déployant leurs miroitements colorés, insensibles aux forces motrices du monde. La dernière pive subit le même sort que ses sœurs, dans une direction encore différente. Les étincelles arc-en-ciel se libérèrent du charme avec l'intensité d'une éruption d'allégresse, s'égaillèrent à travers le vide, s'envolèrent au-dessus de la cavalière et son dragon. Malgré elle, Berhane laissa échapper une exclamation de joie. La magie de Myrddin lui avait rarement paru aussi belle, tandis que le voile multicolore, tissé de milliers d'éclats irisés, descendait sur la citadelle et sa montagne et les recouvrait de son illusion.

Même la mine boudeuse de Brigandine ne put gâter sa bonne humeur, quand elle se posa au milieu des combattantes rassemblées dans la cour de Nordeau.

Lorsque Lorcan et son groupe, relevées de leur position dans la plaine, les rejoignirent le lendemain, elles ne s'étaient toujours pas adressé la parole. Il fallut un regard à l'ancienne tisserande pour remarquer les tensions qui les animaient et un instant pour mettre le doigt dessus. Elle allait avoir besoin de toute la diplomatie, dont elle n'était pas sûre d'être capable, pour ne pas envenimer les choses. À l'approche de ses collègues, chacune venant d'un bout de la citadelle, elle leur sourit largement. Leur froncement de sourcils commun souligna immédiatement son erreur.

« Bonjour, consœurs, lança-t-elle pourtant avec aplomb. Je suis heureuse de vous revoir en vie et en un seul morceau. »

Les deux autres femmes lui répondirent du bout des lèvres.

« Je vois que vous partagez mon enthousiasme, poursuivit Lorcan entre ironie et dérision. Peut-être la réussite de notre opération vous réjouira-t-elle plus que la vue de ma personne saine et sauve ? Les villageoises ne se doutent de rien, nous avons remplacé les Sabès sans aucun souci, pris possession de leur poste avancé. Nous n'avons fait aucun prisonnier. »

Son discours parut tirer Berhane et Brigandine de leur humeur maussade. Des sourires navrés identiques naquirent sur leurs lèvres et elles s'avancèrent tour à tour pour serrer Lorcan contre leur cœur.

« Je suis soulagée de te voir indemne, dit enfin Berhane. Nous avons beaucoup à te raconter. Comme tu le vois, de notre côté aussi…

– Nous n'avons perdu que quinze des nôtres, interrompit Brigandine. Et nous non plus, nous n'avons pas fait de prisonnier. Comme il se doit. »

La grimace bien vite dissimulée de Berhane n'échappa pas à Lorcan, aussi s'empressa-t-elle de changer de sujet.

« Berhane, veux-tu me faire visiter ? demanda-t-elle, avec toute la douceur qu'elle pouvait conjurer. Je n'ai jamais vu une citadelle des cavalières d'aussi près. Et c'est ta maison, n'est-ce pas ? Aujourd'hui encore. »

Berhane grimaça un sourire.

« Avec plaisir. »

Lorsqu'elles s'éloignèrent, prenant la direction du corps principal de la forteresse, Brigandine ne les suivit pas.

De toute sa vie de tisserande, Lorcan n'avait pourtant jamais pénétré au cœur d'une citadelle. Elle s'était approchée d'Ouesterre, il est vrai, avant sa destruction par les Sabès, avait participé au marché qui se tenait devant ses murs, où elle avait vendu ses meilleures pièces. Mais elle n'en avait pas passé le seuil. L'intimité des cavalières lui était restée interdite. Celle des habitantes de Nordeau, en revanche, s'étalait sous ses yeux en toute impudence. Ce qui restait de leurs effets personnels, les chemises mitées, les bottes crottées, les peignes brisés, les croûtes de savon, quelques couverts rouillés, des draps encore défaits d'une nuit de sommeil, tout s'offrait au regard des passantes, révélant à chacune la vie de celles qui l'avaient précédé en ces lieux. La présence de Berhane ajoutait à l'inconfort de Lorcan. N'était-elle pas en train de forcer la cavalière à lui présenter son linge sale ? Ses souvenirs les plus enfouis ? Des sanglots nouaient régulièrement la gorge de l'élue, interrompant ses explications. Pourtant, elle poursuivait. Elle dévoilait à sa collègue ce qui avait été sa vie, avant la guerre, et aussi l'existence de milliers de femmes, jeunes filles et aînées, toutes cohabitant entre ses vieux murs, à l'ombre de l'Ermite sacré. De sa voix grave et mélodieuse, Berhane insufflait un dernier soupir à ces pièces humides abandonnées, à ces couloirs couverts de salpêtre, à ces fenêtres crevées, ouvertes à tous les vents, même les plus nauséabonds. La bâtisse semblait se réveiller alors, chasser le suaire qui la recouvrait. Elle retrouvait enfin des occupantes et même si ce n'était que pour un temps, celles-ci valaient bien les cavalières.

Après la forteresse, Berhane entraîna Lorcan à travers la cour, par-dessus le torrent boueux et son canal abîmé, jusque dans le repli que formait la falaise. Quatre terrasses s'y entassaient encore, séparées les unes des autres par des renforts de terre. La première, la plus large, accueillait une large bâtisse d'un étage, éventrée de ses portes et de ses fenêtres, qui semblait avoir servi de dortoir aux Sabès durant leur occupation. Berhane ne chercha pas à y pénétrer, bien qu'elle restât longtemps immobile face au trou béant de l'entrée, laissant défiler des fantômes qu'elle seule pouvait voir. Lorcan patienta. Il ne restait plus rien de son village depuis longtemps et quand bien même elle aurait cherché à s'y rendre, les Sabès habitaient désormais toutes les Marches du Nord jusqu'à la Ferté. Elle ne supporterait pas de trouver les ruines de la maison que Nisha et elle avaient partagées, occupée par une famille de colons des Comtés.

« Excuse-moi, reprit enfin Berhane en essuyant d'un coin de manteau une paupière humide. Je ne pensais pas que l'émotion serait si forte. »

Elle tourna un visage empreint de sérénité factice vers sa collègue.

« C'est ici que vivaient les novices et les Aînées qui veillaient sur elles. J'y suis arrivée à l'âge de huit ans, peu de temps après avoir annoncé à mes parents que j'étais une fille. Elles avaient toujours eu l'intention de confier l'une de leurs enfants à l'ordre, c'est donc moi qui suis partie. Je n'ai vécu que quatre ans entre ses murs, poursuivit-elle en faisant de nouveau face aux quartiers des novices, mais je suppose que c'est là que se forge le caractère d'une cavalière.

– Est-ce que tu les revois, parfois ? Tes parents, je veux dire.

– Non. Je ne suis même pas sûre de retrouver leur village. C'est… C'était ici, chez moi. »

La cavalière se détourna totalement du bâtiment.

« Et toi, demanda-t-elle avec hésitation, comme se rendant compte soudain qu'elles n'avaient jamais parlé de cet aspect-là de leur vie. Tes parents ? »

Lorcan haussa les épaules.

« Mortes depuis longtemps. Il ne fait pas bon vivre près de la frontière des Comtés-Unis quand une guerre se déclare.

– Je suis désolée. »

La tisserande leva un sourcil qui se voulait ironique, mais ne devait avoir l'air que fatigué.

« Pourquoi ? Ce n'est pas toi qui les as tuées, si ? Je ne suis même pas sûre que tu étais née à l'époque. »

Elle plissa les yeux et dévisagea Berhane de manière exagérée.

« Est-ce que tu étais née ?

– Non, répondit la jeune femme avec un demi-sourire. Je suis née plusieurs années après la Grande Guerre.

– Bon, conclut Lorcan brusquement. Alors, ne t'excuse pas pour rien. »

Elles poursuivirent leur visite. Sur la deuxième terrasse, des arbres offraient leurs souches au ciel. Le chemin menant aux étages suivants avait disparu sous les herbes folles, les ronces et les orties et seule la mémoire de Berhane leur permit de poursuivre. La troisième et la quatrième terrasse, nichée dans le giron de la falaise, semblaient étrangement intactes. Le petit sentier de graviers n'avait pas été recouvert par la végétation, les buttes du potager ne s'étaient pas effondrées, les rangées de simples et de fleurs continuaient de croître sagement prêt des petits écriteaux qui les identifiaient. Même la minuscule masure tout au bout du jardin, collée contre la montagne, paraissait épargnée par les quatre dernières années. D'un pas hésitant, Berhane s'avança entre les allées.

« C'est… tout bonnement incroyable. Rien n'a changé. C'est exactement tel que Frêne l'a… »

Un hoquet qui était un sanglot gonfla dans sa gorge au point d'obstruer ses mots. Lorcan la laissa se reprendre, fit mine de s'intéresser à la capucine et au raifort poussant à ses pieds. Des alignements de briques rousses formaient des séparations entre les différentes plantes, ainsi que de petites palissades de saule tressé et des clôtures de bois. Aucune n'avait disparu, n'avait été enfouie ou mis à bas par le temps et l'absence de soin. Lorcan ne reconnaissait qu'une partie des espèces plantées là, mais même ses maigres notions de maraîchage lui confirmaient les paroles de Berhane. Le jardin de Frêne l'herboriste avait parfaitement résisté aux aléas de la guerre et du temps.

« Oh ! »

Berhane s'était avancé entre les rangées de sauge et, le nez dans le massif, semblait avoir découvert une seconde source d'émerveillement. Elle écarta un plant pour observer le sol puis releva la tête vers Lorcan, un grand et véritable sourire éclairant son visage.

« J'ai compris ! Regarde ! »

D'un geste impatient de la main, elle attira Lorcan à elle, lui désigna sa trouvaille.

« Là. »

Sous les feuilles lancéolées d'un buisson de sauge, une plaquette de bois, emberlificotée de brin de laine multicolore, oscillait au bout d'une baguette.

« Un charme d'herboriste, murmura Berhane avec révérence. C'était la spécialité de Frêne, elle en avait toujours dans les poches de son manteau-tissé, elle les plantait partout où elle allait. Qu'ils aient continué de fonctionner même après sa mort... »

Lorcan l'observa réfléchir d'un regard qu'elle espérait aussi doux que cette tendresse pour la jeune élue qui pointait parfois dans sa poitrine. La découverte du jardin de simples la remplissaient visiblement d'une joie sincère.

« Ça veut dire, reprit Berhane, qu'un peu de sa magie lui survit. Ça veut dire qu'elle… Non, que son dragon... »

Elle tourna un visage ravi vers sa collègue.

« Tu te rends compte ? Ma citadelle perdure. Après toutes ses années de destruction, de guerre, de perte, elle est toujours là. Elle plie, mais se redresse. Elle brûle, mais tient debout. On n'abat pas facilement les cavalières du nord.

– Comment tu feras, après la guerre ? » demanda Lorcan.

Berhane la regarda sans comprendre.

« Qu'est-ce que tu veux dire ? »

Une pointe de culpabilité pinça Lorcan au cœur. Elle l'étouffa très vite.

« Tu es élue de la future république de Sarda. Plus que ça, tu es de celles qui fondront ce nouveau régime. Que feras-tu, après le départ des Sabès, si nous gagnons ? Resteras-tu cavalière ? Seras-tu fidèle à l'ordre ou à la république ? Et puis, dans quelques semaines il ne restera... »

Les mots quittaient sa bouche et déjà elle les regrettait. Elle regarda l'esquisse de sérénité que lui avait apportée la découverte du jardin abandonner le visage de Berhane, remplacée très vite par un masque d'impassibilité calculée.

« Je ne te permets pas, répondit la cavalière. Je ne te permets pas de questionner ma loyauté. »

Lorcan pouvait presque sentir la tension qui se nouait entre elles, comme elle avait perçu, en arrivant, celle opposant Berhane et Brigandine. Il était encore temps de tout apaiser, de revenir à la relation cordiale, voire amicale, qu'elles partageaient habituellement. Elle s'obstina.

« Je ne cherche pas à t'insulter. Mais tu ne peux pas me demander de nier ce que je vois. Ton attachement à l'ordre des cavalières est immense…

– Tu voudrais qu'il soit moindre ? C'est ma maison, mes sœurs... Le lieu de tous mes souvenirs avec Pèn ! Ça ne veut pas dire que je suis moins fidèle à la cause.

– Je sais bien ! »

L'exclamation avait échappée à Lorcan et elle dut inspirer longuement pour ne pas se laisser gagner par l'énervement de Berhane.

« Je ne dis pas que tes sentiments envers cet endroit sont déplacés ou infondés. Je dis seulement que lorsque nous aurons battu les Sabès, tu sais que je n'ai aucun doute quant à ça, il faudra que tu fasses un choix. Tu ne pourras pas être Matriarche et élue de la république.

– Tiens donc, rétorqua Berhane, un sourire usé dévoilant ses dents, et au nom de quoi ? »

L'agacement envahit Lorcan. Elle n'avait jamais aimé les débats. La course à celle qui serait la plus bruyante, la plus bavarde, la plus convaincante, et non pas celle qui aurait le cœur le plus juste, la tête la mieux faite, l'intention la plus franche. Les manières de mener les discussions de Berhane et de Brigandine suivaient des schémas de persuasion et non de conviction. Rien ne l'irritait plus.

« Au nom de rien, répondit-elle en prenant soin de garder un ton uni. Je pense seulement qu'il serait plus judicieux de ne pas tout mélanger. Les élues d'un côté et l'ordre des cavalières de l'autre. C'est l'élection d'une cavalière comme condottiere qui nous a mis dans cette situation à l'origine, ces pouvoirs-là feraient mieux de rester séparés. »

Elle vit dans tout le corps gras et musclé de Berhane le travail que sa collègue faisait pour rester ouverte à leur échange. Tout comme Lorcan, elle refusait de se laisser dominer par ses émotions. Une bouffée d'affection traversa l'ancienne tisserande. Elles avaient affronté bien pire que des chamailleries, toutes les deux, élues de la république illégitime et inévitable de Sarda, elles affronteraient bien plus à l'avenir.

« J'entends, murmura Berhane, autant aux plants de sauge qu'à Lorcan. J'entends ce que tu me dis. Même si je ne crois pas que tu puisses tenir les cavalières responsables collectivement des erreurs de l'une d'entre elles. Nous sommes nombreuses à nous être opposées à Éliane, avant et après son élection. »

Une rancœur mortifiée suintait par tous les pores de la jeune femme et, même si la tension entre elles s'était amoindrie, elle fuyait encore le regard de Lorcan.

« Avec les conséquences que l'on sait. Mais sans parler des actions, l'intention était là.

– Tu sais, je ne crois pas qu'en politique il existe autre chose que de la responsabilité collective. »

Lorcan traversa les rangées de simples qui la séparaient de Berhane et vint lui presser le coude avec douceur.

« Je ne te demande pas de réponse aujourd'hui. Ou pire, de couper tous liens avec tes sœurs cavalières, alors qu'elles sont la force principale de notre résistance, ce serait particulièrement injuste de ma part. Mais juste d'y réfléchir. Autant pour la république que nous voulons construire que pour toi, pour que tu ne te retrouves pas au dépourvu face à ce choix plus tard. »

Berhane hocha la tête, seulement un tantinet à contrecœur.

« Je peux te promettre d'y réfléchir. »

Elle se tourna totalement vers Lorcan et lui offrit un sourire hésitant.

« Je suis heureuse d'avoir pu te montrer Nordeau, au moins en partie. Nous aurons peut-être le temps d'en voir plus, dans les jours à venir. »

Il fallut toute la retenue héritée de son vécu, toute la concentration, toute la tromperie dont elle était capable pour que Lorcan lui sourît en retour.

« Bien sûr. Viens, allons retrouver les autres. Quelqu'une sait sûrement quels usages toutes ces plantes peuvent avoir pour nous. Et le gouvernement fantoche de Roland ne devrait pas tarder. »

Un vent froid descendait des montagnes. La vieille Face-de-pierre, en surplomb de la citadelle, soufflait son haleine glacée sur la cour et les remparts de Nordeau. Roland resserra les pans de sa cape autour de ses épaules. Les vents hypsométriques s'infiltraient sous chaque couche de vêtements, emprisonnaient ses muscles, maltraitaient ses extrémités, refermaient, sans échappatoire possible, leurs doigts de givre autour du veilleur solitaire. Il s'était porté volontaire pour ce tour de garde mal-aimé, au milieu de la sorgue, qui le privait de la moitié de sa nuit de sommeil sans pour autant lui offrir le réconfort du spectacle de l'aurore gravissant les montagnes, ainsi que de la majorité des festivités. Il s'était très vite résigné à aller et venir d'un bout à l'autre du chemin de ronde encore existant. Le froid mordant l'empêchait de s'asseoir sans qu'il perde aussitôt toute sensation dans l'arrière-train. Il marchait, donc, le regard rivé sur la plaine en contrebas, attentif au moindre jeu de lumière, à toute ombre plus furtive que les autres, et les vents le poursuivaient. C'était très bien ainsi. Roland trouvait une certaine justice à son inconfort, si ce n'est sa souffrance. Il ne méritait aucune belle chose. Ni le ciel se parant de rose quand le monde échappe à l'obscurité ni les rires partagés entre camarades d'armes autour d'un feu de camp ni une bonne nuit de sommeil après un long voyage. Il se soumettrait aux mêmes sévices que le pays dont il avait un jour été la couronne : la fatigue, les privations, le deuil.

Le claquement de talons nus contre l'escalier de pierre annonça l'arrivée de Myrddin.

« On rumine ses mauvaises décisions, Roro ? »

Le ton enjoué du magicien réussit à lui tirer un demi-sourire.

« Lesquelles, mage de feu, il me semble les multiplier.

– La dernière, celle qui t'a poussé à prendre le quart le moins intéressant de la nuit. Ou celle d'avant, quand tu as refusé la couverture que te proposait Berhane.

– Je n'en ai pas besoin. Je suis ici pour surveiller, pas pour somnoler. »

Myrddin soupira deux minuscules étincelles.

« Je ne vois pas en quoi se prémunir du froid entre en contradiction avec ta mission de surveillance. Mais soit, tu ne désires pas t'encombrer d'un poids inutile. Laisse-moi aider, alors. »

Sans attendre de réponse, le mage franchit la distance qui les séparait, se colla à son côté, pressa leurs épaules l'une contre l'autre. Immédiatement, une douce chaleur infusa tout le flanc droit de Roland. Une véritable fournaise brûlait sous Myrddin, fidèle à son surnom. La peau d'un brun profond, presque noir, du magicien abritait une ancienne magie dont il était le dépositaire et qu'il partageait à l'instant avec son compagnon de garde.

« Regarde. »

Paumes jointes et tournées vers le ciel, formant une coupe de ses doigts, il alluma une flammèche vacillante dans le creux de ses mains. Roland soupira de contentement et le froid relâcha son emprise. Le vent sifflait toujours autour d'eux, soulevait ses boucles brunes. Du coin de l'œil, il pouvait le voir agiter les pointes des tresses de Myrddin. On discutait autour d'un feu en bas dans la cour, mais la musique s'était tue. Malgré leur victoire récente, l'esprit des rebelles n'était pas à la fête. Seule Ife égrainait de temps à autre quelques notes de son gamelan, pour accompagner l'histoire que Thulile avait entrepris de conter. L'alcool avait coulé à flot, mettant presque à sec leurs maigres réserves et la guerrière expérimentée profitait de l'ivresse joyeuse des rebelles pour se produire.

« Étrange, non ? fit semblant de chuchoter Myrddin, comme si qui que ce soit pouvait les entendre depuis la cour. De voir la clique de Lorcan s'amuser ? Je croyais qu'elles ne savaient que broyer du noir d'un air inspiré, tandis que le seul rayon de lumière passant à travers la canopée tombe précisément sur leur meilleur profil.

– Je croyais que c'était la spécialité de Brigandine. »

Myrddin pouffa, un son si insolite que Roland mit un instant à comprendre ce qu'il entendait. Lorcan et Brigandine n'étaient pas les seules à s'être spécialisées dans l'art de broyer du noir, le mage avait jusque-là su faire parfaite illusion.

« Je ne devrais pas en rire, soupira ce dernier en baissant la tête honteusement. Elle a toutes les raisons de me détester. En fait, durant la première année, j'ai espéré chaque jour qu'elle passe outre les instructions de Berhane et me tue. Pour en finir, tu comprends. »

Roland posa une main amicale sur le poignet du magicien. Oui. Il ne comprenait que trop bien.

Ils restèrent immobiles face au parapet, sous les assauts du vent. La magie brûlante de Myrddin suintait autour d'eux comme un manteau supplémentaire et invisible, un abri contre le froid et le passé. Debout au-dessus du vide dominant la campagne du nord, Roland pouvait comprendre que les cavalières de cette citadelle des nuages et des sommets se soient senties toutes puissantes. Assez pour croire qu'elles pouvaient défaire ce que l'histoire avait déjà noué. Assez pour tenter de renverser l'irrévocable. Il y avait cru, lui aussi. Il avait cru à la force inarrêtable qu'était Éliane de Nordeau. Le royaume entier en avait payé le prix. Il ne méritait pas ce confort.

Il relâcha le poignet du mage, s'éloigna de quelques pas jusqu'à ce que les vents referment à nouveau leur étau glacé autour de lui. Myrddin lui saisit la main.

« Non. Ce soir n'est pas un soir pour ressasser nos erreurs passées. Tu as participé à cette victoire, Roland. Que tu le veuilles ou non, tu as joué ton rôle et la résistance en sort renforcée, grâce à toi aussi.

– Bien plus grâce à ta magie.

– Oui. Nous avons tous les deux gagné le droit à un peu de réconfort, ce soir. »

La couverture chaleureuse l'enveloppa à nouveau. Il ne lutta pas contre son étreinte.

Des bottes martelèrent l'escalier derrière eux.

« Ah ! s'exclama Lorcan, essoufflée et enivrée. Exactement les deux hommes que je cherche ! »

Myrddin récupéra prestement sa main et ils se tournèrent face à l'élue.

« Dame Lorcan, la salua Roland, que peut-on faire pour vous ? »

Elle lui lança un regard pétillant de vin et de malice.

« Oh, mais, bien des choses, mon cher prince. Par exemple, me prêter un peu l'attention de votre compagnon de garde, afin que je l'entretienne d'une affaire de la plus haute importance. »

Elle s'assit en tailleur à même la pierre froide des remparts et sortit d'une poche à sa ceinture son jeu d'Oracle-Tempête.

« C'est une question qui me taraude depuis plusieurs jours, commença-t-elle en mélangeant ses cartes, c'est un peu, voire complètement, idiot, j'aurais dû m'en apercevoir bien plutôt, mais… L'esprit humain est ainsi fait, si je puis dire. »

Elle fit défiler les cartes entre ses doigts, en isola une et la présenta aux deux hommes.

« Tu es le modèle de cette carte, pas vrai magicien ? »

D'un même mouvement, ils se penchèrent en avant. Roland dévisagea tour à tour la figure voilée de flammes au centre de la carte et Myrddin à son côté. Le dessin aurait pu être n'importe qui. Le choix de son autrice semblait clairement tendre vers un anonymat universel, bien qu'au sein du jeu lui-même, chaque arcane de la Canopée soit uniquement reconnaissable. Le mage haussa les épaules.

« Je suis aux regrets de t'annoncer que tes cartes ne sont absolument pas assez vieilles pour que l'artiste m'ait connu. Tu t'es fait avoir », ajouta-t-il avec un sourire en coin.

Lorcan lui donna une légère tape réprobatrice du reste de ses cartes.

« Très drôle. Tu sais très bien ce que je veux dire. »

Myrddin hocha la tête.

« Pardonne-moi ce pauvre exemple de plaisanterie, mais j'essaye de faire sourire Roro plus souvent, expliqua-t-il en saisissant l'autre homme par le menton. Il souffre d'une terrible indisposition, les muscles de la partie inférieure de son visage s'atrophient chaque jour un peu plus… Il faut absolument qu'il fasse travailler régulièrement ses zygomatiques, ou les conséquences seront épouvantables…

– Quoi ? »

Le rire aboyé de Lorcan et le sourire ravi que lui décocha Myrddin déstabilisèrent tant Roland que toute répartie lui échappa avant d'avoir pu franchir ses lèvres.

« Ne m'appelle pas Roro », marmonna-t-il finalement, tout en examinant le reste des cartes, désespéré de retrouver un peu de contenance.

La tiédeur émanant de Myrddin continuait de le réchauffer.

« Tu as raison, Lorcan, reprit le magicien avec plus de sérieux. J'ai… inspiré, cet arcane-là. Maude, bien sûr, est la Reine. Mais les autres noms ont changé. »

Il étala les cartes de la Condottiere et de la Matriarche devant lui.

« Si je peux encore faire confiance à ma mémoire et que je compare le jeu avec celui de mon époque, alors celles-ci devraient s'appeler Dignité et Palatin, respectivement. C'est la sœur de Maude, Onyeka Ngozi Oréna Ayomide et ses héritières maîtresses de la Ferté-Pluvieuse qui sont à l'origine de la Dignité. »

Le regard ancien qu'il tourna vers Roland le fit frissonner.

« C'est plutôt d'elles que vient la charge que ta famille a ensuite endossée.

– Pas les condottieres ?

– Elles sont venues bien après. »

Lorcan tapota impatiemment la carte de la Matriarche.

« Et celle-ci ?

– On l'appelait Palatin, à l'époque. Ezhil Sonam Ameyalli Dara, l'autre moitié d'Oréna. Qui fonda l'ordre des cavalières. »

Roland cru un instant que les sourcils de Lorcan allaient disparaître au sommet de son crâne tant sa surprise était grande.

« Tu sais qui a fondé l'ordre ?

– Bien sûr. J'étais là. »

L'expression d'honnête surprise et de curiosité dévorante qui colora le visage de Lorcan fit sourire Roland et sembla conforter Myrddin dans sa prestation de sage millénaire. Il effondra la pioche, fit défiler les cartes et en sortit quatre arcanes mineurs de l'Ordre et de la Cour.

« Les dragons. Noir, rouge, vert et blanc. Celui d'Ameyalli était vert et or, si je me souviens bien. »

Lorcan souriait bêtement.

« La couleur du premier dragon de l'ordre. Incroyable. Je vais pouvoir l'annoncer à Berhane et Brigandine. Sauf si tu le leur as déjà dit ?

– Elles ne me l'ont jamais demandé. Parfois, les gens oublient que j'ai plus de mille ans. »

Roland hocha la tête en silence, laissa glisser ses doigts sur les cartes déployées au sol. Prince et princesse, tisserande, saisons. Vents, fleurs, poète, Forêt. Éliane avait possédé un jeu d'une belle qualité, une édition royale aux dos ornés d'abeille. Il n'avait pas joué depuis longtemps. Machinalement, par réflexe presque, il associa les arcanes mineures entre elles, vent du nord, houx, dragon noir, hiver ou vent de l'ouest, chrysanthème, dragon blanc, automne. À l'époque, il jouait souvent en myriades et en saisons, Éliane, elle, préférait les harmonies. Elle ne jouait jamais simplement. Il se tourna vers Lorcan, qui harcelait Myrddin de question sur le passé.

« Est-ce que tu joues seulement, ou fais-tu aussi des tirages d'augure ? »

Cela sembla capter la pleine attention de Lorcan et Roland douta soudain de l'enthousiasme naïf dont elle faisait preuve jusqu'à présent.

« Aimerais-tu connaître ton avenir, Roland de Zinia ? susurra l'élue, son regard scrutateur perçant sous ses cils. Veux-tu savoir ce que te réserve le futur ?

– Je n'ai pas souvent eu l'occasion de me faire tirer les cartes, c'est tout. Ni la princesse, ma mère, ni le condottiere Hadi n'appréciait cette… pratique. »

Lorcan récupéra ses cartes.

« Je peux te faire une lecture, si tu le souhaites, proposa-t-elle en mélangeant son jeu. Quelle sorte de conseil souhaiterais-tu ? Chance ? Argent ? Amour ? Je peux déjà te dire que tu ne devrais pas fricoter avec les condottieres assoiffées de combats et de gloire.

– Est-ce pour ça que tu es venue, Lorcan ? l'interrompit Myrddin avant que Roland puisse se formaliser de sa remarque acerbe. Attention, le vin de salak te monte à la tête et à la langue. »

L'élue retrouva immédiatement sérieux et sobriété. D'une passe rapide de la main, elle rassembla l'Oracle-Tempête en un tas compact et le glissa dans l'étui à sa ceinture.

« Non, magicien. Je ne suis pas venue jouer aux cartes. Je viens vous entraîner dans le genre de mission dont on ne revient pas et je sais déjà que vous accepterez.

– Pourquoi ?

– Parce que vous êtes tous les deux bien plus responsables que moi de cette guerre, alors si je risque ma vie, ne devriez-vous pas être à mes côtés ? »

Le choc prit Roland à la gorge. À sa gauche, Myrddin accusa lui aussi le coup, laissa se faufiler un peu de froid sous la couverture de son sortilège. Il n'y avait plus ni sourire ni réconfort sur les remparts de Nordeau.

« Je vous explique mon plan, enchaîna Lorcan sans s'attarder sur leurs réactions. J'ai, au sein de la maisonnée de Zénobie, un contact. Quelqu'une qui peut nous faire entrer dans ses appartements les plus privés et, une fois sur place, frapper.

– Frapper ? »

Myrddin semblait plus remis que Roland. Il s'était redressé et fixait Lorcan droit dans les yeux.

« Frapper, oui. Assassiner. Tuer. Abattre. Régler son compte. Je peux te le dire en langue des signes aussi. Ça ne change rien à ce qui va se passer. Je vais aller à Zinia buter Zénobie et vous allez m'accompagner. »

Le mage fronça les sourcils.

« Nous n'avons pas notre mot à dire ?

– Non, pas vraiment. Le prince et toi ne vivez que par la bonne volonté de nous autres élues. Des femmes moins clémentes, ou plus engagées ne se seraient pas encombrées de vous. »

Un pli amer inhabituel déformait le coin de la bouche de Lorcan. Elle n'avait jamais prétendu à une quelconque amitié avec les deux hommes, mais elle ne leur avait jamais témoigné ni l'animosité ouverte de Brigandine, ni la patience condescendante de Berhane. Ce dégoût soudain, elle le réservait d'ordinaire aux Sabès. Roland chercha à attraper son regard, mais elle semblait ne pas les voir, le visage tourné vers la campagne au-delà de leurs épaules, attiré par quelque chose de bien plus éloigné. Il n'avait pas besoin de se retourner pour savoir qu'elle fixait ainsi la lueur de l'incendie, à l'horizon.

« J'en suis. »

Seul Myrddin parut surpris par ses propos. Lorcan, se concentrant à nouveau sur eux, hocha simplement la tête.

« Très bien.

– Quand souhaites-tu partir ? La capitale est loin, surtout sans dragon et avec les Sabès sur notre chemin.

– C'est pour ça que le magicien vient aussi. Ses illusions nous seront bien utiles. »

Ce dernier retrouva enfin l'usage de la parole.

« Mais ! Enfin, Roland tu ne sais pas te battre ! Et puis Berhane ne nous donnera jamais son accord pour un tel projet. C'est du suicide ! Zinia est probablement l'endroit de Sarda le plus occupé par les Sabès. Et il faudrait encore que tes collègues valident ta mission, Lorcan.

– Je suis d'accord », répondit Brigandine.

Toutes trois sursautèrent comme si l'ambassadrice elle-même venait de surgir de la nuit.

« Bri… » commença Lorcan.

La matriarche leva des mains apaisantes.

« J'ai tout entendu. Et je suis d'accord. Berhane, en revanche, ne peut pas apprendre ce que vous manigancez. »

Lorcan et elle se dévisagèrent longuement, cherchant chacune des réponses dans le regard de l'autre. Les deux hommes restèrent silencieux. Une détermination farouche naissait au cœur de Roland. Une volonté de fer tel qu'il en avait rarement eu au cours de sa vie, plus pressé qu'il avait été de suivre les ambitions des autres que de prendre ses propres décisions. Ses réflexions intimes, ses résolutions intérieures, quel bien faisaient-elles à celles et ceux qu'il avait blessés ? Toute introspection avait ses limites, s'il n'agissait pas en réponse. Et voilà que Lorcan lui présentait sur un plateau l'occasion de mettre les mots en actes. Il ne laisserait pas passer cette chance. Il fit face au magicien.

« J'y vais, Myrddin. Quelle que soit ta décision, avec ou sans l'accord de Berhane. Je connais les tours-palais par cœur, je saurais guider Lorcan. »

Le mage le considéra avec attention.

« Je ne sais pas si tu es particulièrement courageux ou particulièrement stupide, murmura-t-il si bas que Roland dut se pencher vers lui pour l'entendre. Mais je sais que moi, je suis un imbécile fini. »

Il se tourna vers les deux élues.

« Je serai aussi de la partie. »

Toutes les quatre s'observèrent, se jaugèrent sous le regard des étoiles, si proche et si loin du reste de la résistance qui festoyait dans la cour. Roland avait conscience qu'elles créaient ici une scission au cœur de l'espoir. Une fracture dans la dernière braise entre Sarda et l'hégémonie sabès. À quoi bon se mentir face à l'inévitable ? L'époque ne se prêtait ni à l'hésitation ni à la probité.

« Très bien, trancha enfin Lorcan. Si nous sommes toutes d'accord… Je vous donne rendez-vous devant la porte principale à l'aube, avec ce dont vous pensez avoir besoin. Myrddin, tu nous couvriras d'une illusion et nous nous mettrons en route. Brigandine, je compte sur toi pour retarder la nouvelle de notre… défection. Nisha... Tu peux t'appuyer sur Nisha et les autres, je pense. Elles ont l'habitude de mentir aux nobles.

– Berhane n'est pas noble, répondit Brigandine en fronçant le nez.

– Non. Mais vous les cavalières n'êtes pas des nôtres pour autant. »

Lorcan se leva, épousseta son pantalon et les pans de son long gilet de laine verte. La lumière des nombreux feux, en bas, projetait un halo doré autour de sa silhouette trapue et athlétique, soulignant ses larges épaules et ses bras puissants. Elle exsudait une force qui rappelait à Roland celle d'Éliane. Il lui souhaita ardemment de ne pas faire les mêmes erreurs.

Écho d'Ejiro

Assis sous un grand érable, dont le feuillage, dans la brise du soir, brille et scintille de mille flammèches automnales, je laisse ma tête lasse reposer sur l'épaule de Myriam. Nous n'échangeons pas un mot. Le silence, entre nous, n'a jamais été que confortable. Son parfum de résine, de miel et de terre évoque, et évoquera toujours pour moi, la maison. J'ai onze ans, peut-être plus, et je ne connais la paix et la sérénité que lorsque je suis auprès d'iel. Seule sa présence apaise la peur et l'angoisse qui croissent dans ma poitrine.

Kahina est au loin. Les jours passent sans elle et nous ne pourrons pas les rattraper. Il existera, pour toujours, un moment de ma vie où elle n'était pas là. Ma mère me manque. Et même si l'amour de Sameera peut remplir tous les océans du monde, il lui faut, en contrepartie, venir dormir la nuit sur les plages et les côtes de Kahina.

Je me souviens.

Ma mère est partie il y a moins d'un mois. Elle n'a emmené avec elle qu'une poignée d'affaires dans un sac usé que je n'avais jamais vu. Elle portait une chemise de mailles, un manteau doré comme le sable et cachait son visage et ses cheveux sous cette longue écharpe bleue, qu'elle appelle akerras. La lance et le bouclier à ses côtés me sont aussi inconnus.

Je me souviens parfaitement de ce matin-là, tu sais. Je peux te décrire la couleur du ciel brumeux, lentement éclairé par le soleil levant. Je peux te décrire le parfum de pluie et d'humus de notre jardin en automne. Je peux te décrire les ondulations des branches sous le vent. Mais rien de tout cela n'a d'importance. Ma mère est partie à l'aube, après un dernier câlin pour moi, une dernière caresse pour Chi et un dernier baiser pour

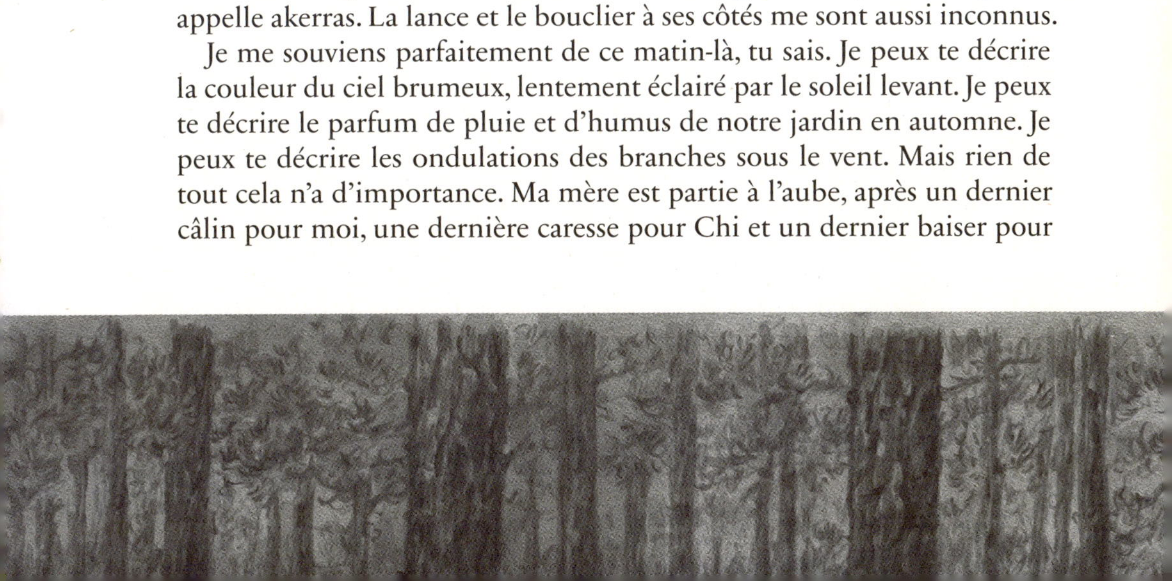

Sameera. Elle a rejoint Agrona au portillon qui ferme notre jardin et elle l'a suivi sur les sentiers de la guerre.

J'ai mis longtemps à lui pardonner. Trop longtemps peut-être, me dirastu, mais que pouvais-je faire ? Onze ans, c'est un peu jeune pour faire face seul au pouvoir de la Forêt des Lymphes.

Les rêves reprennent dès la nuit qui suit son départ.

Dans mon rêve, je quitte ma vallée. J'abandonne à mon tour ma mère et la rumah-gadang. J'avance sur une lande nue, que borde l'océan. J'avance à pas menus, sous la poussée du vent. Il n'y a rien devant moi qu'un demijour terne, une lumière rasante grisâtre qui éclaire tout par en dessous, comme une mauvaise explication. Juste derrière moi, je sais, sans avoir besoin de me retourner, que la forêt hante chacun de mes pas. Elle s'étend dans mon dos, elle culmine au-dessus de ma tête. Ses spores se collent à mes lèvres, à mes narines, à mes paupières. Ils s'incrustent sous mes ongles, si profondément qu'il me faut un quart d'heure chaque matin, pour m'en débarrasser. Je poursuis mon chemin de poussière. Je gravis et dévale plus de dunes que je ne peux en compter et sans se fatiguer, la forêt me suit. Si je m'arrête un instant, si je fais une halte, elle se presse derrière moi, pique mon dos de ses rameaux d'aiguilles, se penche à mon oreille pour mieux y murmurer.

« Avance, Ejiro, avance. Va plus loin que tes mères ne t'ont jamais autorisé. Kahina est partie et t'a abandonné, il ne reste personne pour t'attacher. »

Sa sève suinte le long de ma tempe, coule dans mon cou et sur ma clavicule. Elle grésille et s'évapore lorsqu'elle touche aux tatouages offerts par Yaara et Puanami. Mais que peuvent une abeille solitaire et une simple fougère contre la puissance de la Forêt des Lymphes ?

Dans mon rêve, la forêt me pousse à avancer, alors je marche. Je marche jusqu'à atteindre le but qu'elle m'a choisi.

Les jours sans ma mère se sont étiolés de ma mémoire. Je ne me souviens plus. Je n'ai plus voulu me souvenir, je crois. J'erre entre Sameera et Myriam. J'erre d'une maison à une autre. Aucune ne me semble plus véritablement un foyer. J'ai toujours connu mes mères comme une paire indissociable, vois-tu, je ne peux pas imaginer l'une allant sans l'autre, ce serait séparer l'inséparable, couper un arbre au collet et s'attendre à voir son tronc pousser, briser un vase et espérer qu'il retienne l'eau. Tu penses que je ne donne pas assez de crédit à Sameera ? Pour avoir été là, pour être restée debout, quand tout s'effondrait autour de nous ?

Tu as raison.

Dans mes rêves, la forêt me guide autant qu'elle me poursuit, je la précède autant que je la fuis. Nous dansons ainsi, au bord de l'océan sans nom et de ses dunes sombres, une valse qui est aussi une chasse.

« Marche donc, Ejiro de la vallée, marche tant que tu le peux, murmure-t-elle à mon oreille. Marche jusqu'au bout de tous les mondes. J'ai soif d'espace et de découverte, tu es curieux toi aussi, allons ensemble là où tes jambes nous porteront. »

Une bruine froide mouille mes joues de larmes salées. Je n'ai pas peur de la forêt, je ne me sens pas forcé. Je crois. Mais une part de moi sait déjà ce qu'il est en train de se passer, au fond, je sais déjà que je suis sur le chemin des adieux.

Le jour me trouve toujours plus fatigué, comme épuisé par ma marche onirique. Les cernes se creusent sous mes yeux, mes journées s'étirent infiniment, chaque tâche que j'exécutais avec joie me paraît désormais dépourvue de tout attrait. Ma mère s'inquiète. Elle me couve chaque jour un peu plus, mais je vois bien qu'elle aussi s'éreinte. Notre famille s'adapte difficilement à la paire, après le trio.

Adoua et Myriam essayent tant bien que mal de combler le vide qu'a laissé le départ de Kahina. Je suis invité au goûter tous les après-midi, chaque jour elles passent la tête par-dessus notre portillon, porteuses de sourires, de pain frais, de lait d'avoine maison. Sameera et moi leur sommes reconnaissantes. Mais que peut une poignée d'offrandes contre la puissance de la Forêt des Lymphes ?

Dans mes rêves, la forêt m'entraîne aussi loin qu'elle veut m'attirer.

Nous nous tenons devant l'océan. Les vagues roulent jusqu'à mes pieds nus, sans jamais, pour autant, atteindre mes orteils et le tapis de mousse sur lequel ils reposent. La forêt est juste derrière moi ; une respiration, un cycle de sève, sépare mon dos de l'écorce du premier pin. Un bouquet d'aiguilles caresse le sommet de mon crâne. Un parfum de résine envahit mes poumons.

« Nous y sommes, Ejiro, jeune mage de braise et de flamme, mon explorateur. Nous sommes à la frontière de mon monde. Il ne reste qu'un pas à faire, qu'une toute petite foulée. Je compte sur toi, Ejiro ambassadeur des pins, fruit de ma patience et protégé de la sève. Tu es au bord de ta libération. Ta mère est partie voir d'autres contrées ? À ton tour de t'échapper, de voyager. La vallée ne peut plus te retenir. Libère-moi et libère-toi dans une même enjambée. »

Dans mon rêve, les spores tombent en cascade bistre autour de moi, ils sont un voile et une bénédiction. Du coin de l'œil, à travers leur rideau, je peux apercevoir quelques troncs.

« Retourne-toi. »

Dans mon rêve, j'ai envie de me retourner autant que le murmure de la forêt me convainc de le faire. Je sais, je sens, tout au fond de mes tripes, là où le pollen a déposé ses graines, que j'ai juste à tourner les talons. Montrer mon dos à l'océan. Faire face à la forêt. Mes pieds pivotent sans bruit sur la mousse et ses petites fleurs violettes.

La main de ma mère se glisse dans la mienne.

Dans mon rêve, la colère de la forêt ne peut pas m'atteindre, car Sameera serre mes doigts entre les siens, d'une pression un peu douloureuse, mais pleine de tout l'amour qu'elle me porte et je me fige dans mon mouvement. Ma mère ne dit rien. Elle n'en a pas besoin. Nous restons immobiles face à la houle tapageuse. Sans échanger un mot. Nous restons main dans la main et la forêt renonce. Dans ce rêve-là, au moins.

Tu sais déjà comment cela finit, tu n'as même pas besoin de le deviner. Si je suis là à me raconter, tandis que tes mains sont couvertes de mon sang, c'est qu'à la fin, la forêt a gagné. Mais je t'en prie, ne m'interromps pas, laisse-moi terminer. Je dois tout te dire.

Je me souviens.

Ma mère ne se lève pas le lendemain matin. Elle dort jusqu'à plus de midi. Désœuvré, je cherche à m'occuper avec Chi, veux inventer un jeu pour amuser notre matinée. Mais mon chien ne veut plus m'approcher.

Je me souviens.

La trahison de mon chien est une blessure sans nom pour mon cœur d'enfant. Si proche de celle de ma mère, c'est un effondrement de tout mon quotidien. C'est pour moi, à l'époque, insurmontable, une avalanche de sentiments contradictoires dont je ne sais pas quoi faire, un raz-de-marée de chagrin, de colère, d'incompréhension. Bien sûr, de nos jours, je sais de quoi il retourne. Chi a toujours été sensible à la magie, celle de mes mères comme celle de la Forêt, et ce matin-là c'est la puanteur des Lymphes me collant à la peau qui le pousse à me fuir.

Je me réfugie là où rien n'a d'importance. Sous l'ombre du grand érable où Myriam et moi nous retrouvons souvent. Les étoiles dorées de ses feuilles tombent sporadiquement autour de nous, tandis que je laisse mes larmes couler dans le cou de mon ami.

« Pourquoi tu ne lui dis pas non, à ta forêt ? demande-t-iel, comme si c'était la chose la plus simple au monde.

– Parce qu'elle ne me demande pas de réponse. Elle guide et je suis. Elle chasse et je fuis. Ce n'est pas une question qu'elle me pose, cette forêt, c'est une destination. »

Je n'ai jamais parlé des pins bleus qu'avec trois personnes dans toute ma longue vie, tu sais. La première, Myriam, à qui j'ai toujours tout confié de mon enfance et qui me manque, et que je regrette chaque jour, encore maintenant, mille ans plus tard. La seconde, Maude, l'âme de ma vie, la reine de mes jours, dont les oreilles et le cœur ont reçu chaque secret, chaque rêve, chaque mystère qui me composent, de notre rencontre jusqu'à sa mort.

Des deux, Myriam aura montré le moins de curiosité envers la Forêt des Lymphes. C'est peut-être son apprentissage de Gardienne, ou la connexion qu'iel entretient avec notre vallée et donc le petit bosquet de pins bleus dont Adoua, mes mères et iel ont la charge, mais iel ne m'interroge pas, ne cherche pas à comprendre la nature de la forêt. Iel me croit, tout simplement.

La troisième, la troisième c'est toi bien sûr.

Nous restons silencieux sous les branches de l'érable. Le soleil sombre derrière les collines qui nous cachent la ville et le soir grimpe par-dessus les montagnes qui clôturent notre vallée. J'entends autant que ressens le vent qui souffle entre les pins bleus, une centaine de mètres derrière nous, et la chanson qu'il porte, une fois chargé de son parfum d'aiguille et de sève. La forêt me poursuit, même hors de mes rêves.

« Et si on partait, juste tous les deux ? Propose soudain Myriam.

– Quoi ? »

Le regard qu'iel tourne vers moi est clair comme l'eau de la rivière sauvage qui descend des montagnes, borde les terres de mes mères et, plus bas, traverse la ville.

« On pourrait partir. On pourrait aller plus loin que la vallée, descendre le fleuve et voir ce qu'il y a, au sud. Ou remonter et voir le nord. Plus on sera loin d'ici, moins les pins te parleront, non ? »

L'amour que je ressens pour ce brin de Gardienne, cette jeune pousse agile qui croît et fleurit à mes côtés, menace de me submerger. À onze ans, nous sommes comme des miroirs l'un de l'autre, enfants isolés d'un fond de vallée, dépositaires des enseignements de femmes de puissance. Myriam et Ejiro, gamins du dernier bout du monde. Évidemment, j'accepte.

Je me souviens.

Nous préparons en cachette chacun un sac de voyage. Vêtements, nourritures, petits objets qui nous semblent nécessaire à notre survie, là-bas tout au nord, ou tout au sud. Myriam dit qu'à la Ville, on prétend qu'au bout du fleuve se trouve la mer. C'est ce que nous décidons d'aller voir. Nos rendez-vous se font secrets, nos échanges clandestins. Je me faufile hors de la maison par des chemins sans cesse plus détournés, rampe sous les haies, m'enfouis dans les ombres du jardin, afin d'échapper à la surveillance de ma mère. Je cache mon paquetage derrière notre compost, là où personne ne va fureter, même pas Chi.

Mon chien m'évite toujours. Il ne dort plus au pied de mon lit, ne me réveille plus le matin, ne m'accompagne pas accomplir les différentes tâches m'incombant encore dans la gestion de la rumah-gadang. Je garde la tête haute quand nous nous croisons, comme si j'avais une fierté à conserver devant mon chien. Bien sûr, tu te doutes, dès que je crois être hors de sa portée, je pleure tout ce que j'ai de larmes. À onze ans, on est surtout fait de larmes.

Myriam et moi partons désormais pour de longues promenades, dès que son apprentissage de Gardienne le lui permet ou qu'Adoua a le dos tourné. Nous descendons sur les berges de la Druna, remontons ou suivons son cours bouillonnant, les remous capricieux de ses flots bleus. Parfois, nous poussons jusqu'au fleuve. Les anciens quais de béton qui le bordent font un parfait support pour nos rêveries communes. Nous regardons les montagnes nues qui forment l'autre côté, cherchons à apercevoir du mouvement, un signe de vie, quelque chose qui éclaire ce qui nous attend au-delà des frontières de notre vallée. Rien ne bouge que la poussière, là-bas. J'ai peur de ne trouver que des ruines et le désert, mais

Myriam ne doute pas. Iel commence à connaître l'étendue de ses pouvoirs de Gardienne et iel n'a pas peur d'affronter le passé.

« On voyagera par petites étapes, m'explique-t-iel le regard perdu dans le lointain. Comme ça, on aura toujours le temps de prévoir un abri, à boire et à manger. Avec ce que m'a appris Adoua, je peux m'occuper de ça. Pour se défendre, on aura ton feu. »

Le terrible vent du nord secoue ses cheveux en tous sens.

« On va laisser cette forêt toute pourrie derrière nous et on va sauver tes rêves, tu vas voir. »

Je le crois comme je n'ai plus jamais eu confiance en personne.

Je me souviens.

Nos préparatifs se poursuivent, au nez et à la barbe de Sameera et d'Adoua. J'accumule des réserves de riz, de fruits séchés, de semoule, de thé. Je fais des tas de chaussettes, de slips, de chemises. Lorsque ma mère s'inquiète du dépérissement de ma garde-robe, j'invente des histoires toujours plus incroyables pour déjouer ses soupçons. Sa fatigue et ses préoccupations l'empêchent de vraiment se rendre compte de mes mensonges. Je crois être très malin, détenir la clef de ma sauvegarde ; je joue en fait le jeu de la Forêt, sans même le savoir.

Un jour que le vent n'est pas levé et que le soleil d'un printemps précoce surveille notre ascension, nous grimpons au sommet de la Veilleuse. La montée est rude, l'exercice difficile pour nos courtes jambes. La forêt de chênes, de hêtres, d'érables et de sapins accompagne une partie de notre randonnée. Leur couvert inégal ouvre et referme le ciel au-dessus de nos têtes et pour un peu, je crois, il ne me semble plus entendre le chant de la Forêt des Lymphes. Après un large vallon arboré, que traverse encore la trace d'une allée de cèdres, notre sentier grimpe entre deux falaises, d'où dégringole parfois un ru issu des fontes de neige. Il est un peu tôt dans l'année pour tenter la montée jusqu'aux trois sœurs ; la Veilleuse, l'Annonciatrice et la Rousse se couvrent facilement de trois coiffes de neige durant l'hiver et la douceur vernale parvient rarement à les découvrir. Cela ne nous décourage ni ne nous inquiète. Que peut-il nous arriver, ici, dans la vallée qui nous a vu grandir ? Le danger n'existe qu'en dehors de ses frontières protectrices.

Tu hésites entre le rire et l'épouvante ? Tu as bien raison. Je t'épargne des affres inutiles, il ne nous arrive rien, lors de cette randonnée.

Ni à l'aller ni au retour. Nous atteignons sans soucis le point culminant, sur le front de la Veilleuse.

« Regarde, me dit Myriam en pointant le sud du doigt, c'est là-bas qu'on va ! »

Iel a pris avec nous du papier, un crayon et même une règle de bois, de quoi dresser une carte approximative de la région et d'aussi loin que nous puissions voir, dans cette vague direction où nous pensons trouver la mer.

« Adoua dit que notre vallée se trouve à la rencontre de trois atmosphères. Une qui marie le continent et l'océan, une qui descend des montagnes et une douce qui remonte depuis le sud. C'est vers celle-ci qu'on va, ce sera bien plus facile que si on se coltinait les deux autres. Tu crois pas ?

– Mais s'il fait de plus en plus chaud, est-ce qu'on va pas avoir très soif ?

– On emportera beaucoup d'eau. »

La logique imparable de mon ami me laisse sans voix.

Toute la vallée que gardent mes mères s'offre alors à nous, le roulis de ses collines boisées, le tartan de ses champs, tout ce piémont qui va reposer contre l'horizon lointain du massif de Vernaisson. Derrière nous s'ouvre le synclinal que nous venons de traverser. Nos maisons respectives font face à son flanc nord, une fois la Druna traversée, mais nous ne pouvons pas les voir, même depuis notre perchoir d'altitude. J'ai quitté ces forêts, ces coteaux, cette rivière il y a si longtemps que personne ne s'en rappelle. Mais moi, je n'oublie pas. Ou plutôt…

...je me souviens.

Tout est prêt pour notre grand périple. Myriam a mis au propre la carte qu'iel a réalisée depuis la Veilleuse. J'ai rassemblé suffisamment de réserve pour nourrir un bataillon. Nous avons fixé le jour de notre départ, nos paquetages grossiers attendent sagement, au cœur d'un buisson de roses sauvages, que nous nous mettions en route. Il me semble que ni Adoua, ni Sameera ne se soient doutées de rien, il faut dire qu'elles sont très prises, alors, par la protection de la vallée. Les échos de la guerre voleuse de mère viennent tambouriner jusqu'à nos portes. Même si, à l'époque, je ne m'en aperçois pas, bien trop obnubilé par mon propre chagrin. Peut-être les choses auraient-elles été différentes si Kahina n'était jamais partie. Si Sameera ou Adoua avait vu ce que Myriam et moi préparions. Si j'avais su dire non à la forêt des pins. Comme le dit une amie commune, il ne sert à rien de ressasser le passé, ce qui compte c'est ce que l'on fait avec le présent pour sauvegarder l'avenir. Sa sagesse m'a manqué à l'époque.

Je n'ai jamais pu fuguer en compagnie de Myriam. Cette nuit-là, je cède aux promesses chantées de la forêt, cette nuit-là les Lymphes referment sur moi leur piège d'aiguille et de sève.

Dans mon rêve, les pins chantent leur plainte lancinante. Dans mon rêve, le parfum de leur résine écrase tout sous la puissance de sa fragrance.

Dans mon rêve, je marche sur la dernière dune avant la dernière dune avant la dernière dune d'une lande infinie à l'horizon terne. L'océan gronde et tempête, juste en dehors de mon champ de vision. Dirige-t-il sa colère contre moi ? Ou contre la Forêt qui me poursuit ? Le goût de son sel sur mes lèvres, le picotement de ses embruns sur ma peau, sont autant de rappels que je vais décevoir toutes celles que j'ai jamais aimées, autant de petites claques vivifiantes qui cherchent à me réveiller. Je suis criblé de son ire maritime tout comme je suis presque arraché au sommeil par son ingérence désespérée.

Dans mon rêve, la plage grise sur laquelle l'océan vient s'effondrer n'est ni un lieu de plaisance ni une zone d'amarrage. Tout est vide dans cette grande lande nue. Vide de vie, vide de choix. Seule la Forêt décide.

Dans mon rêve, elle me presse, me cajole, me menace.

« Ejiro, Ejiro. Regarde-nous, Ejiro. Regarde l'étendue du couvert de mes pins. Regarde jusqu'où ils étendent leurs frondaisons d'aiguilles, leurs troncs droits, le port conique de leurs branches. Rien n'échappe à l'appétit des pins. Rien n'échappe à ma conquête, mais toi je veux te protéger de ma couronne. Regarde-moi Ejiro, je suis ta consolation et ta sauvegarde. »

Comme je hais mon prénom quand la Forêt le prononce. Comme je hais cette suite de syllabe qui pourtant me vient de mes mères. C'est la première chose que j'ai faite, tu sais, une fois arrivé dans ce qui deviendra Sarda. Changer mon nom. J'ai gardé peu de choses de ma vie dans la vallée de mes mères. Un peu d'instinct de magie, quelques sortilèges, un goût prononcé pour le thé vert. Et la première syllabe du prénom de Myriam.

Dans mon rêve, toute cette colère, contre la Forêt, contre Kahina au loin, contre moi-même pour m'être laissé empoisonné il y a si longtemps, toute cette colère ressurgit en un long cri de rage et de désespoir.

Puis je me retourne et pose enfin mon regard sur la Forêt des pins.

Dans mon rêve, l'univers a le sens du dramatique. Une brusque bourrasque sauvage secoue la cime des pins, emporte des poignées d'aiguilles dans son sillage, soulève des tourbillons de spores jaunes, s'engouffre entre les pans de mes vêtements oniriques et agite les boucles serrées de mes cheveux crépus. Son souffle brutal assèche mes yeux et force des effluves sylvestres jusqu'au fond de mes poumons. Je suffoque. Je tousse. L'océan explose en ouragan. Le ciel se couvre d'orage. Je perds pied sous la force du vent. Le sable glisse entre mes orteils, la lande bascule tout autour de moi.

« Tu vois, Ejiro, susurre la Forêt, personne ne peut m'échapper. »

Ses troncs se referment sur moi.

Dans la Forêt des Lymphes, il n'y a ni mouvement ni vacarme. Une brise discrète caresse les branches les plus basses, sans pour autant descendre jusqu'à moi. Une mousse épaisse couvre chaque centimètre de sol, à peine entrecoupée de quelques fleurs violettes et de très rares aiguilles tombées. On pourrait presque dire qu'il y règne une tranquillité douceâtre. Quelque chose comme l'atmosphère studieuse d'une bibliothèque d'université, l'ambiance feutrée d'une boutique d'apothicaire. Mes exemples ne te disent rien ? Pense à la présence silencieuse des croyantes au temple de la Ferté, aux regards invisibles de ta cour depuis les fenêtres entourant ton jardin. Pense à ce pressentiment, lorsqu'on est observé. La quiétude de la Forêt n'est qu'une illusion. Dix et cent et mille pins scrutent chacun de tes mouvements, de tes idées, de tes sentiments. Rien ne peut les empêcher de voir, comme rien ne peut empêcher la Forêt de dévorer les mondes qu'elle colonise.

Oh, oui. Oui, tu t'étonnes, tu hausses les sourcils, mais il existe bien plus d'un monde que la pensée ait conquis. Celui-ci en est un. Celui où je suis né aussi. La vallée de mes mères encore un autre. Tu crois que c'est la fièvre qui parle ? Détrompe-toi. Je n'ai jamais été aussi lucide. Tout ma mémoire m'est revenue, toute mon histoire, toute ma vie. J'ai vu plus d'un monde nouveau, lors de mon année au sein de la Forêt. Tu ne me crois pas ? Certes. Je comprends que cela soit difficile à gober.

Mais j'ai fini par sortir du couvert des pins.

J'ai erré entre les troncs de la Forêt, dormi sur sa mousse, croisé les restes de ses anciens amants. Et puis un jour, un parterre de feuilles de hêtres a succédé aux aiguilles. Des fougères ont déroulé leurs frondes autour de moi, des insectes sont venus vrombir à mes oreilles. J'ai émergé hors de l'ombre des arbres et j'ai vu le ciel pour la première fois depuis si longtemps que les larmes ne se sont pas taries, lorsque l'on m'a trouvé. Elles ont coulé sans fin sur mes joues, même après qu'on m'a eu donné un bain, un repas, un lit. Je pleurais encore le matin venu. Je pleurai quand la seigneure des lieux m'a reçu, je pleurai quand sa fille est arrivée. Je n'ai séché mes yeux qu'un instant après, quand sa pupille a surgi d'un couloir, en retard comme toujours elle le sera, tapageuse, éclatante. Maude. Ma reine. Mon aimée. Je n'ai plus pleuré, qu'à la naissance de notre fille, et à la mort de Maude, soixante-treize ans après notre rencontre. Il y a presque un millénaire.

Voilà.

Je me suis souvenu.

Je n'ai jamais parlé des pins bleus qu'avec trois personnes dans toute ma longue vie. Myriam. Maude. Et toi.

Tu sais maintenant plus, tu me connais mieux, que toute personne en vie dans ce plan du plurivers. Je t'ai presque tout dit de moi. Je t'ai fait témoin de ma personne. À présent, je te laisse juge, Roland de Zinia.

ZINIA

« On a toujours le choix, dit-on souvent en Sarda. Mais quel genre de choix m'était proposé, entre ma vie et mon art ? Lorsque les Sabès sont entrés conquérants entre les murs de ma cité, quel genre de choix m'était proposé entre inspirer et expirer ?
J'ai quitté Zinia. Je n'ai rien pu écrire pendant dix ans. »

Introduction au recueil *Fleurs et saisons* de Mosi le Sage,
presse universitaire de Sangrisca.

Lorcan les menait d'un train terrible. La plaine rizicole sous Nordeau avait laissé place à un massif de moyennes montagnes boisées dont les cimes tournaient déjà au brun. Puis le grand domaine forestier de la Ferté-Pluvieuse les avait recouverts de ses frondaisons. L'incendie, de plus en plus près, continuait de brûler. Des collines plus douces et leurs longues rangées de vignes avaient succédé à la forêt sacrée, vite suivies du grand bassin céréalier qui annonçait la proximité d'Ousterre. Ou du moins, ce qu'il en restait. De l'existence de la citadelle des cavalières de l'ouest, il ne subsistait que des indices, des traces, des stigmates.

Les trois silhouettes pressaient leurs montures jusqu'aux limites de l'épuisement, cavalaient sans relâche sous l'obscurité salutaire de la nuit, avec seulement la lune pour témoin de leur course folle. Sept jours à bride abattue les séparaient désormais de Nordeau et de leur désertion. À l'aube du huitième, les avait prévenues Lorcan, elles atteindraient les

abords de la capitale et une présence sabès comme aucune d'entre elles n'en avait vu depuis longtemps.

La fuite d'un petit varan en travers du chemin et l'écart paniqué que fit son vorombe en réponse forcèrent Myrddin à se rendre à l'évidence.

« Arrêtons-nous », lança-t-il à ses compagnes de fugue.

Ni Roland ni Lorcan ne semblèrent l'entendre. Le mage soupira de lassitude et d'épuisement. D'une chiquenaude, il projeta une poignée d'étincelles tourbillonner au-devant d'elles, à peine assez pour éclairer les troncs des arbres bordant leur route, bien moins qu'il ne croyait en avoir invoqué. La fatigue du voyage l'enveloppait d'un brouillard poisseux coagulant la magie dans ses veines, brouillant sa vision, compressant ses tempes.

« Arrêtons-nous », répéta-t-il, quand les deux autres ralentirent enfin.

Dès que leurs montures se furent immobilisées, le mage mit pied à terre. Ses fesses, ses cuisses, son dos le lançaient douloureusement et les retrouvailles entre son corps et la terre ferme n'étaient pas aussi apaisantes qu'il l'avait espéré.

« Il reste encore trois bonnes heures avant l'aube, magicien, le tança Lorcan. Et nous avons encore du chemin à parcourir, remonte en selle. »

Myrddin posa sur elle le regard le plus accablé qu'il pouvait convoquer.

« Je sais, répondit-il. Mais si nous arrivons épuisées à Zinia, Zénobie n'aura qu'à nous cueillir et alors tout le monde sera bien avancé. Si je meurs, les illusions qui entourent Nordeau tomberont immédiatement, si Roland meurt, bon courage pour faire croire à l'existence d'un autre gouvernement fantôme. Si tu meurs, la république perd une élue avant même d'avoir commencé à exister. Est-ce qu'aucune de ses situations ne te semble pertinente ? »

Lorcan le dévisagea en se mordillant les lèvres. Une ire fiévreuse brillait au fond de ses yeux depuis leur départ de la citadelle, une agitation palpitante parcourait ses membres. Elle avait autant besoin d'une pause que Myrddin.

« Il a raison, Lorcan. Nous serons bien plus efficaces et prudentes après un véritable repos. »

Le mage tourna un visage inquiet vers Roland. L'autre homme tenait à peine en selle, oscillant légèrement d'avant en arrière pour garder un équilibre qu'il ne maîtrisait plus. L'élue sembla arriver aux mêmes conclusions que lui et, avec un soupir autant soulagé qu'agacé, elle se laissa glisser à terre à son tour.

« Très bien. Arrêtons-nous jusqu'à l'aube. Nous repartirons de jour pour la fin du trajet, mais il faudra redoubler de vigilance.

– Je pourrais étendre une illusion pour nous dissimuler. »

Lorcan secoua la tête.

« Non. Ta magie est trop fluctuante, j'ai besoin que tu la conserves pour demain.

– Ça ne marche pas vraiment comme ça…

– Parce que tu sais comment ça marche ? Ce n'est franchement pas l'impression que tu me donnes depuis quatre ans. Je pense que tu ne la contrôles pas plus que Zénobie ne contrôle l'incendie de la Ferté. »

Elle se détourna avant qu'il n'ait pu lui répondre, s'enfonça dans les bois avec son vorombe pour monter le camp en dehors du chemin. Myrddin croisa les bras en grimaçant. Qu'est-ce qu'une tisserande devenue combattante devenue élue connaissait à la magie ? Plus de mille ans d'expérience balayés du revers de la main parce qu'il avait de petites difficultés à manier son pouvoir depuis quelques années ? L'audace des Sardaises n'aurait pas dû le surprendre autant.

« Viens, lui souffla Roland en le dépassant, ne perdons pas de temps. »

Et puis, avant de disparaître entre les fougères :

« Tu sais, bouder, ça ne te va pas très bien »

Les fourrés se refermèrent derrière lui.

L'antique et dense forêt qui recouvrait la majorité des Marches du palais formait une futaie obscure où ne perçaient que de rares chemins et où ne vivaient que de rares cavalières-forestières. La deuxième enceinte, l'appelait-on parfois. Le grand rempart vert, la muraille de feuilles et d'épines. Elle avait toujours fait partie de la défense de Zinia, un obstacle de plus à traverser avant d'atteindre les murs de la capitale. Elle avait retenu les Sabès une semaine, avant qu'ils ne brûlent son quart sud et y engagent leurs engins de guerre. Les ornières laissées par leurs chenilles, disait-on, étaient toujours visibles depuis les hauteurs de la ville, traçant des tranchées boueuses à travers l'humus et la terre.

Le reste de la forêt échappait encore à l'industrie des Sabès. Pour combien de temps, Myrddin aurait été bien en mal de le prévoir. Rien, dans les murmures d'informations de la résistance, ne laissait entendre que l'ambassadrice comptât faire construire en Sarda les mêmes usines que celles qui pullulaient chez les Sabès, mais les humeurs, chez Zénobie, pouvaient faire volte-face selon le côté du lit qu'elle quittait le matin. L'incendie de la Ferté-Pluvieuse en était la preuve brûlante.

« Un feu, magicien ? » l'interpella Lorcan depuis le recoin broussailleux où elle avait élu de monter le camp.

Myrddin se secoua. Plus elles approchaient du but, plus la culpabilité, qu'il pensait faire ainsi refluer, s'intensifiait. Les piques de Lorcan, les regards de Roland, la confiance de Berhane qu'il venait de trahir. Tout semblait vouloir remonter à la surface. Tout se bousculait sous sa peau. Un chaos émotionnel comme il n'en avait plus ressenti depuis Maude. Ou depuis…

Il claqua des doigts et le tas de brindilles rassemblées par l'élue s'embrasa. Puis d'une passe de la main, il dissimula sa lueur, la confina à leur seul groupe. Lorcan hocha la tête, satisfaite. Elle s'assit face au feu, sorti des fontes de sa selle deux boîtes laquées contenant chacune une ration de ragoût et de riz. Blotti sous une couverture, Roland dormait déjà.

« Tiens », souffla Lorcan au mage.

Il accepta la nourriture qu'elle lui tendait et elles mangèrent en silence.

Plus tard, lorsque les flammes se furent réduites à des braises palpitantes, Myrddin achevait le premier tour de garde. La nuit tirait sur sa fin, terminant la course de sa voûte étoilée au firmament, laissant la place en retour à une aube grisâtre, dont la lumière perçait à peine le couvert de la forêt. Seul l'incendie projetait contre le ciel les reflets de son carnage. Jusqu'où s'étendait-il désormais ? Les Sabès avaient-ils retrouvé le contrôle de leur crime ? Restait-il encore quelques miettes de la demeure qui avait vu grandir Maude, qui avait assisté à leur rencontre ? Une douleur aiguë le pinça au cœur. Comme sa reine lui manquait. Et comme il regrettait qu'elle lui manquât.

À sa droite, Roland poussa un soupir et le mage fut tenté, un instant, de ne pas le réveiller. Il pouvait lui épargner une garde solitaire, lui offrir un peu plus de repos, repousser d'encore quelques heures l'échéance terrifiante de leur périple. De leur fuite en avant. La lumière diffuse des braises créait des reliefs délicats sur les joues et le menton cuivrés du prince, les boucles de ses cheveux lançaient des volutes d'ombre sur son front. Myrddin tendit la main pour les effleurer, mais, au dernier moment, se reprit, et lui secoua doucement l'épaule.

« Hein ? marmonna Roland.

– C'est ton tour. »

D'ordinaire, Myrddin ne s'embarrassait pas de couverture, protégé qu'il était par le brasier intérieur de sa magie. Cette fois-ci, il fit une exception. Il se drapa dans la courtepointe indigo, la remonta jusqu'à son nez, laissa glisser les tresses noires et argents de ses cheveux devant ses yeux. Tandis que Roland s'installait pour son quart, le mage dissimula son trouble sous un pan de laine bleue.

Zinia leur apparut un peu avant midi. Un premier toit perça la canopée, suivi de près par le surplomb rocheux des falaises juste derrière. Ses longues cornes rebiquées couvertes de tuiles claires portaient, au désespoir nauséeux de Roland, quatre drapeaux figurant les chimères armées de fusil des Sabès. Elles n'étaient qu'une tache sombre, à cette distance et à travers le couvert des arbres, mais le dégoût qu'elles lui inspiraient était toujours aussi précis. Zénobie ne laissait oublier à personne qui occupait la ville.

Au fur et à mesure que leur petit groupe s'approchait, une seconde tour se découpa dans le ciel bleu. Le soleil implacable du milieu de journée tranchait de reflets aveuglant les faïences vertes et bleues, les vitraux colorés, les poutres sculptées, tandis que le palais des reines émergeait à l'horizon. Un poing se referma sur les entrailles de Roland. Il n'avait pas remis les pieds dans la capitale depuis la nuit de la défaite, quand les armées des Sabès avaient passé l'ultime enceinte de fortification, détruit les poches de résistantes des dernières cavalières encore en défense et déferlé sur Zinia comme des termites sur une maison de bois. Il n'avait pas fallu longtemps pour que ne restent que les fondations. Les poutres étaient pourries depuis longtemps, en Sarda.

Elles contournèrent une épaisse sapinière et les toits de la Caserne et de la Sérénissime surgirent à leur tour. La nausée frappa Roland au ventre. Il n'eut que le temps de basculer par-dessus l'encolure de son vorombe et vomit le contenu de son estomac.

« Eh bien, Roro, on ne supporte pas les choix architecturaux de ses ancêtres ? »

Le ton moqueur de Myrddin contredisait l'inquiétude de son regard, alors qu'il menait sa monture à son niveau. Roland se contenta d'agiter vaguement la main dans la direction du mage, avant d'être secoué par une nouvelle poussée de haut-le-cœur. Un voile de sueur couvrit son front et sa nuque. Il avait sous-estimé la force de ses retrouvailles avec Zinia. Quarante ans de vie ne s'effaçaient pas en un jour, même après quatre années à parcourir la campagne sardaise, à dormir sous des plafonds de feuilles, sur des matelas de terre et de racines. Avant que Berhane ne l'arrache à la geôle où les cavalières d'Estari l'avaient jeté, il n'était jamais sorti de Zinia que pour se rendre à la résidence d'été des princesses de Sarda. Il n'avait même jamais vu la ville sous cet angle-là, depuis une hauteur du Bois-aux-chevaux, à travers un cadre d'épines et de feuilles. À côté de lui, Myrddin monologuait.

« C'est Maude qui a insisté pour que son palais soit visible de loin, depuis le tout début de la voie royale. Ça aussi c'était son idée, une grande voie qui couperait la forêt pour mener tout droit à sa capitale. Elle était un peu mégalomane, quand il s'agissait de grands chantiers. »

Il jeta un coup d'œil en biais à Roland, que la leçon d'histoire distrayait légèrement de son malaise.

« Elle a fait rehausser les fondations trois fois aux architectes en charge de la construction, reprit le mage, jusqu'à ce qu'elle soit satisfaite de l'effet. Elle allait même vérifier elle-même ce que l'ensemble donnait, en arpentant les bois. C'était n'importe quoi. Son arrière-arrière petite-fille n'a pas osé aller contre ses vœux lorsqu'elle a fait bâtir sa propre demeure. Même si c'est la deuxième tour, dans l'ordre de grandeur. »

Cela acheva de distraire Roland.

« Attend un peu, intervint-il, la Caserne est le véritable palais de Maude ? »

Myrddin acquiesça.

« Bien sûr. C'est là que nous avons vécu durant tout son règne. Que nous nous sommes mariées. Que notre fille est née. »

Roland le dévisagea avec des yeux ronds.

« Mais bien sûr, bredouilla-t-il, à nouveau pris par surprise. Tu es aussi…

– … Le fondateur de la lignée des reines de Sarda », compléta Lorcan.

L'élue avait laissé sa monture ralentir afin de les rejoindre. Roland et elle ne pouvaient que fixer le mage, comme s'il avait soudain revêtu un nouveau visage.

« J'ai aimé Aruzhan presque autant que sa mère – un pli amer déforma sa bouche – mais je l'ai abandonnée, elle aussi, quand Maude est décédée. Elle avait hérité d'un peu de ma magie et c'est l'une de ses descendantes qui l'a transmise aux cavalières. N'ayez pas l'air si surpris, vous connaissez ma femme. »

Une pensée terrible traversa soudain Roland.

« Mais alors, s'exclama-t-il, tu es mon ancêtre ? »

Myrddin poussa un rire bref et railleur.

« Certainement pas ! Je te l'ai dit, ta famille et son pouvoir descendent du clan des Ayomide, la famille adoptive de Maude.

– Ah. »

Un étrange vide succéda à la surprise angoissée que sa théorie avait fait naître chez Roland.

« Soulagé ? lui demanda le magicien d'un air narquois.

– Certainement pas ! »

Lorcan leur fit signe de se taire avant que Myrddin ait pu renchérir et l'inquiétude submergea de nouveau Roland. La menace des Sabès les surplombait tout autant que les silhouettes des tours de Zinia, elles ne pouvaient pas se permettre de plaisanter quand chaque arbre pouvait cacher un lachnidé ou un bupreste, prêts à tuer. Heureusement pour les deux hommes, Lorcan restait attentive. Difficile de séparer la soldate de l'élue quand tant de son mandat avait été un combat. Son expression prudente tourna soudain à l'alarme. D'un geste péremptoire de la main, elle leur ordonna de s'enfoncer au cœur de la sapinière.

« Là », souffla-t-elle, lorsqu'elles eurent disparu entre les rameaux d'aiguilles.

Roland s'étonna de ne pas les avoir entendus venir. Si tous les Sabès étaient aussi grossiers que la troupe qui s'avançaient le long du sentier en contrebas, il semblait raisonnable qu'ils n'aient jamais surpris la résistance de Sarda. Comme leurs machines, ils annihilaient tout sur leur passage et leur barrer la route semblait aussi futile qu'inutile. Mais les abris d'altitude, les ombres des bois, les recoins de ravin, tout cela leur était inconnu. Tant que les rebelles s'y dissimuleraient, elles échapperaient aux mécaniques mortelles des Comtés-Unis. Maintenant qu'elles tenaient Nordeau, elles se trouvaient donc autant protégées qu'exposées. Au moins les sortilèges de Myrddin les protégeraient le plus longtemps possible. Roland déglutit une salive amère au goût de bile. Cette magie fluctuante devrait aussi protéger leur petite expédition.

La troupe sabès s'éloigna sans même lever les yeux. Le trio de rebelles resta immobile et silencieux de longues minutes encore, dans le giron des sapins.

« Soyons plus prudentes, murmura Lorcan lorsqu'elle fut certaine qu'elles étaient seules. Ils vont être de plus en plus nombreux et la forêt ne pourra pas nous cacher encore très longtemps. »

Elle tourna vers le mage son regard exigeant .

« La réussite de cette entreprise repose sur toi, Myrddin. Nous allons bientôt rejoindre la route royale et alors, il n'y aura que ta lumière pour nous dissimuler.

– Je ne vous décevrai pas. »

La conviction dans sa voix troubla Roland autant qu'il fut surpris de découvrir, à l'étincelle farouche brillant dans les yeux du magicien, qu'il était inclus dans ce vous pluriel.

« J'ai un contact au sein de la Caserne, poursuivit Lorcan. Une travailleuse qui nous servira de guide elle aussi, là où les connaissances de Roland seront, comment dire, obsolètes. Elle peut nous mener aux quartiers de Zénobie. »

Elle cracha au sol pour faire bonne mesure.

« La harpie meurt aujourd'hui de nos mains. »

Ses compagnons acquiescèrent fermement. Il n'y avait pas de doute, entre elles, quant au déroulé de leur mission. Ce qui devait arriver ensuite, seule la Dame le saurait. Les comtes pouvaient tout aussi bien renvoyer immédiatement un autre ambassadeur. Ou alors les troupes sabès seraient totalement déroutées par la perte de leur commandante en cheffe et la résistance pourrait frapper. Peut-être, une fois la menace de Zénobie écartée, les cavalières de Soufeu retrouveraient-elles leur sens commun, peut-être rentreraient-elles au bercail. Un vœu pieux, rien de plus. Aucune d'entre elles ne pouvait prédire ce qui arriverait demain. Pas même l'Oracle Tempête de Lorcan, qu'elle avait consulté compulsivement chaque soir depuis leur départ.

« Pourquoi ce soir précisément ? demanda Myrddin tandis qu'elles relançaient leurs vorombes. Pourquoi se précipiter ? Nous pourrions profiter de quelques jours de repérage. Même sous la conduite de Roland et de ton alliée, ce ne sera pas facile.

– Il faut que ce soit ce soir, affirma Lorcan. Ce soir marque le milieu exact de l'été.

– Oh. »

La date avait complètement échappé à Roland. La vie au sein de la résistance se faisait sans calendrier, au jour le jour, et rarement y avait-il lieu de célébrer quoi que ce soit. Pourtant, ces festivités avaient rythmé son existence, autrefois. Myrddin les regardait tour à tour, l'air perdu.

« Mais de quoi parlez-vous ?

– De la Célébration de l'Astre, lui répondit Roland. C'est une tradition récente, nous avons commencé à la fêter sous mon… règne. Une façon de renouer avec nos traditions et avec la Dame, malgré la présence des Sabès.

– C'est une initiative populaire, n'oublie pas », corrigea Lorcan.

Elle le toisait avec cette expression de dédain et de sympathie mêlés qu'elle seule savait conjurer.

« Dans les Marches du nord, c'était pour nous une façon de se rappeler que la présence sabès n'était pas éternelle. Qu'on en verrait la fin. Que les terres volées seraient rendues. Zénobie donne une fête pour l'occasion, toute la noblesse sardaise s'y presse. Les traîtresses ne manquent pas, dans la haute. »

Lorcan retroussa les lèvres et dévoila ses dents, mi-grimace, mi-sourire.

« Qu'elles s'amusent. Ce soir, on verra le début de cette fin. Zénobie meurt. »

Elle talonna sa monture et les entraîna vers la capitale.

Elles se mêlèrent à la foule envahissant les rues.

La nausée formait une boule âcre en travers de la gorge de Roland, mais pas uniquement parce que l'ombre des tours-palais assombrissait les façades de la ville basse. Il ne connaissait pas le quartier qu'elles parcouraient. Il n'y avait jamais mis les pieds. D'ailleurs, s'il y réfléchissait, il n'était pas sûr de se souvenir de la ville haute non plus. Alors il n'y pensa pas.

« Il y a toujours autant de monde dans cette foutue capitale ? râlait Lorcan à la tête du trio.

– Oui, répondit-il. Mais tout particulièrement aujourd'hui. Je crois… Je crois qu'elles viennent pour la Célébration. »

Une grimace amère déforma brièvement le visage de l'élue. Roland ne put que compatir. Pour Lorcan, il s'agissait d'une trahison douloureuse.

Elles poursuivirent leur route, slalomant entre les marchandes, les messagères, les flâneuses. L'illusion de Myrddin ne formait ni voile ni bulle autour d'eux, ne reflétait aucune iridescence, aucun arc-en-ciel de lumière réfractée. Pourtant, Roland avait parfois l'impression de sentir sa tiédeur protectrice contre sa peau. Le mage n'avait pas précisé si elles seraient totalement invisibles, ou bien prendraient l'apparence de quidam ordinaire, mais le sort ne leur avait pas encore fait défaut.

Les ruelles étroites se transformèrent en allées plus larges d'un faubourg bourgeois. La foule, sembla-t-il à Roland, se fit plus dense encore, à mesure qu'elles progressaient vers le cœur de Zinia. Aux costumes sardais de longues tuniques et de chemises colorées, se mêlaient désormais les robes surchargées de rubans, de tulles et de pierreries des Sabès. En levant les yeux vers les façades des maisons, il pouvait voir désormais le drapeau à la chimère pendre aux fenêtres, ainsi que des symboles de la Double Triade orner les volets et les linteaux. Certains murs, abritant les clos intérieurs des habitations, avaient été abattus et les jardins qu'ils cachaient transformés en simple cours de remisage. À ses épaules crispées et son silence rageur, Roland sut que Lorcan l'avait aussi remarqué. Zénobie n'avait pas emmené que sa cour, à son départ du comté de Vesq ; elle s'était aussi entourée de familles de colons prêtes à s'installer en Sarda. Tout comme dans les Marches du nord. Que ferait la résistance de ces habitantes indésirables, une fois la victoire acquise ? Seraient-elles raccompagnées à la frontière ? Subiraient-elles le même sort que Lorcan réservait à l'ambassadrice ?

« Lorcan… » commença-t-il.

Un seul regard suffit à le faire taire. Ce n'était pas le moment d'en parler. Elles avaient une mission et elle seule comptait. Pour le moment.

Le dédale de venelles utilitaires qui entouraient les murs du jardin d'été de Zinia s'apparentait suffisamment aux descriptions qu'elle en avait reçues pour que Lorcan puisse guider leur trio sans encombre. Les lettres de son informatrice étaient rares, mais précises et le groupe eut vite fait de se retrouver seul, puis d'atteindre la porte dérobée qui leur donnerait accès au cœur des tours-palais.

« Je ne connaissais pas cette entrée », remarqua Roland en fronçant les sourcils.

Lorcan lui jeta un regard ravi.

« Le gratin connaît rarement tous les secrets de sa demeure. Quand j'étais enfant, avec mes sœurs, on se faufilait dans les vergers de notre dame locale pour y chaparder des fruits. Elle n'en a jamais rien su.

– Je connais cette porte. »

L'intervention de Myrddin n'avait été qu'un murmure, mais c'était plus de parole que le mage n'en avait prononcé depuis leur arrivée à Zinia, depuis qu'elles avaient dissimulé leurs vorombes dans un bosquet d'érable. Un filet de sueur couvrait la grimace douloureuse qu'il ne savait pas retenir.

« Tu vas tenir ? lui demanda-t-elle.

– Ce n'est pas le sort. Je peux encore nous cacher, même s'il va falloir presser le pas. C'est ce lieu. »

L'inquiétude et l'angoisse qu'elle gardait sous scellé depuis leur départ vinrent frapper Lorcan de toutes leurs forces conjuguées. Tout ne tenait qu'à un fil, comme le plus délicat des draps qu'elle n'ait jamais tissés.

« Alors, allons-y. Je sais où et quand retrouver mon espionne, mais plus nous serons en place tôt, moins nous aurons de rencontres intempestives. Les palais vont grouiller de nobles, de travailleuses et d'arrivistes ce soir, il vaudra mieux ne pas nous retrouver au milieu de tout ça. Même cachées derrière ta magie. »

Ses deux compagnons acquiescèrent et elle poussa la vieille porte de bois vermoulu.

Le jardin d'été ressemblait en tout point et différait parfaitement de l'image qu'elle s'en était faite. Ses arbres étaient plus hauts, ses buissons plus denses, ses allées plus discrètes, mais il était aussi plus petit, plus symétrique, plus ombragé que dans son idée. Cependant, les bonnes essences étaient là et le jardinet de mousse, les bancs sous l'immense banian acclimaté, le ruisseau artificiel aussi. Trois jardinières balayaient une allée.

« Par là », souffla-t-elle.

Elle entraîna les deux hommes à sa suite, le long d'un sentier de promenade bordant le mur extérieur du jardin. Leur progression se traînait. Roland ne pouvait retenir des coups d'œil incessant vers les imposantes silhouettes des quatre palais. Un frisson léger, mais continu agitait Myrddin. Elle-même n'en menait pas large. Un pas de travers, un murmure trop perçant, un sursaut dans le sortilège du mage et elles mourraient. Certainement. Aussi simplement qu'elle avait pris par surprise la vie de ces soldats dans les montagnes. Une erreur et elle ne reverrait ni Thulile, ni Berhane, ni Brigandine. Ni Nisha. La belle et douce Nisha, dont l'amitié n'avait jamais failli. Une erreur et tous ses rêves de déclaration et d'aveu s'évaporeraient.

Une branche morte craqua sous son pied.

Roland et Myrddin se figèrent avec elle.

Les jardinières levèrent la tête.

Lorcan retint son souffle. Deux des trois femmes posèrent leurs balais contre un muret et s'approchèrent d'un air circonspect. L'élue crut que son cœur allait s'arracher à sa poitrine pour poursuivre son battement affolé à travers toute la capitale. Puis Myrddin s'avança. Traçant un cercle dans sa paume de la pulpe du doigt, il en tira un chapelet d'étincelles, accroché au bout de sa phalange, qu'il envoya voltiger d'une chiquenaude en direction des deux travailleuses en approche. La ribambelle scintillante se faufila entre les feuilles d'une topiaire de buis et en ressortit aussitôt sous la forme d'un grand paon au plumage blanc immaculé.

«Mais qu'est-ce qu'il fait là çui là ?

– Il devrait être dans le jardin d'hiver ! »

Les jardinières se précipitèrent à la suite de l'oiseau, qui s'empressa de les entraîner dans la direction opposée au trio de rebelles.

« Vite, souffla Myrddin. Profitons-en. »

La peau du mage brillait de sueur et de fièvre. La lueur de pouvoir au fond de ses yeux, celle à laquelle Lorcan se fiait toujours pour jauger de sa réserve de magie, vacillait autant que Myrddin lui-même. Elle lui attrapa le bras et elles reprirent leur progression.

Les couloirs de la tour Sérénissime se suivaient, se ressemblaient, se mélangeaient dans la mémoire de l'élue. Les tentures tissées, les lampes à huile, les meubles ronce de noyer, toute la décoration typiquement sardaise disparaissait sous le motif sans cesse répété de la chimère armée de l'arquebuse des Sabès. Seule, Lorcan aurait été parfaitement incapable de retrouver son chemin. Heureusement, elle pouvait compter sur la vie entière de souvenirs du prince Roland. Sans s'arrêter, sans hésiter, il les guidait à travers le dédale de son ancienne demeure, évitant le gros de la maisonnée de Zénobie et trouvant des alternatives efficaces lorsque leur chemin croisait des servantes sardaises.

« Encore un ou deux corridors, précisa-t-il tandis qu'elles empruntaient un escalier dérobé aussi abrupt qu'une échelle. Ensuite il y a une coursive extérieure qui rejoint la Caserne. Et là, il faudra retrouver ton informatrice.

– D'accord, approuva Lorcan, mais d'abord, il faut que nous fassions une pause, le mage ne va pas tenir. »

Le visage de Myrddin avait pris un pli nauséeux ; les yeux injectés de sang, il ne suivait plus qu'en titubant. Il lui fallut plusieurs minutes agonisantes pour venir à bout de l'escalier. Dès qu'il émergea à leur niveau, Roland l'attrapa par le coude, passa le bras du mage par-dessus ses épaules. Myrddin se laissa immédiatement aller contre lui. Lorcan serra les dents. Elle n'avait pas prévu que le magicien arriverait si vite au bout de ses capacités. Elle l'avait cru comme dans les légendes, immortel, intemporel, inépuisable. Elle ne lui pardonnerait pas d'être aussi humain qu'elle.

Elle se glissa de l'autre côté du magicien, saisit son autre bras. Elles reprirent leur route cahin-caha.

L'escalier débouchait sur un couloir de service aux murs nus et au sol de bois abîmé par de nombreux passages. De petites meurtrières, bardées de volet à claire-voie, laissaient pénétrer la lumière du début d'après-midi et éclairaient leur avancée. Elles donnaient sur une cour fréquentée, remarqua Lorcan tandis qu'elles se pressaient vers l'autre bout du corridor. Des cris, des appels, des ordres montaient depuis les sinueuses allées hivernales, où les préparatifs de la soirée de Zénobie se poursuivaient. Lorcan grimaça. Si elle en trouvait le temps, entre la mort de l'usurpatrice et leur fuite, elle mettrait le feu à tous ces résidus de pouvoir. Fini les reines, les princes, les condottieres. Un bon incendie permettrait à de nouvelles graines de croître, à de nouvelles essences de prendre leur essor.

Le magicien pesait chaque instant un peu plus au bout de leurs bras. Elle ne le lâcherait pas, mais elle pouvait sentir la fatigue de Roland. Toutes les trois, elles courraient depuis l'aube. Depuis une semaine, vraiment. Il fallait qu'elles s'arrêtent pour mieux repartir. En tout cas, si elles voulaient survivre à leur crime. Et Lorcan avait toutes intentions de revenir de cette mission. Le beau visage doré de Nisha s'imposa à son esprit. Elle raffermit sa prise sur le mage.

« Traversons jusqu'à la Caserne, ordonna-t-elle aux deux autres. Puis trouve-nous le premier placard qui pourrait nous servir d'abri. »

Roland acquiesça et elles empruntèrent un couloir sur leur droite, menant ensuite directement à la coursive ouverte qui reliait, par leurs façades, les deux tours. Le trio rejoignit enfin la Caserne. Entre les murs de la demeure des condottieres, une tout autre activité régnait. Elles croisèrent un groupe de lavandières les bras chargés de draps rouges, des pages portant des plateaux de friandises sucrées, des buprestes et des lachnidés cachés sous leurs armures écrasantes, toute une troupe de jongleuses et de comédiennes qui ne parurent pas même sentir leur présence. L'illusion de Myrddin les dérobait toujours à leurs yeux. Roland les guida hors de ces quartiers bondés, elles retrouvèrent le calme relatif des chemins parallèles. Puis un soupir échappa au magicien et les femmes de chambre qu'elles venaient de dépasser se mirent soudain à hurler.

« Merde, chatte, merde », jura Lorcan tandis qu'un éclair d'énergie terrifiée la propulsait en avant.

Elle souleva presque Myrddin à bout de bras, entraîna dans sa course le prince et le magicien. Les cris des travailleuses se répercutèrent à travers les étages de la tour. Un martèlement de bottes ferrées résonna autour d'elles, semblant venir de toutes les directions à la fois. Lorcan courrait à l'aveugle, guidée seulement par la peur. Panique et déception la submergèrent. Être arrivée si loin pour mourir si bêtement ! Elle était si proche, qu'elle pouvait sentir la gorge de Zénobie palpiter sous ses doigts. Pourtant, elle avait cru que leur infiltration réussirait, qu'elles sauraient déjouer la surveillance des Sabès. Quelle folie ! Voilà que la résistance allait perdre l'une de ses élues et son unique mage du même coup.

Roland l'attrapa par la manche. Elles tournèrent en glissant sur le parquet, manquèrent s'assommer contre le mur d'en face. Myrddin s'agita entre leurs bras. Un hoquet brutal le secoua de part en part, il se redressa violemment, s'arracha à leur emprise. Lorcan ouvrit la bouche pour le maudire. Il agita les mains, plus vite qu'elle ne pouvait en suivre le mouvement, projeta une vague d'étincelles devant lui. Et leurs trois silhouettes épouvantées s'enfuirent à l'autre bout du couloir.

« Vite », croassa le mage.

L'élue l'attrapa avant qu'il ne s'effondre à nouveau. Roland ouvrit une porte au hasard et elles s'y engouffrèrent juste avant qu'un contingent de soldats sabès ne déboule à la poursuite de leurs doubles de magie.

Dès la porte claquée et verrouillée derrière eux, elles se laissèrent glisser au sol et le mage roula sur le ventre pour ne plus se relever. Une dizaine de minutes s'écoula avant qu'elles ne retrouvent leur souffle et que Roland s'inquiète de l'immobilité de leur compagnon.

« Myrddin ? » chuchota-t-il.

Aucune réponse. Une pointe acérée d'angoisse transperça la poitrine de Lorcan. Roland se pencha et, soulevant le rideau de tresses tombé devant le visage du magicien, approcha sa joue de son nez. Un instant d'attente aussi bref qu'interminable, puis le soupir apaisé de la respiration partagée.

« Il est seulement inconscient… » murmura Roland.

Le soulagement de Lorcan fut de courte durée. Elle vit l'illusion iridescente entourant Nordeau se fissurer, se déliter, éclater en une multitude de petits morceaux brillants. Les armées sabès positionnées à proximité s'apercevraient vite de la supercherie. Ils lanceraient une attaque. La citadelle serait perdue, les rebelles massacrées. Nisha et Thulile, des cadavres dans la poussière gorgée de sang. Elle serra les poings à s'en enfoncer les ongles dans la paume.

« Et Nordeau, souffla-t-elle. Le sort tient-il toujours ? »

Roland secoua la tête.

« Je ne sais pas… Je ne sais pas... »

Dans son rêve, il s'est un peu éloigné de la forêt des pins, jusqu'à venir tremper l'extrémité de ses orteils dans le bain glacé de l'océan. Des bracelets d'écume s'enroulent à ses chevilles. Le sable est doux et froid sous ses pieds. Il y a un murmure entre chaque roulis des vagues, un message chuchoté encore et encore quand les crêtes frappent et frottent contre la plage. Si le mage est très attentif, il peut presque entendre le nom de ses mères ; s'il se concentre, il peut presque déchiffrer la suite de leur histoire.

Un vent à la tranquillité trompeuse lui porte par rafales délicates le parfum des pins bleus. La forêt ne s'aventure jamais sur la plage. Elle se cantonne à sa lande grisâtre dont elle couvre tous les horizons, défie l'océan sans oser l'approcher. Mais elle n'oublie pas. Des spores ont germé dans les poumons du mage, ses cellules sont saturées de sève. Il n'y a pas d'échappatoire, même alors qu'il refuse de la laisser l'emporter.

Dans son rêve, il s'assoit au bord de l'océan. Les fesses sur le sable humide, les jambes étendues devant lui, régulièrement étreint par le rythme de la houle. Sa poitrine se gonfle et se vide sur la même mesure que les flots. Il attend. Il respire encore un peu l'air marin.

Myrddin ouvrit les yeux sans se rappeler les avoir fermés. Les tresses de sa coiffure tombaient devant son visage, sur ses épaules. Ses hanches et ses genoux reposaient douloureusement à même le plancher. Seule sa tête échappait au confort austère du bois brut, on avait glissé sous sa joue un vêtement en boule. L'étoffe portait l'odeur de Roland.

Lorsqu'il voulut signaler son réveil, un borborygme à peine audible lui échappa. Dans le silence de leur abri de fortune, le gargouillis résonna comme un cri.

« Mage ? »

Avec un nouveau grognement, il tourna la tête vers Lorcan, assise contre la porte, les jambes repliées sous elle, son épée en travers des genoux. Il voulut lui faire un signe, confirmer son regain de conscience, mais ses membres semblaient chargés de plomb. Il put à peine soulever la main.

L'élue se précipita à son chevet et Myrddin crut un instant que son inquiétude lui était destinée.

« Nordeau. Les rebelles. »

Elle lui chuchotait directement dans l'oreille, lui transmettait son urgence et son agitation.

« Ton sort, l'illusion tient-elle toujours ? »

Myrddin soupira. Avec l'impression de déplacer un macchabée, il releva la tête, se redressa sur les coudes et bascula sur le dos. Il y a longtemps qu'il n'avait pas autant forcé la magie à parcourir ses veines, à s'incarner au bout de ses doigts. Son premier malaise avait dissipé l'illusion qui voilait leur présence, mais le sortilège entourant la citadelle était autrement plus solide que les tours de passe-passe cherchant à cacher leur petit groupe. La mantille d'étincelles drapée sur les murs de Nordeau continuait de camoufler la résistance.

« Elle tient », souffla-t-il.

Le soulagement de Lorcan en fut presque tangible.

« Très bien, très bien. Merci. »

Ses remerciements agirent comme un baume sur son épuisement. Tâchant d'étouffer le frisson de fierté qui le parcourait, Myrddin fouilla leur cachette du regard. Une banquette couverte d'un grand tas de coussins et d'édredons, une commode et sa vasque, trois tabourets autour d'une table basse occupaient la quasi-intégralité de la pièce. Leur trio tenait tout juste dans l'espace restant, allongé comme il l'était, Myrddin en remplissait presque toute la longueur. Il chercha Roland des yeux. Le prince déchu se tenait devant l'unique fenêtre, le regard perdu dans le lointain, absorbé par de trop douloureux souvenirs. Le mage voulut tenter une pointe d'humour. N'importe quoi pour susciter autre chose que la vilaine grimace mélancolique, barrant le visage de Roland. Les mots moururent dans sa gorge avant qu'il ne les ait trouvés.

Il resta encore longtemps immobile, couché à même le plancher, la tête reposant sur le manteau d'un autre. Lorcan montait la garde près de la porte. Roland passait la mémoire de sa vie en revue. Dehors, la nuit tombait sur Zinia et les festivités de l'Astre allaient commencer. Il ne leur restait plus beaucoup de temps. Lorcan, la première, reprit la parole.

« Comment tu te sens ? »

Myrddin réprima l'envie de rouler les yeux d'exaspération.

« Comme si une cohorte de lachnidés en armure complète m'avait piétiné.

– Assez bien pour repartir alors ? »

La mage eut un reniflement amusé.

« S'il le faut vraiment, répondit-il en se redressant à moitié.

– Est-ce que tu vois Zénobie allongée dans son propre sang quelque part ici ?

– Non.

– Alors oui, il le faut vraiment. »

Cette fois-ci, Myrddin leva les yeux au ciel avec assez d'emphase pour que Lorcan ne puisse pas l'ignorer. Il acheva de se relever, s'assit en tailleur au centre de la pièce, étira ses bras douloureux au-dessus de sa tête, renoua ses tresses en chignon.

« Quelle est la suite du plan ? Je suppose que nous sommes recherchés par toute la cour de l'ambassadrice ?

– Pas tout à fait. »

Roland s'était détourné de la fenêtre et de son passé.

« Il y a eu beaucoup d'agitation pendant la première heure, mais depuis, plus rien. Tout le monde est retourné préparer la fête. Ça me paraît très mauvais signe.

– Ou alors, intervint Lorcan, personne n'a cru les servantes qui nous ont vus. Surtout si nos doubles illusoires se sont évaporés avant qu'on ne puisse vérifier leur dire. Ce ne serait pas la première fois qu'une nobliarde ignore les avertissements de ses employées. »

Myrddin secoua la tête.

« Non, mon illusion a survécu à mon évanouissement au moins une quinzaine de minutes. Je ne sais pas dans quelles conditions nous aurons disparu, mais même dans le meilleur des cas Zénobie est tout à fait au courant de notre présence entre ces murs. »

Un silence angoissé suivit sa tirade.

« Bien, finit par trancher Lorcan. Alors en route. Nous n'aurons pas d'autres occasions de frapper. Essayons de ne pas mourir pour rien. »

Elle tendit la main au mage et le releva complètement. Roland les rejoignit au milieu de la pièce.

« Allons-y. »

Lorcan se tourna vers la porte et se figea soudain.

« Quelqu'un arrive », murmura-t-elle autant au battant qu'à ses compagnons.

Myrddin entendit les pas quand ils s'arrêtèrent devant la porte.

« Mage ! Siffla l'élue. Vite ! »

Ses doigts tricotaient déjà le vide. La sueur couvrait son front, une ride soucieuse liait ses sourcils. Ses mains se pliaient et se dépliaient. Plus vite, plus vite. Aucune étincelle, aucune magie ne naissait entre ses paumes.

La porte de la chambre s'ouvrit. Rien ne s'était arraché à Myrddin, elles étaient visibles de toutes. En désespoir de cause, le mage secoua les mains vers l'avant avec une exclamation frustrée. Une poignée d'escarbilles jaillit et éblouit à peine la nouvelle arrivante. Roland leva un pot de chambre bien haut, prêt à frapper. Lorcan s'interposa.

« Dylis ? »

La surprise traversa brièvement le visage hâlé de la jeune femme, puis son visage s'éclaira, elle entra totalement dans la pièce et ferma la porte derrière elle.

« Lorcan enfin ! Je vous cherche partout depuis ce matin, on avait rendez-vous dans mes appartements et puis j'ai entendu les rumeurs des intruses dans la Caserne. Qu'est-ce qu'il s'est passé ?

– Mage à court de jus, j'en ai peur, répondit l'élue en la saluant. Est-ce que tu sais comment rejoindre les quartiers de Zénobie sans être vues ? »

Le regard de la nouvelle venue tomba sur Myrddin et, derrière lui, Roland. Elle se jeta au sol, prostrée, le front collé au parquet.

« Votre Altesse. Toutes mes excuses, je ne vous avais pas vue. »

Roland resta figé devant son geste.

« C'est un honneur pour moi d'être en votre présence, reprit-elle. Veuillez pardonner mon retard. »

Lorcan intervint avant que la stupeur du prince déchu s'éternise.

« Oui, oui, il est intelligent, il est beau, il commence à se faire vieux, railla-t-elle en relevant Dylis par le bras. On arrête les génuflexions maintenant et on se concentre sur la mission. »

La jeune femme courba encore le buste plusieurs fois avant de se tourner enfin vers l'élue.

« Oui, bien sûr, suivez-moi. »

Elle les entraîna à travers la Caserne. Myrddin avait mis les pieds dans le palais des condottieres pour la dernière fois, quatre ans plus tôt, à la veille du Congrès où Éliane de Nordeau avait pris le pouvoir. La veille de la guerre. Les murs, alors, avaient été en tout point semblables à ceux qu'il avait quittés après la mort de Maude. Rien n'avait vraiment changé. Les tentures des murs sortaient de métiers à tisser plus récents, les tapis au sol n'engrangeaient la poussière que depuis quelques décennies. Des remaniements avaient eu lieu, quelques cloisons abattues, des chambres transformées en salon, des corridors murés. Même l'esprit des lieux, la majesté des hauteurs de plafond, la solennité du grand escalier central, se refusait à son souvenir. Une pâle impression, à peine une reproduction. Il ne restait plus rien de la demeure royale de Maude, dans cette nouvelle mouture de la Caserne. Zénobie et ses Sabès avaient transformé les lieux plus que les mille ans précédents n'avaient jamais osé le faire. La première forteresse sardaise avait perdu son rôle, son âme, son corps, en même temps que ces décorations traditionnelles, son mobilier chargé d'histoire, ses habitantes originelles.

Dilys leur avait fait revêtir des capes sabès du plus mauvais goût, qui pourtant attiraient moins l'attention que leurs frusques sardaises poussiéreuses et rapiécées. La jeune espionne devait tenir un rôle important dans la maisonnée de l'ambassadrice, car partout où elle allait, on s'écartait à son passage.

« Les appartements de Zénobie sont un peu excentrés, elle – il paraît qu'elle n'aime pas le bruit, leur murmura-t-elle tandis qu'elles remontaient un couloir vide. Ça nous arrange bien aujourd'hui, personne ne devrait nous déranger… »

La fin de sa phrase mourut en un sifflement affolé et surpris lorsqu'au détour d'un escalier leur groupe tomba face à face avec un jeune homme sabès.

Il n'y avait pas de doute possible quant à ses origines, se dit Myrddin pendant que la magie s'engonçait dans ses veines, refusait de jaillir au bout de ses doigts. Ses vêtements, sa coiffure, ses bijoux, son maquillage, tout criait Comtés-Unis remarqua le mage tandis que Roland esquissait un pas en arrière et que Lorcan cherchait son épée. D'ailleurs, lorsque Dilys s'interposa, elle lui sortit ce qui devait être un baratin mainte fois répété dans la langue nasillarde des Sabès. Un nœud douloureux se refermait autour du ventre du mage, au fur et à mesure que les secondes s'écoulaient sans que le jeune homme apprêté ne poursuive son chemin. Dilys ne cherchait même pas à chuchoter. Sa voix au fort accent sardais résonnait sans honte sous les voûtes de l'escalier. Puis, après ce qui sembla au magicien le fruit d'une discussion bien trop longue, le Sabès fronça ses sourcils épaissis plusieurs fois au khôl et tenta une ou deux ripostes avant de grommeler son acquiescement et de s'éloigner en lançant des regards soupçonneux par-dessus son épaule. À aucun moment Myrddin ne se sentit rassuré.

« C'était Omiros de Castel, le poète de cour de Zénobie, expliqua Dilys en les entraînant à nouveau à sa suite, bien moins anxieuse qu'elle n'aurait dû l'être. Il passe son temps enfermé dans sa chambre, à écrire. »

Même sans lever les yeux au ciel, son mépris n'aurait pas pu être plus évident.

« Il ne sait pas que vous êtes recherchés, mais il ne va pas tarder à le découvrir, poursuivit-elle avec plus de sérieux. On a encore le temps d'atteindre la chambre de Zénobie, mais je ne sais pas si tu pourras mener ton plan à bien, Lorcan. »

L'élue secoua la tête, les doigts crispés autour de la courte garde de son épée.

« J'ai accepté que je ne revienne pas de Zinia au moment où on a été repéré, répondit-elle avec bravache. »

Pour elle, Myrddin était prêt à se convaincre qu'elle disait la vérité.

« Conduis-moi jusque chez l'ambassadrice et ensuite fuyez tous ensemble. Je n'ai besoin que d'une seule chance, mais vous pouvez encore vous en sortir. »

Roland secouait déjà la tête avant même qu'elle ait fini sa phrase.

« N'importe quoi. Tu ne vas pas rester ici pour te faire massacrer comme une perdrix prise au piège. Nous avons encore une fenêtre de temps suffisante pour nous enfuir, il y a des centaines de passages discrets, si ce n'est secrets, qui nous permettront de sortir d'ici et avec Dilys comme accompagnatrice, nous devrions même pouvoir réchapper à tout ce merdier. »

Myrddin n'eut pas le temps de se moquer de son vocabulaire, Dilys venait de s'immobiliser. Le mage reconnut la pièce. La porte de bois gravé, son linteau ouvragé, les dernières traces de fresques sur les murs adjacents, tout se rappelait douloureusement à sa mémoire. Il avait passé ce seuil de si nombreuses fois. Ainsi, Zénobie s'était approprié jusqu'au dernier symbole de Maude. Ou peu s'en faut, Lunde et Baldré ayant, heureusement, quitté le pays depuis quatre ans. Le mage en conçut presque de la satisfaction. Puis ses actions passées lui redonnèrent la nausée.

Dilys ouvrit la porte et elles se faufilèrent dans la chambre de l'ambassadrice, qui avait été celle d'une reine, autrefois.

« Mais Zénobie va vouloir me tuer, gémit l'espionne, si je fuis, si Omiros lui dit que je vous ai aidé. »

Roland haussa les épaules.

« On s'y fait. »

Le soupir exaspéré de Lorcan tira un mince sourire à Myrddin. La vue de la pièce le rendait amer. L'arche des fenêtres, les huisseries découpant les espaces, les poutres et les piliers de bois soutenant le plafond, chaque détail perçait un coup de poignard en travers de sa poitrine. Il avait dormi, veillé, discuté, aimé entre les murs de cette chambre. Elle avait été la sienne aussi.

Lorcan l'arracha à sa rêverie d'une main sur l'épaule.

« Magicien. Il faut y aller.

– Où ça ? » répondit-il, encore désorienté.

Roland s'interposa.

« Arrête, soit nous partons avec toi, soit nous restons toutes ici. »

La grimace de Lorcan se fit sévère.

« Je ne vais pas perdre plus de temps à discutailler. Prends ton mage et décanille. Vite. »

Il fallut un regard aux deux hommes pour se mettre d'accord.

« Très bien, rétorqua Roland. Quel est le plan ? Où vas-tu te cacher ? Myrddin, est-ce que tu te sens de tenter une illusion ?

– Je ne sais pas trop…

– Roland, merde, arrête de perdre du temps.

– Je ne suis pas sûre que la question se pose, de toute façon. »

Dilys était restée près de la porte. Disparus ses airs d'ingénue angoissée, envolée son attitude de respect caudataire, elle les dévisageait désormais avec une morgue satisfaite. Un frisson parcourut Myrddin.

« Qu'est-ce que tu veux dire ? »

Lorcan se déplaçait déjà, toute son attention tournée vers l'espionne.

« Dilys… commença-t-elle.

– Je dors ici presque toutes les nuits, tu sais, l'interrompit la jeune femme. Être concubine de l'ambassadrice donne ce genre d'avantage. Et pourtant je ne lui ai pas dit que vous veniez. Je ne voulais pas gâcher sa fête. Ça complique la suite des opérations, je ne pouvais vraiment pas faire entrer des soldats dans notre chambre, mais je leur ai trouvé une cachette pas trop loin. »

Elle sourit, victorieuse.

« Tu comprends déjà, je vois. Tu sais, Lorcan, j'ai aimé être ta correspondante secrète pendant tout ce temps. Tu n'es pas bête, pour une tisserande du nord. Malheureusement, tu fais trop vite confiance. »

Son sourire devint un rictus.

« Votre petite rébellion est vouée à l'échec depuis le début, mais avec la mort de son mage, de son prince et de sa commandante, elle devrait disparaître d'autant plus vite. Une épine de moins dans le pied de Zénobie. J'espère qu'elle ordonnera une exécution publique, mais d'une manière ou d'une autre Sarda sera bientôt débarrassée de... »

Le flacon de parfum qui l'atteignit en plein front la fit taire et tomber à terre. Myrddin se retourna si vite que la tête lui tourna. Que se passait-il ? Leur mission si limpide, si rectiligne, si simple, devenait bien trop rapidement une succession incompréhensible de surprises. L'homme qui se tenait de l'autre côté de la pièce semblait aussi pris de court que le magicien et possédait un visage affreusement familier. Puis une ombre tomba sur ses traits. Évitant soigneusement Myrddin comme Roland, il s'approcha de Lorcan et du corps affaissé de Dilys.

« Je ne pensais pas qu'elle aimait autant le son de sa propre voix. »

L'élue se raidit, l'épée à la main, tournée désormais vers le nouvel arrivant.

« Qui êtes-vous ? grinça-t-elle.

– Kalyan de Zinia. Époux de Hadi de Zinia, condottiere de Sarda. »

Roland avait répondu à sa place. Un mélange de honte et de soulagement brouillait ses traits en une grimace pâlotte. Il s'inclina devant Kalyan, les bras collés le long du corps, sans parvenir à en cacher le tremblement.

« Roland, souffla le vieil homme, je ne peux pas dire que je suis heureux de te voir. Mais je suis moins déçu que prévu de te savoir en vie. »

Lorcan n'avait pas baissé son arme pour autant.

« Que tu sois la Dame en personne ou la mairesse de Sangrisca elle-même, siffla-t-elle entre ses dents, explique-moi ce que tu fous ici. »

Kalyan se tourna vers elle avec une déférence qui semblait non feinte.

« Omiros m'a prévenu de votre présence. Ou plus exactement, de qui était votre accompagnatrice. Dylis est dévouée corps et âme à Zénobie, tout comme ses autres concubines. Et bien que vos déguisements puissent faire illusion un instant pour des inconnus, Omiros, lui, t'a reconnu immédiatement, Roland. Il ne lui a pas fallu longtemps pour comprendre que vous étiez en grand danger.

– Alors quoi, intervint Lorcan, le poète de l'ambassadrice est un espion sardais ? C'est ça que tu essayes de me faire croire ?

– Non, Omiros n'a rien d'un espion. Mais je crois que je peux commencer à l'appeler mon ami. »

Il tendit une oreille inquiète vers la porte et le couloir derrière.

« Maintenant si nous pouvions nous presser, je ne sais pas de combien de temps... »

Lorcan obstruait déjà la porte d'une commode. Myrddin tenta un pas en avant pour venir l'aider, mais le regard chargé de mépris que lui lança Kalyan le figea sur place. L'élue, le consort et le prince se chargèrent d'attacher Dylis, de déplacer les meubles devant la porte en une barricade improvisée. Puis d'un signe impérieux de la main qui réveilla une grimace chez Lorcan, Kalyan les entraîna par le passage dérobé qu'il avait emprunté pour les rejoindre. Il confia sa lampe à Roland et le laissa descendre en premier, suivit de Lorcan l'épée toujours à la main. Lorsque Myrddin voulut s'engager à leur suite, il lui barra le passage de son bras. Un poids tomba au fond de l'estomac du mage. Il y avait tant de bonnes raisons pour la haine que Kalyan lui vouait. Plus encore que Roland et Éliane, c'est Myrddin qui avait déchu Hadi de son poste, par son soutien affiché à son opposante, malgré toutes les promesses faites au condottiere en titre. Malgré ses professions d'amitié. Kalyan n'ignorait rien de ce que Hadi et Myrddin s'étaient dit, à la veille du Congrès, il n'ignorait donc pas plus la trahison du mage.

Pourtant, ce n'est pas le nom d'Hadi de Zinia qui échappa aux lèvres de Kalyan.

« Sophie de Nordeau. »

Un éclair de douleur fantôme parcourut Myrddin.

« Que ferais-tu, là maintenant, si tu te retrouvais devant elle ? »

– Je ne sais pas, bredouilla le mage. Je ne sais pas… »

Kalyan fronça les sourcils avec mépris alors qu'un premier coup sourd résonnait contre la porte de la chambre.

« Allons-y. »

Ils s'engouffrèrent dans les ténèbres.

La lueur vacillante de la lampe à huile jetait des ombres difformes et des esquisses menaçantes sur les murs humides du passage secret. Les marches glissantes, à peine ébauchées dans la pierre, descendaient à l'infini dans les entrailles de la Caserne, sans montrer signe de jamais atteindre une destination. D'une main, Lorcan effleurait la paroi, de l'autre, elle brandissait au-dessus de sa tête leur seule source de lumière. Un nœud d'appréhension, de regret et de peur s'était refermé sur son estomac dès l'instant où le sort de Myrddin leur avait failli, et il n'avait fait que prendre toujours plus de place entre ses côtes depuis. Rien ne leur garantissait que Kalyan soit mieux intentionné que Dylis. Après tout, elle avait cru dur comme fer que la jeune femme faisait partie de la résistance, qu'elle partageait leur but, qu'elle haïssait Zénobie autant qu'elle. C'était, semblait-il, tout l'inverse. Ce Kalyan sortait de nulle part et pourtant elle lui remettait sa vie, la vie de ses compagnons et la survie des rebelles entre les mains, comme si les dernières heures ne lui avaient pas servi de leçon. Elle avait échangé par lettres secrètes avec Dylis pendant près de deux ans. Elle avait même rencontré la jeune femme lors de son dernier voyage à proximité de la capitale. Kalyan de Zinia n'était qu'un nom parmi tant d'autres. Et voilà qu'elle s'enfonçait sous terre, à l'aveuglette, sur les dires d'un homme qu'elle n'avait jamais vu et dont elle détestait l'espèce. Une fois encore, elle remercia la Dame que Nisha ne soit pas à ses côtés, mais en sécurité à Nordeau. Elle n'aurait probablement pas supporté le regard perçant de sa plus vieille amie.

« Lorcan. »

Malgré son chuchotement, la voix de Roland sembla résonner en mille échos assourdissants autour d'elles. Elle lui jeta un regard par-dessus son épaule, jaugea son air embarrassé et plein de compassion et lui coupa l'herbe sous le pied.

« Ne me cherche pas d'excuses, Roland. Je nous ai fait traverser la moitié du pays, pour rien. J'ai trahi Berhane, pour rien. J'ai mis ta vie et celle de Myrddin en danger, pour rien. Si nous sortons d'ici vivantes, je devrais payer pour mes erreurs. »

Il eut la gentillesse de ne pas renchérir.

Elles atteignirent la fin de l'escalier au moment où Kalyan et Myrddin les rattrapaient enfin. Le vieil homme les guida immédiatement à travers un couloir souterrain creusé dans la roche. Elles serpentèrent ainsi le long des rides de la pierre, sans échanger un mot, tendues vers la sortie et leur salut qui approchaient à chaque pas. Lorcan pliait et dépliait les doigts autour de son épée. Elle n'avait eu l'intention de s'en servir que sur une seule personne et voilà qu'elle repartait bredouille, honteuse, inutile. Zénobie festoyait quelque part au-dessus de leurs têtes, loin de craindre pour sa vie, certaine de son pouvoir. La rage menaça d'étouffer l'élue. Qu'elle s'amuse donc ! Qu'elle boive et rit et se goinfre de gourmandises pendant que Sarda brûlait. La lame de Lorcan lui ouvrirait un jour le ventre et alors s'en échapperait toutes les richesses que l'ambassadrice leur avait volé. Son sang laverait sur toutes les cartes la frontière impie coupant les Marches du nord en deux. Un rictus retroussa le coin de ses lèvres. Elles étaient deux, déjà, à avoir juré la mort de Zénobie de Roquesière. Encore un peu et il y aurait la queue pour trucider la charogne des Sabès.

« Nous y sommes presque », murmura Kalyan.

Combien de fois avait-elle entendu cette phrase aujourd'hui ? Chaque petit instant de soulagement avait été étouffé par la suite. Leur fuite paraissait sans fin. Il n'y avait aucun repos, aucun répit possible entre les murs de Zinia. Elle ne faisait qu'aller de cachette en cachette, comme une grive inquiète. Mais la course poursuite ne pouvait pas durer éternellement, elles finiraient par sortir du dédale de souterrains, on les rattraperait, il y aurait une conclusion plus ou moins tragique à leur entreprise imbécile.

Des cris s'élevèrent dans leur dos.

La même panique alluma une alarme commune dans leur regard à toutes. Elles commencèrent à courir. Pendant un instant, l'ivresse terrifiée de leur cavalcade étouffa toute autre sensation en Lorcan. Elle n'était plus qu'évasion, retraite, fugue affolée. Il n'y avait plus de force dans tout son corps que pour pousser ses jambes à s'activer toujours plus vite, à mettre le plus de distance possible entre elle et ses poursuivants. Le labyrinthe souterrain défilait autour d'elles. Seule la présence de Kalyan à leur tête leur évitait un égarement fatal. La suspicion succéda à l'affolement chez l'élue. Elle avait perdu le contrôle de cette expédition au moment où elle s'en était remise à Dylis pour leur permettre d'accéder au palais, puis les guider jusqu'à destination. Sa dague glissa de sa manche jusqu'à sa main et elle referma ses doigts autour de la garde comme une promesse. Elle ne laisserait pas un nouveau guide autoproclamé les conduire au désastre une deuxième fois. Si Kalyan les entraînait dans un piège, si les Sabès les attendaient de l'autre côté du tunnel, elle emporterait le vieil homme avec elle dans la tombe. Peu importe si Myrddin et Roland semblaient lui faire confiance. Eux seuls, ici, étaient ses alliés.

« Là ! s'exclama Kalyan après un énième embranchement identique au précédent. Si vous poursuivez jusqu'au bout, vous sortirez dans une impasse discrète et vous devriez pouvoir quitter la ville sans encombre. Dépêchez-vous ! »

Roland s'avança le premier.

« Merci, Kalyan. »

Le hochement de tête que lui adressa le vieil homme mêlait mépris et sympathie en une moue amère.

Myrddin prit la suite, se figea sur le seuil du passage, tourna vers Kalyan l'expression la plus apeurée que Lorcan lui ait vue porter.

« Sophie, souffla le mage. Pourquoi m'as-tu parlé d'elle ? Comment sais-tu… »

La fin de sa question se perdit dans un soupir de regret. La figure de leur guide s'adoucit soudain d'un sourire plus serin, destiné non pas à Myrddin, mais au souvenir qu'il faisait remonter.

« Je l'ai aidée à fuir, il y a quatre ans. Je l'ai guidée à travers ce même dédale. Je lui ai donné des vivres, du cuivre et du jade, une carte. Et je l'ai laissée partir, droit vers l'Est. Je l'ai fait parce qu'Hadi m'a demandé de veiller sur elle, après le départ de sa maîtresse-cavalière pour le front. Et je l'ai fait parce qu'elle portait à sa hanche Lunde et Baldré. »

Lorcan faillit s'étouffer.

« Quoi, chuchota-t-elle furieusement aux deux hommes plongés dans leurs passés. L'épée et le baudrier des reines existent vraiment ? Et c'est la petite copine de Brigandine qui s'est enfuie avec ? »

Ils tournèrent des visages coupables et surpris vers elle.

« Au moins ce n'est pas Zénobie qui les a, tenta Myrddin.

– Je suis désolé, ajouta Kalyan. Je voudrais avoir le temps de tout vous expliquer, dame élue, mais le temps presse, vous devez y aller. »

Elle lui colla sa dague sous le menton avant qu'il ait fini de lui indiquer une énième fois la sortie.

« Non. »

Elle écrasa une larme de rage sur sa joue.

« Je veux des réponses et je les veux maintenant. Je faisais confiance à Dylis et elle nous a trahis. Je ne t'ai jamais vu et pourtant tu voudrais que je t'obéisse aveuglément ?

– Techniquement… » commença Myrddin.

Le regard qu'elle lui lança suffit à le faire taire.

Roland patientait derrière un tas d'immondices, recroquevillé sous son manteau, la capuche rabattue sur la tête, les mains tremblantes. Myrddin et Lorcan se faufilèrent jusqu'à lui et un soulagement visible relâcha la tension à travers son corps.

« Enfin ! siffla-t-il, j'ai cru qu'ils vous avaient rattrapé en bas.

– Et pourtant tu n'es pas venu nous aider », lui rétorqua Lorcan sans aménité.

Les révélations de Kalyan, son sacrifice, la peur, tout formait un maelstrom nauséeux au creux du ventre de l'élue.

« Je ne vois pas à quoi j'aurai pu servir, répondit Roland sur le même ton. Je suis inutile au combat.

– Sans rire. »

Myrddin mit fin à leur querelle en s'interposant physiquement entre elles.

« Stop. Nous n'avons pas le temps de bâiller aux étoiles, la découverte de Kalyan ne va pas les retenir longtemps et lorsqu'ils auront fermé la ville on sera fait comme des faisans. »

Roland accusa le coup, ouvrit de grands yeux.

« Kalyan ?

– Resté derrière pour nous permettre de fuir, répondit le mage en s'avançant dans la ruelle. Maintenant on y va. »

Elles le suivirent sans contester.

La nervosité agitant les palais se transmettait rapidement au reste de la ville. La foule amassée pour la Célébration avait perdu de son enthousiasme et à chaque patrouille de lachnidés qui sortait des entrailles des tours, sa fébrilité augmentait. Avant qu'elles ne se mêlent aux festives inquiètes, Myrddin leur effleura à toute la paume après une passe complexe des mains, souffla une illusion autour de leurs trois silhouettes. Du regard, Lorcan l'interrogea. En avait-il l'énergie ? Pourrait-il tenir ? Elles ne pourraient rien faire, cette fois, si le mage perdait connaissance. Celui-ci haussa les épaules et poursuivit son chemin entre les passantes. Derrière eux, les soldats sabès commençaient une fouille arbitraire, poussant des groupes sur le côté, arrachant capuches, écharpes et chapeaux. Lorcan ne s'attarda pas. Leur file de trois, triste chapelet égrené de ses perles, se faufila entre les habitantes de Sarda, les colons sabès, les marchandes, les mendiantes. Lorsque les lachnidés les croisèrent, les soldats n'hésitèrent même pas.

Elles sortirent par la même porte par laquelle elles étaient entrées.

« Les montures ne sont plus très loin », annonça Myrddin tandis que la forêt refermait ses frondaisons au-dessus de leurs têtes.

Roland jeta un regard alarmé à la ronde.

« Chut, souffla-t-il, on ne sait pas s'ils ne nous cherchent pas déjà ici... »

Les ombres du bois strièrent le visage de Myrddin de griffures menaçantes.

« Comment ? rétorqua le mage en haussant les épaules, ils vont d'abord fouiller toute la ville.»

Lorcan ne se donna pas la peine de répondre. Un doute tenace lui travaillait le ventre, depuis qu'elles avaient passé les murailles de Zinia. Malgré tous ses coups et contrecoups, leur fuite n'avait été que trop facile. Même avec le sacrifice de Kalyan, s'il en était bien un, même en faussant compagnie à Dylis, la traîtresse, la menteuse, même avec le soutien de la Dame et des bois, même avec toute la chance du monde, elles n'auraient jamais dû s'éclipser avec tant d'aisance. Lorcan serra les dents. Une main retourna à la garde de son épée. De l'autre, elle s'assura la présence de son couteau, à sa ceinture. Les portes n'avaient pas été fermées. Elles s'étaient glissées hors de Zinia sans qu'on les inquiète, sans qu'on les voie. Grâce à l'illusion du mage, certainement, mais la méfiance ne lâchait plus Lorcan. Elles n'en avaient pas fini, leur fuite était encore en cours.

Les trois vorombes les attendaient placidement exactement là où elles les avaient laissés. Les rênes de l'un s'entortillaient autour d'un buisson, un autre avait fait tomber ses fontes au sol, mais les montures ne semblaient pas inquiètes. L'élue y trouva du soulagement. Elles se mirent en selle.

« Peut-être devrions-nous prendre un autre chemin qu'à l'aller, non ? » Proposa Myrddin.

Lorcan ne put qu'approuver.

« Oui, répondit-elle. Faisons un détour, de toute façon, je ne suis pas pressée de me retrouver face à la colère de Berhane. »

Les deux hommes lui grimacèrent des sourires.

« Se prendre une bonne gueulante, pérora le mage, c'est s'assurer d'être vi- »

La fin de sa phrase se mua en éclaboussures de sang et de salive. Avec un hoquet douloureux, son corps s'arqua en avant, tandis que résonnait encore à leurs oreilles l'explosion de l'arquebuse.

« Myrddin ! »

Roland n'eut que le temps de crier. D'un geste brusque, Lorcan se saisit des brides de leurs montures et les entraîna au galop à sa suite. Une autre salve mortelle claqua d'un coup sec dans leurs dos. Un plomb frôla Roland. Les voix des soldats sabès s'élevèrent tout autour des fugitifs en une cacophonie inquiétante, surgissant du sous-bois, de derrière les arbres, au détour du chemin. Bientôt, il leur sembla que c'était toute l'armée des Comtés-Unis qui se lançait à leurs trousses.

« Roland ! »

Le vent de leur course et le martèlement des ergots couvraient en partie les appels de Lorcan.

« Roland, il faut nous séparer ! »

L'angoisse déformait le visage du prince. Ses phalanges étaient blanches autour des rênes, ses yeux écarquillés de peur. Pour qui craignait-il tant ? Sa propre vie ? Lorcan, dont il prétendait tenir à la survie ? Myrddin ? Le mage pendouillait mollement sur sa monture, retenu en place par la selle, les étriers et une bonne dose de miracle.

« Je vais les entraîner à ma suite, reprit-elle.

– Pardon ?

– Tu vas prendre le mage en selle avec toi, poursuivit-elle sans se formaliser de sa surprise, et vous fuirez par le sud. Moi, j'emmène la deuxième monture et je pars vers l'Est. »

Leurs regards s'accrochèrent par-dessus le corps affaissé de Myrddin. Le prince et la tisserande. Leurs anciens rangs sonnaient presque comme le titre d'un conte. Il ne restait de leurs charges passées, si éloignées l'une de l'autre, ni ornement ni décorum, seulement une détermination commune.

« Tu es leur élue, rétorqua enfin Roland. Tu es leur choix de dirigeante. Ouvertement, tous ensembles, lorsqu'elles ont pu donner leur avis, tu as remporté leurs voix. Tu dois vivre. Par respect pour leur vote.

– Tu me fais chier Roland », répondit Lorcan.

Il la regarda avec plus de stupeur encore que lorsque le plomb avait atteint Myrddin.

« Je n'ai pas l'intention de mourir, rassure-toi. Je compte bien vivre encore longtemps, avec ma Nisha à mes côtés et en tant qu'élue de la république de Sarda. Prends le mage. Va. »

Elle comprit, tandis que les mots quittaient sa bouche, qu'elle cherchait autant à convaincre Roland qu'elle-même. Cette mission suicide n'avait été qu'une fuite en avant, une course contre ses responsabilités. Envers ses sentiments et envers celles qui l'avaient élue. Assassiner Zénobie ne changerait rien. Les comtes nommeraient simplement une nouvelle ambassadrice. L'occupation sabès ne prendrait pas fin avec la mort d'une seule individue. Lorcan elle-même ne l'avait-elle pas dit à Berhane ? Seule comptait la responsabilité collective.

En dépit de la cacophonie inquiétante des soldats sabès se rapprochant, elle tira sur les rênes de sa monture. Un frisson visible parcourut Roland lorsqu'il l'imita. Elle porta son dernier coup.

« Personne ne décide à ma place, Roland. Et surtout pas l'ancien prince d'un royaume moribond. »

Elle savait avoir avancé là un argument qu'il ne pouvait contrer sans trahir ses serments du début de la guerre. Il leur avait promis, à grand renfort de longues phrases et de grands gestes, qu'il ne déciderait plus de l'avenir de personne, pas sans leur consentement. Il hésita encore un instant. Lorcan lui attrapa le bras.

« Dépêche. »

Son regard ne souffrait aucune discussion. Un rictus amusé déformait sa bouche. Roland acquiesça.

Ensemble, elles hissèrent le mage en selle. Le sang s'échappant de sa blessure imprégna immédiatement le manteau et les chausses de Roland. Il enroula ses bras autour du corps inanimé de Myrddin, assura leur équilibre. Lorcan s'empara des rênes abandonnées de la troisième monture.

« Nous nous reverrons bientôt, Roland de Zinia. Si la Dame le veut, le soleil brillera sur Sarda ce jour-là et la forêt bruissera de vie. »

Puis, avec un dernier regard impérieux, elle talonna son vorombe et disparut dans la nuit.

Lettre de Trinh de Zinia,

négociatrice de la résistance de Sarda, représentante en exil du gouvernement élu auprès des cités-libres des Plaines.

Bibliothèque de la Première Sarda Républicaine.

Dame B,

Peut-on imaginer Sangrisca quand on n'a connu que Sarda ? Peut-on se figurer l'ampleur, l'âge, la beauté d'une telle cité, quand la plus grande de nos villes n'en serait même pas un quartier ? Peut-on dépeindre un tel lieu, sans commune mesure, sans ressemblance aucune avec les bourgs et les villages de notre pays ? Je ne saurais pas te décrire la première des villes-libres. On trouvera sûrement risible que je m'y essaie. Mais tout de même, je ferais une bien piètre correspondante si je ne tentais pas l'exercice, non ? Je ne garantis pas d'y arriver. Te voilà prévenue.

Nous sommes arrivées à Sangrisca (ou est-ce en Sangrisca ? Je ne suis pas sûre de l'usage) il y a à peine une semaine et le dépaysement est pour nous total. Nous parcourons les rues, la tête rejetée en arrière. Il n'y a pas un bâtiment, une habitation, un caniveau qui ne nous semble formidable ; pas une ruelle, une échoppe, un jardin qui n'excite notre imagination. Nous sommes logées au cœur même de la municipalité de Sangrisca, dans la Mairie elle-même, là où se réunit le conseil de la cité et où habite la Maire (oui, ici, on dit maire et non mairesse, je t'avoue ne pas être certaine de m'y faire). Nous avons déjà partagé sa table plusieurs fois depuis notre arrivée, mais cela ne semble pas extraordinaire, puisque toutes sortes de personnes se pressent dans les couloirs de la Mairie. Tout est ouvert ici. Rien n'empêche les citoyennes d'aller et venir au sein même des bâtiments, comme s'il s'agissait d'un parc public.

Quand tout sera fini, chez nous (ce qui veut dire que nous aurons gagné), tu devrais tenter le voyage. Qu'est-ce que quelques semaines de chevauchées à travers la savane pour un dragon et sa cavalière ? Desta et toi en viendrez à bout sans effort et alors, tu pourras voir par toi-même ce

qui fait la réputation des cités-libres des Plaines. Bien sûr, il y a plus que Sangrisca à l'Est, plus que les Plaines même, tout un monde encore à découvrir. Mais pour commencer et si je dois te convaincre par mon expérience, commence par le Nœud de la steppe, ses mirages sont inoubliables.

J'ai peu de chance de recevoir une réponse et nous savons toutes deux que tu ne devrais pas t'y risquer, mais je te demanderai quand même, pour la forme, sans rien attendre en retour : comment vont les choses de votre côté ? Est-ce que tu tiens le coup ?

Que la Dame te garde et la forêt vous protège,

T.

Le 17 Arrapan 1043 du calendrier de Sarda ; fin de kharif an 7 du mandat municipal d'Olivia Flane.

ÉCLAT D'ABHEL

Tout début du printemps, an 3557 de l'Archipel

Le vent souffle sans relâche autour d'elle, soulève sa cape et ses cheveux blancs, fait battre contre sa jambe l'épée à son côté. Malgré son col de fourrure et son épaisse capuche, le froid s'infiltre sous ses vêtements et vient poser de brûlants baisers glacés sur ses joues, son nez, son cou. Elle peine dans son ascension. Les assauts de la tempête l'aveuglent et la malmènent, la pente n'en finit pas de grimper. Abhel sait ce qui l'attend, bien qu'elle refuse encore de l'admettre. Le vent va continuer à forcir, la tempête se fera toujours plus menaçante. Elle sera contrainte à faire demi-tour. Il n'y a aucun moyen de traverser ce blizzard, car c'est le Marapi lui-même qui lui barre l'accès à son sommet. Abhel s'acharne pourtant encore un peu. Elle poursuit son avancée, l'haleine glacée d'altitude, dérape dans la neige, se redresse, continue. Comme toutes les autres fois, elle oppose obstination et détermination à la volonté de la montagne. Comme toutes les autres fois, cela ne mène nulle part. La colère se mêle au cri qui franchit ses lèvres quand, finalement, elle fait demi-tour. Donnant des coups de pied dans les congères, serrant les poings à s'en planter les ongles dans la paume, Abhel redescend vers le col, un nœud de rage et de honte en travers de la gorge. Six fois elle a tenté l'ascension. Six fois elle a dû abandonner face à la résolution de la montagne.

Shamir et Shinsuke l'attendent à l'entrée du col. Aucun des deux Gardiens ne fait de remarques lorsque Abhel déboule, fumante de rage, du petit chemin qui mène au sommet de la montagne, mais elle n'ose

pourtant pas les regarder. Après la répétition de son échec, elle ne supporterait pas de voir pitié ou déception dans leurs yeux. Leurs trois chèvres de monte patientent paisiblement quelques mètres plus bas, les rênes simplement laissées en travers de l'encolure, fouillant la pierraille à la recherche de quelque herbe résistante. Abhel se met en selle et entame, sans vérifier si Shamir et Shinsuke la suivent, la suite de la redescente, la suite de sa déconvenue. Une fois de plus. Après six tentatives, elle connaît bien le chemin du retour et sa monture aussi, alors elle laisse Saté la guider et s'abandonne à sa frustration. La montagne refuse encore et toujours de la laisser passer. Elle a beau tempêter autant qu'elle peut, rager, rugir, s'acharner sans relâche, le Marapi ne se laisse pas gravir. Toute la colère, toute la détermination d'Abhel ne peuvent rien contre la volonté d'une montagne millénaire. Pourtant, par le passé, elle a toujours su triompher des épreuves qui se dressaient devant elle, aucune n'a résisté à son ire. Elle effleure de la main le pommeau de l'épée, à sa hanche. Même les plus anciennes des puissances qu'elle a affrontées ont fini par rendre les armes. Alors pourquoi celle-ci se refuse-t-elle à elle ? Pourquoi s'obstine-t-elle à l'humilier ? Pourquoi… Un brusque sursaut de Saté la ramène au moment présent. Le sommet dénudé de la montagne a laissé place à une dense forêt humide, où sa monture progresse le long du lit asséché d'un torrent saisonnier. L'odeur prégnante de l'humus la saisit aux narines. La végétation abondante se presse sur les bords du chemin et une brume opaque serpente entre les arbres, masquant totalement les profondeurs de la forêt à la vue d'Abhel. Les fougères arborescentes allongent leurs frondes immenses au-dessus du passage étroit ; les ficus, les galanga, l'ylang-ylang, les procris étendent leurs fleurs et leurs feuilles à l'ombre des troncs. Toutes ses plantes sont nouvelles à ses yeux, bien qu'elle vive depuis un an déjà au pied de la montagne qui les abrite. Un ancien réflexe d'herboriste lui revient et douche en partie ses ruminations. Elle voudrait s'arrêter et observer, prendre des échantillons pour les conserver dans l'herbier qu'elle a commencé. Mais cela voudrait dire laisser Shamir et Shinsuke la rattraper et elle ne se sent pas encore capable de leur parler.

Saté avance d'un bon pas, saute de rocher en rocher sans fatiguer, et très vite il fait trop chaud pour continuer à porter son manteau de fourrure ou même sa veste de lin. Abhel lâche les rênes en toute confiance, se déshabille jusqu'à ne plus porter que sa chemise. Le balancier confortable de sa monture, le soleil qui se fraie un chemin à travers la canopée, la beauté sauvage de la forêt où seule la présence de Shamir et Shinsuke garantit sa sécurité achèvent de réduire sa colère à de simples braises, pour l'instant apaisées. Elle s'étire longuement, étend ses bras potelés au-dessus de sa tête comme pour saisir une feuille de ramboutan et prend une grande inspiration. Puis, d'une relâche du genou, elle fait ralentir Saté jusqu'à retrouver ses deux Gardiens.

« Je suis désolée de ne pas y être arrivée. »

Shamir, petit, le cheveu noir et ras, la bouche pulpeuse et le nez fin, lui sourit.

« Tu n'as pas à t'excuser. Nous entreprendrons l'ascension du Marapi autant de fois qu'il le faudra. Tant que tu le souhaites.

– Je le souhaite ! s'exclame Abhel. C'est la montagne qui ne veut pas de moi ! »

Shamir secoue la tête.

« Si tu n'arrives pas en haut, ce n'est pas le Marapi qui se refuse à toi, c'est toi…

– Qui n'est pas prête, oui je sais. Tu me l'as déjà dit. »

Il lui faut de nouveau apaiser la colère qui enfle en son sein, se concentrer sur le chemin qui s'adoucit et s'aplanit, comme elles quittent les flancs de la montagne. Shinsuke, grand, les cheveux noirs en chignon, le nez large et la bouche d'un trait droit, pose une immense main sur son épaule. Le calme revient.

« Nous ne doutons pas que tu sois prête un jour, *Abhel-san*. Toi seule peux t'aider à atteindre le sommet du Marapi, mais jusqu'au col des Passages et à travers la forêt, nous serons là. C'est notre rôle de Gardiens.

– La seule qui doute ici, ajoute Shamir, c'est toi. »

Abhel fronce les sourcils, enroule les poils rêches de la crinière de Saté autour de ses doigts, mais s'abstient de répondre. Elle a découvert très vite qu'il ne sert à rien d'argumenter sur le sujet avec ses Gardiens. Leurs convictions sont profondes, leurs certitudes ancrées dans des expériences plurielles et des vies toutes aussi innombrables. Leur chemin, commun à toutes les trois, leur apparaît clair comme une route pavée alors qu'aux yeux d'Abhel c'est à peine s'il se dessine une sente à travers le sous-bois. Et bien qu'elle soit celle responsable de leur parcours, il est bon de s'appuyer sur leur immuable confiance. Elle a connu, il y a longtemps maintenant, des amitiés semblables, mais leur souvenir est plus douloureux qu'apaisant, alors elle préfère tourner ses pensées vers le présent et la forêt qui l'entoure.

Les fougères se font plus petites à l'approche de la vallée, le soleil glisse plus facilement ses rayons à travers le feuillage des palmiers, des bananiers et des pins. Les népenthes et les orchidées prolifèrent contre les troncs. Un arum géant annonce leur retour sur le chemin des pèlerins. À partir de là, la route est entretenue et la forêt se mêle aux vergers, aux rizières, aux potagers. Elles croisent un groupe de jeunes enfants et leurs karbaus en route pour les champs, une marchande et sa fille guidant par la bride leur vorombe chargé de légumes. La vue des buffles d'eau saisie Abhel comme la première fois qu'elle les a aperçus depuis sa chambre du monastère. Avant d'arriver dans les îles, elle n'avait jamais vraiment vu de mammifères, comme les appellent les Gardiens, seulement les chèvres à laine de Sarda. Il existe donc plus que des oiseaux, à travers le monde. Saté accélère soudain le pas, la forçant à se ressaisir, des rênes comme du chemin devant eux. Sa monture a senti bien avant elle l'approche du Warung. Le petit restaurant pointe le bout de son toit entre quatre grands palaquiums et présente au regard des passants une large sélection de plats abrités des mouches derrière une fine étoffe de coton. Abhel salive avant même de poser les yeux sur les beignets de patate, les aubergines frittes dans la sauce tomate, les viandes marinées dans les épices. Elles sont parties à l'aube, ce matin, sans déjeuner. Même un bol de riz blanc lui suffirait. Un coup d'œil vers Shamir et Shinsuke lui fait comprendre qu'elles ne s'arrêteront pas. Abhel se contente donc du parfum poivré avant qu'elles ne bifurquent sous une haie d'almaciga et que le monastère surgisse devant eux.

Les rizières aux pieds de ses murs ouvrent une trouée vert tendre au milieu de la forêt, les toits cornus de ses tours tracent dans le ciel nuageux la silhouette d'un front de karbau. Lors de leur passage sur le pont de bambous, par-dessus les pousses de riz fraîchement repiquées dans le miroir aqueux, un couple de canard s'égaille en caquetant. Les dernières bribes de frustration quittent Abhel dès qu'elle passe la porte cochère. La cour du monastère bruisse d'une activité discrète. L'heure du déjeuner approche, la majorité de ses occupantes sont aux cuisines, ou déjà installées sur la terrasse couverte où l'on prend les repas. Une poignée de retardataires, volontaires ou distraites, s'affairent prêt de l'étable, finissent de charger une charrette de légumes, donnent un coup de balai. Les trois cavalières mettent pied à terre. La faim tenaille Abhel d'autant plus depuis qu'elles ont passé le Warung, mais l'idée de couper aux soins dus à Saté ne l'effleure même pas. Elle lui est trop fidèle, Abhel lui fait trop confiance pour qu'elle puisse même imaginer se soustraire à cette obligation. S'en est presque devenu rituel, à force. Elle gravit la montagne dans la matinée, échoue à atteindre son sommet, redescend à temps pour le déjeuner et laisse son échec derrière elle en étrillant le poil ras et rugueux de Saté. Une fois les trois montures convenablement soignées et leurs mangeoires adéquatement garnies de foin, elles rejoignent le reste de la communauté.

Le réfectoire ouvert du monastère s'étend au-dessus de la rizière et s'ouvre sur les vallons en terrasse qui s'étalent ainsi, du moins le suppose Abhel, jusqu'à la mer. Des résurgences de forêt viennent irrégulièrement bouleverser la symétrie des champs de riz, mais le regard porte loin, surtout par jour de grand vent. Aujourd'hui, les nuages embrassent la cime des montagnes, l'air est lourd d'humidité, il va pleuvoir dans l'après-midi. Abhel se lave longtemps les mains avant de prendre place autour de la longue table basse où sont déjà disposés certains plats. Trois grands paniers de riz blanc attendent patiemment l'arrivée des viandes en sauce, des beignets de légumes, des brochettes de poulet et des ragoûts pimentés. Shamir et Shinsuke prennent place de chaque côté de leur charge, mus autant par un ancien réflexe protecteur que par la simple solidarité. Ils savent combien Abhel redoute le regard des autres, au retour d'une tentative ratée, et leur simple présence tranquille décourage les plus bavardes des habitantes du monastère. Autour d'elles, les conversations vont bon train. À l'ombre de la terrasse, au milieu du jour, parmi les fragrances d'épices et de cuisine, la communauté entière prend un moment pour se retrouver. Du matin au soir, chacune est à sa tâche, à sa réflexion, à son apprentissage, souvent en sa seule compagnie, alors le déjeuner devient le moment d'union, de retrouvailles quotidiennes. Aujourd'hui, pourtant, Abhel aimerait s'en passer. Elle voudrait ne pas avoir à se mêler aux autres, être déjà seule dans sa chambre à l'étage. Cette abondance de plats odorants et savoureux, de boissons sucrées, cette camaraderie sincère et enjouée, tout cela ressemble tant à sa vie d'avant que s'en devient douloureux. Elle n'a jamais regretté sa décision de partir, de fuir une guerre qui lui prenait tout ce qu'elle avait aimé. Ses souvenirs sont doux et amers, Sarda à la fois un manque et un tourment.

Et puis il y a tous ces poids qui patientent dans sa chambre. L'épée et le baudrier, remisés sous le lit. Une lettre, aussi, sur son bureau. Ce n'est qu'une page de papier vierge, sans rature, sans en-tête. Elle attend Abhel. Elle attend qu'elle s'attache à la rédiger, qu'elle y pose des mots, les bons comme les mauvais, qu'elle s'assoit à la table sur laquelle elle repose et qu'enfin elle se mette à écrire. Elle attend depuis quatre ans. Souvent, Abhel joue avec l'idée de cette rédaction. Elle prévoit des phrases qui feraient une belle conclusion avant même d'avoir trouvé l'ouverture. Elle imagine des milieux, puis des débuts, parfois des fins. Une nuit, à l'orée du sommeil, elle a composé la lettre parfaite, celle qui disait tout en juste assez de mots, celle qui ne trahissait pas sa pensée, celle qui était belle et vraie. Le lendemain matin, elle ne se souvenait de rien.

Tout autour d'elle, on a commencé à manger. Shamir et Shinsuke partagent leurs assiettes, s'offrent leurs morceaux préférés. Ils ont glissé une portion de riz et de randang devant Abhel, sans chercher à interrompre sa rêverie. Du pouce, de l'index et du majeur, elle picore la viande et sa croûte piquante. Si on l'observe, peut-être attribuera-t-on ses larmes aux piments du plat.

La pluie éclate à la toute fin du repas, tandis que chacune rince son assiette, sa fourchette et ses doigts, les plats vides emportés aux cuisines, la terrasse abandonnée jusqu'au soir. L'humidité chaude de l'après-midi pose sur les épaules de chacun comme un manteau épais, une couverture qui berce et protège. Shamir et Shinsuke trouvent refuge sous les arbres du verger, où ils ont leur banc préféré. Malgré les trombes d'eau qui se déversent du ciel, ils sont toujours plus heureux en extérieur qu'entre les murs de leur chambre. Abhel peut les comprendre. Pour que le monastère puisse accueillir tous ses habitants, il a fallu faire des concessions, les espaces privés sont donc de taille réduite et la carrure de Shinsuke ne s'y soumet qu'à regret. Bien que les deux Gardiens soient des hôtes réguliers des lieux, ils se plaisent bien plus sur les chemins où les destins de leurs charges les mènent, qu'en un point fixe et sous un toit. Si Abhel se joignait à eux, au cœur du verger, probablement lui proposeraient-ils de retrouver le couvert de la forêt.

Elle est tentée, un instant. L'atmosphère chargée de pluie et le parfum des pousses de riz lui seraient comme un baume. Retrouver l'ombre apaisante des arbres, peut-être repérer de beaux spécimens pour son herbier, voilà un programme intéressant pour l'après-midi. Une longue marche sous les pins et les magnolias leur ouvrirait aussi l'appétit avant le repas du soir. Peut-être, cette fois-ci, Abhel pourrait-elle convaincre Shamir et Shinsuke de s'arrêter au Warung. Là seulement vend-on des beignets de patate comme les faisaient les cuisines de sa citadelle.

Mais regagner la forêt signifie aussi approcher du Marapi. Même à l'abri des murs du monastère, Abhel peut sentir le regard du volcan assoupi, la scruter, la fixer, la mettre à nu. Si elles sont venues ici, il y a dix mois, dans cet Archipel lointain, c'est bien pour qu'elle puisse accéder au sommet de la montagne et qu'elle lui révèle… Quelque chose. Une piste, un indice, un conseil. La chose lui semble indispensable et ridicule.

Afin de fuir convenablement la lettre qui hante sa chambre et la présence du Marapi, elle descend aux étables, va se cacher aux côtés de Saté, trouve à s'occuper auprès de la chèvre. Lorsque le soir vient, que la fourrure de sa monture est entièrement démêlée, ses cornes parfaitement lustrées, ses sabots soigneusement nettoyés, l'après-midi lui a échappé dans son entièreté. La nuit suivra vite.

Dans son rêve, la cour de Nordeau est si bondée, si envahie de monde, qu'il lui faut un instant pour remarquer qu'elle est aussi totalement muette. Cavalières, écuyères, novices et aînées vont et viennent dans le plus grand silence. Aucune d'entre elles ne la voit, d'ailleurs. La citadelle s'affaire et s'occupe sans lui accorder la moindre attention.

Dans son rêve, cela l'atteint bien moins qu'elle ne l'aurait cru.

Elle traverse la cour, emprunte les escaliers des terrasses, ne regarde même pas les quartiers des novices. Elle grimpe tout droit, jusqu'au pied de la falaise qu'elle a gravie autrefois, jusqu'à la petite bicoque appuyée contre la roche, jusqu'au potager de simples où elle a combattu pour la première fois. Dans son rêve, l'Herboriste est là. Même corps voûté par la vieillesse, mêmes yeux bridés plissés de rides, même indénouable chignon d'épais cheveux plus gris que noirs. L'Herboriste est penchée en avant, pliée en deux au-dessus de ses rangs d'oignons, de mélisse, de gingembre. Le nez dans les plantes, il lui faut un instant pour s'apercevoir de la présence de la rêveuse.

Que ressent-elle alors, dans son rêve, devant cette figure surgit du passé ? Que fait-elle de l'écheveau de sentiments contraires qui s'emmêle en son sein ? Sur quel fil tire-t-elle en premier, pour faire sens de ce que cette rencontre fait remonter ?

Dans son rêve, l'Herboriste la reconnaît, se redresse, souffle l'un de ses noms du bout des lèvres.

Le regret, gris cendre, le premier, s'arrache au nœud d'émotions emberlificoté au creux du ventre de la rêveuse. Puis la colère, écarlate, fuse sur le même chemin. La honte, de jaune et de rouge pâles, se faufile à leur suite, talonnée par un amour zinzolin, une rancune pourpre et un respect d'un vert de jeune pousse. La pelote se dévide à toute vitesse, tout comme le décor de son rêve se parfile, se défait, se dénoue. Bientôt, il ne reste pas même de quoi retenir son soi de songe et elle tombe à travers l'étoffe de son sommeil.

Dans son rêve, la forêt des pins bleus est invariablement la même.

Les troncs sombres et symétriques s'alignent les uns après les autres, en des rangées régulières. La mousse qui couvre leurs racines, les mauves qui fleurissent dans leur ombre, le scintillement de sources claires de loin en loin, tout cela est tellement semblable à tous ces rêves qu'elle a déjà faits qu'une partie d'elle-même en est un peu déçue. Ses rêves se ressemblent et se répètent bien souvent. Lorsque Olivia émerge d'entre les arbres, en revanche, elle se surprend à sursauter.

« Tiens, lui lance la chercheuse, je ne t'avais pas vu depuis longtemps. Tu t'es bien éloignée de la Forêt des Lymphes. Comment vas-tu ? »

Elle hausse les épaules, prend une moue désabusée.

« Ça va. »

Olivia lui lance un regard de sourcils levés.

« Je suppose que ça va, précise-t-elle. J'ai presque fait mon deuil de Pèn, même si elle me manque parfois comme un morceau de moi. J'aimerais revoir Sarda. J'aimerais savoir ce qui se passe chez moi. Mais bon, je suis nourrie, je suis logée, je suis bien entourée, je ne vais pas me plaindre.

– Pourquoi vouloir t'acharner à grimper cette montagne, alors ? »

Elle fait une grimace à Olivia.

« Tu m'avais dit que tu ne lirais plus dans ma tête.

– Désolée. »

La chercheuse contemple la forêt.

« C'est presque un réflexe quand je suis dans ces bois. »

Son attention retourne sur la rêveuse, elle l'enserre de son regard.

« Il ne faut pas sans arrêt confier ton destin à de vieilles puissances. La terre, l'eau et les volcans sont anciens, elles ont parfois du mal à comprendre le présent. »

En d'autres temps, elle se serait rangée à l'avis d'Olivia. Elle aurait hoché la tête d'un air pénétré, se serait convaincue du bon sens des paroles de la Maire. Elle aurait choisi de trouver l'opinion d'une autre plus avisée que la sienne. Plus maintenant.

« Ce n'est pas le jugement du Marapi que je cherche, mais ses conseils ; je ne veux pas me plier à sa décision, mais bénéficier de sa vision. »

Elle sourit malicieusement.

« Et puis, si on chipote, est-ce que tu n'es pas une sorte de vieille puissance toi aussi ? »

Le rire d'Olivia se répercute autour d'elles, brise la quiétude de la Forêt.

« Oui, on peut dire ça, en effet. »

Dans son rêve, une grande satisfaction l'envahit. Elle se sent maîtresse de ses émotions, c'est à la fois explosif et tranquille, nouveau et évident. Oubliée la lettre sur son bureau, oubliés ses doutes et les histoires de destin. Le Marapi peut attendre une nuit. La suite de son voyage, qui ne fait qu'une escale au monastère, ne cherche pas à prendre racine, peut attendre le temps d'un rêve. La Forêt lui semble inappropriée soudain, comme une maladresse, une bévue, un faux pas qu'il faudrait corriger.

Dans son rêve, la Forêt se dissout. Elle s'effondre et se désagrège en volute de brume bleutée, s'évapore en fumerolles languissantes et bientôt les rizières remplacent la mousse, les bananiers supplantent les pins, un ciel plombé s'ouvre au-dessus de leurs têtes. L'Archipel est un décor bien plus approprié aux discussions entre amies.

« Tu es bien loin de Sarda, note Olivia. Mais presque à la frontière de mes Plaines. »

Elle acquiesce.

« Plus je laissais derrière moi le chant des cavalières, plus je me sentais libre. Alors quand j'ai rencontré Shamir et Shinsuke, on a avancé aussi loin qu'on le pouvait et ils ont des amies de longue date, ici. J'aime bien. Mais je crois que je veux revenir en Sarda. »

Dans son rêve, sa confession n'est qu'une phrase, un mot parmi tant d'autres. Pas plus forte, pas plus importante que ce qui la précède ou la suit. Pourtant, ne marque-t-elle pas le début d'un nouveau chapitre ?

« Si c'est ce que tu veux, répond Olivia, c'est qu'il est peut-être temps de rentrer chez toi.

– C'est ce que je veux.

– Alors, passe par ma ville, avant de faire cap vers Sarda. Je serai ravie de t'y recevoir, de t'offrir un vrai repas des Plaines et de te rencontrer pour de vrai, si on peut dire. »

Elle hoche la tête vigoureusement.

« Oh, avec plaisir ! J'ai pris goût aux voyages depuis que je crapahute avec Shamir et Shinsuke, un petit détour ne nous fera pas de mal. »

Dans son rêve, un coq chante au loin, bientôt imité par chaque basse-cour de la vallée. C'est le jour qui s'invite dans l'hypnopompe. Elles n'ont plus beaucoup de temps.

« Lorsque tu me verras, ajoute Olivia rapidement, avant que la nuit ne leur échappe, je ne serai pas vraiment comme ici.

– C'est-à-dire ?

– Je serai moi, mais une autre moi. Une moi plus vieille, une moi qui a déjà beaucoup vu. Ne t'inquiète pas, je t'attends toujours avec impatience. »

Dans son rêve, Abhel voudrait lui faire faire le tour du monastère, lui montrer son verger préféré, lui faire goûter à la saveur crémeuse et épicée du randang de l'abbesse. Elle voudrait lui demander plus de détails sur sa cité, des nouvelles de Sarda et de la guerre qui y est passée. Le soleil perce le voile onirique de son sommeil, tout disparaît, l'encre se dissout dans l'eau.

Quand Abhel ouvre les yeux, l'aube finit de traverser la vallée et le jour suit le même chemin, malgré une épaisse nappe nuageuse annonçant la pluie. Un mince murmure d'activité parcourt les couloirs du monastère. Il est encore tôt pour que la majorité des invitées soient levées, en revanche les moniales sont déjà debout depuis longtemps. Shinsuke est probablement réveillé, lui aussi. Il aura contemplé l'aurore depuis la fenêtre de l'étroite cellule qu'il partage avec Shamir, impatient de reprendre la route. Abhel l'a souvent surpris ainsi, durant leurs pérégrinations à travers l'Est des Confins, assis à genou, le dos droit, le regard fixé sur l'horizon s'illuminant. Il ne réveillait jamais ses compagnes de route, mais au contraire attendait en silence qu'elles émergent à leur tour.

Shamir, lui, sera encore endormi. Le petit Gardien ne s'extirpe de son lit conjugal qu'une fois la matinée bien entamée. De quoi laisser tout le temps qu'il faut à Abhel pour mettre en route son plan. Ou du moins, l'esquisse de plan qui prend forme à l'instant, entre deux envies de se rendormir. Elle se force à quitter ses draps, revêt la tunique ocre et le sarong brun et blanc reçus lors de son arrivée au monastère, prend le havresac de cuir et de toile que les Gardiens lui ont offert au début de leur voyage.

Il n'y a pas grand monde dans les couloirs du quartier d'habitation ni dans le cloître central. Seules quelques moniales retardataires se pressent jusqu'aux cuisines. Abhel leur emboîte le pas, jusqu'à la porte donnant sur la cour et l'alcôve sacrée plongée dans la pénombre. La statue du Mage Rêveur y trône, silencieuse. Son assemblée de bougies lance des éclats de lumière fugaces sur sa peinture rouge et bleu. Des centaines de bâtonnets d'encens plantés dans la cendre de leurs prédécesseurs répandent leur parfum de santal. Sur l'autel, devant les jambes croisées de la statue, les offrandes de la veille sont emportées par une colonie de fourmis. Abhel s'incline brièvement devant le Mage, lui promet de repasser dès son retour des cuisines. Elle n'a pour toute réponse que l'habituel sourire bienveillant du visage de bois.

Les cuisines du monastère vibrent en toute heure et à chaque instant d'une activité furieuse et frénétique. On court, valse, cavale d'un bout à l'autre de la pièce. On se hèle, s'apostrophe, s'encourage. Les plats vont et viennent, débordant de sauce, parfumés d'épices, cuisinés avec amour, tel que l'enseigne la tradition du Rêve. Les pichets de boissons sucrées, les corbeilles de pains dorés, les paniers de pâtisseries suivent, eux aussi, la danse de la cuisine. Abhel se faufile au milieu de toute cette agitation. Seule une petite partie des préparatifs restera au sein du monastère et servira à nourrir ses habitantes et les possibles visiteuses que le Mage Rêveur guidera jusqu'à ses portes. L'immense majorité des confections délicieuses des moniales s'en ira bientôt en procession à travers la campagne, afin de nourrir les plus démunies, celles et ceux qui n'ont pas le temps de cuisiner ce jour-là, toute bouche, tout ventre qui en aura besoin. Ainsi en va la voie du Rêve. Se glissant derrière une immense moinesse chargée de tout aussi immenses bols de riz blanc, Abhel atteint une table où patiente le futur repas du monastère. Les beignets de piment, les assiettes de nouilles sautées et les gâteaux de riz sont sous la garde indolente de trois jeunes novices qui agitent mollement des éventails de papier pour chasser les mouches. Lorsqu'Abhel se sert, elles ne cillent même pas.

Le Mage Rêveur n'a, évidemment, pas bougé, quand elle retrouve le calme du cloître. Les bougies sont toujours là, l'encens aussi, tout au plus les fourmis ont-elles terminé de nettoyer l'autel des restes d'offrandes. Abhel y dépose une pincée de riz blanc et un beignet entier. Il n'y a pas de mal à mettre toutes les chances de son côté.

Saté l'attend sagement dans sa stalle. Quelques instants plus tard, elles sortent du monastère sans avoir aperçu ni Shamir ni Shinsuke. Le chemin s'ouvre devant elles, à l'ombre des amalcigas, puis des palmiers, des bananiers, des ficus. Elles ont déjà tellement parcouru cette route, suivi ce sentier au cœur de la jungle montagneuse, elles pourraient presque le faire les yeux fermés. Abhel se laisse bercer par le pas sûr et la cadence régulière de sa monture. Elle goûte la joie d'être sortie sans prévenir, presque sans autorisation, comme on échappe à la surveillance de ses maîtresses. Ni Shamir ni Shinsuke ne l'empêcheraient jamais d'aller et venir comme elle l'entend, mais il y a une certaine allégresse transgressive à s'être passée de même demander leur avis. Une pluie éparse joue des notes discrètes sur la canopée de la forêt, monte sa mélodie en crescendo au rythme de leur ascension. Bientôt, une averse véritable noie les arbres de son euphonie atmosphérique. Lorsqu'Abhel et Saté atteignent la clairière, presque une terrasse sauvage, à flanc de montagne, qui marque le mitan de leur voyage, la vallée entière a disparu sous le déluge. Seuls s'arrachent aux flots le Marapi et son sommet mystérieux. Abhel s'arrête à la lisière des arbres, entre deux fougères arborescentes dont les feuilles offrent un peu de protection contre la pluie. Elle engloutit en quelques bouchées le repas subtilisé au monastère. L'angoisse revient la saisir à la gorge. Au levé, ce matin, tout lui semblait si évident, si facile. Mais maintenant qu'il n'y a plus, entre elle et la cime du volcan, qu'une paire d'heures de marche, les convictions d'Abhel flanchent, menacent de s'enfuir avec les petites rigoles d'eau de pluie dévalant la pente. Saté chatouille son cou de ses naseaux. Il n'est plus temps de tergiverser, quitte à être trempé, autant finir de grimper. Les grands yeux bruns et sages de sa monture semblent lire en Abhel aussi facilement que le font Shamir et Shinsuke. Après un dernier beignet, elle se remet en selle. Elles reprennent la route.

Plus le chemin prend de l'altitude, plus s'atténue la mélodie de la pluie. Elle se fait monotone, avant de soudain s'interrompre, comme Abhel et Saté émergent du nuage. Le firmament ouvre grand sa voûte bleue au-dessus du monde, le soleil brille de mille feux lointains, le sommet du Marapi ourle son dôme endormi. Il n'y a ni tempête, ni congère, ni neige. Seulement une bosse nue, couverte de pierres, et, ensuite, le ciel.

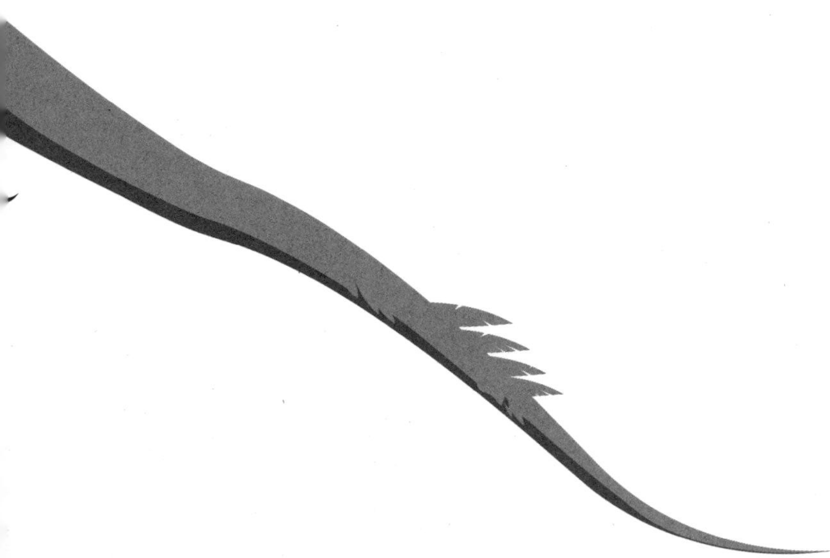

Zinia

« Ces élections sont un échec. La guerre avec Sarda est un échec. Un échec de démocratie, un échec de diplomatie, et aussi un échec politique pour nous, modérés. Il ne reste plus rien pour freiner la prise de pouvoir des conservationnistes et alors toute opposition que nous voudrons organiser ne sera que dérisoire. Nous avons détruit la vie politique de ce pays et si les Sardais seront les premiers à en payer le prix, nul doute que, nous aussi, nous souffrirons des conséquences de notre immobilisme et de nos renonciations. »

Adresse aux militants de la Ligue modérée de Castel après les élections de l'Assemblée-seigneuriale de 1722, par Akane d'Orcinas en Simbrie, seconde secrétaire de la Ligue modérée.

Dans son rêve, les rues de Castel sont vides.

Il erre d'un quartier à l'autre, vainement, traverse les deux fleuves, plusieurs fois. Il ne croise pas âme qui vive. L'île aux Saints, l'île aux Temples, l'île aux Comtes. Les jardins du héron. Il n'y a que les murs, les pierres, les fenêtres inoccupées, les rues et les places désertées. Il n'ose pas appeler, d'abord. Ce dépeuplement l'inquiète, il n'a pas l'habitude de voir la capitale aussi silencieuse, aussi abandonnée. Et puis il tente, quand même, histoire de voir s'il est vraiment le dernier habitant de la ville. Aucun son ne sort de sa bouche. Il a beau s'égosiller, crier à tue-tête, tirer de toutes ses forces sur ses cordes vocales, rien ne résonne, rien ne se réverbère autour de lui. Il est seul et piégé dans le silence. La panique referme sa poigne cruelle sur son ventre, il s'élance à travers Castel. Il faut qu'il fasse le tour complet de

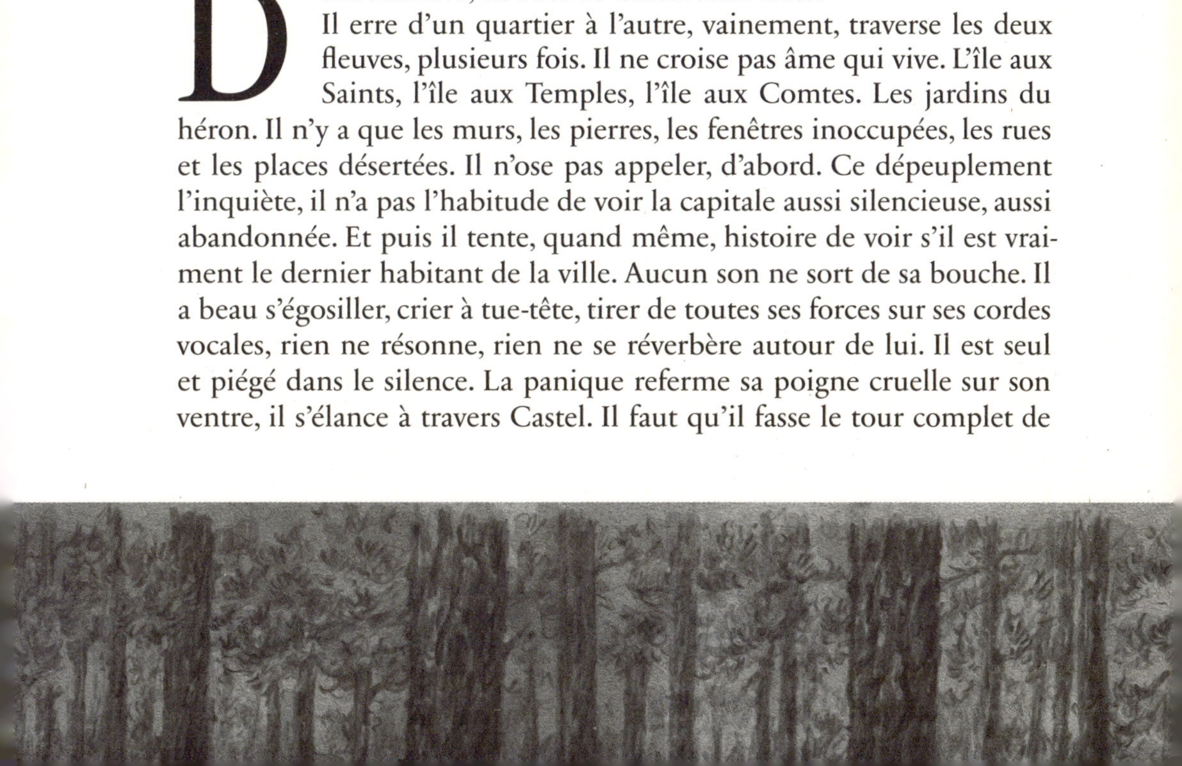

la capitale, qu'il frappe à toutes les portes, cherche dans les moindres recoins. S'il est seul, s'il est vraiment seul, le dernier, celui qu'on a laissé derrière alors…

Omiros émergea du rêve avec un hoquet douloureux et un spasme si fort dans la poitrine qu'il crut que son cœur l'avait lâché. Puis la douleur reflua, ses poumons retrouvèrent leur rythme, il reconnut sa chambre de la Caserne. Avec un soupir soulagé, il se laissa retomber sur ses oreillers.

Le souvenir de Kalyan, à genoux, enchaîné, traîné vers les geôles sous le regard ravi de Zénobie le frappa avec d'autant plus de violence. Le tourment angoissé qui l'avait poursuivi à travers la Castel de son rêve revint s'enraciner sous son sternum, étendre ses vrilles inquiétantes à travers sa poitrine. Kalyan était prisonnier des Sabès. Omiros connaissait les pratiques de Zénobie, la qualité de ses prisons. Il n'ignorait pas la pleine vérité de sa situation dramatique. D'un moment à l'autre on pouvait venir le chercher, après un aveu arraché à Kalyan par la souffrance. D'un moment à l'autre, on pouvait venir l'arrêter lui aussi. Loin de la Ligue, loin d'Eudokia, il ne bénéficiait d'aucun soutien, aucune aide extérieure, que lui-même.

« T'es dans de beaux draps mon vieux, murmura le poète à la nuit. Littéralement et figurativement. »

Ni la lune ni les étoiles ne lui répondirent. Quittant à regret le confort de son lit, il s'arracha à ses couvertures, enfila une robe de chambre, rejoignit la fenêtre. Depuis quelques jours, la nuit ne tombait plus vraiment sur Zinia. Une brume de bistre luisante recouvrait la ville et les forêts alentour, l'haleine de cendres jaunâtres de l'incendie pulsait dans le lointain. Les flammes inarrêtables de la catastrophe de Zénobie n'étaient pas près d'atteindre la capitale, surtout poussées vers l'Est par le vent venant du Ravin, mais leur présence menaçante à l'horizon hantait la ville comme un spectre de suie et de feu. Même les rideaux tirés, ces lueurs inquiétaient Omiros, il avait dû pourtant renoncer à dormir dans le noir.

La vue de la silhouette de l'incendie raviva encore l'angoisse du poète et il se détourna. Tout semblait le poursuivre. Son bureau inoccupé, sa correspondance en attente, l'incendie qui venait, la rébellion des Sardaises, Kalyan dans un cachot. Sa propre trahison. Où qu'il se tourne, où qu'il regarde, où qu'il croie se cacher, un nouveau problème, une nouvelle épreuve finissait par surgir. Il n'y avait aucune échappatoire à sa situation. Les dangers s'ancraient à lui et aucune fuite ne pourrait les décrocher. L'angoisse dans sa poitrine étira des stolons oppressants à travers ses poumons, son ventre, ses intestins, planta des épines vénéneuses dans sa gorge. Il eut un hoquet avorté. Tenta d'inspirer une goulée d'air frais, de désencombrer sa cage thoracique. Ses bronches refusèrent de se gonfler, sa trachée se comprima comme entourée par un poing, ses narines palpitèrent vainement autour d'inspirations qui n'aboutissaient pas. Omiros gémit. Seul un soupir douloureux lui échappa. Sa respiration tourna à la dyspnée. Un filet de sueur lui coula dans le dos, il se laissa glisser au sol. La chambre tournoyait autour de lui, entraînait son estomac dans une danse pénible. Il ferma les yeux. Ni la pression sur sa poitrine ni la nausée secouant ses entrailles ne relâchèrent leur emprise. Il lui sembla vaguement que le plancher accueillait sa carcasse, puis la nuit submergea ses sens.

L'aube le trouva recroquevillé au pied de son lit, transi et couvert de sueur, les doigts crispés autour de la ceinture de sa robe de chambre, frissonnant, épuisé. Il resta immobile. Le parquet, patiné par tant d'années d'usage, était tiède et doux sous sa joue. La lumière froide et claire d'une nouvelle journée brûlante dessinait des carrés symétriques sur les murs et le plafond. Omiros attendit. Peut-être finirait-on par le trouver ? Un employé du palais viendrait à passer les portes de sa chambre, ne serait-ce que pour y faire le ménage, et l'espionnage, que Zénobie commandait chaque jour. On lui porterait secours, on se demanderait ce qui lui était arrivé. Comment expliquerait-il les raisons de sa poussée d'angoisse. Une brusque décharge de panique le traversa de nouveau et il crut que la crise allait le reprendre. Il arracha deux respirations douloureuses à ses côtes endolories d'avoir passé la nuit par terre. L'anxiété reflua. Il se redressa. Rester assis là n'amènerait rien de bon. La suspicion de Zénobie lui vaudrait probablement d'être renvoyé aux Comtés-Unis, ce qui mettrait un terme à sa carrière de poète de cour. Entre la perspective de retrouver son appartement à Castel et l'impossibilité de vivre de sa plume, le choix semblait vite fait. Et puis il y avait Kalyan. À la pensée du vieil homme, il grimaça amèrement.

« Quelle galère... »

L'intonation rauque de sa voix lui tira presque un sourire. Son somme à même le plancher lui aurait au moins donné cela, une modulation de voix presque masculine. Il s'arracha au sol avec un sursaut décidé. Ruminer le nez dans la poussière ne lui apporterait rien et ne préviendrait aucun châtiment que pourrait concocter Zénobie. Il n'avait pas d'autre choix que de faire face au jour.

La petite salle de bain attenante l'accueillit, comme toujours, de son carrelage tiède et de son atmosphère ouatée semblant ne jamais se dissiper. Omiros avait souvent pesté, l'été dernier déjà, contre la chaleur humide qui envahissait sa chambre dès qu'on ouvrait la porte de la salle d'eau, anéantissant tout effort de rafraîchir la pièce principale. Après cette nuit difficile, l'étreinte moite des bains lui parut d'un réconfort immense. Il ne prit pourtant pas le temps de s'immerger totalement dans la baignoire maçonnée dans le sol, se contenta d'une rapide toilette avant d'écraser sa poitrine sous une bande de coton. Il revêtit sa tunique la plus finement brodée, sa cotte du meilleur satin, renonça à son manteau au col de plumes. La chaleur du jour venant ne lui permettrait pas plus d'élégance sabès. Il démêla tant bien que mal ses cheveux, tâcha de paraître présentable malgré son air chiffonné et enfila bottes cirées et gants de dentelles en sortant de sa chambre. Les couloirs du palais étaient à peine moins angoissants que ses quartiers. Un soupçon de fumée parfumait les corridors et les escaliers. Omiros s'efforça de ne pas y accorder trop d'importance et poursuivit son ascension à travers les étages de la Caserne.

Il trouva Zénobie là où il l'attendait, dressée sur les remparts comme une oriflamme de pourpre, d'or et de cheveux tressés.

« Ils sont tous les jours plus nombreux », commenta-t-elle à son arrivée.

Le poète prit place à côté de l'ambassadrice. Son parfum capiteux couvrait à peine l'odeur du feu, exposés comme ils l'étaient à tous les vents. Cependant, ce n'étaient pas les lueurs pâlottes de l'incendie au loin qui attirait l'attention de Zénobie de Roquesière, mais bien la file interminable de réfugiés serpentant le long de la voie aux reines, de l'horizon jusqu'aux portes de la capitale. Leurs petites silhouettes fragiles se découpaient à peine dans l'aurore de soufre et de cendre envahissant Sarda.

« Je ne sais plus où les mettre, ajouta l'ambassadrice. Et mes espions ont déjà arrêté une dizaine de rebelles potentielles.

– Tant que ça ? »

Le regard que lui jeta Zénobie ne lui parut pas suspicieux, seulement fatigué.

« Tout Sardais est potentiellement à la botte de Roland ou Berhane et ses collègues. Comme n'importe laquelle des employées de cette maisonnée peut être responsable de la tentative d'assassinat qu'ont fomenté ces trois rapaces il y a une semaine. »

Elle repoussa la voilette de dentelle dorée qui couvrait ses yeux.

« Je veux bien croire aux excuses d'Alhari, que le prince Roland connaît tout des tours-palais, que le magicien Myrddin les a couverts d'une de ses illusions, que personne n'oserait s'en prendre à moi, entre ces murs. Mais ma patience et ma crédulité ont toutes deux leurs limites. Il faut des exemples, sans quoi n'importe qui s'aventurera chez moi pour me trancher la gorge dans la nuit. »

Seul un miracle pouvait expliquer que Zénobie n'ait pas encore entendu le rythme effréné auquel battait le cœur de son poète. Son pouls résonnait si fort à ses oreilles, qu'Omiros n'était pas sûr de comprendre tout ce que lui disait l'ambassadrice. Il croisa les mains dans le dos, dissimula leur tremblement dans les plis de ses manches.

« À quoi pensez-vous ? »

Les Saints, la Dame et le Mage Rêveur des archipels du sud veillaient tous à la survie du poète aujourd'hui : sa voix ne trembla pas. Zénobie renifla, rajusta un pli de sa robe, tira sur la couture de ses gants.

« Une exécution publique, je pense. »

Une goutte de sueur coula derrière l'oreille d'Omiros.

« L'époux de Hadi ? »

Il buta à peine sur les syllabes du nom. Zénobie fit non de la tête.

« Pas encore. Je me le garde sous le coude pour plus tard, une action plus grandiloquente, une mise en scène plus soignée. Quelque chose pour ouvrir les festivités lors de mon adoubement de comtesse. Histoire que mes compatriotes de l'Assemblée n'oublient pas qui possède le pouvoir ici. Qui règne sur Sarda. »

Elle fouilla dans la manche de son manteau de tulle et lui tendit la missive qu'elle en extirpa.

« Voyez par vous-même. »

La lettre était longue et fastidieuse, tournant autour du pot, mêlant courtoisie et reproches, menaçante et cajolante à la fois, comme savait si bien le faire la noblesse sabès. Mais le message final se comprenait sans difficulté : Zénobie devait mettre un terme aux agissements de la prétendue résistante, arrêter ses têtes pensantes pour les livrer à la justice des comtes, et éteindre l'incendie de la Ferté-Pluvieuse. Rien de bien nouveau, donc. Pour la première fois, cependant, le pouvoir de l'ambassadrice se voyait mis en cause. La perte du soutien indéfectible de ses collègues devait l'affecter bien plus que l'arrivée massive des réfugiés ou la menace des flammes approchant. Zénobie de Roquesière n'aimait pas se battre pour un destin qu'elle considérait comme sien. Omiros ne savait pas tout des machinations que sa patronne avait déployées pour atteindre les corridors du pouvoir, assurer l'importance de sa branche de famille, devenir l'unique dépositaire de l'autorité des Comtés-Unis. Quels coups retors avait-elle pratiqués dans sa navigation des eaux de l'Assemblée, combien d'assassinats, de campagnes de discrédit, de trahisons facilement digérées ? En leurs deux ans de collaboration, elle ne s'était jamais étendue sur ses pratiques en sous-main. Il n'avait jamais demandé non plus. Une pointe de fidélité à la Ligue modérée s'amusa de la détresse de Zénobie.

« Je suis entourée de traîtres, Omiros. Tous cherchent à me nuire. Tous sont ligués contre moi. Si je ne veux pas perdre, il faut que je frappe juste, que je frappe fort. Quelqu'un a prévenu Kalyan de Zinia que ces terroristes étaient pris au piège.

– Mais Dylis, elle…

– Dylis est la seule que je crois, la seule qui conserve ma confiance, le coupa Zénobie. Elle n'a toujours été qu'honnête avec moi et si Kalyan n'était pas intervenu, elle m'aurait garanti la capture de trois cibles de choix. Nous aurions conclu les festivités de la semaine dernière sur une belle note. »

Omiros déglutit difficilement.

« Une exécution ? »

L'ambassadrice rit de bon cœur, un peu de tension quitta son visage pincé.

« Grands Saints, non ! Un procès, d'abord. Il faut faire les choses dans l'ordre avec ces gens-là. On devient martyr trop vite, de nos jours. »

Elle se redressa, rajusta le tombé de son manteau, lui reprit la lettre des comtes. Comme chaque jour, elle n'avait pas lésiné sur le faste et l'éclat. Ses colliers, ses bagues, ses boucles d'oreille reflétaient les lumières du petit jour ; la traîne de sa cotte formait une flaque de soie scintillante autour de ses pieds. Ses tresses et leurs multitudes de barrettes et de bijoux couronnaient sa tête de leur coiffure travaillée. Elle avait des airs de reine, comme ça, bien plus que Kalyan et ses vêtements fatigués, ou les trois rebelles qu'Omiros avait entraperçu, avec leurs mines épuisées, leurs relents de voyage. Le poète n'eut pas le temps de pondérer sur le sentiment que cette conclusion faisait naître chez lui, l'ambassadrice l'entraîna à sa suite le long du rempart, puis dans les escaliers.

« Mes soldats ont enfin trouvé le repère de Kalyan dans les sous-sols, expliqua-t-elle pendant qu'ils descendaient. Et aussi probablement le chemin emprunté par le mage, le prince et l'élue lorsqu'ils se sont enfuis. C'est une véritable catastrophe sécuritaire, si vous voulez mon avis, mais nous allons enfin pouvoir y remédier. Le vieil homme vivait caché là depuis près de quatre ans, quand même ! Terré dans son trou, à grappiller de quoi vivre dans mes réserves. J'en serai presque impressionnée.

– Vous ne l'avez pas cherché à l'époque de la guerre ? Ça devait se savoir, non ? Que Hadi était marié ? »

Zénobie secoua la tête, faisant tinter les perles d'or dans ses cheveux.

« Pas du tout, figurez-vous. Je savais qu'il avait un compagnon, mais, avec la fuite massive des nobles soutenant Éliane de Nordeau au nord ou à l'Est, nous en avons totalement perdu la trace. Je pensais qu'il s'était réfugié à Veyssane, ou qu'il était parti, tout simplement. »

Omiros acquiesça sans mot dire. N'aurait-il pas mieux valu pour Kalyan qu'il disparaisse à l'étranger ? Qu'il se fonde dans la masse des bourgeois de Veyssane, jusqu'à ce que le monde oublie son existence ? Le poète ne l'aurait jamais rencontré, mais il n'aurait, par ailleurs, jamais été arrêté. Le nœud d'émotion intense qui s'agitait en son sein enfla encore dans la poitrine d'Omiros. Ils empruntaient à présent le même chemin qu'il avait lui-même suivi il y a plusieurs semaines. S'il y prêtait attention, il pouvait deviner les petits dessins de son code improvisé. Zénobie, heureusement, ne s'aperçut de rien.

À chaque tournant, des trios de lachnidés montaient la garde et indiquaient la route à suivre, leurs arquebuses reléguées derrière eux, inutiles dans l'étroitesse des couloirs souterrains. Les mandibules de leurs demi-masques d'insectes formaient le seul relief de leurs visages perdus dans l'ombre. Omiros aurait voulu devenir moins qu'un lézard, échapper à leur regard froid, disparaître entre les pierres des murs. Et s'il y avait des traces de son passage au sein de la chambre secrète de Kalyan ? Et si l'ambassadrice savait déjà ? Et si tout cela n'était qu'un piège ? Un raclement de métal contre la roche le fit sursauter.

« Tout va bien ? » demanda Zénobie en fronçant les sourcils.

Le poète lui fit un sourire mitigé.

« Oui, bien sûr. C'est les tunnels, je n'aime pas trop être sous terre. »

L'explication sembla convenir. Ils poursuivirent leur avancée, ignorant des détours où Omiros s'était perdu, croisant avec régularité les stationnements de lachnidés, progressant en silence. Il y avait un bon quart d'heure d'errance dans le ventre de la Caserne avant d'atteindre la pièce aménagée par Kalyan, pourtant, le trajet parut bien trop court au poète. Une rangée entière de soldats occupait la grande salle aux hauts piliers, à leurs pieds gisait déjà une partie du mobilier, des tentures, de la vaisselle. L'ambassadrice et son poète passèrent le seuil. On avait commencé à retourner en règle la chambre, avant de suspendre toute fouille, certainement sur les ordres de Zénobie, coupant l'espace étroit en deux zones distinctes : l'une dévastée, l'autre encore intacte. Ou presque. Omiros voyait les changements entre sa dernière visite et l'état actuel des lieux. On avait vidé la bibliothèque de ses ouvrages, déplacé les lampes et les bougies, prit les coussins du lit. Zénobie commença son inspection de la pièce avec sa minutie habituelle. Elle ouvrait les cahiers et les lettres avec délicatesse, examinait la vaisselle, le mobilier, passait la main sous les fauteuils et les étagères. Ce qui l'intéressait forma bientôt une pile bien droite sur un coin de table basse, une seconde sélection s'éleva sur le lit, à destination sûrement de ses aides de camp.

Dans son hésitation, Omiros se donnait l'impression de bayer aux corneilles, les bras ballants, incapable de se décider sur la marche à suivre. Fouiller dans les affaires de Kalyan lui semblait si impoli, si traître. Mais laisser Zénobie se servir, comme sur un étal de marché… Son pied buta contre un tintement. Une tasse avait roulé au sol lors du sac partiel de la pièce, perdant sa coupelle assortie au passage, ainsi qu'un éclat de sa bordure dorée. Le poète s'accroupit entre deux tabourets, ramassa la tasse du bout des doigts, comme si elle pouvait le trahir, comme si la vue du poète et de la vaisselle ensemble pouvait clamer sa duperie au monde. Offert par la princesse Adalinde avait dit Kalyan, un souvenir de son mariage. Ils avaient partagé plus d'un thé dans ce service.

« Omiros, venez voir. »

Il se redressa rapidement, sans lâcher la tasse. En retombant en place, les pans de ses manches dissimulèrent son forfait. Que la Double Triade choisisse un chemin pour son âme. S'il devait sauver un objet ayant appartenu à Kalyan, ce serait celui-là.

« Oui, votre Excellence ? dit-il en s'approchant.

– Regardez cette cartographie, c'est magnifique. »

Elle avait posé et ouvert sur le lit l'atlas des Comtés-Unis et en tournait les pages de ses mains gantées. Omiros vint se pencher au-dessus de l'ouvrage à son côté. La qualité des cartes était inchangée, la minutie des illustrations identique. Tout était semblable à cette matinée si lointaine où il avait pu se souvenir de Castel non pas telle que la ville était aujourd'hui, gangrenée de politicards, surchargée de lachnidés et de buprestes en patrouille, dépossédée de ses institutions collectives et artistiques, mais celle d'avant les conquêtes, d'avant l'avènement de comtes et de comtesses de la matière de Zénobie, d'avant l'échec des modérés et la disparition des mutualistes. La Castel rêvée, celle qui l'avait inspiré à devenir poète. Les rues d'encre brune et de vélin délicat n'étaient ni l'une ni l'autre. Leur vue lui pinça pourtant le cœur.

« Je ne savais pas que Sarda possédait des livres comme celui-ci, poursuivit Zénobie. On jurerait qu'il sort des bibliothèques de Castel ! »

Elle se tourna vers l'un des gardes à l'entrée.

« Faites monter cela à Dame Dylis dans sa chambre – puis à Omiros – elle est si curieuse de découvrir les Comtés-Unis, elle trouvera occasion à cela ici. »

Le lachnidé acquiesça, se saisit de l'atlas et disparut dans les couloirs. Un pincement douloureux tisonna, les sentiments nébuleux noués dans la poitrine du poète, alors qu'on emportait le livre dans les étages. Pour la première fois depuis l'arrestation de Kalyan, il eut envie de se remettre à écrire. Profitant que l'attention de Zénobie était attirée ailleurs, il glissa la précieuse tasse ébréchée dans une poche intérieure. Ce n'était pas une cachette parfaite, mais ce serait suffisant le temps de retrouver la sécurité, relative, de sa chambre de la Caserne.

« Puis-je être excusé, votre Excellence ? »

Plongée dans la lecture d'une lettre, l'ambassadrice le chassa d'un geste de la main. Quels que soient ses doutes envers lui, elle était trop absorbée par sa nouvelle découverte pour s'intéresser à son poète. Pour le moment.

Omiros ne se fit pas prier, ne tenta pas sa chance, il détala sans perdre de temps, grimpa quatre à quatre les escaliers menant à la surface, son inestimable secret pressé contre sa poitrine. L'émotion anonyme enflait sous ses doigts, petite perle de nacre affective, croissant autour d'une poussière blessante qu'il ne savait pas nommer. Il retrouva sa chambre avec plus de joie qu'il ne l'avait quitté. La tasse trouva naturellement sa place au milieu de son désordre, entre les calames et les cahiers. Elle devrait bientôt se cacher de nouveau, de peur d'être vue par des yeux hostiles, mais pour l'heure elle resterait sous son regard, là où Omiros ne pouvait l'oublier. Il ressortit ses feuillets les plus récents, prit un crayon. Les mots se bousculaient déjà le long de son bras, à travers son poignet, jusque dans ses doigts.

« J'ai quitté les Sabès pour découvrir Sarda, ses montagnes, ses vallées,
ses rizières en terrasse.
J'ai quitté les Sabès et je m'en porte bien.
C'est hors de l'empire que naissent la nouveauté, la beauté et la joie.
C'est hors de l'empire que je t'ai rencontrée.
Tu es les premières gouttes d'une pluie d'été, tu es les premières pousses
à braver les gelées,
Je veux faire route avec toi. »

Geste d'Oihana

L'incendie de la Ferté avance toujours et elles avancent devant lui. Si la grand-mère était plus vindicative que la Dame ne l'a faite, elle dirait peut-être qu'elles lui ouvrent la voie, mais il n'en est rien. C'est le feu qui les chasse et non pas elles qui le guident. À chaque fois qu'elles passent un village, un bourg, un hameau, de nouvelles fuyardes, de nouveaux réfugiés rejoignent leur cortège. La colonne marchant sur la grande route royale reliant le nord de Sarda à sa capitale ne cesse de s'agrandir et très vite c'est une foule compacte qui se presse vers ce que chacune espère être un peu de sécurité. Oihana n'a pas pareilles attentes. Elle sait, comme rarement elle a été certaine dans sa longue vie, qu'il n'y a aucune sûreté pour elles à la capitale. Zinia n'est pas un refuge. C'est là que toute l'armée sabès patiente et rien de bon ne peut venir de ces soldats. Les régiments qui remontent la route, à l'inverse de la masse grandissante des déplacées, ne sont que l'avant-garde des dangers à venir. Déjà, buprestes et lachnidés pillent les réserves, font déplacer les campements de fortune, exigent des taxes de passage à celles et ceux qui n'ont rien. La grand-mère ne dit mot. Elle avance le nez baissé, ses petites filles rassemblées autour d'elle, elle regardera au loin lorsque les soldats seront passés. Les filles de la tisserande n'ont pas supporté cette humiliation de trop. Elles ont tenu tête à un contingent de lachnidés, aux armures étincelantes dans les lumières de l'incendie au loin, aux radieux canons d'arquebuses, aux sourires narquois, des Sabès comme il y en a mille, cachés sous leurs demi-masques à mandibules. Oihana les connaît depuis leur plus jeune âge, les filles de la tisserande. Elle connaît leur

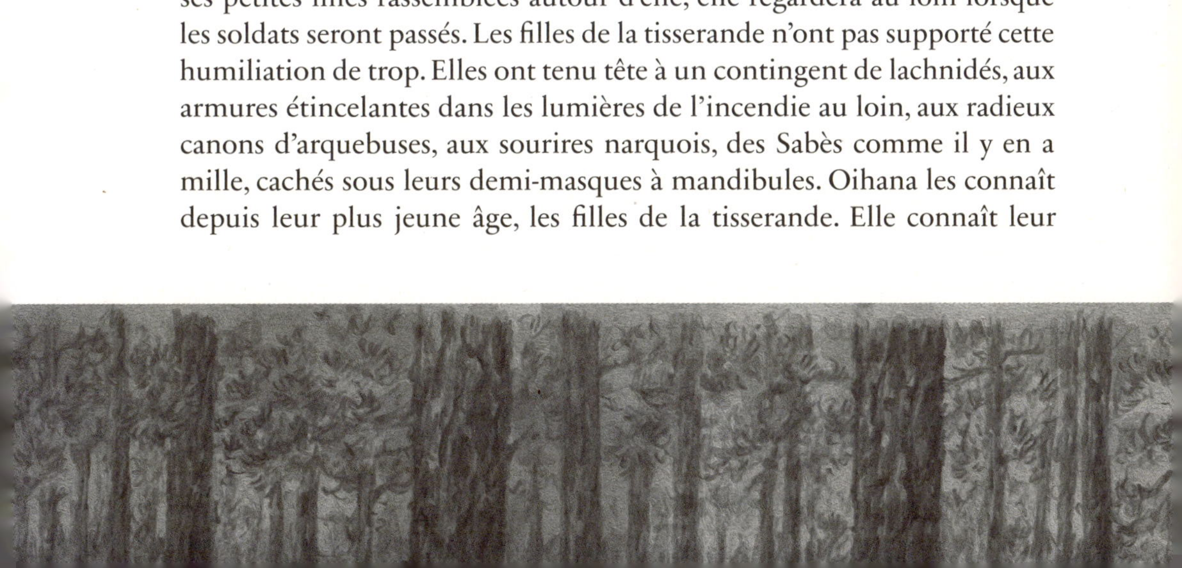

mère depuis plus longtemps encore. Leurs quatre corps pendent aux branches d'un pin, si l'incendie ne les a pas encore dévorés.

Oihana n'attend aucun secours de Zinia. Elle n'attend aucun secours de Zénobie et ses Sabès. Elle n'attend même pas de secours du sud. Que peut-il survenir de bien de la capitale ? C'est là qu'est le nid des buprestes et des lachnidés. Elle tient ses petites-filles fermement par la main, la grand-mère, elle les rassemble autour d'elle, les couvre de son manteau, comme une poule couvre ses poussins de ses ailes. Son fils n'est jamais loin, lui non plus. Quitter Cherchefeuille ne l'a pas tiré de sa torpeur, la route ne l'a pas arraché au rêve mélancolique qui le retient prisonnier, mais il n'a pas rechigné à marcher. Oihana n'en demande pas plus. Il ne leur reste rien d'autre, de toute façon, ou du moins, rien qui ne durera plus d'une semaine. Leur famille et les quelques brins de laine qu'elle garde au fond de sa poche. Comme si l'occasion de tisser quoi que ce soit pouvait se présenter de nouveau un jour. Quand ses pensées deviennent trop bruyantes, la grand-mère secoue la tête jusqu'à en avoir des vertiges, jusqu'à ce qu'elle soit à nouveau concentrée sur la route, sur leur avancée incertaine.

Parfois, la mairesse la rejoint. Elles cheminent ensemble, n'échangent que quelques mots signés d'une seule main, l'autre étant occupée à tenir une petite-fille ou un paquetage. Elles se sont toujours bien entendues, la grand-mère et la mairesse. Bien avant l'arrivée des Sabès, bien avant la sécheresse et l'incendie, elles prenaient souvent le thé ensemble. Elles parlaient du village, elles parlaient des troupeaux, des commandes de draps de laine, des ragots passés et récents, de la dernière folle invention des filles de la tisserande. Depuis l'invasion, leurs sujets de conversation se sont à la fois réduits et élargis. Tout a changé à Cherchefeuille et tout est resté pareil ; pourtant, Oihana aurait beaucoup donné pour retrouver même la vie d'occupation, si cela lui rendait sa maison, les filles de la tisserande, le bosquet sacré du village.

La fuite écourte considérablement leurs discussions. Il n'y a pas grand-chose à dire sur la route royale qu'elles arpentent avec les autres réfugiées, il n'y a pas grand-chose à dire sur les nuits sans sommeil, les journées de marche éreintantes, le regard impitoyable du soleil qui semble les condamner, lui aussi, au désespoir. Toutefois, la grand-mère et la mairesse trouvent de quoi parler. Elles se remémorent un lointain voyage vers l'Est, en compagnie de la tisserande pas encore mère, pour vendre leur production de laine aux marchés de Passar, sur les rives du lac. Elles se rappellent les rencontres qu'elles y ont faites. La mairesse n'était pas en poste à l'époque, elle était alors seulement bergère. La grande réussite de leur expédition, ce qu'elles ont raconté longuement une fois rentré, ce sont les affaires menées avec les habitantes d'Estari. Si le fil et le tissage des manteaux des cavalières doivent venir de la propre production de la citadelle, il n'en est rien pour les capes des écuyères. Elles avaient tout vendu ! Dire qu'une génération entière des guerrières aux dragons s'était vêtue avec le labeur de Cherchefeuille. Les souvenirs ont du bon, on peut choisir auxquels s'accrocher. Celui-ci donne du cœur au ventre à la grand-mère et la mairesse. Mais il leur donne aussi une idée. Rien n'est à attendre de Zinia et des Sabès, elles ne seront qu'une goutte dans l'océan d'exilées qui bientôt va venir frapper les murs de la capitale de sa marée toujours montante. Alors peut-être leur faut-il suivre un autre chemin.

Les autres villageoises de Cherchefeuille ne sont pas toutes de leur avis, comme le découvre très vite Oihana, le soir même. La mairesse avait rapidement imposé un peu de repos à leur troupe : les heures les plus sombres de la nuit, lorsque même l'incendie au loin ne parvient pas tout à fait à percer l'obscurité, sont consacrées au repas et au sommeil. Elles l'ont bien vu, sur les bords de la route, dans les fossés asséchés, devant les maisons abandonnées des hameaux désertés : il ne sert à rien de courir sans réfléchir. Si elles veulent que toutes et tous arrivent à bon port, il faut se ménager un peu de repos. Persbreuille n'a pas suivi leur exemple. Ses habitantes ne se sont pas arrêtées, ni le premier jour, ni le deuxième, ni celui qui suit. Oihana ne les a pas revus depuis leur départ précipité de Cherchefeuille. Sont-elles encore en tête de cortège, prêtes à entrer en Zinia ? Leur course folle les a-t-elle épuisées ? Leurs corps gisent-ils en bordure de forêt, privés de crémation, leurs âmes condamnées à l'errance ? C'est la pensée la plus dure à chasser, pour la grand-mère. Comme si le destin de leurs voisines prédisait celui de son village.

Il faut toutes les capacités de persuasion de la mairesse, toute la confiance réciproque qu'elle a construite avec les habitantes, des supplications et des menaces, pour persuader la majorité d'entre elles d'abandonner leur destination initiale. Oihana ne tente même pas de l'aider, elle s'emporte trop, signe si vite que ses mains en deviennent incompréhensibles. C'est qu'elle voudrait partir immédiatement, profiter de la première nuit suffisamment obscure pour échapper aux quelques Sabès patrouillant la campagne et filer droit vers l'Est. Mais il faut du temps, pour que la mairesse puisse convaincre. Un temps précieux qui risque de leur faire défaut. Bien vite, trop vite, les abords de Zinia se dessinent à l'horizon. Devant elles, le bois des reines laisse apparaître ses frondaisons. D'autres routes surgissent du paysage pour rejoindre la leur, ou filer directement jusqu'à la capitale. Les Sabès en patrouille deviennent de plus en plus nombreux. Lorsqu'enfin le village de Cherchefeuille s'échappe sous le couvert du soir, il lui faut redoubler de prudence et de discrétion pour rejoindre l'étreinte fidèle de la forêt. Une fois au milieu des pins et des yeuses, leur avancée est à la fois plus facile, les arbres les protègent des regards indiscrets, et plus lente, l'absence de chemin et le sol forestier inégal ralentissent considérablement une partie de leur troupe.

Tout de même trouve Oihana, on est bien mieux à l'ombre de la sylve ; là où la lumière ne peut-être que rasante, enveloppée par les parfums d'humus, de mycélium, de sève. Le cocon verdâtre des bois referme sur le village ses branches salvatrices et les Sabès ne sont plus qu'un lointain souvenir. Même l'incendie semble une impossibilité, ici, où poussent encore les mousses et les lichens, où la terre renferme une fraîcheur qu'on croyait oubliée.

« On doit marcher encore longtemps ? demande Irune, de gestes saturés de fatigue.

– Encore un peu, signe la grand-mère en réponse. Il faut aller un peu plus loin.

– On dirait qu'on va plus loin depuis toujours… »

Comme la grand-mère aimerait avoir trente ans de moins ! Comme elle aimerait pouvoir porter ses petites-filles à la force de ses bras, qui furent puissants, un temps, lorsqu'elle maniait le métier à tisser tous les jours. Mais l'âge l'a rattrapé et elle ne peut que serrer ses vieilles mains autour de leurs petites menottes, jusqu'à ce qu'elles soient en sécurité.

Une seule fois croisent-elles un groupe de Sabès en patrouille. Les lourdes bottes de métal martèlent le sol de la forêt, secouent l'humus et les feuilles mortes, font trembler les troncs affaiblis par la sécheresse. Les voix nasillardes en sabès moqueur dénigrent et perturbent la presque sérénité des sous-bois. Et elles figent de terreur les rescapées de

Cherchefeuille. Oihana s'est immobilisée presque en même temps que la Mairesse, a refermé ses bras autour de ses petites-filles. Elle prie très fort, dans le creux de sa poitrine épuisée, elle appelle la Dame à leur secours, elle s'en remet à tous les esprits des arbres et des mousses, même aux divinités lointaines des Plaines libres. Il n'en est point besoin, finalement. Les soldats sabès suivent leur propre chemin à travers la forêt, sans se soucier de celles qui se cachent dans l'ombre des halliers. Dans leur monde, il n'y a qu'eux sous la sylve, les villageoises de Cherchefeuille sont une impossibilité, elles n'existent même plus. Oihana sait que la taille actuelle de l'incendie et son avancée ne sont pas le fait des Sabès. Il lui semble clairement que cela n'augure rien de bon pour la réputation de Zénobie comme ambassadrice. Et pourtant cela doit bien les arranger, au fond, les Comtés-Unis, que Sarda brûle littéralement de leur occupation. Ils n'ont presque rien à faire, les Sardaises partent d'elles-mêmes. Le pays se délite au rythme de l'incendie.

Et le village se délite lui aussi. C'est d'abord deux familles, voisines à l'origine, qui partent de leur côté. Un matin, quand la troupe reprend son chemin, elles font demi-tour et s'éloignent, sans un regard. Quelques jours plus tard, le fils d'un des maraîchers et son époux partent à leur tour. Les adieux sont éprouvants, les pleurs nombreux, les embrassades interminables. Puis ils quittent les bois pour les vergers. La Mairesse essaye un peu de les retenir, elle les cajole, les supplie, les menace, rien n'y fait. Le village se délite. Oihana ne dit rien. Elle tient ses petites-filles plus près, garde un œil sévère sur son fils. D'ailleurs, au bout de sa ronde de fillettes, Amets tient la main de son père, aussi sûrement qu'elle tient celle d'Edurne, qui tient celle d'Irune, qui tient celle de Garbi, qui tient celle d'Usoa, dont la main est bien cachée entre les doigts noueux de la grand-mère. Que Cherchefeuille se délite, tandis qu'elles avancent vers l'Est, Oihana ne laissera pas sa famille s'égarer sur un autre chemin.

Les Marches du Sud

« Article 34 : En remerciement de leur allégeance au traité de reddition, à leur refus de fomenter des actes félons et à leur soutien à la légitimité des Comtés-Unis des Sabès en Sarda, les terres de la citadelle des cavalières de Soufeu, ci-après désignées Marches du sud, resteront sous leur plein contrôle. Ces cavalières prêteront serment aux Comtés-Unis des Sabès, jureront fidélités à l'assemblée des comtes, se tiendront à la disposition de son excellence l'ambassadrice Zénobie de Roquesière en Vesq. En échange de quoi, elles resteront pleines maîtresses des Marches du sud pour toutes questions d'intendance, de gestion, d'administration. »

Extrait du traité de reddition de Sarda, après la guerre des Trente Jours

Le Samar les avait accueillis en son sein sans manière ni procès. Comme on retrouve une amie d'enfance, depuis longtemps perdue de vue. Ses dunes leur offrirent leurs flancs à gravir, leurs pentes à dévaler. Sa nuit les couvrit de son manteau froid et obscur, les masqua aux yeux du monde. Son immensité vacante acheva de couper court à leur inquiétude d'être poursuivis. Aucun Sabès ne s'aventurait dans le désert noir des Marches du sud et aucun Sabès n'aurait risqué de compromettre le traité de reddition, ou de paix comme ils devaient l'appeler à Castel, en franchissant une frontière entérinée par un écrit officiel. Que leur légalisme rende pour une fois service aux Sardaises était d'une ironie qui n'échappait pas à Roland, tandis qu'ils s'enfonçaient toujours plus loin dans le désert.

Le premier jour, il avait à peine pris un moment pour s'arrêter, tout juste de quoi nourrir leur monture de grain, de la faire boire. Et de bander grossièrement la blessure de Myrddin. Il l'avait tenu contre lui tout le temps de leur course effrénée à la sortie de Zinia, pendant que les arquebusiers de Zénobie les arrosaient de leurs plombs et que ses buprestes leur

donnaient la chasse. Le mage avait très vite perdu connaissance. Depuis, il oscillait entre des périodes d'inconscience inquiétante et des poussées de fièvre tout aussi préoccupantes. Roland s'entêtait à lui faire boire régulièrement quelques gorgées d'eau, à laver sa plaie qui n'en finissait pas de suinter du sang, à lui faire avaler rien qu'une bouchée de nourriture. En désespoir de cause, il finit par lui prémâcher les languettes de légumes séchés constituant la majorité de leurs réserves.

Le quatrième soir, lorsque Roland eut fini d'installer leur campement dérisoire, à l'ombre d'en renfoncement rocheux, près d'une discrète résurgence, et de nourrir leur monture, il trouva le mage, les yeux ouverts, le regard vitreux, mais conscient.

« Myrddin… » soupira-t-il avec soulagement.

En trois pas il fut à ses côtés. À l'eau de leur gourde, il humidifia l'un des derniers morceaux de sa chemise déchirée, s'en servit pour éponger le front couvert de sueur du magicien, réarrangea les couvertures autour de son corps frissonnant. Un borborygme qui se voulait un mot échappa au blessé.

« Quoi ? »

Myrddin fronça les sourcils et, au prix de ce qui semblait un incroyable effort, força une phrase entre la barrière de ses dents.

« Est-ce que tu vois les pins, Roland ?

– Quoi ? »

Le mage tourna la tête vers le prince, jusqu'à poser son front contre sa cuisse.

« La forêt écoute, Roland, murmura-t-il. Elle écoute tout le temps, toujours. Elle écoutait mes mères. Elle écoute les rebelles. Elle nous écoute en ce moment même. Elle m'épie et me surveille constamment. »

Une nouvelle suée rance secoua le magicien.

« Si tu savais Roland, si tu savais ce qui hante mes nuits. »

Ses yeux fiévreux cherchèrent ceux du prince.

« Je erre sur une lande rase et nue. Elle s'étend devant et derrière moi, vers l'horizon infini, encore et encore, elle court, sous un lourd ciel gris. Tu n'imagines pas, Roland, l'angoisse que cela me donne. La peur, l'horreur que je ressens quand chaque nuit, derrière mes paupières, se déroule cette suite ininterrompue de collines sombres. Chaque nuit elles reviennent, chaque nuit elles me précèdent et me poursuivent. Et pourtant, ce n'est pas cette lande obscure qui m'effraie le plus. »

Il déglutit difficilement, comme plus épuisé par sa soudaine confidence que par le poison de sa blessure.

« C'est l'ombre des pins qui s'avancent. C'est leurs branches qu'ils tendent vers moi, leurs aiguilles bleues qui approchent. »

Un long frisson secoua son corps affaibli, la sueur perla à ses tempes et au-dessus de ses lèvres. Roland s'approcha encore et, délicatement, posa la main sur le poignet du mage. Le pouls erratique de Myrddin battait follement sous ses doigts.

« Les pins, Roland, les pins rampent vers moi et bientôt ils m'engloutiront. »

Sa tête dodelina contre le bras de l'autre homme et il retomba dans un sommeil agité.

Le matin suivant, leur vorombe avait disparu.

Roland suivit sa trace à travers les dunes, aussi longtemps qu'il osa laisser Myrddin sans surveillance. La piste se dessinait vaguement dans le sable noir du désert, déjà à demi effacée par le vent, déjà vieille vraiment, sans grand espoir de retrouvailles. Il marcha dans les pas tridactyles de l'oiseau, sous le regard indifférent du soleil, emmitouflé dans les pans tachés de sang de son manteau. Quel spectacle il devait donner. Qu'en penseraient sa mère et ses sœurs, princesses de leur état, si elles le voyaient vaguer ainsi ? Que diraient-elles de son allure sordide ? Et pire, que diraient-elles de ses fréquentations actuelles ? Myrddin, certainement, saurait trouver grâce à leurs yeux, mais Berhane et Brigandine, toutes cavalières qu'elles étaient, n'auraient pas droit aux mêmes égards, pas avec la réforme qu'elles voulaient impulser en Sarda. Il n'y aurait pas un regard pour Lorcan, quelles que soient ses qualités de tisserande, de combattante, de personne. Mais peut-être faisait-il fausse route. Peut-être la princesse Adalinde se serait-elle révélée une partisane enthousiaste et sincère du projet démocratique des rebelles. Peut-être aurait-elle eu, bien avant Roland, le courage d'abdiquer, de tourner le dos à son monde, ses gens, et de faire ce qui était juste. Ou peut-être pas. Le prince secoua la tête. Que pouvaient faire les morts de peut-être ? Rien. Il n'avait que quatre ans lorsqu'Adalinde avait été exécutée par les Comtés-Unis, après la première guerre. Du visage de sa mère, il n'avait que le souvenir du portrait d'elle ornant le petit salon de réception du palais sérénissime. Le son de sa voix, de son rire, avait depuis longtemps disparu dans l'histoire tumultueuse de Sarda.

Il interrompit le cheminement de ses jambes et de ses pensées. La piste du vorombe se poursuivait encore devant lui et loin, après, comme il pouvait l'apercevoir sur les dunes suivantes. Il ne servait à rien de continuer. L'oiseau s'était envolé, pour ainsi dire, et avec lui toute chance qu'avaient les deux hommes d'échapper au désert. Il rebroussa chemin. Myrddin ne dormait plus, lorsqu'il retrouva leur campement. Le mage s'était assis, difficilement si Roland en croyait son visage crayeux, et regardait autour de lui d'un air craintif. Quand il vit arriver son compagnon de voyage, sa figure reprit un semblant d'assurance.

« Bonjour Roro », croassa-t-il.

Malgré lui, un sourire soulagé se hissa jusqu'aux lèvres de Roland. Il frotta ses yeux piquants, rejoignit le mage et s'assit à ses côtés.

« Comment te sens-tu ?'

Myrddin haussa les épaules, ne retint pas une grimace de douleur, porta une main à son torse blessé.

« Comme quelqu'un qui a pris du plomb dans l'aile. Où sommes-nous ?

– Dans le Samar. À plusieurs jours de voyage de Zinia. Perdus, j'en ai peur, et sans monture.

– Ah.

– Comme tu dis. »

Roland se pencha par-dessus le mage, respira une bouffée de son parfum aigre de sueur et de sang, récupéra leur sac et entreprit d'en tirer un piètre exemple de petit déjeuner. Ils mangèrent en silence, à peine interrompus parfois par un grognement de douleur de Myrddin. Lorsqu'ils eurent terminé leur maigre repas et constaté avec angoisse la diminution irrépressible de leurs réserves, survint la question de leur avancée.

« Est-ce que tu te sens de marcher ? » Demanda Roland.

Le magicien lui rendit un regard implorant, hocha lentement la tête.

« Oui, je pense. »

Le prince leva les yeux au ciel.

« Donc non. »

La plainte apaisée de Myrddin passa presque inaperçue.

« Bon. Nous ne sommes pas à un jour près. Repose-toi. »

Le mage acquiesça. Doucement, délicatement, comme il aurait manipulé un objet fragile, il se laissa retomber en arrière, ferma les yeux et sombra quasiment aussitôt dans un sommeil agité. Roland s'assit plus confortablement. Leur seule couverture pouvait tout juste envelopper le corps de l'un et les genoux de l'autre, mais ils feraient avec. Le vent du désert les épargnait aujourd'hui, peut-être seraient-ils assez remis le lendemain pour tenter de sortir du Samar vivant. Si la Dame le voulait. Roland ricana. Il y avait bien peu de preuve qu'elle leur voulait autre chose que du mal, récemment. Il s'allongea, lui aussi, ferma les yeux sous la morsure cruelle des vents du Samar. Très vite, il s'assoupit.

Sa sieste, qui devint un véritable somme, fut brouillonne et entrecoupée de réveils intempestifs, où il se débattait avec la conscience, en sueur, essoufflé, pris d'une panique diffuse et vague le laissant chercher du réconfort autour de lui. Plus d'une fois, sa main trouva celle de Myrddin. Il cherchait ensuite le rythme faible et irrégulier du cœur du mage du bout des doigts, jusqu'à ce que la pulsation inégale le berce et l'endorme. Des cauchemars indistincts l'assaillaient alors derechef, il tentait vainement de leur échapper, sans réussir vraiment à se réveiller totalement.

La faim l'arracha finalement au sommeil. Dans le grand vide du Samar, les gargouillements de son estomac lui paraissaient bien bruyants. Le soleil poursuivait sa route inlassable au-dessus de leur tête, sans signe de fatigue ou d'abandon, entraîné toujours dans l'arc de sa course par la roue des grands cycles. Roland fronça les sourcils. Une migraine vengeresse perçait un trou entre ses yeux. Il se leva, en tâchant de ne pas déranger Myrddin, étira ses jambes ankylosées, ses bras courbatus, sa nuque enraidie. La matinée, peut-être, s'était écoulée et s'il ne se sentait pas reposé, si sa tête commençait à sérieusement le lancer, au moins une partie du lourd et pénible poids qui avait encombré sa poitrine depuis le début de leur fuite s'était-elle envolée. Il se massa les tempes. Leurs chances de sortir vivant du désert venaient d'encore diminuer. Elles lui semblaient bien plus faibles, pourtant, lors de leurs premiers pas à travers la grande étendue de sable noir, quand Myrddin délirait, inconscient, entre ses bras et que les Sabès les talonnaient encore. Il aurait pu en rire. Si seulement Lorcan avait été avec eux. Elle aurait su quoi faire, elle les aurait guidés. Elle n'aurait pas laissé leurs montures s'échapper. Elle aurait su suivre les oasis et les sources du désert, plutôt que d'y trébucher par hasard.

Au lieu d'un rire, c'est un sanglot qui échappa au prince. Les larmes se libérèrent de ses paupières, coulèrent sur ses joues jusqu'au col de son manteau mité. Un hoquet secoua ses épaules. Il s'accroupit en tremblant, entoura ses genoux de ses bras, enfouit son visage humide dans le creux de ses coudes. Les pleurs le traversèrent comme lui-même cherchait à traverser le désert, difficilement.

Lorsqu'il se redressa, son mal de crâne avait reflué en un bourdonnement modeste. La faim, elle, ne l'avait pas quitté. Il se tourna vers le campement, croisa le regard fiévreux de Myrddin.

« Viens voir », murmura le mage.

Roland prit le temps d'essuyer la morve qui lui maculait la barbe, puis traversa leur campement et reprit sa place, retrouva le creux qu'il avait formé en dormant. D'une main fébrile, avec une douceur fragile due autant à sa fatigue qu'à sa délicatesse, Myrddin lui prit les deux mains. Il les colla l'une à l'autre, les arrangea en coupe, replia les doigts jusqu'à ce qu'ils s'agencent à sa guise. Puis, du bout des lèvres, il souffla sur les paumes de Roland. Une volée d'étincelle tomba de ses lèvres, vint tourbillonner au-dessus des mains repliées. Le prince retint sa respiration. Les escarbilles flottèrent, immobiles, un instant, puis elles formèrent un cordon, un chapelet de lueurs minuscules, s'enroulèrent en spirale. Leur file dansait entre les doigts de Roland, dessinait des figures abstraites en une suite de lucioles. Une dernière larme tomba de son œil à son poignet.

« Qu'est-ce que c'est ? chuchota-t-il.

– Rien. C'est juste joli. »

Myrddin souffla à nouveau sur les mains du prince, éparpilla les étincelles à travers le Samar.

« C'est plus beau la nuit. »

Le mage s'allongea de nouveau. Il s'était endormi avant que Roland ait pu réagir.

Il passa l'après-midi à réarranger leurs maigres possessions. Leur fuite précipitée ne leur avait laissé qu'une partie des affaires qu'ils avaient emportées de Nordeau, ce qui n'était déjà qu'à peine de quoi faire l'aller-retour jusqu'à Zinia. Plus le prince avançait dans son inventaire, plus il se sentait découragé. Leurs quelques vivres, leur unique couverture, leurs outres d'eau trop rarement réapprovisionnées, leurs trois pièces de cuivre et de jade. Tout cela disait la même chose. Ils ne sortiraient pas du désert vivant. L'hospitalité du Samar n'aurait qu'un temps. Bientôt, ils n'auraient plus rien à se mettre sous la dent, si la soif ne les avait pas déjà tués. Les dunes seraient leur tombe, ce qui valait mieux que de pendre en gibet aux murs des tours-palais, sous le regard ravi de l'ambassadrice Zénobie. Si la Dame l'avait voulu ainsi… Il y avait un certain raffinement à leur destin inachevé. Le prince paria et le mage discrédité, traîtres à leurs rôles originels, traîtres à leur cause adoptée, incapables de rattraper leurs erreurs passées. Leurs corps offerts au soleil du désert sécheraient lentement, se momifieraient, puis, sous l'action des indociles vents du sud, chaque lambeau de leurs peaux desquamées s'arracherait à leurs os. Seuls leurs squelettes témoigneraient alors de leur passage au cœur du Samar. Même cela deviendrait poussière. Un jour, il ne resterait plus rien. Roland ne serait qu'une note de bas de page dans des mémoires de Géographe, ou dans un traité sabès sur l'histoire de leur énième Comté. Myrddin, lui, aurait toujours sa légende. Même sans les vitraux de la Ferté-Pluvieuse, même sans les fresques du palais des reines, même sans plus de preuve tangible de son existence qu'un murmure dans le chant de la forêt, on continuerait de raconter des histoires sur le mage de braise et de brasier, le magicien aux doigts de feu.

Une main s'abattit lourdement sur le genou de Roland et, à son grand mécontentement, il glapit de surprise. Myrddin le dévisageait à travers le voile hagard que sa blessure posait sur son esprit. Une torsion hallucinée pliait un coin de sa bouche.

« Elle arrive, Roland. La forêt arrive… Elle va… Elle va me... »

Avec un frisson, le mage se roula en boule sous la couverture. Cela suffit à arracher le prince à ses ruminations. Il rangea leurs affaires étalées sur le sable devant lui, passa les sangles du sac sur ses épaules, considéra les armes qu'il leur restait. Deux épées un peu ébréchées, armes traditionnelles des résistantes, et une dague raffinée qu'il portait sur lui lors de sa fuite de Zinia, quatre ans auparavant. Probablement en auraient-ils besoin s'ils – lorsqu'ils sortiraient du désert. Mais s'il voulait réussir à porter leur barda, soutenir le mage et avancer, il ne pouvait pas se charger de poids inutiles.

« Allez, Myrddin, souffla-t-il en attrapant le magicien par l'aisselle. Debout. On ne peut plus rester là, il faut y aller. »

Il n'eut pour toute réponse qu'un gargouillement affligé. La couverture glissa des épaules de Myrddin et le mage maugréa son mécontentement dans sa barbe.

« S'il te plaît. »

Roland s'accroupit, glissa une main sous la joue du blessé.

« Encore un petit effort, ensuite tu pourras te reposer autant que tu le voudras. »

N'était-ce pas là un bel exemple de mensonge et de vérité entremêlés ?

Ils se regardèrent pendant ce qui sembla au prince de longues minutes, puis le magicien hocha la tête et il se redressa. Ses jambes flageolantes le portaient à peine et il devait reposer presque l'intégralité de son poids sur le bras offert de Roland, mais ils tenaient debout. Ils se remirent en route. Le Samar déploya son immensité de dunes et de crêtes sous leurs pieds, étendit le dais superbe et éclatant de son ciel toujours bleu au-dessus de leurs têtes, n'opposa nulle barrière à leur progression. Et dans un premier temps, Roland crut qu'ils allaient y arriver. Le sable roulait sous ses semelles, le sac reposait sur ses épaules sans gêne, et Myrddin marchait. Appuyé lourdement contre le prince, il mettait un pied devant l'autre et chaque pas les faisait avancer. Ils franchirent deux dunes ainsi. Plein sud, en se fiant à la trajectoire du soleil. À un moment ou à un autre, peu importe la taille du Samar, ils atteindraient la côte et si aucun village de pêcheuses, aucun port, n'y plantait ses pilotis, en poursuivant vers l'Est, ils tomberaient forcément sur Soufeu. La dernière citadelle libre des cavalières dressait ses murailles traîtresses au-dessus des eaux tumultueuses du grand océan du sud. Ils n'auraient peut-être aucun accueil, aucune aide, entre ces enceintes de pierre volcanique, mais il s'agissait du seul lieu habité à des kilomètres à la ronde. Ils n'avaient pas vraiment le choix. Si par malheur ils se trouvaient déjà trop à l'Est, alors ils n'auraient qu'à poursuivre encore leur chemin, jusqu'à passer les montagnes et la frontière. Jusqu'aux grandes plaines herbeuses des cités-libres.

Puis Myrddin trébucha. Plongé dans ses pensées, le regard fixé sur l'horizon inchangé, Roland ne s'aperçut d'abord pas de l'oscillation dodelinante de la tête du mage, ni de son souffle court à son oreille. Lorsque le blessé abandonna son bras pour le sol, il n'eut pas le temps de le rattraper. Myrddin s'affaissa sur le sable sans un bruit, le son de sa chute absorbé par le désert.

« Qu'est-ce que... »

Il fallut à Roland une poignée de minutes un peu floues avant qu'il s'arrache à ses réflexions et quelques autres encore pour qu'il s'arrête de marcher. Lorsqu'il se tourna vers la forme prostrée de Myrddin, seuls des tressaillements inquiétants agitaient le mage. Il sut, alors, qu'ils ne quitteraient pas le Samar par leurs propres moyens.

La nuit commençait à tendre sa longue mante étoilée à travers le ciel, lorsque Roland eut fini de construire le harnachement précaire qui lui permettrait de traîner le magicien à sa suite. La couverture nouée aux extrémités retenait le corps toujours inconscient de Myrddin, les sangles du sac, décousues puis réassemblées, lui servaient de baudrier improvisé. Il avait dû reléguer leur pain, leurs outres et leurs légumes et viandes séchées avec le mage, mais lorsqu'il avançait, son chargement suivait. Péniblement. Sous les derniers feux du jour, des rubans de nuages pastel étirant leurs roses et leurs mauves à la lisière ouest du désert, Roland fit route vers l'obscurité grandissante de l'Est. Il s'enfonça la tête la première dans la nuit. Une voûte céleste d'un indigo profond assista d'abord à sa lente progression. Puis les étoiles pointèrent leur minois scintillant d'un bout à l'autre du ciel, posèrent leur regard lointain sur sa silhouette pliée en deux par l'effort. Peut-être l'âme d'Eliane de Nordeau y trouverait-elle un jour sa place, lorsqu'elle aurait achevé son voyage dans la roue des réincarnations. Il lui faudrait encore de nombreuses années avant d'en finir avec ses cycles d'insecte et d'arbre, et cela seulement lorsqu'elle aurait terminé de traverser la forêt des âmes. Comme lui traversait le désert, pas à pas.

La lune se leva pour voir la fin de ses efforts, tandis que Roland peinait sur l'ascension d'une dune plus grande que les autres. Chaque pas qu'il gagnait contre le sable glissant le voyait aussi reculer, emporté par le poids de son bagage. Lorsqu'il atteint le sommet, l'horizon qui l'attendait était semblable à tous les autres l'ayant précédé dans la nuit, une suite indistincte de vallonnements perdus dans l'obscurité. Il n'irait pas plus loin ce soir-là. Sans plus de cérémonie, il se laissa tomber à côté de Myrddin évanoui, se roula en boule contre lui, laissa le sommeil l'assommer.

Il s'éveilla peu après l'aube. Il avait roulé sur le dos, à un moment durant la nuit, et lorsqu'il ouvrit les yeux, l'aurore achevait tout juste de rassembler ses couleurs délicates, laissant la place au jour. Roland posa une main sur ses yeux, autant pour leur épargner la soudaine luminosité que pour cacher son visage à la journée qui l'attendait. Ses épaules le brûlaient, son dos le lançait, une raideur douloureuse grippait sa nuque. Il avait passé l'âge de transporter des mages inconscients à travers le désert. Sans le regarder, il trouva la main de son compagnon de voyage, entre les plis de la couverture.

« Myrddin, souffla-t-il au mage et au ciel, tu respires ? »

Aucune réponse, mais la main du magicien tremblait légèrement sous la sienne, parcourue par des élancements fiévreux. Avec un soupir et plusieurs grognements étouffés, Roland se redressa. Il était définitivement trop vieux pour faire des randonnées dans le désert. Debout, il pouvait voir les étendues monotones et inchangées du Samar rouler leurs collines rondes aussi loin que son regard portait. Il n'y avait aucun signe, aucun indice, qu'ils atteignaient une quelconque destination, pas un son, autre que le vent jouant dans le sable, pas une trace de présence humaine, autre que leurs propres pas. Roland pouvait sentir le découragement faire des nœuds dans ses entrailles. Il refusa d'y céder. Le sommeil maladif de Myrddin ne relâchait toujours pas ses rets, aussi le prince se contenta-t-il de lui faire boire une ou deux gorgées d'eau et d'essuyer son front poisseux, avant de remettre leur étrange attelage en route. Il reprit sa lente et pénible marche vers le sud.

À midi, tandis qu'ils marquaient une pause avant la prochaine montée, une ombre les survola. Puis une deuxième. Deux rapaces s'ébattaient dans le ciel, loin au-dessus de leurs têtes et le cœur de Roland se serra. S'il y avait des oiseaux, s'il y avait de la vie, autre que les rares lézards et scarabées, alors ils ne pouvaient plus être bien loin des frontières du désert. Alors il y aurait de l'eau, de l'ombre, alors ils trouveraient un paysage divers, composite, qui changerait avec chaque pas que l'on y faisait. Il y aurait de quoi construire un abri où soigner Myrddin. Ou, le cas échéant, une tombe où laisser reposer son corps percé, un tertre à fleurir. Comme s'il avait senti ses pensées morbides, le mage s'éveilla soudain.

« Roro… maugréa-t-il en repoussant la couverture qui masquait son visage. Qu'est-ce que tu as encore inventé ?

– Rien de fou, répondit le prince, je cherche juste à atteindre l'océan. »

Le mage grincha dans sa barbe, secoua la tête.

« Tu joues les poètes, mainte – une violente quinte de toux interrompit Myrddin et le secoua de part en part – maintenant ? »

Roland l'aida à s'asseoir, le laissa cracher le mélange de salive et de sang qui gênait sa gorge, lui donna un peu d'eau. Le magicien se laissa ensuite aller contre son épaule, lourdement.

« Pourquoi l'océan ?

– Pour avoir une direction, pour trouver de l'aide. Pour voir une grande et belle chose avant de mourir de fatigue, de faim et de soif. »

Un rire douloureux secoua le mage.

« Ce que tu peux être mélodramatique.

– Je n'accepte pas de leçon sur cela, de la part de quelqu'un qui a porté le deuil pendant mille ans.

– D'accord, sourit Myrddin. Je ne dirais plus rien sur le sujet. Quelle aide penses-tu trouver sur les plages désertées du grand océan du sud ? »

Roland se détourna, dans ce qu'il espéra être un geste décontracté, avant de lui répondre.

« J'espère trouver les cavalières de Soufeu. »

Myrddin lui attrapa le poignet avec tant de force que le prince oublia un instant la blessure du mage.

« Pardon ? As-tu perdu la raison pendant que je… dormais, le Samar t'a-t-il retourné la tête ? Elles te haïssent, Roland. Elles me haïssent ! Elles te tueront, puis elles me tueront, et aucune de ces éventualités ne m'enchante !

– Peut-être qu'elles ne nous reconnaîtront pas ? »

Myrddin lui attrapa le menton pour le forcer à lui faire face, grimaça lorsque le mouvement tira sur sa blessure. Roland retint tout juste son geste de réconfort. Il n'avait aucune envie de justifier son plan de survie foireux à celui qu'il avait traîné à travers le désert à la seule force de ses bras.

« Roro, je commence à m'inquiéter pour toi, poursuivait le mage. Tu connais personnellement leur Matriarche, Perle de Soufeu, sans parler de tous les portraits de ta belle gueule qui devaient circuler à travers le royaume.

– Tu ne passes pas inaperçu non plus, tu sais, rétorqua le prince en contenant difficilement la chaleur qui lui montait aux joues.

– Oui ! S'exclama Myrddin sans comprendre l'allusion. Ils ne courent pas les rues, les mages noirs, couverts de tatouages dorés, avec deux tresses de cheveux blancs au-dessus de la tempe !

– Non, acquiesça Roland, ils ne courent pas les rues. »

Voilà qui ne les menaient pas bien loin. Souligner toutes les façons dont leur survivance ne tenait qu'à un fil ne changerait rien au fait qu'ils n'avaient que peu de choix ; ils n'avaient presque plus d'eau ni de nourriture, les moments de conscience de Myrddin étaient trop rares pour être rassurants, le désert ne semblait jamais vouloir s'arrêter. Espérer que les cavalières de Soufeu les secourent, était la seule façon qu'avait trouvée Roland de ne pas baisser les bras. Soudain le magicien entreprit de se lever. Chancelant sur des jambes trop faibles, il oscilla dans l'haleine sèche et âpre du Samar, sembla se maintenir à la seule force de sa volonté, manqua de glisser à nouveau au sol. Puis il se tourna vers Roland et lui sourit.

« Avec mon poids en moins à porter, on sera plus vite arrivés, n'est-ce pas ? »

À le regarder, le prince n'en aurait pas mis sa main au feu. Le trou dans sa poitrine avait diminué le mage, le vidant de son sang, de ses forces, de sa magie. Comme une outre percée qui ne retient plus l'eau, il s'étiolait lentement. Cette brève période de lucidité n'était rien de plus qu'une parenthèse cruelle, interrompant sa fièvre, mais n'y mettant pas fin. Aussi Roland ne défit-il pas son traîneau de couverture, mais se contenta de l'arranger en un vague baluchon, qu'il balança sur son épaule.

« J'ai vu des oiseaux, tout à l'heure, c'est peut-être bon signe, non ?

– Des oiseaux ? Enfin, Roro, comment peux-tu voir quoi que ce soit à travers les frondaisons des pins ? »

Le prince s'immobilisa.

« Quoi ?

– Eh bien oui, déjà qu'on a à peine assez de lumière pour avancer... »

Il rattrapa le mage, se retint de toucher son épaule, son bras, sa main.

« Myrddin, qu'est-ce que tu... »

Il avorta un mouvement de recul. Le visage du magicien semblait couvert de cendres, ses yeux écarquillés et injectés de sang fixaient l'horizon sans le voir, une salive rosée transpirait au coin de ses lèvres. D'une main, il pressait son sein, là où l'arquebuse l'avait touché, de l'autre il cherchait celle de Roland. Celui-ci la lui abandonna volontiers. Ils poursuivirent leur chemin en silence.

Sur la troisième dune les attendaient les cavalières de Soufeu.

Elles étaient cinq, deux d'entre elles encore à dos de dragon, les autres debout bien droites dans le désert, les bottes plantées dans le sable, la main sur la garde de leurs épées. Il n'y avait pas de brise pour agiter leurs manteaux-tissés, mais l'effet n'en restait pas moins saisissant. Roland se demanda si elles les attendaient depuis longtemps, si elles avaient choisi cette dune-là en particulier. Puis Myrddin se plia en deux pour vomir de la bile et du sang.

« Ah ! »

Roland se précipita pour retenir le mage, sans pour autant lâcher le groupe de cavalières des yeux.

« Mon ami est blessé, nous avons besoin d'aide ! »

L'une des guerrières s'avança.

« Je ne savais pas que Roland de Zinia, prince de Sarda, appelait Myrddin Tanacras son ami. J'ignorai qu'ils se connaissaient. Maintenant que je le sais, je ne l'oublierai pas. »

Roland déglutit péniblement. Voilà qui n'augurait rien de bon.

« On ne m'a pas appelé Tanacras depuis des siècles, gargouilla Myrddin.

– Nous autres des Marches du sud, nous avons très bonne mémoire », répondit la cavalière.

Elle tourna son regard sur Roland.

« Que font un mage et un prince, à pied, au milieu du Samar ?

– Ils quittent leur point de départ pour rejoindre leur destination », répondit-il sans ciller.

La cavalière grimaça un sourire.

« Vraiment ? Et que peut être cette destination, si loin des montagnes, si loin de la rébellion de Berhane de Nordeau et de Brigandine d'Ousterre ? »

Roland serra les dents. Quarante ans de pouvoir symbolique ne s'évaporaient pas en un jour, des instincts qu'il avait cru disparus, engloutis par la guerre et les privations, lui revenaient soudain avec la ponctualité d'un miracle. Il ne pouvait pas leur avouer leur présence involontaire dans le désert. Ni leur révéler l'étendue de la débâcle qui les avait menés jusqu'ici.

« Mais, vous, bien sûr, répondit-il avec une légère inclination du buste. Les maîtresses-élues Berhane de Nordeau et Lorcan d'Utara m'envoient, ainsi que le mage Myrddin, négocier votre retour dans Sarda. »

Il n'en aurait pas tiré meilleure réaction s'il l'avait giflée. Les quatre autres cavalières poussèrent des exclamations sidérées, l'un des dragons agita ses grandes ailes avec un huissement outré. L'interlocutrice de Roland se contenta de lever un sourcil sceptique.

« Voilà qui est intéressant. Est-il prévu dans votre mission diplomatique que votre ami se vide de son sang ? Est-ce une technique de rhétorique dont j'ignore l'existence ?

– Ça dépend, intervint Myrddin, est-ce que ça marche ? »

Ni la cavalière ni Roland ne lui répondit.

« Nous avons croisé des soldats sabès sur notre chemin. Il semblerait que l'ambassadrice des Comtés-Unis ne partage pas nos vœux de réunifications et, malheureusement, mon collègue a été blessé durant notre fuite. Je suis heureux de toucher enfin au but.

– Oui, je peux imaginer que Zénobie de Roquesière en Vesq ne se réjouisse pas de votre survie. Mais qu'est-ce qui peut bien vous faire dire que notre rencontre est une bonne nouvelle pour vous ? Nous avons signé des traités avec les Sabès, ils sont nos alliés et nous sommes les leurs. Je devrais vous livrer à la garnison la plus proche de nos frontières, c'est ce que la loi me demande. »

Roland acquiesça. Voilà le risque qu'il avait choisi de prendre, la solution qui lui avait semblé la moins périlleuse. Celle qui pourrait sauver Myrddin. Le mage pesait de plus en plus lourd au bout de ses bras, sa respiration se faisait sifflante. La fièvre le consumait de nouveau.

« Vous avez raison, reprit-il, c'est ce que le traité de reddition vous demande de faire. Mais je ne crois pas que vous vous y plierez.

– Non ? »

Sa réponse semblait amuser la cavalière. Il s'entêta.

« Non. Je pense que votre fidélité va d'abord à votre citadelle, à vos sœurs, aux Marches du sud. Les Sabès se trompent, s'ils croient vous avoir acheté, c'est vous qui leur avez arraché la tranquillité de vos terres.

– Le marché était facile, qui voudrait d'un océan infranchissable, d'un désert stérile ?

– Pas si stérile que ça, puisqu'on vous y trouve. »

Les guerrières du sud partagèrent un même rire.

« Tu parles bien, Roland de Zinia, convint celle qui devait être leur cheffe. Peut-être te garderons-nous comme invité quelque temps, avant que les Sabès ne réclament ta tête. »

Elle fit un signe à l'une de ses sœurs, une grande femme musclée, au visage tatoué, qui vint prendre Myrddin des bras de Roland, le souleva comme s'il ne pesait rien. Une autre descendit la dune en quelques bonds précis et élégants, revint accompagnée d'une paire de vorombes. Le prince reconnut immédiatement l'un d'eux. La grande cavalière hocha la tête.

« C'est grâce à votre oiseau que nous vous avons trouvé. Il errait sur la plage, hier, nous nous sommes doutées que le Samar avait capturé des voyageuses. »

Elle mit Myrddin en selle sur la monture avec laquelle ils avaient quitté Nordeau et invita Roland à grimper derrière lui. Il trouva, accrochée aux fontes, une gourde en peau au ventre rebondi, pleine d'une eau fraîche qu'il but à grandes gorgées. Il tenta aussi de faire boire le mage, ne réussit qu'à lui tremper le menton et la poitrine.

« Nous sommes à une longue journée de course de Soufeu, expliqua son interlocutrice en s'installant sur le deuxième vorombe. Nous atteindrons donc la citadelle demain, au petit matin. Essayez de ne pas tomber en cours de route. »

Elle talonna sa monture et dévala la dune, son corps épousant sans effort le balancement de son vorombe. Roland lui emboîta le pas, moins à l'aise dans la course avec Myrddin serré contre son torse, tandis que derrière lui, les autres cavalières prenaient leur envol. Il ne se retourna pas pour admirer la puissance et la grâce des dragons s'arrachant au désert pour retrouver le ciel.

L'après-midi passa, la nuit les couvrit de son ombre parsemée d'étoiles, sans qu'une seule pause leur soit accordée. La cavalière sur son vorombe menait bon train, tout comme Lorcan les avait entraînés à travers la campagne sardaise il y a plus d'une semaine. À cette idée, Roland voyait l'inquiétude le gagner. Il resserrait sa prise autour du magicien, sentait la fièvre qui rongeait ce dernier, à travers leurs joues collées l'une contre l'autre. Parfois, Myrddin marmonnait des morceaux de phrases sibyllines, ou bien appelait en vain des personnes dont Roland n'avait jamais entendu le nom. Myriam. Adoua. Kahina. Sameera. Des femmes que le mage avait dû connaître du temps de la reine Maude. Le prince lui répondait, malgré tout, cherchait à percer à travers la brume maladive. Sans grand succès.

Soufeu les surprit dans les lueurs de l'aube. Les rayons cruels d'un soleil rasant découpèrent la silhouette abrupte de la citadelle, soulignèrent l'arête de ses tours et de ses remparts, comme une marionnette d'ombre derrière un écran de papier. Pendant un instant, ébloui, Roland perdit le fil de leur course et dévia sur sa droite. Une secousse manqua de le faire tomber, ainsi que Myrddin, toujours inaccessible au monde. Leur vorombe renâclait avec des hôlements protestataires. Dans leur détour, ils avaient trouvé l'océan. Comme dans les descriptions que lui en avait faites Éliane, il y a si longtemps, les murailles de Soufeu se fondaient dans la masse tourmentée des falaises sur lesquelles elles se perchaient, qui tombaient ensuite tout droit à la rencontre de la fureur des vagues. Le chemin qu'ils suivaient contournait à peine la plage où ils se trouvaient désormais. Seules la fatigue et l'inquiétude pouvaient expliquer que Roland ait ignoré jusqu'à maintenant le vacarme du ressac. L'océan venait se fracasser contre le Samar, s'entêtait depuis des millénaires à creuser son flanc sud sans espoir de jamais le vaincre. Leur monture refusait de s'approcher des flots. Sûrement sentait-elle la violence des courants, l'appétit des marées. Roland la laissa faire demi-tour, s'arracha à l'attrait de l'océan, quitta la crique où ils avaient échoué.

La tête de Myrddin roula dans son cou et le mage se redressa légèrement.

« Où sommes-nous ? marmonna-t-il dans un filet de voix.

– À Soufeu.

– Ah – un soupir – Très bien, tant mieux. »

Et la torpeur l'engloutit à nouveau.

La cavalière les attendait sur le chemin. Elle ne fit aucun commentaire quant à leur incartade, se contenta de désigner du menton les portes de la citadelle. Elles reprirent leur avancée. Le sable sous les ergots de leurs vorombes laissa la place à des gravillons puis à la roche et lorsqu'elles atteignirent l'imposante entrée de Soufeu, Roland ne sut dire s'il était soulagé ou affolé.

Il n'y eut pas de cérémonie, pas de chicanerie, pas de manière, à leur arrivée. Une fois que la grande cavalière les eut rejoints et eut repris Myrddin dans ses bras, leur guide les mena dans les tréfonds de la forteresse, ignorant les visages interrogatifs de ses sœurs, avançant d'un air décidé. Elle les conduisit dans des couloirs inhabités, où elles ne croisèrent pas une seule autre cavalière, et jusqu'à une rangée de portes en métal rouillé, trouées de lucarnes barrées. Ce serait donc les geôles. Pourtant, la cavalière ouvrit la porte sans avoir à la déverrouiller et les invita à entrer dans la pièce.

« Voilà pour ce soir et jusqu'à ce que notre Matriarche revienne, dit-elle avec un sourire qui se voulait d'excuse. Ce n'est que temporaire. Je crois. On vous apportera des couvertures, de l'eau et de la nourriture. Pour le moment, tout envoyés que vous êtes, vous n'avez pas le droit d'aller et venir librement au sein de la citadelle. »

Elle jeta un coup d'œil à Myrddin, évanoui entre les bras de sa collègue.

« Pas que vous pourriez aller bien loin. C'est entendu ? » ajouta-t-elle en se tournant vers Roland.

Il acquiesça. Il aurait tout le temps de s'inquiéter de leur situation plus tard, lorsqu'il aurait dormi plusieurs nuits d'affilée. La grande cavalière pénétra la première dans la chambre qui était une cellule, alla tout droit au lit taillé à même la pierre et y déposa le mage, avec plus de délicatesse que Roland ne s'y attendait. Il entra à son tour dans la pièce. Le mobilier en avait depuis longtemps disparu, en dehors de ce que formait la roche basaltique et d'une porte vermoulue donnant sur l'océan, retenant à peine les embruns humides soufflés par les vagues. Une niche dans la paroi avait autrefois accueilli une lampe à huile. Lorsque Roland se retourna pour les remercier, les deux cavalières étaient déjà reparties . Il rejoignit Myrddin, s'assit au bord du lit de pierre.

« Pris entre le désert et l'océan, souffla-t-il au mage endormi, on dirait qu'on le fait exprès, tous les deux… »

Le magicien restait inaccessible. Avec un soupir, le prince s'allongea à son côté, les recouvrit de leur couverture fatiguée. Le sommeil le happa avant qu'il ait le temps de s'inquiéter.

Dans son rêve, Éliane de Nordeau s'adonne à une danse macabre et magnifique dans les rues d'une Zinia qui brûle.

Il n'est pas certain qu'elle ait bien le bon visage, que sa figure corresponde à la dernière fois où il l'a vue. Mais dans le rêve, peu importe. C'est elle, Matriarche de Nordeau devenue condottiere, qui entraîne les flammes dans sa folle ronde, embrase et détruit la capitale de Sarda. Il tente bien de la suivre, de lui courir après, de la rattraper pour – il n'est pas sûr – la ramener à la raison, lui faire voir la destruction, l'encourager à tout raser pour mieux rebâtir après ? De toute façon, peu importe. Même dans le rêve, il le sait. Tout ça s'est déjà joué, les dés sont jetés depuis longtemps et bien qu'ils roulent et roulent depuis quatre ans, lui seul est responsable de les avoir lancés. Lui seul aurait pu empêcher Éliane de déclarer la guerre aux Sabès et il ne l'a pas fait. Dans son rêve, Éliane tourne et tourne encore sur elle-même et la ville tourne avec elle. Lorsque tout s'effondre dans une dernière flambaison, seul reste les cendres et la fumée.

L'odeur de la lampe à huile que portait la cavalière de tout à l'heure chatouilla les narines de Roland jusqu'à le tirer du sommeil. La grande femme se tenait gauchement dans l'entrée de leur chambre, les bras chargés.

« Bonsoir, dit-elle, en retenant tout juste une couverture de glisser.

– Bonsoir », répondit-il.

Elles se fixèrent un instant du regard, sans dire un mot, avant que la cavalière ne s'avance enfin.

« Toyin m'a fait vous porter ça. À manger, à boire et de vraies couvertures. Et puis un peu de lumière. Je suis de garde au bout du couloir, après les escaliers, si vous avez besoin de toilettes ou de bain, je peux vous guider. »

Elle fit un pas dans la chambre, tendit les bras vers Roland jusqu'à ce qu'il se décide à se lever.

« Merci ?

– Darya.

– Merci, Darya », s'inclina-t-il, avant de lui prendre une partie de son chargement des mains.

Les deux bols qu'elle portait entre son coude et sa poitrine étaient froids, mais sentaient bon le safran, la grenade et le riz. L'estomac de Roland gargouilla malgré lui. Il lui sembla soudain qu'il n'avait pas mangé à sa faim depuis leur départ de Nordeau, que leur course continuelle lui avait fait oublier la satiété, comme elle lui avait fait oublier le repos. Il chercha vainement un endroit où poser ses précieuses gamelles dans le dénuement austère de la cellule, conclut très vite qu'il fallait mieux les garder à la main. Darya déposa la lampe à huile dans la niche préposée, étendit délicatement les couvertures sur Myrddin, jusqu'à le cacher totalement à leur vue. Puis elle tendit un sachet de tissus à Roland.

« Pour sa blessure. »

Le prince hocha la tête, ne sut pas quoi faire des bols et finit par désigner ses genoux du menton. Avec hésitation, Darya y déposa la trousse. Puis elle fit oui de la tête plusieurs fois, se frotta les mains et sortit de la pièce en refermant la porte derrière elle. Roland resta, presque, seul, dans la cellule au parfum d'océan, la bouche pleine de salive et les mains pleines de riz. Il finit par poser l'un des bols sur le lit à côté de sa cuisse. Il vida l'autre sans prendre le temps de respirer, engloutit chaque pincée de riz parfumé comme si c'était la première et la dernière qu'il avalait. Lorsqu'il eut terminé, il n'avait plus faim et plus mal au ventre, pour les mêmes raisons, et pourtant, cela lui parut le repas le plus satisfaisant qu'il ait eu l'occasion de manger depuis longtemps. Il posa son bol vide au sol. Après le réconfort venait l'effort.

Sous le tas de couverture soigneusement construit par Darya, Myrddin suait beaucoup, pour un homme déshydraté. Roland ôta plusieurs couches de tissus, en fit des coussins, un pseudo matelas et même un rideau contre le vent froid et mouillé de l'océan, avant d'ouvrir le peu qu'il restait de la chemise du mage et de s'occuper de sa blessure. Myrddin reprit connaissance comme il terminait.

« Ah, soupira le mage, on a encore changé de décor.

– Oui. Voici notre hébergement à Soufeu, pour cette nuit au moins.

– Quel luxe. Pourquoi suis-je enterré vivant sous des couvertures ? »

Roland en repoussa encore une et le magicien se redressa sur les coudes, ce qui ne fit rien pour ses traits tirés et la sueur les maculant.

« Excès de zèle, je crois. Mais un peu de confort ne peut pas te faire de mal.

– Je doute, grogna Myrddin en s'asseyant difficilement, que quoi que ce soit puisse me faire plus mal que ce trou dans la poitrine. »

Il tâta le nouveau pansement du bout des doigts.

« C'est moche ? »

Pour toute réponse, Roland se contenta d'installer plus confortablement leur débauche de couvertures autour du blessé. S'il laissait la bride à sa fatigue, il pourrait revoir chaque état de la blessure du mage, de la première fois où il l'avait pansé avec sa chemise découpée en lanière, à une minute auparavant où il avait remplacé ses soins de fortunes par du meilleur matériel. Il tendit son bol de riz à Myrddin, le regarda manger de minuscules bouchées.

« Où as-tu appris la magie ? »

La question lui avait échappé, plus adressée au vide qu'au mage lui-même. Myrddin le dévisagea longuement avant de hausser les épaules, comme acceptant soudain qu'ils étaient arrivés au même point, dans le cheminement de leurs réflexions.

« Tu veux savoir d'où je viens, Roro ? Tu veux connaître l'histoire de Myrddin aux doigts de feu, le magicien de la reine Maude ? »

Il se redressa autant que la douleur et sa blessure le lui permettait, s'adossa au mur de leur chambre qui était une cellule, posa sa nourriture de côté et plongea son regard dans celui de Roland.

« Alors écoute. Je viens d'un pays si lointain que tu ne pourrais jamais l'atteindre, même si tu voyageais tout le restant de ta vie. Le vent, là-bas, charrie des graines qui prirent racine dans mes poumons et grandirent à travers ma mémoire, pour que jamais je n'oublie le parfum de cette campagne. Je me souviens. Le synclinal au pied duquel s'ouvre la vallée de mes mères, leur maison, leur voisine, la forêt qui l'entoure et celle dont elles ont la garde. Je me souviens. »

Ainsi, il commença.

Éclat d'Abhel

Tout début du printemps, an 3557 de l'Archipel. Fin de rabi, an 1 du mandat de Philoksènie

Le chemin qui la sépare du sommet du Marapi est d'une brièveté décevante. En quelques enjambées à la fois assurées et incertaines, Abhel franchit la pente caillouteuse et se retrouve tout en haut. Il n'y a, tout autour d'elle, qu'une vaste étendue de nuages, une mer grisâtre et pluvieuse dont elle émerge seule, sans Saté. Sa monture est demeurée en retrait du sommet. Il ne lui appartient pas de gravir le volcan endormi. Par ailleurs, songe Abhel, c'est une chèvre, elle n'a que faire des vieilles puissances telluriques.

« C'est tout à fait vrai. »

La voix a jailli sans prévenir, ronde et caverneuse, suave et puissante, et la surprise secoue tant Abhel qu'elle tombe à genou.

« Pardon. »

De nouveau, la voix résonne à ses côtés. Elle est si forte, si présente, on s'étonne presque de ne pas la voir s'incarner en une silhouette de roche, là, au sommet d'elle-même. Mais le Marapi n'a pas besoin de pseudo-humanité pour exister, il est suffisamment vieux, suffisamment large pour se suffire à lui-même. Ses racines plongent loin dans le manteau de la Terre, s'irriguent au feu du noyau central, ses pentes contemplent le ciel depuis des temps immémoriaux.

Abhel s'assoit en tailleur, le dos bien droit, et ferme les yeux. Ça ne sert à rien de scruter autour d'elle, son interlocuteur se trouve sous ses pieds. Et puis, le vaste océan de nuées est un peu éblouissant.

« Bonjour, seigneur Marapi.

– Bonjour, petit être. Pardon de t'avoir surpris, je t'attends depuis longtemps. »

Cela tire un sourire à Abhel.

« Oui, je suis désolée. J'ai eu un peu de mal à comprendre le chemin à emprunter. D'expérience, je n'aurai pas cru que ce serait aussi… simple. »

La terre tremble en un rire sous ses fesses, elle doit poser une main au sol pour se rassurer, trouve les pierres tièdes, comme une peau, comme un corps.

« C'est vrai, reprend le volcan, tu as déjà rencontré mes sœurs, le Ravin et la Falaise. Elles ont un bien plus mauvais caractère que moi et ce qui vaut chez elles vaut rarement chez moi. Tu ne t'es pas encombrée de l'épée et du baudrier, je vois. Tant mieux. À mon avis, ils sont inutiles à ton voyage. »

Abhel acquiesce, sans chercher à savoir si le Marapi peut ou non le voir.

« Je les ai laissés au monastère. C'est… compliqué, de savoir ce que je dois en faire. Je ne comprends pas s'il faut que je les fasse miens ou si je dois les jeter dans la mer de l'Archipel et les regarder couler. »

Le volcan rit de nouveau, un léger roulement de ses roches, un tressautement dans les gravillons qui le couvrent.

« Je ne crois pas que tu doives quoi que ce soit. C'est à toi qu'ils ont échu, toi seule décides. Il n'y a pas de bonne ou de mauvaise solution, petit être, juste ce que tu feras. Je laisse les considérations morales aux mortelles, autant que je le peux. Nous les rocs, les sédiments, les forces tectoniques de la naissance du monde, le bien et le mal cela ne nous concerne pas. »

Lentement, Abhel se laisse aller en arrière, s'allonge contre la pierre tiède, ouvre grand les bras, comme si elle pouvait recevoir l'immensité du ciel entre ses côtes.

« D'accord. Et maintenant que je suis là, qu'est-ce qui va se passer ? Qu'est-ce que je vais découvrir ?

– Ce que tu veux. Je connais bien des secrets, mais ne détiens aucune vérité. J'ai en mémoire la très longue histoire de cet univers, mais les autres me restent inconnus. Malgré tout mon savoir, je ne sais pas grand-chose. Que sais-tu, toi ?

– Encore moins que toi.

– Ah oui ? C'est qu'il te reste beaucoup à apprendre alors, petit être. Quelle chance ! »

Abhel rit. C'est bien la première fois dans sa vie mouvementée, qu'elle rencontre autant de gens décidés à la laisser choisir. Shamir, Shinsuke, l'Abbesse, et même le mont Marapi. S'en devient presque accablant. Elle espérerait presque recevoir un véritable conseil et non pas des remarques cryptiques.

« Je veux visiter Sangrisca et rencontrer Olivia en chair et en os.

– Beau programme, gronde le volcan sous elle. Je n'ai aucune idée de qui sont ces personnes, mais si c'est là où tu veux aller.

– Et ensuite, poursuit Abhel, je vais retourner à Sarda. »

Un souffle de vapeur s'échappe des entrailles du volcan, s'élève brusquement dans le ciel et traîne son panache au-dessus d'Abhel avant de se perdre dans une brise d'altitude. La terre ronfle sous elle. Le Marapi acquiesce de toutes ses profondes racines terrestres.

« Mais tu n'es pas venue pour mon approbation, n'est-ce pas petit être ?

– Non, non, bien sûr. Seulement, j'ai quelques questions. Et je pense qu'il n'y a que toi pour y répondre.

– Généralement, les gens en ont trois. Mais, vas-y, demande donc. »

Il faut à Abhel quelques instants pour mettre de l'ordre dans ses idées, formuler ses interrogations. C'est qu'elle ne veut rien oublier et que tout cela lui trotte depuis trop longtemps sous le crâne.

« Comment vont Brigandine, Berhane et le reste des cavalières de Sarda ?

– Beaucoup ne sont plus que cendres. Certaines ne sont plus cavalières. D'autres encore, cherchent un nouveau chemin, pour elles comme pour Sarda. Brigandine et Berhane sont de ces dernières.

Abhel hoche la tête avec lenteur.

« Est-ce que… – une déglutition douloureuse – est-ce que j'étais vraiment choisie par la Dame pour porter Lunde et Baldré ? Ou est-ce que ce n'était que la volonté du magicien ?

– Il n'y a pas de destin, petit être, il n'y a que ce que tu veux faire et les moyens que tu te donnes pour y arriver.

– Si je retourne en Sarda, quelles seront les répercussions ? »

Un nouveau rire grondant agite la terre sous elle.

« Je ne peux pas savoir, tu n'y es pas encore retournée. »

Un frisson fait danser les cailloux autour d'elle. Les fumerolles se multiplient, un vent chaud se lève et secoue ses longs cheveux blancs. Malgré les nouvelles inquiétantes apportées par le volcan, c'est tout l'inverse de ses précédentes aventures avec les anciennes forces telluriques du monde, à un tel point qu'un vertige manque de la saisir. Il fait bon au sommet du Marapi, il n'y a aucun courant contraire cherchant à la faire chuter, l'énergie douce et séculaire ne cherche pas à réveiller la colère qui sommeille en son sein. Si elle avait le temps, si elle n'était pas pressée, elle pourrait rester allongée à même la pierre tiède de la montagne et se laisser bercer. S'endormir pour un peu d'éternité.

« Voilà, petit être. Tu sais tout ce que je sais. »

Abhel est déjà debout. Le monde tourne autour d'elle un instant, immensités de bleu et de nuages qui se confondent le temps que passe son vertige. Puis, elle est seule. Rien n'a changé, il n'y a eu aucune manifestation ostentatoire, mais elle sait que le Marapi s'est retiré.

« Merci », lance-t-elle tout de même au ciel.

Elle quitte le sommet du volcan, retrouve la compagnie silencieuse et caprine de Saté et prend le chemin du retour, vers le monastère et sa prochaine aventure.

Les deux Gardiens et leur charge quittèrent l'Archipel avec un peu de regret et beaucoup d'impatience. Elles rassemblèrent leurs affaires, sellèrent leurs chèvres de monte. L'abbesse leur fournit victuailles pour la route et bénédiction pour le voyage.

Le trajet du monastère jusqu'à la côte parut à Abhel aussi interminable que fugitif. La jungle, les rizières, les potagers de choux, d'aubergines et de piments, les bananiers et les cacaoyers, tout le paysage de l'île défilait autour d'elle pour la dernière fois avant longtemps. La régularité des champs, les canaux chantants aux bordures envahies de fougères et de mousses, la brusque chute de la nuit le soir, tout cela allait lui manquer terriblement. Peut-être ne regretterait-elle pas la chaleur humide qui collait à la peau, pressait sur les épaules des habitantes son poids étouffant. Mais les goûts, les odeurs, le chœur d'oiseaux et d'insectes de la forêt vierge, qui l'avaient entourée tel un cocon depuis son arrivée sur l'Archipel, encore meurtrie de tout ce qui s'était passé à Sarda. Y penser, encore maintenant, quatre ans plus tard, suffisait à la mettre dans une humeur massacrante. Aussi préféra-t-elle, tandis que le village portuaire et ses plages de sable noir s'annonçaient au loin, rattraper Shamir et Shinsuke et écouter les vers qu'ils improvisaient.

Si en descendant ,
Les flancs du Marapi
Tu regardes longuement
Cet azur infini
Alors les flots audacieux
Qui à l'horizon
Se fondent dans les cieux
Tes paupières baigneront
Et tes yeux ils noieront.

La cité côtière de Pelagos, le havre aux mille courants, la Nacre Bleue, la ville de sel et d'os, leur offrit d'abord sa silhouette d'immeubles et de hangars découpée en ombres devant les falaises qui la couronnaient, illuminée par mille lampes, mille lueurs lointaines. Puis son port jaillit de l'horizon. Les quais de pierres dorées, les jonques aux voiles multicolores, les bateaux de pêcheurs revenant ou partant pour le large, toute la frénésie de l'activité portuaire, s'offrirent à leurs regards. Puis elles entrèrent dans la rade et le détail des façades, les couleurs des volets, les vêtements des habitantes se révélèrent à elles. Abhel tremblait d'impatience et d'appréhension. Il n'y aurait plus de retour en arrière possible une fois qu'elles auraient mis pied à terre. La capitaine avait été très claire : elle repartirait dès qu'elles seraient descendues. D'autres affaires l'appelaient à travers l'océan et l'Archipel, des affaires qui ne souffraient les indécisions de personne.

Abhel quitta donc l'océan presque à regret. Lorsque leur sampan les déposa sur les quais bondés de Pelagos, elle hésita un dernier instant, éprouva son courage à descendre comme à rester à bord, puis un regard de la capitaine la poussa en avant. Elle débarqua dans les Plaines. La foule pélagienne l'entraîna immédiatement dans la danse effrénée de son quotidien et elle dut s'accrocher aux rênes de Saté pour ne pas être emportée par le courant.

« Que veux-tu faire ? lui demanda Shamir lui aussi arrimé à sa monture. Visiter Pelagos ? Ou poursuivre notre route ? »

Un marchand pressé les bouscula, interrompant toute réponse. Un autre heurta Shinsuke et fut projeté hors de sa trajectoire initiale par la force de l'impact. L'affluence sur le port dépassait tout ce qu'Abhel n'avait jamais vu, les flots de passants semblaient prêts à noyer les nouvelles arrivantes, la cité avait disparu derrière sa population. Il leur fallut manœuvrer contre la marée pour rejoindre une ruelle plus apaisée et retrouver un soupçon de calme.

« C'est ça une cité libre ? balbutia Abhel, appuyée contre sa chèvre, essoufflée par leur traversée de la foule.

– Bienvenue dans les Plaines, répondit Shamir en haussant les épaules. Tu verras, tu auras tout ton saoul de solitude lorsque nous traverserons la savane pour rejoindre Sangrisca.

– Ça va prendre combien de temps ?

– Au moins dix jours, si l'on trouve une caravane qui part aujourd'hui. Sinon, j'ai peur que les prochains départs ne se fassent après la saison des pluies… »

Abhel écarquilla les yeux de panique.

« Après la saison des pluies ? Mais elle dure trois mois ! Et après toutes les Plaines sont inondées ! On n'arrivera jamais... »

Shinsuke posa son immense main sur la tête de sa charge, enveloppant son crâne de tous ses doigts, et la fit pivoter vers lui.

« Rappelle-toi, Abhel-san, nous sommes tes Gardiens. Dans l'immédiat, ton chemin est notre chemin. Si tu décides d'aller à Sangrisca, alors nous te mènerons à Sangrisca. Si tu changes d'avis en cours de route, alors nous bifurquerons avec toi. Si tu veux retourner au monastère, alors nous ferons demi-tour. Il n'y a pas de mauvais choix. Dis-nous ce que tu veux faire et nous nous donnerons les moyens que tu y arrives. »

Ce fut au tour de Shamir de s'approcher et de lui faire face.

« Allons voir au caravansérail. Il ne sert à rien de redouter ce que l'on ignore, il faut avoir quelque certitude pour s'inquiéter ! »

Et elles replongèrent dans la foule.

Le cœur de Pelagos n'était pas aussi surpeuplé que ses quais. Rapidement, et malgré une masse toujours compacte d'habitantes, voyageuses, touristes, commerçantes, Abhel put marcher à côté des Gardiens sans se cramponner à Saté ou Shinsuke.

« C'est la fin de la saison de rabi, raconta Shamir, quand leur petit groupe atteignit les faubourgs extérieurs de Pelagos. Les dernières récoltes de fenouil, de blé, de sésame vont partir pour les autres cités et pois chiche, oignons, tomates vont arriver en retour. Ensuite, ce sera le début de kharif. Dans l'Est, ils doivent même déjà avoir commencé l'installation des rizières.

– Est-ce qu'on va voir des dragons-rubans ? demanda Abhel. Si les pluies arrivent ?

– C'est possible, c'est possible. »

La réponse indécise du Gardien ne fit rien pour contenter la curiosité grandissante de sa charge. Tandis que le caravansérail se précisait au bout de l'avenue, elle accéléra le pas, comme pour rattraper, avant même qu'il ne soit parti, leur convoi potentiel. La sortie nord de Pelagos était loin d'être moins active que le reste de la cité portuaire. Même si les quais bondés de la Nacre Bleue restaient l'impression de foule la plus marquante de l'existence d'Abhel, les abords du caravansérail n'étaient pas en reste. Des files bien ordonnées de marchandes et de marchandises formaient des haies en étoile devant chaque porte donnant accès à l'intérieur du bâtiment de brique ; leurs oiseaux de trait, leurs chariots débordants de denrées, les tétras colorés roucoulant à leurs pieds, toutes s'alignaient sagement et patientaient dans le calme. Lorsque les Gardiens, Abhel et leurs chèvres arrivèrent, pourtant, une rangée de regards acérés manqua de peu les clouer sur place. Sans protester, les nouvelles arrivées rejoignirent la file la plus proche et l'attention des marchandes retourna au bureau de douane.

« On va avoir besoin de papiers ? » s'inquiéta Abhel.

L'officier, assis sur un tabouret devant l'arche obscure menant aux entrailles du caravansérail, des lunettes sur le nez, lorgnait avec attention les passeports et les lettres de créance qu'on lui présentait.

« On va bien voir », répondit Shinsuke en haussant l'altitude de ses épaules.

Sa nonchalance réveilla derechef l'inquiétude d'Abhel.

« Mais je n'ai rien que je puisse montrer à un employé municipal ! » s'obstina-t-elle.

Elle posa une main sur le paquetage de Saté, où se dissimulaient l'épée et le baudrier qui la suivait partout. Peut-être leur valeur historique vaudrait pour le passage de leur propriétaire ? Mais était-ce là le destin de Lunde et Baldré ? Finir dans les coffres des douanes-libres ?

« Ne t'inquiète pas, lui répondit Shamir, tout va très bien se passer. »

Effroyablement, la file qu'elles avaient choisi avançait très vite, si bien que leur troupe se retrouva bientôt devant le tabellion sur son tabouret.

« Trois personnes et trois animaux de monte ? demanda-t-il tout en griffonnant une série de symboles sur son écritoire.

– C'est cela », répondit le petit Gardien.

L'officier leva la tête. Le soleil de l'après-midi lança sur ses lunettes des reflets scintillants où apparurent brièvement deux silhouettes cornues de couleurs vives. Abhel se tourna vers ses compagnons. La lumière l'éblouit à son tour et elle dut cacher ses yeux de sa main. Entre ses doigts, pendant un instant, se tinrent deux démons dentus et grimaçants. Puis le ciel se couvrit d'un filet de nuages et ses deux Gardiens lui sourirent. L'employé de Pelagos cligna plusieurs fois des yeux, ôta ses binocles pour en nettoyer les verres, regarda fixement les trois comparses et leurs chèvres.

« Oui, dit-il.

– C'est tout bon ? » demanda Shamir.

Un hochement de tête.

« Oui, bien sûr, allez-y.

– Merci beaucoup, brave homme. »

Elles pénétrèrent dans le caravansérail.

Nordeau

« À quoi tient la richesse d’une citadelle ? À ses bâtiments ? Offaze, dans sa grande sagesse, sa folie créatrice, a fait les quatre demeures de l’ordre aussi différentes que possible. À ses terres ? Leur étendue dépend tellement des aléas de l’histoire, des dons des seigneurs qui l’entourent, de la générosité de ses ouailles. À ses habitantes, alors. C’est la proposition que je vous soumets. La richesse d’une citadelle se mesure au bonheur de ses habitantes, celles qui sont et celles qui arrivent, les adoptées comme celles de naissance. Toutes ensemble portant le passé et l’avenir de leur foyer, elles sont un trésor et un don. »

Extrait du discours d’Armoise d’Estari, maîtresse-herboriste, lors de la fête du solstice d’hiver, an 1003.

L’alerte leur parvint à l’aube, avec les premières lueurs du jour, comme il se doit. Brigandine regardait la plaine depuis les remparts de Nordeau, observait particulièrement la course des deux vorombes qui gravissaient le chemin à flanc de montagne jusqu’à la citadelle. Il aurait peut-être fallu qu’elle s’inquiète, qu’elle prévienne ses collègues rebelles. À quoi bon ? Deux pauvres soldats sabès seraient bien incapables de venir à bout des membres de la résistance résidant entre ces murs et deux voyageuses n’y verraient que des ruines inhabitées, grâce aux illusions du mage. Penser à Myrddin tordit ses traits de colère et de mépris. Elle avait tant prié pour qu’il ne revienne pas de l’expédition de Lorcan, qu’il périsse là-bas avec Roland, que seule l’élue victorieuse regagne Nordeau. Maintenant, dix-huit jours après le départ du groupe, ses prières lui semblaient bien cruelles. Elle s’en était remise à la Dame aussi, à l’époque. Elle l’avait supplié de libérer Sophie

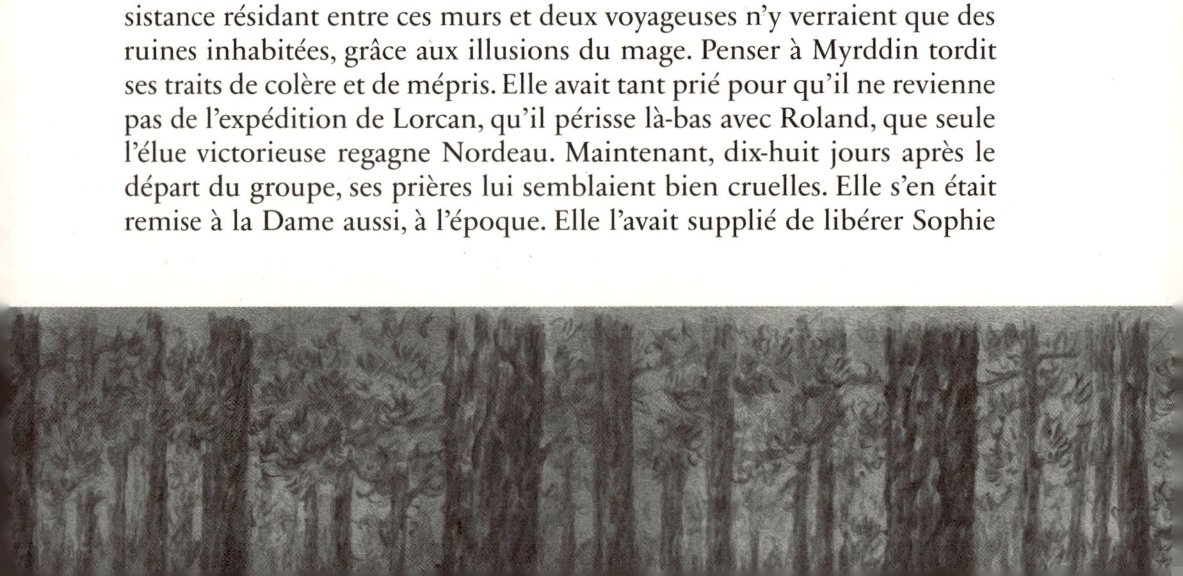

des machinations d'Éliane, de Myrddin, de Frêne. Elle avait été exaucée, en un sens. Elles ne s'étaient pas revues depuis quatre ans.

Les deux silhouettes montées avaient parcouru plus de la moitié de l'ascension. S'arrachant à ses ruminations, Brigandine rejoignit un point d'observation plus propice, un coin de rempart d'où elle avait une vue imprenable sur la route. Il n'y avait aucune hésitation dans la course des deux arrivantes. Elles poussaient leurs montures au paroxysme de leur vitesse, lançaient parfois des regards vers leur destination, sans pourtant que Brigandine puisse reconnaître leurs visages dissimulés sous leurs capuches. L'élue fronça les sourcils. Tout, dans l'attitude des inconnues, montrait une urgence inquiétante et une connaissance des lieux plus alarmante encore. Car si ce n'étaient pas des intruses qui se précipitaient ainsi à leur porte, alors ce ne pouvait être que des alliées. Et leur alarme ne pouvait signifier qu'une chose.

« Adèle ! »

Brigandine tourna les talons avant même que l'éclaireuse ne l'ait rejoint.

« Oui, Bri. »

Elles descendirent les escaliers quatre à quatre.

« Va chercher Berhane. Et Thulile et Nisha. Et Ife, aussi. Dis-leur que c'est une urgence.

– Très bien. »

Elles arrivèrent au bas des marches.

« Qu'est-ce qui se passe ? » demanda l'éclaireuse.

La même expression de concentration sérieuse formait un masque tranquille sur les traits d'Adèle, pourtant, un discret froncement de sourcil venait ternir sa retenue habituelle. Elle avait senti l'inquiétude de la Matriarche. Brigandine ne voulut pas lui mentir.

« Je pense que nos semaines de tranquillité touchent à leur fin. Dépêche-toi, nous n'aurons droit à aucune avance. »

Pendant qu'Adèle disparaissait à l'intérieur de la citadelle, Brigandine porta deux doigts à sa bouche et siffla longuement une note aiguë. Elle n'eut pas besoin de le voir pour savoir que Barat l'avait entendu, que le dragon s'était éveillé et qu'il ne tarderait pas à la retrouver. Elle rejoignit les rebelles gardant la grande porte de Nordeau.

« Brigandine, commença l'une d'elles, il y a deux voyageuses en approche…

– Je sais. Ouvrez les portes. »

Avec un grincement à la hauteur de leur âge mémorable, les deux battants de bois pivotèrent sur leurs gonds et s'ouvrirent sur la nuit. Une rafale glacée s'engouffra immédiatement entre les murs du hall d'entrée, vint balayer la poussière au sol, souleva dans sa course les capes et les manteaux. Puis la cavalcade des vorombes leur parvint et les deux cavalières surgirent de l'obscurité. Par précaution, Brigandine tira son épée du fourreau, donna quelques coups dans le vide, fit jouer son poignet. Les sentinelles à ses côtés l'imitèrent.

Adèle reparut accompagnée.

« J'ai trouvé Berhane et Ife, mais ni Thulile, ni Nisha, expliqua l'éclaireuse.

– Elles m'ont dit vouloir descendre surveiller la plaine hier soir », ajouta l'élue à ses côtés.

Brigandine ne quitta pas la route des yeux, scrutant les ombres, les doigts serrés autour de la garde de son arme. Soudain, elle rengaina.

« Ce sont elles », précisa-t-elle devant l'air surpris des autres rebelles.

Les deux arrivantes étaient désormais suffisamment proches pour être reconnaissables. L'une d'elles avait perdu sa capuche, révélant le beau visage de Nisha. Elles firent piler leurs montures au seuil de Nordeau, sautèrent à terre. Thulile se précipita vers l'élue et la Matriarche.

« Je suis bien contente de tomber sur vous ! »

Elle s'interrompit pour reprendre son souffle, fut rejointe par Nisha qui prit le relais de leurs explications.

« Elle sait, l'ambassadrice sait où nous sommes, elle arrive. Les Sabès arrivent sur Nordeau.

– Quoi ? »

La question avait fusé de plusieurs bouches à la fois, mais pas de Brigandine. Elle en avait assez entendu. Soit Lorcan et ses deux acolytes avaient échoué, soit on les avait trahis. Le résultat était le même : il fallait quitter la citadelle au plus vite.

« Trois bataillons de lachnidés et quatre escadrons de buprestes, à une demi-journée de marche pas plus, poursuivait Thulile. Ils seront là avant midi.

– Il faut évacuer Nordeau », renchérit Nisha.

Brigandine n'eut pas besoin de la regarder pour deviner l'expression outrée de Berhane.

« Mais c'est bien trop tôt ! s'exclama l'élue de façon prévisible. Nous devions rester encore plusieurs semaines, rien n'est prêt ! Les blessées, les malades, nous ne pouvons pas déjà les renvoyer dans la forêt...

– Berhane il n'y a pas le choix, rétorqua Nisha. Nous ne faisons pas le poids devant autant de lachnidés ! Et c'est sans parler des chevaliers buprestes, ils vous abattront comme des mouches si vous sortez avec vos dragons. »

Elle se mordit les lèvres à la fin de sa tirade et Brigandine devina aisément ce qu'elle s'apprêtait à ajouter. Ils vous abattront comme des mouches, comme ils l'ont fait au début de la guerre, comme ils l'ont fait quand vous avez perdu.

« Nous ne sommes pas obligées de leur foncer dessus tête baissée ! s'entêta Berhane. Nous avons une position élevée solide, des murs épais pour nous protéger, une vue dégagée de leur arrivée, clairement ils ne pourront pas nous déloger.

– Ce n'est pas le problème, répondit Thulile avec une véhémence peu coutumière. Elle sait, Berhane, elle sait que nous sommes là, ici, entre ces murs. Il n'y a plus d'action secrète, plus d'attaque-surprise, il n'y a même plus de cachette ! »

Elle criait, à la fin. Nisha posa une main apaisante sur son épaule, que Thulile s'empressa de saisir.

« Mais la magie de Myrddin nous cache, poursuivit Berhane. S'ils montent jusqu'ici, ils ne verront qu'une forteresse vide. »

Il était ironique, mais superbe, pensa Brigandine, que le ciel choisisse ce moment-là pour exploser. Une gerbe d'étincelles multicolores éclata à travers la nuit, retomba en pluie iridescente sur la citadelle, révéla l'immensité du champ stellaire aux rebelles ébahies. Il leur fallut quelques instants de surprise éberlués avant de comprendre ce qui se jouait sous leurs yeux. Les illusions du mage venaient de s'évaporer.

Brigandine s'avança avant que quiconque ne se ressaisisse.

« Il faut partir. »

Elle ne se laissa pas éprouver un regain de culpabilité, lorsque sa sœur cavalière lui lança un regard déçu. Elle enterra sa honte tout au fond de sa poitrine, avec sa peine et sa rage, et reprit la parole.

« Toute notre force repose sur l'impossibilité, pour Zénobie, de nous mettre la main dessus. Elle ne sait pas où nous allons frapper, où nous allons fomenter une rébellion, où nous allons détruire une de ses précieuses mines. Nordeau ne devait jamais devenir un refuge permanent. Il faut simplement avancer le plan prévu »

Berhane ouvrit la bouche. La referma. Chercha du soutien du côté d'Ife. Sans succès. Elle leva les yeux vers le plafond abîmé, les murs ayant perdu leur enduit, les pavés disjoints du sol. Bri savait parfaitement les sentiments qui la traversaient. Une cavalière appartenait toujours à sa citadelle, que la mer recouvre le désert du sud ou que la forêt de la Dame brûle entièrement, que les glaciers étouffent les montagnes du nord ou que les mines dévorent l'Est dans son intégralité. Même à l'autre bout de Sarda, même alors qu'il ne restait que des ruines de son foyer, elle sentait comme une piqûre de vive, une brûlure de méduse, sous son sein gauche, à chaque fois que l'image d'Ousterre se rappelait à elle.

Elle évita soigneusement de regarder Berhane, se tourna avec résolution vers Thulile et Nisha, mit les mains sur les hanches pour se donner du courage et de l'envergure.

« Il faut rassembler tout le monde dans la cour, former des convois de petites tailles avec toutes les invalides en premier et commencer à fuir dans la montagne. Nos meilleures monteuses pourraient prendre quelques vorombes et partir par la vallée du Drac, elles pourraient attirer une partie des Sabès tout en se garantissant une sortie facile sur le plateau.

– Ça pourrait suffire, soupira Ife, mais même en nous dispersant dans les hauteurs, comment empêcher Zénobie de nous poursuivre ? Nous avons l'avantage du terrain, mais contre un tel nombre... »

Adèle s'avança.

« Je vais donner l'alerte, commencer à rassembler tout le monde. »

Berhane, semblant ragaillardie, acquiesça.

« Très bien. Commence par vider l'infirmerie et fais emporter le maximum de matériel médical. Thulile. Ife. »

Elle se tourna vers la guerrière et la cavalière.

« Rassemblez les réserves de poudre dans les souterrains. »

Les trois femmes s'empressèrent de disparaître. Un soupir las de Berhane fit relever la tête à Brigandine. Un défaitisme inhabituel faisait grimacer la cavalière de Nordeau.

« Je pense, expliqua-t-elle, qu'il faut s'inspirer de nos tactiques usuelles.

– Comment ça ? »

Un frisson parcourut Brigandine quand Berhane se tourna entièrement vers elle, l'œil brillant, de peur ou de courage.

« Faisons comme avec Roland. Envoyons un leurre. »

Bri se mordit la lèvre. Ce que Berhane suggérait, ce qu'elle proposait de faire...

« Je ne… – Nisha écarquilla les yeux – Tu veux dire que… Non ! On a déjà perdu une élue, on ne peut pas se permettre de perdre l'autre ! Et qui va diriger pendant ton absence ?

– Ça pourrait fonctionner, raisonna Brigandine, Zénobie adore une bonne partie de chasse, et avec l'explosion...

– Je pourrais nommer des représentantes, poursuivit Berhane. Tu pourrais prendre le relais, Nisha, tu secondes Lorcan depuis suffisamment longtemps pour savoir comment…

– Non ! »

L'exclamation de Nisha mit fin à leurs spéculations. La guerrière tremblait de colère contenue, le regard teinté de mépris et de déception. Brigandine accusa le coup.

« Nisha, commença-t-elle.

– Non, la coupa à nouveau la rebelle. Ce n'est pas le contrat qu'on a passé, vous, Lorcan et toi là, et nous autres. On a voté pour vous. J'ai voté pour vous. Vous n'avez pas le droit de partir en voyage et de nous laisser derrière. Vos responsabilités d'élues vous en empêchent.

– Ce n'est pas ce que je suggérais, protesta Berhane.

– Et alors ? Le résultat est le même. Tu veux nous abandonner comme Lorcan nous a abandonnées ? Comme Myrddin et Roland nous ont abandonnées ? »

Bri s'avança pour répondre, Nisha la coupa dans son élan.

« Non. Toi, ne dis rien. Ne cherche pas à te justifier, tes excuses ne m'intéressent pas. Tu aurais dû la retenir, tu aurais pu venir nous chercher. Mais non, tu lui as donné ta bénédiction. Au nom de quoi ?

– Nisha…

– Au nom de quoi, Brigandine ! »

Un silence pesant tomba sur leur assemblée. Les rebelles aux alentours s'étaient immobilisées, le bruissement d'activité de la citadelle s'était tu. Colère et honte formaient un maelstrom assommant dans le crâne de Bri, la culpabilité qu'elle avait tenue à distance depuis que Berhane avait découvert le départ de Lorcan revenait en force nouer des tensions dans ses intestins. Il n'y avait eu de calme, pour son âme, que la première journée passé entre les murs de Nordeau. Dans la familiarité de l'organisation cavalière, l'accalmie suivant la bataille, les festivités improvisées par les rebelles, elle avait pu respirer pleinement de nouveau. Puis Lorcan avait choisi de partir et Bri avait choisi de la laisser aller et la sérénité l'avait déserté pour de bon. Aucune paix ne serait possible, pour Brigandine d'Ousterre, tant que les Sabès occuperaient Sarda. Il n'y avait donc qu'une seule solution.

« J'irai », dit-elle.

Berhane eut la bonté de ne pas paraître surprise.

« Quoi ? aboya Nisha, toute encore à sa colère.

– C'est moi qui irais. Je vais attirer les Sabès loin de vous, pendant que vous fuyiez.

– D'autres devront aller avec toi, enchaîna Berhane sans marquer de pause. Il faut à tout prix convaincre les Sabès dans la plaine que c'est toute la résistance qui te suit.

– Il faudra au moins ça, acquiesça Bri, ça ne marchera que si nous arrivons à le faire croire que la majorité d'entre nous est en fuite vers l'ouest, pendant que vous vous faufilez par les montagnes à l'Est.

– Qui vas-tu emmener avec toi ? lui demanda Nisha. Elles seront tout aussi en danger, celles qui t'accompagneront. »

Elle haussa les épaules. En son sein, l'inquiétude et la culpabilité reculaient face à une conviction toujours plus forte. Il n'y avait pas d'autre chemin possible pour la Matriarche d'Ousterre, que celui qui s'ouvrait devant elle.

« Je prendrai celles qui sont volontaires.

– Pour une mission suicide ?

– Il y en a toujours. »

Nisha fronça les sourcils, mais n'ajouta rien.

« Je suis désolée de te demander ça, poursuivit Brigandine, se tournant vers Berhane, mais je pense que nous devons échanger nos manteaux-tissés. »

Elle s'attendait à au moins un peu de protestation, de la part de sa sœur cavalière, à un mouvement de recul, une grimace d'inconfort. Mais non, la guerrière se contenta de hocher la tête, avant de détacher la broche de laiton qui retenait les pans de son manteau et de le faire glisser de ses larges épaules. Bri aurait pu la gifler. Une colère immense et brûlante s'éleva dans sa poitrine, qu'elle ne contint qu'au prix d'une grande inspiration et dissimula dans le retrait de son propre manteau. Pourquoi Berhane ne pouvait-elle faire son deuil comme tout le monde ? Ne pouvait-elle s'énerver, pleurer, se montrer égoïste dans son chagrin ? Descendre de son piédestal de pseudo-sagesse et rejoindre le reste d'entre elles, qui souffraient normalement ? Elles échangèrent leurs manteaux.

Les rouges et les oranges qu'elle avait tissés en une nuit, juste avant sa nomination en tant que Matriarche d'Ousterre, relevaient joliment le teint sombre et chaud de Berhane ; elle semblait presque drapée d'incendie. À l'inverse, les pastels rose et bleu du manteau de l'élue tombaient ternes et fades autour des épaules et du visage pâle de Brigandine. Elle se tint droite, résolument.

« Bien. Il n'y a plus de temps à perdre. »

Les trois femmes acquiescèrent de conserve.

« Que la Dame nous soit profitable. »

Jamais Bri n'aurait cru que quitter Nordeau lui pincerait autant le cœur. Pourtant, tandis que la citadelle s'éloignait sous le ventre de Barat, des émotions contraires foraient une pointe douloureuse sous son sternum. Pourtant , il y a des mois déjà, elles avaient décidé de vouer la forteresse à un destin plus tragique encore que ce nouvel abandon. Une poignée de cavalières et quelques rebelles civiles avaient accepté de la suivre. Elle s'envolait donc suivit de ses sœurs et de dragons supplémentaires qui retrouveraient ensuite leurs compagnes respectives, mais dont la présence, pour l'heure, ajoutait une touche de vérité au mensonge qu'elles tentaient de vendre aux Sabès. Elles prirent le temps de tournoyer lentement et longuement au-dessus des remparts de la citadelle. Malgré l'altitude, le soleil de l'après-midi les inondait de sa clarté brûlante, faisait suer leurs nuques, leurs aisselles, leurs dos. L'air était clair. En se dressant dans ses étriers, Brigandine pouvait voir, à l'Est, les limites de l'incendie et ses fumées jaunâtres, au nord, les sommets perpétuellement enneigés dominant Nordeau. Elle repoussa le manteau de Berhane dans son dos, s'essuya le front d'un revers de manche. Les rebelles à pied devaient avoir atteint la vallée. Et les Sabès semblaient les avoir repérées, si les minuscules silhouettes agitées de leurs cohortes avaient valeur d'indice. Ils semblaient à la fois si éloignés et trop proches, des murs de la citadelle. Loin au-dessous, cachées par la forêt, les rebelles poursuivaient leur échappée.

Brigandine pressa des talons sur les flancs de Barat. Dans un ensemble presque parfait, la nuée de cavalières descendit en piqué vers la plaine, essaim de guêpes de laine et de plumes, à la fois mortelles et vulnérables. La falaise filait sous elles, confusion de granit et de buissons, que la vitesse mélangeait en une tapisserie vert et brun. Les rémiges des dragons chantaient leurs sifflements de guerre. Le vent soulevait les manteaux-tissés pareil à des oriflammes. Tout avait commencé ainsi, il y a quatre ans. Les Sabès avaient passé le Ravin, ils encerclaient Ousterre. Elle s'était jetée dans la première bataille avec un abandon enthousiaste, comme si sa cape d'écuyère pouvait la protéger des plombs et des lances. Comme si rien ne pouvait atteindre Barat. D'une certaine façon, elle avait eu raison. Elle était rentrée de l'affrontement sans une égratignure, en compagnie d'une fraction des cavalières qui avaient mené l'assaut ce jour-là. Puis sa maîtresse était morte et tout s'était accéléré.

La plaine surgit sous elles. Elles suivirent les ondulations du paysage, passant de champs en rizières en bosquets. Devant, les Sabès se précisaient. Lorsqu'elles retrouvèrent leurs collègues pédestres, un bataillon de buprestes les avaient déjà rattrapées. Immédiatement, les dragons cherchèrent à retrouver de l'altitude, à se donner de la marge de mouvement, à mettre de la distance entre les bouches à feu et leurs ventres fragiles. Cinq des rebelles, déjà, gisaient au sol. Brigandine décrocha l'arbalète à sa selle, visa un premier Sabès. Le carreau brisa le demi-masque d'argile, transperça la joue et le crâne du soldat. Son dragon volta tandis qu'elle rechargeait son arme. Sans maîtresse-annonciatrice sur le champ de bataille, il s'avérait difficile pour les combattantes de coordonner leurs mouvements. Bri eut le temps d'apercevoir deux cavalières se gêner dans leur approche et l'une d'elles chuter lourdement à terre.

Puis, une arquebuse claqua, un hoquet secoua Barat et le sol se rua à leur rencontre.

Lorsqu'elle ouvrit les yeux, terreur et soulagement se bousculèrent de son cœur à sa tête en passant par sa gorge et elle manqua de vomir le maigre repas avalé ce matin. Elle était à terre, un genou pesait entre ses omoplates. Allongée à quelques centimètres, une cavalière dont les cheveux n'avaient pas fini de blanchir la regardait de ses yeux morts. Mais Brigandine le savait, le sentait, Barat était vivant, Barat était loin. Son dragon allait bien, ses propres cheveux ne tourneraient pas à la cendre.

« Préfet, que fait-on de celle-ci ? » demanda une voix juste au-dessus de sa tête.

Des pas pesants d'abord, puis des bottes renforcées de fer qui poussèrent le corps de la cavalière avant de se tourner vers Bri. On tripota le manteau-tissé de Berhane drapant encore ses épaules.

« C'est leur cheffe, conclut une nouvelle voix. On l'emmène.

– Et l'infanterie ? »

Plus loin, il y eu des gémissements, des cris, des coups.

« S'il vous plaît… »

Brigandine connaissait cette inflexion, même si tous les noms qu'elle n'avait jamais connus lui paraissaient actuellement hors d'atteinte.

« On ne peut rien tirer de leurs prêtresses, reprit la première voix, celle du préfet, mais ceux-ci feront de la main-d'œuvre pour les Comtés. Je vous les laisse, légat. Je dois ramener l'élue à son Excellence. »

Le genou dans son dos se fit plus léger, tandis qu'on tirait ses bras en arrière et attachait ses poignets. Les bottes devant son visage s'éloignèrent. La cavalière derrière elles réapparut. Comment s'appelait-elle, déjà ? Venait-elle d'Estari ou de Nordeau ? Pas d'Ousterre, sûrement, ou Bri s'en souviendrait. Non ?

On la souleva brusquement par les épaules, la chargea à l'arrière d'un fardier. Le ciel et le sol tournèrent autour d'elle, se firent un mélange confus et une déflagration déchira le monde. Autour d'elle, on hurla de détresse, on brailla des prières. La peur suspendit le temps. Puis le sol trembla violemment sous les coups de boutoir de morceaux de granit chutant de plusieurs centaines de mètres de haut. Une rebelle poussa un hourra courageux. Un sourire fendit, malgré elle, le visage de Brigandine. Difficilement, elle roula sur le côté. Une blessure neuve défigurait la face des falaises de Nordeau et, de la citadelle elle-même, il ne restait plus rien. Dans les Marches du nord, il n'y avait plus ni forteresse ni réserve de poudre pour prêter main-forte aux Sabès. Malgré cette perte, Bri trouva un grand réconfort dans la grimace épouvantée du légat, debout devant le chariot où elle reposait. Elle perdit de nouveau connaissance.

Geste d'Oihana

L'élue leur vient une après-midi, quand l'étrange assemblage de réfugiées que forment les restes de Cherchefeuille, avec les fuyardes en tout genre qu'elles ont récupérées en route, atteint les rives du lac de Passar. L'eau ouvre au milieu des champs un grand œil reflétant le ciel. Loin de l'autre côté, on aperçoit la forme vague du village-marché. Aucune jonque, aucune barque ne navigue sur le regard du lac.

La grand-mère cherche à convaincre ses petites-filles de se laver lorsqu'une femme poussiéreuse et fatiguée, suivie de deux vorombes tout aussi dépeignés, sort de la sapinière. Un premier mouvement d'inquiétude traverse les réfugiées, un demi-mouvement de recul, face à ce qui pourrait être une nouvelle menace. Très vite, ce réflexe s'apaise. La nouvelle venue n'est clairement pas sabès, elle en devient immédiatement une compagne d'infortune. Tant de pauvres hères ont déjà rejoint leurs rangs. Qu'elles quittent des villages abandonnés, les ruines de leurs maisons ou les bois de sapin, c'est du pareil au même. Oihana n'y pense déjà plus. Elle a suffisamment à faire avec sa guirlande de fillettes pour qui le lac est bien plus une grande mare pour jouer qu'un bain potentiel. La mairesse, en revanche, semble intriguée. Du coin de l'œil qu'elle a toujours sur son amie depuis leur départ, la grand-mère la voit hésiter, s'interrompre dans l'installation de son couchage, oublier de répondre aux saluts de ses villageoises. Elle jette un très court regard vers Oihana et celle-ci sait alors ce que l'autre va faire. Elle houspille ses petites-filles hors de l'eau, les rassemble sur la berge près de leur père, les laisse sécher dans la chaleur

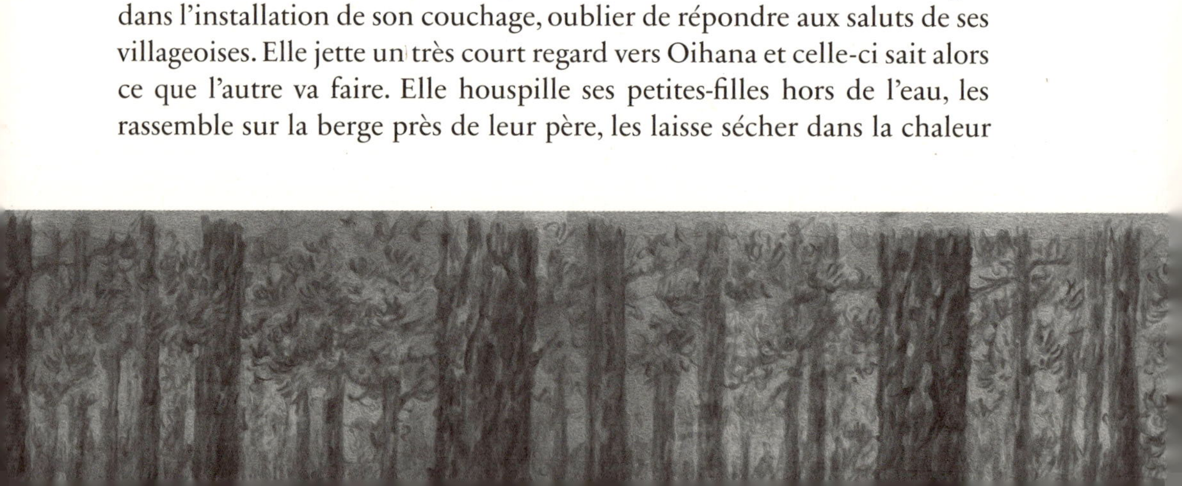

encore assommante de la fin du jour. Lorsqu'elle est certaine que son fils garde un œil sur ses filles, elle claudique à la suite de la mairesse.

« Bonjour dame, dit cette dernière et elle doit bien savoir que son amie la suit puisqu'elle signe aussi sa salutation.

La voyageuse a un premier sursaut de surprise, puis un sourire hésitant. Elle répond, mais trop vite pour qu'Oihana en lise le sens sur ses lèvres.

« Si vous souhaitez vous joindre à nous, répond la mairesse, vous êtes la bienvenue. Nous n'avons pas grand-chose, mais nous le partageons avec joie. »

La grand-mère retient une grimace. C'est un peu fort, comme affirmation. Cherchefeuille partage, il est vrai, mais c'est chaque jour un peu plus à contrecœur. D'abord, leurs réserves ont fondu et ensuite, le peu d'argent qui leur restait est parti dans les poches des rares marchandes sur la route. Leur situation est critique depuis si longtemps que l'urgence en devient banale. La menace qui les pourchasse en vient presque à leur secours ; une grande partie des troupes sabès assignées aux champs et aux vergers a dû être redéployée plus aux nord, là où l'incendie fait rage. Les légumes, les céréales, les fruits qui n'ont pas été séché par la canicule deviennent plus faciles à voler. Lorsque la nouvelle arrivée prend la parole, la mairesse signe sa réponse par réflexe et elles peuvent tenir une sorte de conciliabule entrecoupé de traductions.

« C'est très gentil, mais je ne veux rien vous prendre. J'ai ce qu'il me faut pour le reste de mon voyage.

– Où allez-vous ? »

La femme les considère un instant avant de répondre. La route a laissé sa marque sur ses vêtements et son visage. Ses cheveux roux pendent mollement sur son front pâle, un peu de duvet ombre ses mâchoires. Elle ressemble à toutes les Sardaises, un simulacre fatigué d'elle-même.

« Je contourne l'incendie par l'Est, avoue-t-elle finalement. Pour rejoindre le nord et retrouver celles qui y combattent.

– Qui combattent ? demande la mairesse. Contre l'incendie ? »

Nouvelle hésitation chez la voyageuse.

« Non, lâche-t-elle du bout des lèvres. Contre les Sabès. »

Une lueur de compréhension anime son amie lorsque Oihana se tourne vers elle. Un sourire traverse furtivement son visage, elle s'emmêle un peu dans le mouvement de ses mains, lance des regards incertains aux alentours.

« Je pense que je sais déjà la réponse, mais je vais te le demander quand même. Qui es-tu ?

– Je suis Lorcan d'Utara et un groupe de résistantes m'a élue pour combattre les Sabès et installer une république dans notre pays. »

La grand-mère écarquille les yeux. Voilà bien la première fois qu'elle entend dire aussi clairement, aussi ouvertement, un murmure qui parcourt Sarda depuis plusieurs années déjà. Si elle en croit la tension soudaine de leur interlocutrice, il n'y a pas qu'elle que cela prend de court. Puis une sorte de soulagement vient apaiser les traits fatigués de l'élue.

« J'ai entendu parler de vous, répond déjà la mairesse. Vous avez sauvé des amies réquisitionnées dans les Comtés-Unis.

– Oui, répond Lorcan avec un sourire irrépressible. Nous avons une cellule près des gorges de la frontière, elles savent semer la discorde. Nous avons aussi… Nous essayons de venir en aide à tout Sarda. Les choses avancent, doucement.

– Vous avez déjà pensé à demander de l'aide aux cités-libres des Plaines ? »

Nouvelle hésitation.

« Oui. »

Oihana fronce les sourcils. Échanger une armée pour une autre ne la tente pas plus que ça. Même s'il paraît que l'Est ne fait rien comme tout le monde.

« Mais si elles ne voulaient plus partir, ensuite ? signe-t-elle pendant que la mairesse traduit à voix haute. Qu'est-ce qui nous dit que ce ne sera pas à elles de nous envahir ? »

Loran hausse les épaules.

« Alors on continuera de lutter. On aura juste changé d'adversaire. »

Oihana fait une moue peu convaincue, mais accepte la nonchalance de l'élue. Tout, plutôt que les Sabès. Elles sont plus d'une à le sentir comme une évidence, une certitude qu'une autre maîtresse serait moins humiliante. Si la grand-mère prend en compte le mutisme soudain de Lorcan, qui dessine dans le sable du bout de sa botte, elle non plus n'est pas totalement convaincue. La mairesse s'attelle à combler le silence, à relancer la conversation qui dévie vers des sujets plus triviaux. Comment était le voyage ? La voyageuse est-elle fatiguée ? Veut-elle rester avec Cherchefeuille un soir ou deux ? Que pense-t-elle de la vue, quand le soleil se couche derrière elles et illumine le lac ?

Lorcan se joint à elles pour la nuit. Bientôt, les autorités de Passar, qui sont en fait celles des marchandes de Veyssane, viendront s'enquérir de leur présence au bord du lac. Pour le moment, elles ont droit à un peu de répits. L'incendie est loin. Il n'y a aucun Sabès à l'horizon pour les déloger.

Les nuits des réfugiées sont aussi taiseuses que leurs journées. Une fois le campement de fortune monté, le maigre dîner cuisiné, toutes se réfugient dans le silence de l'épuisement. L'élue mange en compagnie de la mairesse, de la grand-mère, de ses cinq petites-filles et du père taciturne. Le repas est pauvre. Sans épice, sans viande, en quantités maigrichonnes, il suffit à peine à sustenter les convives assises à même le sol, sur des couvertures élimées. Lorcan partage sans réserve une collection de noisettes et d'amandes qu'elle sort d'une poche de son manteau, pour le bonheur des fillettes. Elle ne dit plus grand-chose, cette élue surgit des bois, maintenant qu'elle s'est tant livrée. Peut-être même regrette-t-elle un peu son épanchement. Il semble à Oihana qu'elle fait bien vite confiance à la première venue, mais aussi qu'elle avait besoin de pouvoir se confier. Il fallait qu'elle dise les actions de la résistance pour que cela devienne vrai. Lorsque vient l'heure de se coucher, elle lui tend un de ses ouvrages de laine, un des derniers avant que les Sabès ne lui volent ses chèvres. Lorcan manque de refuser. Heureusement, la grand-mère sait s'y prendre avec les enfants récalcitrantes. Et puis comme ça, un peu de Cherchefeuille accompagnera la mission de l'élue. Ça ne peut que lui porter chance.

Lorcan repart dès l'aube le lendemain matin. Il n'y a que la mairesse et Oihana pour lui dire au revoir, c'est à peine si les autres réfugiées se sont souciées de sa présence. Trop fatiguées, trop lasses pour s'inquiéter outre la menace de violence physique passée. La grand-mère s'en félicite. Ça fera toujours ça de témoin en moins au départ de l'élue et, donc, moins de chance d'être trahie.

« Si tu fais route par les berges du Grand Nédi, explique la mairesse, tu devrais tomber sur l'Eygues un affluent, elle prend sa source dans les montagnes et te guidera jusqu'au premier contrefort.

– C'était mon idée. Elle traverse des forêts où peu de Sabès circulent. »

La grand-mère aimerait plus de conviction dans ses paroles, moins de doute sur sa figure.

« Que la Dame soit avec toi, conclut la mairesse.

– Qu'elle veille sur vos pas. »

Lorcan se tourne vers ses montures, hésite un instant, leur fait face à nouveau.

« Peut-être que vous croiserez deux de mes compagnons. L'un est noir, aux nombreuses tresses dont deux sont grises. Son corps est couvert de tatouages dorés et il sera affaibli par une blessure. Le deuxième semblera plus âgé, le teint hâlé et ridé, mais encore joli garçon. Il aura probablement un peu de barbe et une moustache. Ils n'auront qu'une monture pour deux. Si vous poursuivez vers le sud peut-être que...

– Nous les aiderons si nous le pouvons. »

L'élue a un sourire tremblotant qui menace de devenir une grimace.

« Merci », murmure-t-elle.

Puis elle grimpe à toute allure sur l'un des vorombes et s'éloigne vers le nord.

La mairesse et la grand-mère restent longuement à regarder sa silhouette avancer dans les feux du soleil levant. Jusqu'à ce que la lumière soit trop forte pour leurs yeux fatigués et qu'elles ne distinguent plus qu'une ombre vague, au loin. Un drôle de sentiment surgit alors dans la poitrine d'Oihana. Un flottement un peu nauséeux, une inspiration qui croît malgré elle entre ses côtes, presque un poids physique qu'elle ne peut pas déloger. C'est une sensation longtemps absente du cœur des habitantes de Cherchefeuille, une impression enquiquinante, parce qu'une fois établie, il devient bien difficile de s'en débarrasser. Elle est tels les faines, les glands, les noix que plantaient les villageoises près de leur village, une toute petite chose capable de prendre racine. La mairesse et la grand-mère retournent auprès des leurs, mais dans le sein d'Oihana, l'espoir s'est installé.

Soufeu

« Lorsque la vague tonne,
Que ta falaise s'effondre.
Lorsque la marée monte,
Si vive et si terrible.
Respire totalement, happe à pleins poumons
Les embruns et les larmes,
Le sable, le goémon. »
Poème vingt-sept in *Quatre-cent trois vues du pays*, de Mosi le Sage.

La forêt hanta chacun de ses rêves. Bien plus qu'elle ne l'avait jamais fait, même lors des jours qui avaient précédé son premier passage, plus de mille ans auparavant. À son réveil dans le nid de tissus, sur le lit de pierre de leur chambre, il trouva une poignée d'aiguilles bleues prises dans ses cheveux et un parfum de pétrichor dominant presque l'haleine salée de l'océan. Leur histoire commune l'avait attiré. Elle était venue jusqu'à la lisière de leurs deux mondes, s'était pressée à la frontière jusqu'à en déchirer un petit interstice. Elle lui laissait à la fois un message et un avertissement. Elle savait le trouver. Elle reviendrait.

Le mage se leva précautionneusement, se mit debout sur des jambes tremblantes de poussin tout juste sorti de l'œuf. Il fit quelques pas hésitants. Roland n'était pas dans la pièce ni dans le couloir, conclut un rapide examen du passage. Depuis la veille, on avait apporté une table basse de mauvaise facture. Deux nouveaux bols y trônaient, un vide et un plein, mais à la vue de la soupe, Myrddin sentit qu'il ne pourrait rien

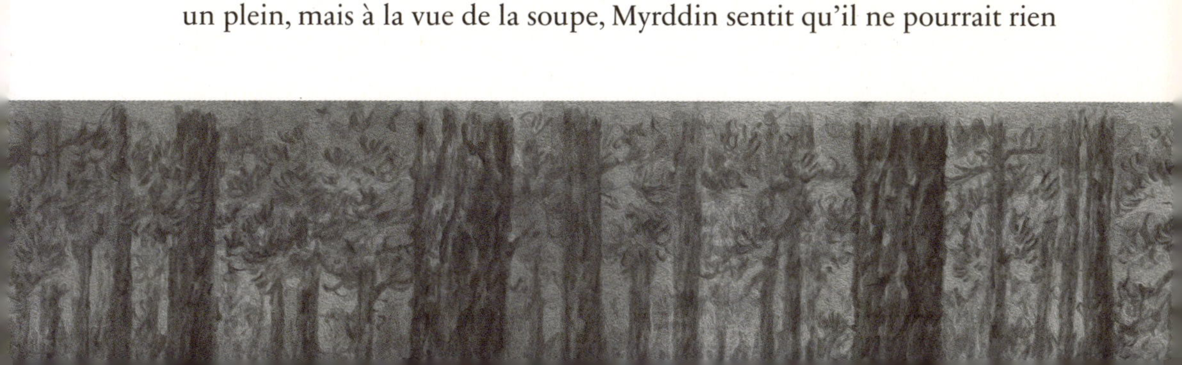

avaler. Pas avec l'odeur d'humus et de sève qui semblait vouloir forcer le passage dans ses sinus. Il fallait qu'il change d'air.

Il n'avait aucun souvenir du trajet l'ayant mené jusqu'à leur résidence temporaire, aussi se fia-t-il au hasard, errant de couloirs en escaliers, jusqu'à émerger de la falaise dans laquelle s'enfonçait la citadelle, dans une petite cour ouverte. Il n'y avait que le ciel au-dessus des pavés de pierre noire, rien que le crépuscule nu, où perçaient à peine quelques étoiles timides. Myrddin sentit s'envoler une partie de son angoisse. Comme si, libérée d'un plafond, elle pouvait enfin le quitter. Seuls demeuraient, ici, le parfum sec du désert, un vague relent de cendres et l'iode toute puissant de l'océan. Il soupira de soulagement. La forêt ne l'avait pas encore rattrapé.

Après quelques minutes silencieuses, il poursuivit son exploration de Soufeu. Aucune cavalière ne hantait les coursives de cette partie de la citadelle, ce qui lui sembla un avantage certain. On ne les avait pas encore tués ni livrés à Zénobie, mais cela ne voulait pas dire que la chose se trouvait tout à fait impossible. Les cavalières du sud s'étaient terrées dans leurs montagnes noires, lors de la guerre avec les Sabès, elles n'étaient plus à une trahison près. Les remords saisirent Myrddin par surprise. Qui était-il pour juger ? Qu'avait-il fait, ou pas fait, qui l'autorisait à endosser le rôle de censeur ? Rien. Il n'était rien et il n'avait rien fait pour empêcher tout ce que Sarda avait traversé. Au contraire. Il avait même tenté de se justifier auprès de Roland. Il lui avait sorti toute l'histoire de son enfance, et son impuissance face à la volonté des pins bleus. Une ridicule tentative d'excuser des crimes que l'autre homme ignorait. Sa blessure au sein se réveilla elle aussi, venant ajouter la douleur à la douleur. Il vacilla. Une nouvelle suée naquit entre ses reins, menaça de le submerger, lui couvrit le dos et les épaules. Il serra les dents contre l'avancée de la fièvre. Rien n'avait encore réussi à le tuer, cette blessure finirait bien par se résorber, elle aussi. Après la courette, il emprunta lentement une galerie coiffée d'une résille de basalte, sculptée et ajourée de feuilles trilobées, qui, dans la journée, devait lancer au sol des taches de lumière adoucie. Puis, toujours haletant de fièvre, il traversa deux gymnases inoccupés, une salle d'étude peuplée seulement de pupitres, se résolut à gravir un escalier en colimaçon dont les marches s'affaissaient au milieu. Contrairement aux autres citadelles qu'il avait pu visiter, avant la guerre, Soufeu ne se parait d'aucun ornement. Ni tentures, ni tapis, ni vitraux ne venaient garnir les murs et les sols de pierre nue. Les fenêtres s'ouvraient sur le monde, sans barrière. Rien ne l'empêchait de se pencher par l'une d'elles pour regarder l'océan. Son hésitante promenade le mena ainsi le long de la paroi sud de la citadelle, seulement séparé du vide par l'épaisseur du mur, et toujours plus haut, jusqu'à atteindre les derniers étages. Il déboucha sur une large terrasse, entrecoupée de paravents de granit qui prolongeaient, comme des reproductions miniatures, les silhouettes du volcan et de la chaîne de montagnes grimpant derrière Soufeu. Presque dévorées par la nuit, la suite de contours dentelés, petits et immenses, découpaient d'inquiétantes formes sombres sur fond d'obscurité. Myrddin tressaillit. Avec le soir, tombait sur le désert une fraîcheur renouvelée. Il se frictionna les bras, regretta de ne pas avoir de chaussures. Dire que sa fièvre lui coupait les jambes, mais ne repoussait aucunement le froid, c'était bien la peine de se faire tirer dessus.

« Myrddin ? »

Le mage sursauta. La douleur fusa à travers sa poitrine, il trébucha. Si Roland ne l'avait pas attrapé par le bras, il aurait fini assis par terre.

« Tu ne devrais pas être debout, poursuivit l'autre. Tu as besoin de repos.

– Ah oui ? grimaça-t-il. Je ne sais pas ce qui te fait dire ç... »

Un frisson douloureux lui coupa les mots dans la gorge. Il ne pouvait pas plaisanter avec Roland, n'avait aucun droit de profiter de son attention, de sa prévenance. Ils en avaient parlé, il y a quelques semaines, il y a si longtemps, lorsqu'ils attiraient les Sabès loin de Nordeau. Chacun avait ses erreurs à racheter, mais il lui devenait difficile de laisser le prince déchu endosser volontairement la majorité des reproches. Si ce dernier avait su l'étendue des trahisons du mage, il verrait certainement les choses différemment.

« Viens, retournons dans la – Roland chercha ses mots – en bas. Il y a à manger et tu pourras dormir.

– J'ai l'impression de n'avoir fait que dormir ces derniers temps. Tu ne veux pas faire quelque chose de plus sympa ? »

Ses deux phrases lui coûtèrent plus de souffle qu'il ne l'aurait cru, mais la grimace embarrassée de Roland en valait largement l'agonisante quinte de toux qui le secoua ensuite. Il lui fallut plusieurs minutes avant que son corps n'arrête de trembler et qu'il puisse se redresser sans l'aide de son compagnon d'infortune. Celui-ci avait meilleure mine que la dernière fois qu'il l'avait vu, bien que la durée exacte lui échappe. On lui avait donné des vêtements, propres à défaut d'être neufs, ainsi qu'un accès à des bains ou au moins à une bassine de toilettes et de quoi se raser. Il avait peigné et vaguement coiffé en arrière ses cheveux. Dans la fragile lumière dansante de sa lampe à huile, Roland de Zinia parut au magicien la plus belle apparition qu'il lui ait été donné de voir. Puis un poing brutal se referma sur sa poitrine et il tomba à genoux en hoquetant une bile acide.

« Myrddin !

– Tout… Tout va bien… C'est juste… »

Un haut-le-cœur plus violent l'interrompit.

Ah, ce qu'il aurait donné pour que la cavalière Darya vienne l'emporter jusqu'à son lit. Ou mieux, que la Dame elle-même le prenne enfin en pitié et quitte la forêt des âmes pour le libérer de son existence. Si tant est que la forêt des âmes et celle des pins bleus soient deux sylves différentes, il semblait parfois impossible de les discerner. La douleur dans sa poitrine reflua jusqu'à ce qu'il puisse de nouveau respirer, que la nausée se résorbe. Les yeux gonflés de larmes, la gorge brûlée, le nez plein, il retrouva le contrôle de son corps et, ainsi, le contact de la main de Roland traçant des cercles tendres dans son dos. Une quinte de toux d'un autre genre secoua le mage et il dut s'y reprendre à deux fois avant de pouvoir parler de nouveau.

« C'est bon, c'est bon. C'est passé.

– Tu es brûlant, commenta Roland en posant sa lampe au sol pour toucher le front du magicien.

– Comme toujours », répondit-il avec un contrôle qui l'épata lui-même.

Les frictions se poursuivaient le long de sa colonne vertébrale. Il déglutit.

« Tu sais… »

Roland avait repris sa lumière, la fixait d'un air circonspect, un pli sévère entre les sourcils.

« J'ai cru que tu allais mourir, dans le désert. Tu es resté inconscient si longtemps, puis tu t'es mis à délirer et la fièvre ne voulait pas te lâcher. »

Le mage sut, alors, qu'il lui dirait tout. Qu'il n'y aurait aucun secret. Qu'il révélerait l'ampleur de sa trahison, toute la teneur de ses machinations, de la première idée à la dernière déloyauté. Encore une fois, il mettrait son âme à nue pour le prince de Sarda. Il se confierait à lui, jusqu'à ce qu'il n'y ait plus rien à cacher. Ce serait comme parler pour la première fois, exister pour la première fois, sans illusion, sans ombre dans lesquelles se fondre. Il lui dirait tout et il perdrait tout. Car jamais Roland de Zinia ne lui pardonnerait ses actes passés. Il s'autorisa une dernière douceur avant la fin de leur amitié et se laissa aller contre l'autre homme, juste le temps d'une respiration.

« Tu t'inquiètes pour rien, Roro. Sache que je ne m'éteins jamais. »

Ils redescendirent jusqu'à leur cellule, tout en se ménageant des pauses régulières pour que Myrddin reprenne son souffle. Il semblait à Roland plus fatigué encore qu'à leur arrivée à la citadelle, comme si un nouveau poison s'était mis à le consumer. Un mauvais pressentiment noua le ventre du prince. Ils avaient réchappé au désert, les cavalières ne les avaient encore ni exécutés, ni livrés aux Sabès et ils avaient pu soigner la blessure du mage avec des ressources adaptées. La chance paraissait leur sourire. Pourtant, une ferme appréhension refusait à Roland le soulagement et la détente qui auraient dû venir avec leur sécurité actuelle, certes relative. Il n'avait pas retiré sa main du dos de Myrddin. Comme pour l'empêcher de disparaître, le retenir à ses côtés, l'ancrer de ce côté-ci du rêve. Le mage ne s'était pas éloigné non plus.

En descendant, ils croisèrent quelques cavalières plongées dans leurs tâches ou dans leurs méditations. Elles leur adressèrent à peine un regard, se contentèrent de les contourner largement, ou, dans le cas d'une coursive étroite, de faire demi-tour au pas de course. Toyin, celle qui les avait accueillis à la citadelle, devait avoir fait passer le mot de leur présence en ses murs ; voire, au vu des réactions des habitantes, avoir donné des ordres très clairs de rester le plus loin possible de leurs deux invités. Tant mieux. Qu'auraient-ils eu à leur dire, à ces combattantes ? Qu'elles avaient dû faire sécession du reste de leur royaume, de leur ordre, de leur peuple, pour éviter l'annihilation ? Qu'elles avaient dû choisir l'enclume pour éviter le marteau, parce que lui, Roland, et Éliane, et Myrddin aussi, avaient voulu tenter ce qui n'aurait jamais dû être tenté et ce qu'elles savaient, au fond, ne pourrait réussir. Les Sabès n'avaient jamais craint Sarda. Ils n'avaient jamais vu en leur petite voisine autre chose qu'une potentielle terre de richesse, qu'ils saisiraient le jour où l'envie les prendrait. Le prince, le mage et la Matriarche avaient précipité la survenance de cette envie. Soufeu s'était retirée de tout, afin de survivre à l'invasion.

« Est-ce que tu es encore en train de te rendre responsable de tous les maux du monde ? »

Myrddin le regardait de biais, un sourire, qui se voulait moqueur, mais n'était que fatigué, étirant ses lèvres.

« Parce que tu sais, c'est un peu égocentrique, quand même, poursuivit le mage. De vouloir porter sur ses épaules toutes les fautes et tous les problèmes du pays. »

Roland eut un soupir amusé.

« J'ai été prince, répondit-il, ça vient avec le métier.

– Et qu'étais-tu en train d'imaginer cette fois-ci ? Que le Ravin ouvrirait bientôt sa gueule tout entière pour engloutir Sarda à cause de toi ? »

Il donna au magicien une légère bourrade du bout des doigts.

« Ce n'est pas tout à fait faux, à dire vrai. Si nous n'avions pas fait élire Éliane, si nous n'avions pas déclaré la guerre, Perle n'aurait pas eu à se désolidariser de nous, juste pour survivre. Pour protéger ses cavalières.

– Je n'en suis pas si sûr, figure-toi, répondit Myrddin en s'appuyant mollement contre la main dans son dos. Perle de Soufeu n'était pas la dernière des tyrans, mais elle détestait aussi cordialement Éliane et aurait tout fait pour l'humilier et la renvoyer dans ses montagnes sans possibilités de retour. Je subodore qu'elle n'a pas seulement agi pour la sécurité de Soufeu, mais aussi pour porter un dernier coup, gagnant, dans la partie d'échec qui l'opposait à la Matriarche de Nordeau depuis des années.

– Vous n'auriez pas tort. »

Ils sursautèrent de conserve. La cavalière qui les avait interrompus se tenait dans l'ombre d'un encadrement de porte, drapée dans son manteau-tissé, sans lampe ni lanterne pour éclairer son chemin dans la nuit. Elle souriait.

« J'attends ici depuis plusieurs minutes, ajouta-t-elle en s'approchant d'eux. Je voulais réussir mon entrée. »

Les ourlets de ses manches et de son col brillaient de fil d'or, ses longs cheveux noirs reposaient en une tresse lisse et lustrée sur son épaule. Son visage cuivré ne souffrait aucune ride, aucune cicatrice, mais son regard accusait un âge avancé.

« Je suis Mira, dit-elle encore. Matriarche de Soufeu. J'aimerais prendre un thé avec vous, si vous le voulez bien. »

Les deux hommes mirent plusieurs secondes à retrouver leurs voix. La Matriarche patienta, son corps entier dissimulé sous les pans de laine bleu, gris et jaune pâle, une statue doucereuse, une vigile silencieuse. Quand enfin le prince s'avança pour la saluer, elle lui répondit d'un hochement de tête.

« Je dis si vous le voulez bien, et je n'imaginerai pas vous forcer, mais je souhaiterais vraiment vous rencontrer, avant de décider ce que je vais faire de vous. Car il va bien falloir que je décide de ce qui vous arrive. »

Elle les considéra, des pieds à la tête. Roland sentit Myrddin se voûter, glisser comme pour se cacher derrière lui. Le regard inquisiteur de la cavalière, ourlé tel celui d'un oiseau secrétaire, ne lâchait ni l'un ni l'autre.

« Et puis, reprit-elle, vous n'avez pas encore eu l'occasion de plaider votre cause, votre majesté. »

Une panique nouvelle naquit dans la poitrine du prince, mêlée intimement à un enthousiasme qui le surprenait. Ce n'était pas d'être référé par son ancien titre, cela ne lui faisait plus aucun effet, ni de devoir défendre son mensonge improvisé, il avait eu le temps d'y réfléchir avant le réveil de Myrddin. Cependant, il retrouvait là un peu du jeu politique auquel il se livrait avec Hadi, les Maréchales, les seigneurs de Sarda. Il fut surpris que cela lui ait manqué.

« Ce serait avec plaisir, maîtresse-matriarche, répondit-il.

– Superbe ! Suivez-moi. »

Elle les entraîna à sa suite à travers sa citadelle. Roland continuait de garder un œil sur Myrddin. Le mage ne titubait plus, mais sa démarche semblait loin de son équilibre habituel et il collait au train du prince, comme inquiet qu'on puisse les séparer. Roland eut envie de lui prendre la main, à l'instar de leur marche dans le désert. Envie qu'il réfréna aussitôt. Il n'était pas temps de chercher du réconfort auprès du magicien, ils devaient d'abord convaincre Mira de Soufeu qu'elle pouvait retrouver sa place au sein de Sarda.

Elle les mena, sans détour, le long de corridors percés d'arcades à trois arches, ouverts sur l'océan, aux murs tapissés de croûte de sel. Elles descendirent ensuite quelques étages, s'enfoncèrent dans ce qui semblait être le cœur de la falaise, à travers des couloirs creusés à même la roche volcanique noire. Des pierres luisantes, encastrées dans les parois, éclairaient leur chemin. Les coursives devinrent des passages à peine assez grands pour les laisser circuler debout et l'air se réchauffa, tourna du froid de la nuit à une tiédeur de mi-journée. Lorsqu'elles débouchèrent dans le petit salon où Mira voulait visiblement les emmener, il faisait bon et la lumière grise de l'océan baignait la pièce d'une douceur que Soufeu ne leur avait pas encore montrée.

« Bienvenue dans le salon des Matriarches du sud, les accueillit-elle. Je nous ai fait porter du thé. »

Roland étouffa une exclamation surprise.

« Je croyais que seules les Matriarches pouvaient y venir ? »

Mira haussa les épaules, lança des ondoiements dans les pans de son manteau.

« Je ne crois pas aux prérogatives et aux secrets.

– Voilà qui nous change », grommela Myrddin depuis son refuge derrière Roland.

La Matriarche lui sourit sans prendre la mouche.

« Oui, ma prédécessrice n'a habitué personne à l'écoute et à l'échange, même avec ses propres cavalières – elle leur indiqua des tabourets autour d'une table basse – J'espère que je saurais faire preuve d'un peu plus de sagesse. »

Elles s'assirent, les jambes presque en tailleur, et Mira leur servit à toute une tasse. C'était si naturel de trouver sa place sur les sièges réduits, de replier les genoux pour tenir toutes autour de la table, de se pencher en avant pour se saisir de son thé. Il sembla à Roland qu'il retrouvait une partie de lui-même, des réflexes enfouis qui ne faisaient que dormir tout au fond de lui et remontait enfin à la surface. Une assurance tranquille, celle de toujours savoir comment et quand agir. Dans le maelstrom d'émotion prenant ses entrailles en étaux, la peur domina un instant, suivie très vite de son ombre honteuse. Il camoufla son trouble dans sa tasse.

Elles burent en silence. Le salon des Matriarches de Soufeu n'était pas une petite salle. Si seule la première partie de la pièce, au plus près des fenêtres et, derrière, de l'océan, était éclairée, le reste se poursuivait dans la falaise et se perdait dans des ombres chthoniennes, impossible à mesurer. On n'avait apporté qu'un minimum de décoration, de confort, d'ameublement. Tout présentait une austérité sévère, comme le Samar cernant la forteresse.

« Bien, reprit Mira, revenons à nos dindons. Votre majesté, vous avez affirmé à mes sœurs dans le désert avoir été envoyé par Berhane de Nordeau et Lorcan d'Utara, dite élues de la résistance de Sarda, pour convaincre ma citadelle de revenir dans le giron national. C'est bien cela ?

– Oui, répondit Roland. On m'a confié la mission de vous rencontrer et de vous démontrer la véracité des desseins de la rébellion.

– La véracité de ses desseins ? Vous, ou Berhane et Lorcan, êtes bien plus politiques que je ne le pensais. »

Roland ne se laissa pas démonter.

« La formule est verbeuse, mais le sentiment est sincère. Je crois véritablement que la résistance porte une espérance qui va au-delà de la simple libération. La victoire contre les Sabès n'est que le premier pas d'une révolution plus importante. Le projet de démocratie des rebelles, bien que naïf, bien qu'imparfait, serait un bouleversement de progrès pour Sarda. Revenir au régime précédent, ce serait garantir un renouveau du cycle de violence avec les Comtés-Unis et donc, aucun avenir, vraiment, pour notre pays. Il faut un profond changement.

Il se tourna vers Myrddin, surprit son regard brillant de fierté, d'admiration et d'un peu de larmes, ne put le supporter et se concentra à nouveau sur Mira.

« C'est très étrange à entendre, même si bien formulé, venant de l'ancien prince dudit système et qui plus est, allié principal de la condottiere ayant déclaré la guerre qui nous a menées à la situation actuelle.

– C'est que la cause doit être grande alors, pour que celui qui devrait s'y opposer s'en fasse le porte-parole. »

À sa surprise, et celle de Myrddin s'il en croyait le hoquet échappant au mage, Mira partit d'un grand rire joyeux, qui illumina son visage, agita sa tresse.

« Vraiment, s'esclaffa-t-elle en s'essuyant le coin des yeux, je ne peux que croire que cette cause est vôtre, Roland de Zinia. Il me faudrait toute la mauvaise volonté du monde pour ne pas accepter votre discours. Je sais que ni Berhane, ni Lorcan ne vous a envoyé à moi, mais vous faites pour autant un très bon agent. »

Elle surprit le regard affolé qu'il lança à Myrddin.

« Ce n'est pas un problème, reprit-elle plus sérieusement. Je comprends que vous ayez voulu sauver votre ami.

– Ce n'est… – Roland déglutit – Oui. Je ne devrais pas vous mentir, pas quand vous nous montrez ainsi l'intimité de votre citadelle. Cependant, je ne veux pas abuser de votre hospitalité pour rien. Une alliance entre Soufeu et la résistance pourrait changer le destin de Sarda, sans parler de mettre fin à une séparation qui n'est un véritable choix pour personne.

– C'est vrai, acquiesça Mira, et faux à la fois. Nous n'avons pas choisi notre départ. Ma prédécessrice, Perle de Soufeu, ne nous a pas consultés avant de prendre sa décision ni même laissé de choix en la matière, puisqu'elle a imposé le silence à celles qui l'avaient accompagné à Zinia, à leur retour. Mais lorsque la situation s'est enkystée, lorsqu'il est devenu clair que les combats à l'ouest tournaient en votre défaveur, nous n'avons pas cherché à partir, nous n'avons pas risqué nos vies. Nous avons accepté la décision de Perle de vous laisser mourir. »

Elle les regarda tour à tour.

« Je suis désolée. »

Qu'il était étrange d'être de l'autre côté des excuses, de recevoir l'amnistie, d'être vu comme l'offensé et non l'offensant. C'était un baume sur les plaies vives de sa culpabilité. Un nœud se défit au sein de sa poitrine. Roland profita du sentiment, faillit fermer les yeux pour mieux le savourer. Puis il le repoussa tout au fond, lui interdit de refaire surface. Cette tentation-là, il ne méritait pas d'y céder.

« Nous n'avons rien vécu qui mérite vos excuses, répondit-il. Nous ne sommes pas… les victimes, de vos actions. Seulement des nôtres.

– J'entends. Mais je ne prétends pas m'excuser pour votre seule satisfaction. Plutôt pour la mienne. »

Elle se resservit du thé.

« C'est ma conscience que j'apaise ainsi.

– Il y a d'autres façons de l'apaiser, si vraiment cela vous tient à cœur. »

Mira rit de nouveau. Elle semblait à la fois concernée par leur conversation, mais aussi totalement détachée des enjeux qui les poussaient à sa porte. Encore une fois, Roland avorta l'envie de trouver la main de Myrddin avec la sienne.

« Décidément, vous êtes plus doué que je ne le pensais. Votre enthousiasme fait plaisir à voir, sincèrement, je ne veux pas remettre en cause votre engagement ou votre conviction. Cependant, vous dites ne pas souhaiter me mentir et je vous ai ouvert les portes de mon sanctuaire le plus précieux. Alors ; allons tout au bout de l'honnêteté.

– Je…

– Non. Laissez-moi commencer. Vous n'avez, aujourd'hui, aucune chance de me convaincre de vous rejoindre. Je ne suis pas prête à rallier votre combat, quelles que soient la force et la pertinence de vos arguments. Je vais vous dire ce que j'ai déjà dit aux envoyées des autres résistances. Voyez-vous, vous n'êtes pas les premiers à venir chercher de l'aide auprès de moi. Dian d'Adret est déjà venue jusqu'à moi, en personne d'ailleurs. Ainsi que toute une série de cheftaines de différents mouvements rebelles. »

Les deux hommes se redressèrent de conserve.

« Je vous dirais donc ce que je leur ai dit. Il serait faux de croire que les Sabès nous ont laissées seules au lendemain de la guerre. Ce n'est pas parce que nous avons conservé l'indépendance et l'administration des Marches du sud que nous avons été épargnées par les manigances de Zénobie de Roquesière. Nous avons eu de la chance. C'est cela que vous devez comprendre. Notre survie ne tient qu'à notre chance et elle est donc d'une fragilité qui ne peut être testée, ne peut être mise à l'épreuve de sa propre force. Vous croyez sûrement que les armées de l'ambassadrice n'ont jamais mis les pieds ici, non ? Vous auriez tort. Elles sont venues, il y a quatre ans. Elles sont venues et nous n'aurions rien pu faire pour les empêcher de nous annexer, nous aussi, comme nous les avions laissées vous annexer, vous. »

Elle marqua une pause. Roland n'osa pas l'interroger. Ce récit, il ne pouvait que le recevoir, pas le réclamer. Il fallait attendre la confession, pas la poursuivre. Serait-il capable de se raconter lui-même, si l'occasion lui était présentée ? Serait-il capable d'entendre celle d'un ami, si on le lui demandait ? Il ne risqua pas un regard vers Myrddin.

« Voilà donc ce qui est arrivé à ma prédécessrice, reprit Mira. Les armées sabès sont venues et lorsqu'elles sont reparties, Perle de Soufeu avait été exécutée. En échange, nous sommes restées maîtresses de notre Samar aride et de nos côtes vides. Comme un tirage d'Oracle Tempête, où seraient sorties les cartes du Désert et de l'Océan. C'est pour ça que je suis ici devant vous et que vous n'êtes pas encore morts, d'ailleurs. Parce que Perle l'est.

– Merci », dit Myrddin.

La Matriarche sourit sans humour.

« Ne me remerciez pas encore, maître-magicien. Je peux encore vous faire livrer à Zénobie et ainsi continuer d'assurer l'indépendance de nos terres. »

Le cœur de Roland l'étonna en accélérant soudain d'inquiétude, comme si l'incertitude des derniers jours ne l'avait pas encore habitué à l'incessante alternance entre la sécurité et la crainte. Il trouva la main de Myrddin sous la table et le mage entrelaça leurs doigts. Mira surprit leur geste.

« Cependant, poursuivit-elle, je crois que je vous aime bien. Vous m'êtes sympathiques. Pour le moment, vous pouvez rester chez nous.

– Jusqu'à quand ? » demanda Roland.

Il sentit Myrddin presser sa main de la sienne, sans qu'il puisse trancher s'il s'agissait d'un avertissement ou d'une approbation.

« Je ne sais pas encore. »

Elle ne le laissa pas échapper à son regard.

« Jusqu'à ce que je décide de ma part dans votre destin. »

Et sur ces mots elle se leva, épousseta ses genoux, rajusta le tombé de son manteau. Une cavalière sortit de l'ombre et vint rassembler sur un plateau le service à thé et leurs tasses encore à moitié pleines. Roland fronça les sourcils. La nouvelle Matriarche de Soufeu n'était peut-être pas aussi volcanique que sa prédécessrice, mais elle n'en restait pas moins mystérieuse.

« Je croyais que je devais défendre ma proposition ? renchérit-il avant que Mira ne puisse quitter le salon des Matriarches.

– Demain, répondit-elle sans se retourner. Là, le travail m'appelle. »

Elle disparut dans la citadelle, laissant les deux hommes derrière elle.

« Je commence à en avoir assez des cavalières », ronchonna Myrddin en se mettant debout à son tour.

Il dut s'y reprendre à plusieurs fois avant de tenir sur ses jambes, se retint à l'épaule de Roland pour ne pas tomber. Le prince se leva précipitamment pour l'attraper par le coude. Le mage transpirait de nouveau, les mains moites, le front humide, et sa peau noire brûlante comme l'incendie qui l'habitait.

« Il est plus que temps de retrouver enfin nos pénates », tenta de plaisanter Roland.

Myrddin lui rendit un sourire triste, loin de ses moqueries habituelles ou de sa nostalgie régulière. Une esquisse résignée, un adieu qui lui était adressé sans qu'il puisse le saisir ou le comprendre.

« Myrddin…

– Allons-y. Je devrai tenir les derniers mètres. »

Roland acquiesça. Il lui saisit le bras d'autorité et tous deux prirent à nouveau le chemin de leur chambre, qui était une cellule.

Ils marchèrent lentement. Roland regardait droit devant eux, scrutait leur chemin tout en tenant son coude. Et Myrddin regardait Roland. Les reflets de leur lampe, dans la main du prince déchu, jetaient des incendies mordorés sur les parois des couloirs, repoussaient les ombres devant et derrière eux, tenaient, pour quelques instants encore, les cauchemars à distance. Bientôt ils atteindraient leur chambre et les ténèbres rattraperaient le mage. Alors, dans les derniers mètres qui le séparaient de cette perte pour laquelle il se préparait, Myrddin ne lâchait pas Roland des yeux. Le pli de ses boucles brunes mâtinées de gris, le hâle cuivré de sa peau, les perles noires de ses yeux. L'épaisseur de ses sourcils, le busc de son nez, l'ourlet de ses lèvres et celui de ses oreilles. Et surtout, surtout l'absence totale de colère et de ressentiment, expressions que ses traits prendraient bientôt. Il voulait graver ce moment, avant la tempête, avant le naufrage de leur amitié, l'emporter avec lui pour se consoler, plus tard, lorsqu'il serait échoué loin de Roland.

Des phalènes d'ombre vinrent danser devant ses yeux et il dut ralentir le pas. Sa blessure prenait un malin plaisir à le lancer par à-coup. Elle alternait les phases, comme pour mieux l'affaiblir, l'épuiser lentement par son inconsistance, le saper de ses forces en jouant les capricieuses. Jamais, dans ses mille ans d'existence, n'avait-il été blessé de la sorte. Le feu et le plomb des arquebuses n'avaient jamais lacéré sa chair auparavant. Il n'avait jamais été aussi proche d'être totalement, complètement honnête avec quelqu'un d'autre depuis la mort de Maude. Et il ne s'était pas consacré ainsi à une cause qui n'était pas la sienne depuis… plus longtemps qu'il ne voulait s'en souvenir. Sarda traversait une période de bouleversements majeurs et voilà que lui aussi s'engageait sur ce chemin embusqué de nouveautés. Non. Il n'avait aucun droit de se comparer au pays qu'il avait trahi. Pas après tout ce qu'il avait fait endurer aux Sardaises. Il retint un rictus cruel, n'avait-il pas soutenu à Roland et Lorcan que Sarda s'était toujours forgé son destin seule ? Un beau mensonge. Bientôt, l'autre homme en découvrirait toute l'étendue et il n'y aurait nulle part pour le mage où cacher sa honte.

Ils atteignirent leur chambre sans que Myrddin ne s'évanouisse. Une belle performance, mais dès que Roland l'aida à s'allonger sur leur lit de pierre et de couverture, la fièvre se rappela à son bon souvenir. Une suée douloureuse le traversa de spasmes, le laissa privé d'ardeur et presque de courage. Pas assez, cependant, pour que, lorsque Roland s'assit à côté de lui, pressa un chiffon humide sur son front, il se déroba à la confrontation.

Cette fois-ci, les mots se bousculèrent entre sa langue et son palais. Ils ne s'ordonnèrent pas sagement le long de sa trachée, ne s'organisèrent pas en phrases sensées de sa glotte à ses dents pour donner un récit cohérent. Sa confession, son second récit, son aveu de culpabilité lui échappa tout d'un coup tout autant qu'il avait livré le premier dans l'ordre et par chapitre. Ainsi, il commença.

« Arraché contre mon gré à mon foyer, je suis, comme ces plantes importées malgré elles, devenu un poison invasif. Privé de l'équilibre que me conféraient mes mères, je tourne à l'acre et au violent. Comme si mon caractère échappé par les pores de ma peau durcissait à l'air libre pour former une carapace impénétrable autour de mon âme. »

Il poursuivit, ignorant Roland qui secouait la tête.

« Tu dois comprendre, Roro, je suis pourri, maudit, une scorie à la surface de tous les mondes que j'ai visités.

– Ne dis pas n'importe quoi. Tu n'es ni pire ni meilleur que toutes les autres qui vivent à travers ton plurivers. »

Un rictus humide échappa au mage. La sueur lui dégoulinait à nouveau des tempes, comme aux premiers jours de sa fièvre. Ce n'était pas sa blessure qui l'épuisait ainsi, mais bien la proximité de l'aveu.

« Tu me pardonnes trop vite. Tu es comme Berhane, tu ne voudrais voir que le bon chez une personne, même quand tout acte généreux a depuis longtemps été étouffé chez elle. C'est l'une de tes nombreuses qualités. »

Le rougissement de Roland lui tira presque un sourire. Bien qu'attendue, la réaction n'en restait pas moins appréciable.

« À quoi bon une poignée de qualité quand mes défauts les étouffent toutes ? rétorqua pourtant l'autre homme, de façon tout aussi prévisible.

– N'essaye pas de gagner au jeu de l'apitoiement, Roro, j'en suis le champion en titre. »

Le rire véritable que cela tira au prince lui fut un baume tendre et un coup au cœur. Il n'avait pas le droit de lui soutirer des sourires, de l'amuser comme s'ils étaient amis. Il lui devait la vérité et ainsi, avec un peu de chance, la paix.

« C'est moi qui ai donné la poudre à canon et les arquebuses aux Sabès, il y a quarante ans. »

L'aveu s'était arraché à Myrddin tout comme il l'avait lui-même offert, de force, impossible à retenir. Roland resta figé, le bras tendu, le linge humide encore pressé contre le flanc du mage.

« Lorsque Hadi de Zinia a cherché à négocier avec les Comtés-Unis, à la fin de la grande guerre, je suis venu à lui pour lui assurer mon soutien. Je lui ai promis de l'accompagner à la rencontre avec leurs généraux, que de ma magie j'appuierai ses paroles. Mais la veille, c'est moi qui suis allé à eux. Et contre la promesse qu'ils entendraient Hadi, qu'ils accepteraient, sous condition, sa proposition de paix, je leur ai offert la recette de la poudre et le modèle de leurs arquebuses. »

Il déglutit péniblement, ravala sa honte.

« Je savais qu'ils n'entendraient jamais raison autrement. Qu'il me fallait négocier avec un intérêt plus alléchant que celui de rajouter un comté à leur collection. Mais ce serait te mentir si je disais que là était ma motivation. Que j'aurais agi pour protéger Sarda. »

Il se tourna vers Roland, chercha son regard, vainement. L'atmosphère ouatée de leur cellule devint soudain suffocante. La tiédeur agréable qui montait du volcan souterrain se mua en une chaleur fiévreuse.

« Et je ne veux pas te mentir », murmura Myrddin.

Il essaya, à nouveau, d'attraper le regard de Roland.

« Je suis désolé, vraiment, bafouilla-t-il. Je n'ai pas prévu tout ce qui est arrivé, ce que toi et les rebelles aviez vécu…
– Pourquoi, alors, interrompit Roland. Pourquoi avoir soutenu Hadi, si ce n'était pour la paix ? »
Myrddin ferma les yeux. La douleur dans sa poitrine était revenue, mais il n'aurait su dire si elle était due à sa blessure ou à sa culpabilité. Un linceul de sueur se posa sur son front, sa nuque, son dos.
« Je pensais pouvoir ressusciter Maude, ma reine. J'avais apposé une marque magique sur son âme au début de sa sénilité, dans son grand âge, et je savais qu'avec le bon réceptacle, je pourrais un jour la revoir. Je voulais la revoir plus que tout au monde. »
Il prit une grande inspiration, se tourna vers Roland et lui fit face, totalement.
« Alors j'ai intrigué pour que le traité de reddition soit le plus humiliant possible. J'ai attisé la haine dans le cœur des cavalières, j'ai rendu une plaie brûlante, ce qui aurait dû être un soulagement. Dès les premiers jours de la paix, j'ai convaincu la Matriarche de Berhane, Acquilon de Nordeau, que je pouvais faire d'elle la tutrice d'une nouvelle reine, digne des légendes d'antan. Je lui ai promis Lunde, l'épée des élues. Et Acquilon m'a écouté. Ses anciennes m'ont écouté. Je les ai toutes fait manger dans ma main, jusqu'à ce qu'elles me présentent une novice acceptable. Une toute petite fille, mais qui en grandissant ressemblerait à ma femme décédée. Je leur ai demandé de lui faire boire chaque jour la potion qui permettrait le retour de l'âme de Maude. Elles l'ont fait, convaincues que cela protégerait la mémoire d'Acquilon et ainsi leur citadelle. J'ai… J'ai tout manigancé. J'ai tout orchestré. J'ai tiré les ficelles pendant trente-quatre ans et quand le moment est venu, j'ai précipité une nouvelle guerre. La suite… Tu connais la suite. »
Sans ciller, presque sans trembler, il posa sa main sur celle de Roland.
« Donc tu vois, Roland de Zinia, avec ou sans toi, ce pays aurait sombré. Ne te hais pas plus que tu ne me hais moi. Car je suis le seul responsable de toutes ces souffrances. »
Lorsque la porte de leur chambre claqua derrière le prince déchu, une nouvelle douleur naquit dans sa poitrine.
Cette nuit-là, la fièvre revint le tourmenter. Rêves difformes, suées amères, spasmes et crampes l'affligèrent tour à tour. Le sommeil le fuit

et le surprit. Plusieurs fois, il dut se traîner hors du lit pour hoqueter au-dessus de la bassine, sans pour autant réussir à vomir. L'absence de Roland lui semblait démultiplier la douleur ankylosant son corps. Il n'y avait personne pour essuyer son front, personne pour tenir sa main, personne pour monter la garde aux portes de sa conscience, retenant les cauchemars, accueillant les souvenirs, accompagnant sa souffrance. De la solitude ou de la blessure, Myrddin ne savait plus ce qui lui causait le plus de peine. N'avait-il pas déjà vécu pire ? Il avait perdu Maude, il avait erré seul pendant près de mille ans. Sûrement aucune autre blessure ne pouvait tenir la comparaison ?

Il pouvait presque entendre la voix de Berhane le sermonnant. Ce n'est pas ta chair qui te torture, Myrddin, c'est ton âme qui a besoin de pardon, lui dirait-elle. Ou bien : la culpabilité est une souffrance bien plus difficile à gérer que les affres physiques. Quelque chose de vrai, de juste et d'enrageant. Elle le sermonnerait, lui ferait les remontrances nécessaires jusqu'à ce qu'il retrouve un minimum d'allant, un peu d'énergie. Et il en aurait retrouvé, il se serait redressé, il aurait tout fait pour voir, ne serait-ce qu'un instant, un éclat d'estime dans les yeux de Berhane, Lorcan et Roland, une lueur de satisfaction. Non. Il n'en avait pas le droit.

L'aube se hissait par-dessus les montagnes, dehors, escaladait les sommets et les abruptes pentes de sable noir. Ses ors et ses roses auréolaient le cratère d'Adé, époussetaient la nuit par petites touches de pastel lumineux. Le jour suivrait bientôt. Il faudrait alors qu'il se met debout qu'il se lève et s'active. Il ne chercherait pas Roland, ne le poursuivrait pas, mais il pouvait l'aider dans l'ombre. Deux tâches immenses attendaient le magicien : repousser les Sabès et éteindre l'incendie. Ensuite, seulement, il présenterait ses excuses à Roland. Puis la forêt l'engloutirait.

Éclat d'Abhel

début de kharif de l'an 9 du mandat d'Olivia Flane

Trois jours après leur départ de Pelagos, la caravane interrompit tout à coup sa progression aux cris de : Naga ! Naga ! des têtes de file. Shinsuke invita Abhel à quitter la piste et le gros du convoi pour s'avancer dans la plaine vers la silhouette massive des montagnes au loin. Elles mirent pied à terre, progressèrent encore un peu. Abhel scrutait l'horizon à la recherche de la créature fabuleuse, mais c'est le Gardien qui finit par la lui désigner. Le soleil descendait, loin dans leur dos, et tintait de fines bandes d'altostratus de rose, d'or et d'indigo. Au milieu des nuages, voguant tranquille comme une oriflamme mythique, un ruban de l'Est se laissait porter par les cieux. Il flottait au-dessus de la chaîne de montagnes, simple trait d'encre pâle au pinceau calligraphe, un moutonnement sinueux. Le naga ondulait si peu, semblait si immobile, qu'il passait presque pour une nébulosité comme une autre. Jusqu'à ce qu'un jeu de lumière soulignât l'éclat doré de ses écailles, qu'un vent d'Est vint agiter sa longue crinière. Il y eut un moment de calme. Une accalmie, une indulgence, une pause. Puis tout se froissa. Le long corps effilé du naga se courba, se bouscula, se replia. Un coup de tonnerre fit trembler le ciel et sursauter Abhel. Un rang de nuées obscures franchit soudainement la frontière des sommets, dépassa les montagnes à toute allure, se pressa au-dessus des Plaines. L'Est s'enfonça dans l'ombre. Un éclair fissura l'horizon et illumina l'immense ruban d'écailles se tordant au milieu de l'orage.

« C'est le grand naga d'or, commenta Shinsuke de sa voix calme, il survient le premier et la pluie suit toujours dans son sillage. Viens, Abhel-san, il faut nous hâter pour éviter le gros de l'averse. »

Elle lui emboîta le pas, se remit en selle.

« Le premier, ça veut dire qu'il y en a d'autres comme ça ? Demanda-t-elle alors qu'elles rejoignaient Shamir. Est-ce qu'on va les voir ?

– Par aujourd'hui, répondit le petit Gardien. Ils viendront après le premier orage, quand l'air sera plus humide et que la terre mouillée pourra supporter leurs torrents à eux. »

Elles lancèrent leurs chèvres au trot, retrouvèrent la piste et la caravane de Pelagos. D'autres s'étaient arrêtées, des marchandes, des gardes, des chasseuses. Il fallut plusieurs minutes à l'ensemble pour reprendre sa route. Entre-temps, la pluie s'avançait inexorablement.

« Est-ce qu'ils sont comme les dragons de Sarda ? poursuivit Abhel. Est-ce qu'ils ont des cavalières ? Est-ce qu'il y a un ordre de la pluie ou quelque chose comme ça ? »

Ni Shinsuke, ni Shamir ne surent vraiment se retenir de rire. Avec un froncement de sourcil, elle revint à la charge.

« C'est une question légitime, je n'ai jamais vu d'autres dragons que ceux des citadelles.

– Ça en reste un peu drôle, lui répondit Shamir, même si tu as raison de te poser la question.

– Ne te fit pas à la réaction d'autrui pour jauger de l'importance de tes questionnements. C'est toi qui réfléchis pour toi, pas nous, pas les autres. »

Il fallut toute sa volonté à Abhel pour se contenter de grimacer une moue vexée, sans lever les yeux au ciel. Elle talonna Saté pour se porter au même niveau que Shamir et laisser Shinsuke en arrière. Gentiment, aucun des Gardiens ne la taquina plus avant.

« On compte celles et ceux qui ont eu l'honneur de chevaucher un naga de l'Est sur les doigts d'une seule main, petite abeille, lui expliqua Shamir. Ce sont des êtres qui connaissent le langage, que la compagnie des êtres humains n'effraie pas, mais ne tente pas non plus. Ils vivent dans les lacs de montagnes au nord et à l'Est, et c'est le cycle naturel de leur vie qui les mène vers les plaines, sans aucune obligation.

– Que se passerait-il, s'ils ne venaient pas ?

– Sans pluie, les cycles de culture des Plaines ne pourraient plus nourrir tous leurs habitants. Les nappes phréatiques s'assécheraient. Famines et catastrophes s'abattraient sur les cités et leur civilisation entière s'effondrerait, probablement.

– Ah, d'accord. »

Shamir haussa les épaules.

« Il y a des choses qu'on ne peut pas contrôler. Les montagnes et les lacs sont sacrés, l'assemblée des cités échange régulièrement avec chacun des nagas qu'elle peut rencontrer. C'est là le mieux de ce que les êtres humains peuvent faire, pour s'assurer le retour de la pluie. »

Abhel fronça les sourcils, se renversa sur sa selle pour mieux scruter le ciel encore désespérément bleu au-dessus de leurs têtes. Loin au nord et à l'Est, l'horizon se couvrait d'un front toujours grandissant de nuées. Des averses traversaient parfois l'ombre de leurs rideaux chatoyants et, plus discret encore, le naga d'or étirait son corps longiligne sous le couvert des cumulonimbus. Si Abhel tendait l'oreille, elle pouvait déjà percevoir le grondement des gouttes martelant le sol. La saison des pluies avançait au-dessus des plaines et finirait par tendre l'entièreté de son houleux manteau des montagnes jusqu'à la mer.

L'orage les rattrapa, bien des jours plus tard, quand elles s'engageaient entre les corps massifs et majestueux d'une longue et interminable allée de baobab. La première pluie martela le sol lourdement et sporadiquement, traçant dans la poussière l'empreinte épaisse de la pulpe de ses doigts. Elle les accompagna un moment. Puis, lorsque son œuvre préliminaire fut achevée, elle les quitta pour glisser plus au sud et sa sœur de bruine fine les enlaça à son tour. Si la première averse avait été une fraîcheur bienvenue, ses baisers un répit contre la chaleur des Plaines, la brume intempestive qui la suivit eut tôt fait de détremper leurs vêtements et leur enthousiasme. Shamir chevauchait au plus près de Shinsuke, cherchant derrière la haute carrure du Gardien un peu de couverture. Même Saté allait la tête baissée, si bien qu'Abhel finit par lui lâcher la bride pour se concentrer sur son observation des cieux. Parfois, si elle fixait le ciel avec beaucoup d'intensité, elle croyait voir une silhouette filiforme y tordre ses anneaux d'écailles avant de disparaître derrière un lambeau de nuage. Si ses amies de Sarda avaient été là… Plus d'une aurait déjà tenté de saisir le moment en poésie. Abhel n'avait jamais excellé à ce jeu-là, mais, de temps en temps, elle sentait comme une inspiration soudaine et elle tentait sa chance.

« Dites…

– Oui, Abhel-san ? »

Elle déglutit pour ravaler sa honte naissante.

« Vous voulez écouter un poème ? »

Et comme à chaque fois, comme toujours lorsqu'elle avait besoin de leur soutien, ils sourirent et tendirent l'oreille et elle leur récita les quelques vers que le naga d'or lui avait inspirés.

« Je voudrais être un courant.
Un courant électrique telle la foudre qui parcourt les nuées
Et alimente les rêves des tout petits enfants.
Un courant ascendant, pour porter les dragons tout au sommet des cieux,
Pour chatouiller leurs plumes d'une étincelle de rire.
Un courant amoureux allumant des éclats tout au fond de tes yeux
Réveillant sous ta peau un peu de ton désir.
Je voudrais être courant, je voudrais être rivière, je voudrais être souffle.
Je voudrais aller sans jamais m'arrêter
et donner de l'élan au monde qui s'essouffle. »

« J'aime beaucoup, approuva Shamir.

– Je pense que tu peux trouver une meilleure rime en -ouffle, commenta Shinsuke.

– On verra si j'ai le temps, répondit Abhel. Il n'y a plus beaucoup de chemin à faire. »

Elles atteignirent Sangrisca au cœur d'une accalmie. Les premières pluies s'étendraient d'abord plus au sud et à l'ouest, avant de revenir vers la cité. Pourtant, l'immense ville de terre et de tuiles se fondait dans l'horizon sous un voile de brume pudique. Cela doucha considérablement la bonne humeur d'Abhel qui voyait là sa première rencontre avec la Perle des Plaines quelque peu ternie.

« Ce n'est que partie remise, Abhel-san, la sermonna gentiment Shinsuke. Tu verras une autre fois le cœur des cités-libres rayonnantes sous le soleil. Et puis, il n'y a que sous la pluie qu'on peut apercevoir un naga. »

Le Gardien n'eut droit, pour toutes réponses, qu'à un haussement d'épaules dépité. Abhel pressa les flancs de Saté, rejoignit la tête de la caravane, se dressa dans ses étriers pour mieux embrasser du regard la grisaille qui couvrait les remparts, les toits, les universités de Sangrisca. Comme elle aurait aimé la découvrir tout entière, d'un seul coup d'œil ! La voir, non pas retranchée derrière un paravent de brouillard, mais étincelante dans l'été étouffant, resplendissante de son histoire et de son influence. Digne du récit d'une citoyenne voyageuse faisant escale au monastère de l'Archipel. Mais rien de tout cela pour la première rencontre d'Abhel et Sangrisca. La ville jouait les timides, refusait de se laisser surprendre, redoublait de ruse pour mieux se soustraire au regard des nouvelles arrivantes.

Et puis un rayon de soleil perça la couverture nuageuse et laissa tomber sa lumière blanche sur un dôme d'or. Ce fut comme une aube soudaine, en milieu de journée. Les toits s'illuminèrent, les verrières scintillèrent, le bruit de la foule et de la vie citadine s'éleva soudain, perça le silence des plaines. Sangrisca sortit de la légende et du paysage pour s'incarner pleinement à leurs pieds. Puis ses faubourgs les happèrent.

D'abord surgirent des digues et des murets de terre, délimitant des champs où rien ne poussait que des sillons de labour et des petites cabanes de bois et de roseau, perchées sur des pilotis comme des hérons sur leurs longues jambes. Ensuite vinrent des vergers de figuiers, de grenadier. À l'approche des premières habitations, des canaux irrigués surgirent sur les bords de la route et des chemins, pleins d'une eau claire et chantante, qui fit prendre conscience à Abhel de la sécheresse de son palais. Ses canaux se subdivisaient en rigoles plus petites encore, qui venaient arroser des rangées entières de plants de melon, pastèques, courgettes, aubergines et piments. Plus loin, presque dissimulés par la courbature des remparts, des champs de lentilles se voyaient envahir de paysannes au travail. Plus la caravane pénétrait dans le giron de Sangrisca, plus la végétation explosait. Pas une allée, pas une rue sans ses haies de palmiers, chaque coin de porte, chaque palier se garnissait d'arbustes en pots, de plantes grimpantes, d'herbes multicolores dans lesquelles nichaient des tétras semi-apprivoisés. Des portes s'ouvraient sur des jardins clos ou des courettes entretenues. Des places accueillaient des acacias immenses et des citoyennes cherchant un peu de fraîcheur. Jamais Abhel n'avait-elle vu autant de végétation mêlée à l'urbanité.

Lorsque les voyageuses passèrent l'antique muraille d'enceinte, elles durent se séparer de la caravane. Oiseaux de traits et chèvres de monte extérieures ne pouvaient pas circuler librement dans la ville et chacune était désormais appelée à ses propres obligations. Les Gardiens et leur charge dirent adieu à leurs compagnes de voyage ; la longue file qui avait traversé les plaines se dispersa entre les rues de la cité. Un pincement serra le cœur d'Abhel lorsqu'elle confia Saté aux bons soins des écuries, mais ses premiers pas dans la ville eurent tôt fait de la rassurer sur ce choix. Si Pelagos lui avait paru habitée, vivante, envahie d'une population éclectique, Sangrisca était une tout autre affaire. Le Nœud de la steppe tenait du courant, du flot. On se jetait dans ses artères et elles emportaient dans leur danse frénétique les femmes, les hommes, les marchandes, les touristes, les artisanes, les agricultrices, les clercs et, bien sûr, les anciennes cavalières sans dragon et leurs Gardiens mystérieux. De longues charrettes, tirées par d'immenses iguanes, circulaient au milieu des rues, transportant des dizaines de citoyennes, qui demandaient à monter et descendre des véhicules quand bon leur semblait. Entre ces omnibus circulaient des vorombes, des chèvres de monte, des reptiles aussi variés que nouveaux aux yeux d'Abhel, portant des individus seules ou des familles entières, des trios d'adolescentes, des commerçantes et leur marchandise. Pour éviter ces flots insensés, Abhel, Shamir et Shinsuke se réfugièrent sur les plateformes perchées le long de la route avec les autres piétonnes. Naviguer cette foule-là ne devenait pas plus simple parce qu'elles avaient pris de la hauteur. Les trottoirs de la cité dominaient largement la voie de circulation, mais un flux tout aussi important de personnes y allait et venait. Comme une marée qui ne se retirait jamais. On criait, on parlait fort, on riait aux éclats. Des senteurs d'épices, de lait de coco, de fruits trop mûrs, de déjections animales remplaçaient brusquement le parfum de pétrichor qu'avaient soulevé les premières pluies et qui les avaient accompagnées lors de la traversée des plaines. Abhel se réfugia entre ses Gardiens. Ni la haute silhouette de Shinsuke, ni le crâne rasé de Shamir n'attiraient autant l'attention que ses propres cheveux blancs. De dernière trace du dragon qu'elle avait un jour chevauché, ils devenaient ici le centre d'un peu trop d'attention. Elle croisa le regard d'une jeune femme perchée dans l'un des transports publics, tenta un sourire timide, mais se décomposa quand l'autre se tourna vers ses amies pour la pointer du doigt. Elle tira un pan d'écharpe par-dessus sa tête, rentra le cou dans les épaules.

« On devrait peut-être avancer un peu ? proposa Shamir, en réponse à son trouble.

– Par-là, indiqua Shinsuke. Je vois un jardin public. »

Elles s'avancèrent et la foule les enlaça. La beauté de Sangrisca se mua en assaut mené contre leurs cinq sens. La ville devint un tourbillon ineffable. Les toits dorés et les arches monumentales se mêlaient à la cacophonie des rues. Les pilotis gravés et les bas-reliefs des encadrures de portes se ruaient à la rencontre des fumets de nourritures, d'ordures et de flore. Un vent humide soulevait les tuniques, les étoles, les stores colorés des échoppes. Toute l'haleine de la ville venait embrasser Abhel de sa présence énergique et écrasante. Elle crut un instant qu'elle allait se noyer sous cette offensive sensorielle. Puis elles débouchèrent dans un parc et la cité reflua légèrement. Les terrasses, escaliers et pagodes à l'ombre des palmiers dattiers et des oliviers abritaient quelques groupes de citoyennes, mais le rythme harassant des avenues s'était apaisé. Abhel reprit le souffle qu'elle avait perdu.

« Bonjour, bienvenue à Sangrisca. »

Les Gardiens et leur charge sursautèrent de conserve. La ville n'avait pas d'emprise sur l'homme qui venait de les saluer. Ni la foule, ni le bruit, ni les odeurs ne le décontenançaient. Il devenait une oasis de calme au milieu de la cohue. Il portait ce même sarong de brun et de fauve, noué à la taille, surmonté d'une chemise noire qu'elles avaient déjà observé depuis leur arrivée. Une écritoire de bois suspendue par une corde de chanvre traversait sa poitrine. Quatre perles de cory s'y brodaient également, symbole probable de son rôle au sein de la cité. Derrière les larges verres ronds de ses lunettes, son regard semblait aussi mystérieux qu'accueillant.

« Excusez-moi de vous déranger, dit-il encore, je suis Basile, ma collègue Olivia m'envoie vous accueillir. Il me semble que vous la connaissez. »

Ses yeux bleus soulignés de khôl doré faisaient deux puits de lumière dans son visage sombre ; et de ces yeux, il ne regardait qu'Abhel.

« Oui, murmura cette dernière. Je la connais, je crois.

– Alors, suivez-moi. »

PLATEAU DE LA DAME

« Et pour chacune des citadelles, j'ai créé un espace de repos et de retraite pour les dragons ayant perdu leurs cavalières, afin qu'ils puissent atteindre la fin de leur âge dans le respect et la dignité. Pour chacune des citadelles, j'ai gardé l'emplacement secret, connu seulement de ses habitantes, afin que personne ne puisse venir en perturber la tranquillité. J'espère qu'ils y trouveront la paix avant la mort. »
Journal d'Offaze la bâtisseuse, architecte des citadelles des cavalières de Sarda.

Nous sommes suivies », lui annonça Adèle un soir, après le repas.

Le campement achevait de se monter autour d'elles, à l'abri des arbres, dans le giron rassurant de la combe que l'avant-garde avait choisi. Berhane retint tout juste la corde qu'elle avait manqué de lâcher, tourna un regard inquiet vers Adèle.

« Je ne crois pas que ce soient des ennemies, s'empressa d'ajouter l'éclaireuse, ou j'aurais poussé pour que l'on continue d'avancer. Mais je pense qu'il faut rester sur nos gardes. En plaine, on est bien plus vulnérable qu'en montagne.

– Je croyais que c'est ce qu'on faisait, rétorqua l'élue, être sur nos gardes ? Depuis combien de temps sont-elles sur notre piste ?

– Elles sont deux et depuis ce matin. Je pense… Je pense qu'elles nous ont vu depuis les hauteurs du plateau. »

Malgré la nuit tombante qui transformait leur environnement en une confusion d'ombres grises et de tâches obscures, Berhane se tourna vers l'ouest et le mur noir à peine discernable du plateau de la Dame au loin. Si ses souvenirs des voyages à Estari étaient bons, il n'y avait aucun moyen

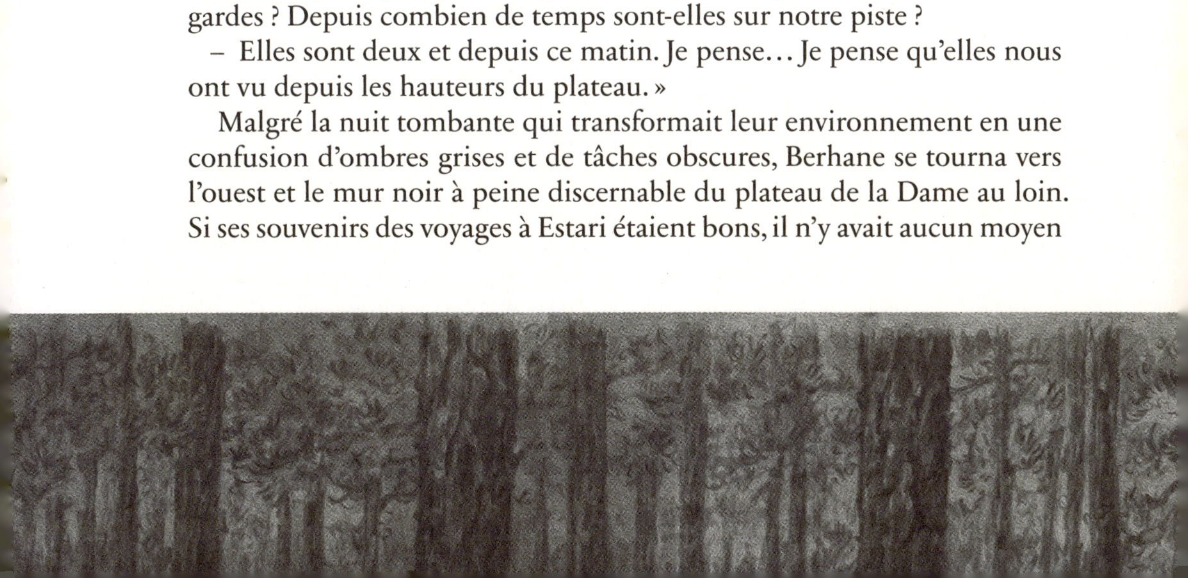

d'atteindre les hauteurs à pied ou à vorombe depuis l'Est. Il faudrait faire un long détour par le sud et le col de Cabeol afin de retrouver la plaine ; ou aller encore plus à l'ouest et retrouver Zinia. Cela prendrait des jours, voir des semaines. Seuls des cavalières et leurs dragons pourraient faire le trajet facilement. Elle fit de nouveau face à Adèle.

« Allons à leur rencontre, juste toi et moi. Tu dis qu'elles ne sont que deux, nous saurons nous en défaire au besoin. »

Elle garda le silence sur son pressentiment, se refusa à évoquer son espoir à haute voix, de peur de la douleur que lui causerait une désillusion. Elle noua la corde qu'elle avait toujours à la main autour d'un tronc, s'assura que la tente tenait bien.

« Préviens juste Ife. S'il se passe quelque chose, il faut que quelqu'un ici soit au courant. »

Adèle hoche la tête.

« Tu ne veux pas partir à plusieurs ? J'ai peut-être raté des présences…

– Non. À deux nous serons plus discrètes, au pire nous n'engagerons pas et rebrousserons chemin. Allez, va. »

Elle regarda l'éclaireuse s'éloigner à travers le campement, se donna un instant pour revenir sur sa décision et faire repartir les rebelles, les éloigner de ces petits moineaux à leur trousse, jouer la carte de la sûreté. Aucune sûreté n'était possible. Elle avait entièrement confiance en Adèle, deux poursuivantes, même sabès, ne leur poseraient aucun problème. Ses combattantes, en revanche, avaient besoin de repos. Elle fit une dernière vérification de la tente qu'elle venait de monter, posa son paquetage à l'intérieur et rejoignit Desta à l'extrémité du camp. Même au milieu des autres dragons, elle l'aurait reconnu les yeux fermés. Un fil tenace la reliait à sa monture, jumeau, peut-être, de celui qui la rattachait à Nordeau. Un fil qu'elle avait commencé à trancher. Elle se faufila au milieu des montures, dragons et vorombes mélangés, laissa ses pensées parasites à l'entrée du corral. Desta vint frotter son immense bec contre sa joue. Deux marques sombres barraient sa rinothèque, juste après les narines, depuis la guerre, cicatrices sœurs de celle marquant la joue de sa cavalière. Berhane enfouit son visage contre le poitrail du dragon, huma le parfum de ses plumes à la fois aigre et doux.

« On court depuis si longtemps, mon vieux. Je pense que le jour où on s'arrêtera, le chagrin et la fatigue nous rattraperont d'un seul coup. »

Pour toute réponse Desta pinça du bec son manteau-tissé et lui en recouvrit la tête. Elle rit, malgré elle.

« Oui, on pourra toujours se cacher jusqu'à la fin de nos jours, je suppose. Mais j'ai peur que ça ne suffise pas. »

Elle se détacha à regret de sa monture, caressa une dernière fois les plumes écarlates de son flanc, son échine, son garrot. Elle recula à peine lorsqu'il étendit ses ailes de toute leur envergure. En deux puissants battements, il avait dérouillé les muscles de son dos et il prenait son envol. Elle le regarda disparaître dans l'ombre du ciel.

Adèle l'attendait entre deux rebelles montant la garde, à l'orée du bois qui les abritait. Après les derniers arbres, le fond du vallon se transformait en taillis hétérogènes de noisetiers et d'aubépines, avant de se fondre dans une autre vallée et de retrouver champs, vergers et vignobles. Quelque part au sein de ces bosquets disparates, des pies curieuses s'étaient lancées sur leurs traces, il leur fallait désormais les débusquer, pour assurer, si ce n'est la sûreté, au moins la tranquillité de leur expédition. Berhane sourit à son éclaireuse. Après un dernier salut aux veilleuses, elles se mirent en chasse.

La nuit les recouvrit. Adèle les menait d'un pas sûr, secondée par les précisions que lui murmurait Berhane, venues de Desta, loin au-dessus de leurs têtes, qui leur offraient une autre perspective du terrain accidenté qu'elles parcouraient. Elles avançaient tranquillement, sans se presser, allant d'ombre en ombre. L'élue trouvait une forme de quiétude à leur traque. Loin du campement, concentrée sur sa tâche, elle pouvait oublier les conséquences de ses actions. Elle pouvait oublier la perte, encore une fois, de Nordeau. Elles descendirent le vallon jusqu'au pied de la falaise supportant le plateau. Elles se fondirent dans le bois de noisetiers qui épousait la roche, se cachèrent sous les houppiers vert pâle.

Elles trouvèrent les deux espionnes blotties dans un creux de l'à-pic, enroulées dans leurs manteaux-tissés, épées à la main et frimousses fatiguées froncées en une expression de concentration furieuse. Berhane rengaina son arme avec juste assez de bruit pour faire lever le nez aux deux gamines, mais sans les alarmer outre mesure.

« Bonjour, mes sœurs », les salua-t-elle.

Les jeunes filles bondirent, brandirent leurs lames devant elle, ouvrirent de grands yeux terrifiés. Tant pis pour l'approche apaisante, alors.

« Tout va bien, tenta de les rassurer l'élue. Je suis Berhane de Nordeau, nous sommes amies, vous et moi. »

Les deux petites ne baissèrent pas leurs armes pour autant. Leurs mains ne tremblaient pas, celles autour de la garde de leurs épées, comme celles avec lesquelles elles se tenaient l'une l'autre. Leurs manteaux-tissés semblaient à la fois neufs et usés, comme si, aussitôt sortis du métier, ils avaient subi maints aléas et maintes intempéries. Leurs porteuses, elles aussi, montraient des signes d'usure, leurs visages juvéniles marqués par une fatigue que Berhane n'avait pas connue à leur âge. D'ailleurs, quel âge avaient-elles ? Elles paraissaient bien jeunes pour déjà justifier d'un manteau de cavalière. L'élue recula d'un pas, écarta les bras en signe d'apaisement.

« Je jure que nous ne sommes pas vos ennemies. »

Elle pressa un poing contre son torse.

« Bois de cœur sur mon honneur, bois parfait serment j'en fais. »

La formule, toute sardaise et cavalière qu'elle était, ne les dérida pas outre mesure. Cependant, elles abaissèrent légèrement leurs épées, s'écartèrent un peu l'une de l'autre. Leurs regards frondeurs, eux, ne lâchèrent aucunement les rebelles devant elles. La plus grande des deux, à la peau brun foncé, au front bas encadré de longs cheveux noirs, s'avança.

« Prouvez-nous que vous êtes réellement cavalière. »

Sans un mot, Berhane désigna le manteau-tissé qu'elle portait.

« Non, rétorqua la jeune fille. Vous auriez pu le prendre sur le corps d'une de nos sœurs. Vous n'avez pas les cheveux gris, votre dragon vit encore, où est-il ? »

Desta se posa lourdement à l'entrée du bosquet de noisetiers. Son imposante carrure, son envergure immense, son bec tranchant n'inquiétèrent pas les deux espionnes. Au contraire, l'arrivée soudaine du dragon sembla totalement balayer leurs craintes, en même temps que les feuilles et la poussière du sol forestier.

« Alors vous dites la vérité.

– Pourquoi nous suivez-vous ? » intervint Adèle.

Les jeunes filles tournèrent vers l'éclaireuse leurs yeux terribles.

« C'est notre Matriarche qui nous l'a demandé.

– Votre Matriarche… »

Berhane fronça les sourcils.

« Perle de Soufeu…

– Pas Perle, pas de Soufeu, l'interrompit la plus grande. Nous sommes ce qui reste des cavalières d'Estari. »

Il n'y avait pas de chemin grimpant le long de la falaise jusqu'au plateau au sommet. Pas de sente étroite, pas de raidillon à peine praticable, pas de percée aménagée dans la roche. Juste le visage nu d'un mouvement tectonique millénaire. Pour en atteindre le faîte, elles durent s'en remettre à leurs montures. Adèle resta donc en bas, chargée de retourner au campement pour avertir le groupe de rebelles de la destination de leur élue. L'éclaireuse ne rebroussa chemin qu'à contrecœur, mais après un dernier regard de Berhane, elle les laissa s'envoler.

Il fallut à peine quelques secondes aux dragons pour décoller et moins encore pour rejoindre le plateau. Pourtant, les deux jeunes femmes ne s'y arrêtèrent pas. Elles poursuivirent plus avant à l'intérieur des terres d'altitudes, le soleil, qui se levait derrière elles, illuminait d'une aube incendiaire les terres défilant sous leurs montures. Elles survolèrent une garrigue aride, des rus desséchés, des bosquets roussis de chênes pubescents. Ici aussi, l'été avait été impitoyable. Seuls quelques sentiers de bêtes traçaient des lignes courbes dans l'herbe jaune. Berhane serra les dents. Elle avait survolé ce même paysage, à une autre époque, en une autre compagnie. Du coin de l'œil, parfois, elle pouvait presque deviner la silhouette de Pènderyn, les boucles blondes de ses cheveux, l'éclat rieur dans son regard. Les couleurs de son manteau-tissé, en revanche, elle commençait à les oublier. Quels fils de laine se mêlaient entre eux ? En quel motif sacré ? Le vêtement avait brûlé en même temps que sa propriétaire, il n'y avait plus moyen pour Berhane de le retrouver. De le toucher. De le sentir. De la prendre dans ses bras. L'altitude lui piquait les yeux, faisait larmoyer ses paupières, si bien qu'elle manqua presque la descente des deux cavalières d'Estari.

Rien n'avait changé dans le paysage du plateau, pourtant, les jeunes filles et leurs dragons se laissaient lentement aller, jusqu'à disparaître entre un petit bois et un affleurement rocheux. Berhane les suivit. Desta hésita un instant au-dessus des cimes, survola deux fois l'espace de rencontre entre la pierre et la futaie avant de trouver où s'étaient faufilées leurs guides. Dissimulée entre les genévriers, les chênes et les ajoncs, une gueule obscure s'ouvrait dans la terre et étendait son gosier dans l'ombre, loin au cœur du calcaire. Desta s'y engagea avec mille précautions. Le plateau de la Dame les avala.

Les ténèbres noyaient l'encolure du dragon, l'envergure de ses ailes, jusqu'aux mains de Berhane agrippées aux rênes. Devant elle, pas trace des deux jeunes filles, le monde s'arrêtait à la surface. Derrière elle, l'aube encore trop jeune indiquait à peine l'entrée du gouffre. Elles descendirent encore, se fiant entièrement aux sens de Desta, plus affûté que ceux de sa cavalière. L'ouverture au-dessus de leurs têtes disparut, une fraîcheur souterraine monta à leur rencontre, poussant Berhane à refermer les pans du manteau-tissé de Brigandine. Puis une lueur apparue au loin. Lorsqu'elles l'atteignirent, après un vol que l'élue se trouva incapable de qualifier, une autre brillait à sa suite. De scintillement en scintillement, elles se laissèrent guider, jusqu'à ce que des pans entiers de murs surgissent des ombres, adornés de cœur du désert comme d'autres se parent de candélabres, ouvrant une brèche de lumière dans le ventre de calcaire. Berhane relâcha sa pression sur les rênes. L'obscurité laissait désormais place à un boyau sombre, mais visible, manifestement creusé par des humaines, il y a bien longtemps. La cavalière glissa une main entre les plumes du cou du dragon.

« Si nous allons là où je crois que nous allons, alors il faudra faire preuve du plus grand respect. D'accord ? »

Desta se contenta de secouer la tête, marquant son acquiescement sans cri ni flamme.

« J'espère seulement qu'elles nous laisseront repartir... »

Le goulot s'ouvrit encore, se creusa de deux chemins parallèles au bord desquels brûlaient des lampes à huile. Une première fougère dressa ses frondes au détour d'une aspérité de la roche. Deux autres la suivirent, des mousses envahirent les parois. Elles avancèrent encore un peu et soudain, un jardin les entoura. Ce n'était plus seulement un boyau qui s'étendait sous la surface, mais une véritable caverne, un temple souterrain, une nef de roche et d'ombre, au faîte de laquelle s'ouvrait une fenêtre naturelle, partiellement recouverte de végétation. Des centaines de dragons y virevoltaient librement ; en miroir, des centaines de fillettes s'ébattaient au sol. Huissements et cris de joie se mêlaient en une cacophonie comme Berhane n'en avait plus entendu depuis longtemps. Le silence et la discrétion étaient les mots d'ordre de la résistance. Ici, loin des oreilles indiscrètes des Sabès, il n'y avait pas lieu d'être si mesurées.

Desta entama sa descente, repéra là où les deux écuyères s'étaient posées et toucha terre à son tour. Buissons de fleurs, herbes médicinales, parterres colorés s'étendaient à perte de vue, avant de disparaître dans la pénombre au fond de la grotte. Un parfum capiteux recouvrait tout de son épaisse pelisse odorante. Il sembla à Berhane, soudain, qu'elle se trouvait à Estari, la dernière fois qu'elle y était allée, quatre ans plus tôt, en compagnie de Pènderyn.

« C'est l'odeur, n'est-ce pas ? intervint une voix affable. Il faut y avoir vécu toute sa vie pour l'apprécier pleinement, je pense, sinon ça tourne vite à l'incommodant. »

Une très vieille femme s'avançait entre deux rangées de rosiers. Toute sorte de rides ravinaient son visage. Ses cheveux gris et fin formaient un chignon flottant au sommet de son crâne. Les couleurs de son manteau-tissé avaient tant vécu qu'elles en étaient méconnaissables. Une jeune fille d'une dizaine d'années jouait pour elle les bâtons de vieillesse.

« Bienvenue à Estari le jardin, cavalière de Nordeau. Ou du moins, ce qu'il en reste.

– Bonjour, grande mère, répondit Berhane en s'inclinant. Votre accueil m'honore, c'est trop d'hommages, que de me recevoir en votre saint des saints.

– Ah ! s'exclama l'Aînée. Et où d'autre te recevrions-nous ? Des murs de notre citadelle, il ne reste plus que le bureau de l'intendant des mines, qui serait certainement ravi de te rencontrer, mais pas pour les mêmes raisons que moi. »

Elle s'approcha encore, jusqu'à pouvoir toucher le bras de Berhane.

« Tu t'étonnes que je plaisante, mais que nous reste-t-il que le rire, en ces temps difficiles ? Le rire, et un peu d'espoir peut-être. Viens avec moi. »

La vieille femme entraîna l'élue à sa suite au cœur du jardin secret, au milieu des fleurs et des aromatiques, à travers le parfum. Elles remontèrent des allées d'amandiers et de mimosa, des rangées d'oliviers et d'arbres à myrrhe. Des charmes de cavalière-herboriste pendaient des branches, enrubannaient les troncs, bruissaient d'un vent invisible avec des cliquetis mélodieux. Leurs couleurs s'ajoutaient à celles de la végétation. Elles semblaient déborder dans l'atmosphère de la grotte, saturer chaque recoin, envahir les yeux qui les regardaient. Après la rigueur des montagnes du nord et la longue fuite sous le couvert de la nuit, elles en étaient presque trop vives pour l'œil fatigué de Berhane.

« Impressionnant, n'est-ce pas ? commenta l'Aînée. Cinq longues années de labeur, dans le secret, au nez et à la barbe de mes sœurs d'Estari. Dès que les échos d'un nouveau conflit me sont parvenus, je me suis mise au travail. J'ai senti, comme seules les herboristes peuvent le sentir, que cette guerre-là n'épargnerait pas ma citadelle, pas comme la dernière. Alors, avec ma compagne, nous avons travaillé d'arrache-pied, pour préserver la beauté et la spécificité de notre maison. »

D'un bras amaigri par l'âge, elle désigna l'immense jardin autour d'elles.

« Nous avons bien fait. »

Berhane acquiesça, puis demanda :

« Qui êtes-vous, grande mère ? »

Un sourire.

« On m'appelait maîtresse-herboriste Armoise, mais je préfère Nasrin. C'est le nom que je me suis donné, il y a longtemps et c'est celui qu'utilisent celles qui m'aiment. Certaines des petites ici, ont choisi de m'appeler Matriarche, mais je n'y tiens pas vraiment. Et toi, qui es-tu ?

– Je suis Berhane de Nordeau, élue de la résistance. Et cavalière.

– Hm. Deux titres difficiles à concilier, mais je sens que tu as les épaules assez larges pour supporter ton office à venir. Ah, nous y sommes. »

Elles avaient atteint une clairière au cœur du foisonnement de couleurs et de fragrances. Une construction de taille modeste s'y dressait, toute de pierres jaunes et de tuiles en terre cuite, aux fenêtres délicatement ajourées dans le calcaire. Un long préau la prolongeait jusqu'à une grande concrétion de roche percluse de trouées obscures. Un dragon aux plumes grises y disparaissait justement. Le cœur de Berhane se serra. Alors il y avait toujours des lieux où l'ordre était présent. Alors les cavalières n'avaient pas encore totalement disparu, massacrées par les Sabès, exilées dans l'inconnu, ou effacées sous de nouvelles identités. L'antre secret d'Estari retenait encore, pour le moment, l'esprit des guerrières de la Dame.

Une autre Aînée, toute aussi voûtée, toute aussi fatiguée que Nasrin, sorti de la citadelle improvisée et descendit précautionneusement les marches du perron. À sa vue, le visage déjà souriant de l'herboriste s'éclaira davantage.

« Niloufar, l'accueillit-elle avec chaleur. Je te présente Berhane de Nordeau. Elle nous arrive de loin et a grand besoin de notre aide. »

Les deux vieilles femmes se rejoignirent, se prirent par les mains, échangèrent un regard complice. La jalousie laissait un goût amer sur la langue de Berhane. Lorsque Niloufar tourna ses yeux baignés de cataracte vers elle, l'élue déglutit difficilement.

« De Nordeau, dis-tu. Pourtant, ta silhouette m'est familière. Ne serais-tu pas l'une des compagnes de Tieranne ? »

Elle acquiesça.

« Si.

– Hm. Et nous devrions aider, dispenser nos précieuses ressources, peut-être mettre en danger nos novices et nos écuyères, pour toi ? Pour elle, maudite soit sa mémoire, brisé son héritage, qui a laissé sa citadelle, notre maison, devenir un puits de poussière ?

– Niloufar…

– Tu n'y penses pas sérieusement, Nasrin ? Seul le secret de notre survie a garanti notre sécurité jusqu'ici, tu voudrais tout remettre en cause pour une amie de Tieranne ? »

L'herboriste posa une main apaisante, lourde de toutes les années partagées ensemble, sur l'épaule de celle qui était si clairement sa compagne. Berhane plissa ses yeux qui la piquaient.

« Oui, Niloufar, je veux aider Berhane et celles qui vont avec elle. Même si cela nous met en danger. Même si nous n'avons rien en abondance que de choisir quoi faire du peu que nous avons. »

L'autre Aînée se renfrogna. Son visage ridé se fronça. Puis elle secoua la tête et tourna le dos à Berhane et Nasrin.

« Qu'elle reste une journée parmi nous. Ce soir, je te dirai ce que j'ai décidé. »

Lentement, les mains croisées dans le dos, elle s'éloigna entre les arbres en fleur. Nasrin eut un soupir qui était un rire.

« Ne t'inquiète pas, elle exagère toujours. On dirait que c'est elle qui décide quand elle joue les Matriarches comme ça, mais, en fait, nous nous réunissons chaque soir pour décider des tâches du lendemain. C'est là qu'une décision sera réellement prise.

– Il faut que je prévienne mes camarades que je ne serais pas de retour tout de suite. »

Berhane sentit qu'elle avait parlé sans conviction, avant même que Nasrin ne lui jette un regard amusé et entendu. Elle n'avait aucune envie de partir. Elle aurait voulu rester cachée au cœur du jardin clandestin d'Estari jusqu'à la fin de ses jours. Elle aurait voulu noyer son chagrin dans les couleurs et les parfums de la grande œuvre des cavalières de l'Est. Oublier les rebelles, oublier les Sabès, se terrer parmi les fleurs et tout abandonner. Devenir jardin.

« Et si nous achevions de te faire visiter ? »

L'herboriste et son aide s'étaient un peu éloignées, comme pour laisser à Berhane l'espace de gérer sa peine. Elle essuya ses joues et les rejoignit.

La grotte refuge des habitantes d'Estari s'étendait encore au sein du calcaire, mais elles mirent moins de temps à en atteindre les limites que Berhane ne l'avait d'abord pensé. Des petites cahutes s'appuyaient contre les parois à l'extrémité opposée à l'entrée ; de toutes jeunes filles y allaient et venaient sous la surveillance d'autres novices, d'écuyères, d'Aînées et de rares cavalières. Malgré l'aspect de paradis de leur asile, toutes portaient des visages graves, des mines soucieuses. L'exubérance des lieux ne suffisait pas à faire disparaître l'inquiétude, encore moins à faire oublier la présence des Sabès, dehors.

Et pourtant, sous la voûte karstique, le jardin fleurissait.

Elles firent demi-tour, se promenèrent sans but sous le double couvert de la roche et des branches, divaguèrent d'un chemin à un autre sans autre but que d'arpenter ce petit écrin de liberté. Berhane apprit que Nasrin avait vécu la Grande Guerre, il y a plus de trente ans, de loin, par procuration, dans l'attente angoissée du retour de Niloufar, partie au front. Elle raconta en retour la brièveté explosive de l'histoire partagée avec Pènderyn. L'inéluctabilité des sentiments qui les avaient unies, l'année précieuse qu'elles avaient partagé, avant d'être définitivement séparées par la guerre d'Éliane, leur propre Matriarche. Une Matriarche que Berhane n'arrivait pas vraiment à haïr, par alors qu'elle aussi était morte, pour prix de sa folie. Puis Nasrin lui dit la douceur de leur foyer partagé, non pas la citadelle de l'Est, mais sa demeure d'herboriste, au milieu des champs. Il n'en restait plus rien, désormais. Ni plus ni moins que Nordeau. Mais n'étaient-elles pas en vie ? persiflait une voix lovée au cœur de Berhane. N'étaient-elles pas ensemble ? N'avaient-elles pas survécu ? L'élue ignora ces accents envieux. Elle révéla à l'herboriste une rencontre avec Tieranne où Pèn l'avait accompagnée, lui rapporta les paroles enflammées de la jeune femme, lorsqu'il s'était agi de s'opposer aux machinations de la fervente républicaine.

« Ah ! s'exclama Nasrin avec un sourire, tu aurais dû garder cette anecdote pour Niloufar. Toute personne s'étant un jour opposée à Tieranne lui devient alors sympathique.

– C'est elle qui m'y a fait penser, acquiesça Berhane. Niloufar a des airs de Pèn. Ou plutôt, Pèn avait des airs de Niloufar. »

Elle ravala le nœud en travers de sa gorge. Évoquer Pèn et donc l'absence de Pèn, resterait douloureux, semblait-il, jusqu'à la fin de ses jours. Nasrin lui tapota tendrement le bras.

« Viens, allons nous asseoir. Mes vieilles jambes n'en peuvent plus de me porter. »

Berhane lui emboîta le pas.

« Pour tout te dire, moi aussi, mes jambes n'en peuvent plus.

– Parfait. C'est qu'il est largement le temps d'aller manger, alors. »

Elles retrouvèrent l'entrée de la grotte et, par la même occasion, Desta, qui patientait en nettoyant les plumes de son poitrail. Berhane le rejoignit, enfouit son visage contre son cou. Ce n'était pas si mal, de parler de Pènderyn dans un lieu comme celui-ci. Elle l'aurait trouvé beau, en aurait peut-être tiré quelques vers rieurs, mais appréciateurs. D'une certaine façon, maintenant que son nom avait été prononcé sous les branches des vergers, que les fleurs attentives avaient entendu ses louanges, que les herbes médicinales connaissaient un peu de sa vie, Pèn habitait le jardin d'un soupçon de son souvenir.

La nuit finit par rattraper Berhane. Ses ombres tombèrent en douceur sur l'antre secret, le jour s'attardant longuement par-dessus l'ouverture du plafond, jusqu'à ce qu'enfin, une obscurité presque totale enveloppe les cavalières cachées. Seules de rares étoiles laissaient voir leur scintillement, entre les cimes. Pour une fois, les lueurs de l'incendie ne coloraient pas l'horizon de leur orangé menaçant et Berhane pu presque prétendre qu'il ne faisait plus rage, là-bas, au nord. Comme si de ne pas le voir pouvait l'éteindre, en sorte, au moins pendant une soirée.

Nasrin la conduisit de nouveau au bâtiment central et à son long préau, où l'on venait d'allumer de grandes jarres de terre cuite, afin d'y cuisiner d'énormes quantités de riz, de légumes et de haricots couverts de sauce épaisse, dans des plats intégrés à la céramique. Niloufar s'y trouvait déjà. Une horde de novices pépiantes et souriantes l'entouraient de leurs bavardages, l'assaillaient de questions et d'histoires sans commencement ni fin, s'accrochaient à ses coudes, ses mains, ses jupes. L'Aînée ne semblait pas pressée de les faire déguerpir. Au contraire, elle s'efforçait de répondre à toutes, même si on ne l'écoutait déjà plus ou qu'on était passée à un autre sujet. Pour chacune, elle avait un sourire calme, une caresse sur le haut du crâne, un regard chaleureux. Les petites filles agglomérées autour de la vieille femme tenaient à la main un bol de facture artisanale, qu'elles brandissaient en l'air, dans l'attente qu'on leur serve une portion de chaque plat. Deux écuyères semblaient préposées au service, mais leur visage reflétait un tout autre niveau d'enthousiasme face à la multitude enfantine. Berhane sourit malgré la mélancolie qui l'assaillait. Voilà donc ce qui regroupait tous ces groupes disparates refusant le joug sabès, des bols rustiques et un repas à partager.

« Asseyons-nous, dit Nasrin en guidant l'élue d'une main sur la hanche. Toute cette promenade m'a donné faim. Tu nous pardonneras le manque de viande, nous n'avons que nos chèvres et nos poules, depuis que nous ne sortons plus chasser. »

Berhane secoua la tête avec tout l'enthousiasme dont elle était capable.

« C'est très bien, au contraire. Pour nous qui n'avons pas le temps de faire pousser quoi que ce soit, la viande devient un peu rébarbative, au bout d'un moment…

– Il faut de tout pour faire un plat, acquiesça Nasrin. Ici, on use et abuse des légumineuses, des œufs, des lentilles pour compléter l'alimentation des petites. Heureusement, nous sommes gâtées en épices et j'ai un doigté tout particulier pour les charmes à piment. Tu vas voir. »

Elles s'approchèrent des fourneaux et les deux écuyères les servirent généreusement en riz, en mange-tout, en aubergines frites nappées de sauce tomate. Une onctueuse sauce, au fort parfum de coco et de gingembre, vint couvrir le tout. Une cuillère de pâte rouge sombre compléta leurs belles portions. À sa vue, Berhane écarquilla les yeux de plaisir.

« Du sambal ? Voilà une éternité que je n'en ai pas mangé !

– Alors c'est ce qui manque à ta rébellion, jeune pouce de Nordeau, lança Niloufar. Une bonne quantité de condiments. »

Malgré le piquant de sa remarque, l'Aînée avait parlé sans cruauté, seulement avec colère. Débarrassée de sa suite de petites filles, elle avait rejoint Berhane et Nasrin, assises sur des tabourets bas, près d'un rosier rachitique.

« Il y en a d'autres sur ce plateau, qui prétendent être les dernières Sardaises à se tenir debout face aux Sabès. Mais leurs méthodes ne font pas vraiment la différence entre colons et colonisées, quand il s'agit de s'enrichir.

– Je ne pense pas qu'on puisse dire que notre résistance s'est enrichie, depuis le début de la guerre, riposta Berhane.

– Mais toi, tu as gagné en statut. »

L'élue hocha la tête.

« C'est vrai. Mais seulement dans le contexte particulier de la rébellion. Pour le reste de Sarda, le reste du monde, je ne suis, au mieux, personne, au pire, une emmerdeuse qu'il faut arrêter.

– Tu n'es ni l'un ni l'autre pour moi, rétorqua Niloufar. Tu es une cavalière de mon ordre. Une sœur. Mon égale. Et je suis probablement plus disposée à t'aider, toi, que je ne le serai envers d'autres. Même si elles étaient dans le besoin.

– C'est dommage.

– C'est honnête.

– C'est l'heure », conclut Nasrin.

Niloufar fit brusquement oui de la tête, se leva avec précautions et se dirigea vers la concrétion de roche où vivaient les dragons aînés d'Estari. Berhane la regarda partir. Excepté les convictions, il y avait finalement plus qu'un peu de Pènderyn chez la vieille femme. La même passion. La même fierté d'appartenir à l'ordre des cavalières. La même fidélité à celles qu'elle considérait devoir protéger. Parfois, quand le sommeil lui refusait son étreinte, Berhane osait imaginer qu'elle retrouverait Pèn un jour. Qu'elle découvrirait un camp reculé de soldates rescapées, un contingent de blessées ayant réussi à s'enfuir, un village isolé où l'on avait rapatrié et sauvé à la dernière seconde une jeune femme agonisante. Elle, Berhane, arriverait sans savoir ce qui l'attendait, mais Pèn, en revanche, la verrait venir de loin. Et elles seraient enfin réunies. Nasrin l'arracha à ses chimères.

« Je vais les rejoindre et défendre l'idée de vous apporter notre aide. »

L'élue s'inclina profondément.

« Merci à toi, mais je ne suis pas venue pour réclamer votre secours. Tout soutien nous rapproche un peu plus de la victoire, mais – elle s'interrompit, ferma les yeux, se massa les tempes – non, ce n'est pas ce que je veux dire. Je veux dire : défends ce que tu veux défendre. Je suis venue ici parce que je voulais retrouver un peu de notre Ordre, avant de le perdre totalement. Vois-tu, il y a deux choix importants que je dois faire et l'un comme l'autre teste mon possible égoïsme. Alors, ne fais rien pour nous. Car je ne suis venue que pour moi. »

Nasrin acquiesça sans mot dire. Elle pressa simplement l'épaule de Berhane d'une main tordue par l'arthrite et le temps. Et puis, avec un regret :

« À l'époque, nous avions un groupe de parole à Estari, pour les cavalières qui, comme nous, ont eu à préciser qu'elles étaient des femmes. Je pense qu'elles t'auraient beaucoup aimé. »

Et l'herboriste s'éloigna à son tour.

Berhane erra quelques heures sous le couvert des arbres fruitiers, seule. La lumière des feux de cuisine n'était qu'une lueur lointaine, dans un coin de son champ de vision. Comme il était difficile de se décider ! Entre cavalière et élue, elle avait cru avoir enfin tranché. Elle avait été si sûre d'avoir choisi. Mais non, bien entendu. Rien n'était jamais résolu, l'avenir refusait la netteté, son cœur lui interdisait la clarté. En serait-il ainsi toute son existence ? Pour chacune des facettes de sa vie ? Serait-elle à jamais incapable d'aimer tant que Pènderyn hanterait ses rêves ?

Elle revint vers les feux et les cavalières. Lorsqu'elle présenta son bol, on la resservit généreusement, lorsqu'elle chercha où s'asseoir, on l'accueillit dans les rangs. Les soirées des rescapées d'Estari étaient très semblables à celles des rebelles, lorsqu'elles se retrouvaient dans les montagnes. Elles mangeaient ensemble, elles repoussaient la nuit par des flammes contrôlées, elles repoussaient la peur par des chants et des rires. Si elles l'osaient. Depuis leur dispersion précipitée de Nordeau, elles n'avaient plus eu le temps de rire ni de chanter. Le gamelan de Thulile n'avait pas survécu à leur fuite. Ici, cependant, dans l'étreinte rassurante du calcaire, les chansons pouvaient s'élever sans crainte :

D'où vient ta verve, Aînée ?
D'où vient l'emboîtement de mots et de cris qui te constituent ?
Tu vis depuis si longtemps, Aînée, les alphabets de tes langues ont changé de forme, aussi souvent que la guerre est venue gracier tes plaines de sa présence.
D'où vient ta verve, Aînée ?
Toi dont le corps trahit, mais dont ni le cœur ni l'esprit n'ont rendu les armes.
Parles moi, parles moi encore, Aînée, que j'absorbe chaque bribe de ton langage et, ainsi, te porte en moi toujours. Jusqu'à la fin de ma vie.

Elle retrouva les rebelles au cœur de la nuit. Les fontes de selle de Desta aussi vides que lorsqu'elle était partie, mais le cœur plein à déborder d'une mélancolie dont elle ne savait pas quoi faire. Ni Ife, ni Adèle ne lui posèrent de question, lorsqu'elles la virent revenir les mains vides. Leurs regards interrogatifs la suivirent jusqu'à sa tente, mais elles ne vinrent pas l'aborder. Il était tard. À cette heure, tout pouvait attendre le matin.

Dans son rêve, elle erre entre chimère et dragon, entre campagne et forêt, entre plaine et montagne. Dans son rêve, Pènderyn marche entre deux lumières, l'une douce et l'autre ardente. La jeune femme marche sans un regard en arrière et Berhane sait alors ce qu'elle voit. Voilà.

Voilà ce qu'elle veut le plus au monde. Ce qu'elle désire au-delà des mots. Une douleur rance lui envahit la gorge et la bouche, des crampes lui lacèrent le ventre, une nausée tenace menace de la submerger. Elle ne peut pas la lâcher des yeux et c'est tout juste si elle supporte sa vue. Qu'est-ce qui l'empêche de se saisir d'elle ? Qu'est-ce qui l'empêche de tendre la main, de caresser sa joue, d'effleurer ses cheveux. La même chose qui la retient ici, sans doute. Qui prévient sa fuite, sa lâche fuite de couarde aux os creux, aux molles vertèbres, à la couenne froussarde. Elle hésite. Elle oscille. Elle pousse et elle tire sur deux forces d'égale puissance, prévenant à la fois sa chute et son avancée. Voilà, pourtant, ce qu'elle veut le plus au monde. Ce qu'elle souhaite si ardemment, jusqu'à la douleur.

Pourtant, il faut se décider. Elle tergiverse. Elle marchande avec elle-même. Franchira ? Franchira pas ? Cette maigre distance infinie qui la sépare de celle qu'elle aime. Celle-là qui avance sous le couvert des pins. Voilà ce qu'elle veut le plus au monde et elle doit la laisser aller.

Dans son rêve, Pènderyn bascule. Elle tombe si vite et si lentement, comme si c'était le monde qui venait à sa rencontre. Elle bascule résolument, irrémédiablement vers la Forêt des âmes et Berhane s'est décidée. Elle la laisse s'éloigner. Elle regarde partir ce qu'elle veut le plus au monde.

Dans son rêve, du bout des lèvres, elle dit adieu à Pènderyn de Nordeau.

Pour la première fois depuis trop longtemps, Berhane s'éveilla les yeux secs.

Geste d'Oihana

Une semaine après le départ de Lorcan, elles doivent quitter la vicinité du lac. Nous comprenons votre situation, leur disent les envoyées des marchandes de Veyssane, mais notre bonne ville de Passar ne peut pas accueillir autant de réfugiées d'un seul coup. Prenez ces quelques vivres, concluent-elles avec mansuétude, et partez. Alors, elles poursuivent leur chemin. Il semble à la grand-mère qu'elle ne saura bientôt plus qui était de Cherchefeuille, à l'origine, et qui les a rejoints en cours de route. Quelle importance ? Aux yeux des Sabès comme des notables sardaises, elles n'ont plus vraiment d'identité propre. Elles deviennent seulement un problème à éloigner.

Alors elles sont reparties. Elles ont laissé derrière elles les flots tranquilles du lac et les lointaines maisons sur pilotis de Passar et ont repris leur errance. Un émissaire s'échappe du lac et serpente à l'ombre d'une épaisse ripisylve. Un sentier étroit suit les courbes du courant et c'est là que leur file de réfugiées s'engage, droit vers les campagnes fructueuses et les collines fleuries des Marches de l'Est. La sécheresse aura-t-elle beaucoup impacté les récoltes, là-bas ? Savent-elles, celles qui y habitent, que l'incendie viendra pour elles aussi ?

Plusieurs jours plus tard, tandis qu'elles descendent dans la plaine agraire du Grand Nédi, dont les eaux paresseuses coulent sans honte sous leurs yeux ébahis, leur colonne de réfugiées rencontre une autre procession. Leurs troupes respectives sont à la fois semblables et contraires. Ce n'est pas la poussière du chemin qui macule les hardes des nouvelles arrivantes, mais la pruine tenace des filons de charbons. Ce ne sont pas les semaines de marches qui creusent en mines hagardes les visages

des travailleuses, mais les journées entières passées dans le ventre de la terre. Oihana doit retenir un mouvement de recul, une tentative de cacher la misère aux yeux de ses petites-filles. Elles ont l'air si perdues, ces mineuses, leur avancée est si dénuée de sens. L'errance des rescapées de Cherchefeuille semble presque une quête raisonnable à côté de cette file égarée entre les mâchoires industrieuses des Comtés-Unis.

Seule une poignée de Sabès escorte les ouvrières. Vers la mine ou vers leurs baraquements, la grand-mère l'ignore, mais cela n'a que peu d'importance. Il n'y aura de repos ni à l'une ni à l'autre de ces destinations. Le bupreste qui mène cette file exténuée lève un peu la tête au passage des réfugiées, les dévisage sans qu'autre chose qu'un puissant désintérêt ne traverse son regard. Le reste de son escouade se contente de scruter le sol devant leurs pieds. Il serait facile de l'emporter sur un si petit nombre de Sabès, pense Oihana presque malgré elle, entre les habitantes de Cherchefeuille et leur cortège d'exilées et les mineuses aux lourdes mains incrustées de fraisil. Elles pourraient vaincre. Elles pourraient occire ces buprestes et libérer ces travailleuses et continuer d'avancer toutes ensemble jusqu'à ce qu'aucun Sabès ne vienne plus dresser son ombre inquiétante au-dessus de leurs maisons, de leurs champs, de leurs existences.

Peut-être même que ces mineuses connaissent d'autres Sardaises enrôlées obligatoires des Comtés-Unis. Peut-être ont-elles vu ou entendu Enara, peut-être savent-elles où sa belle-fille se trouve. Oui, il faut venir en aide à ces laborieuses. C'est leur devoir solidaire. N'y-a-t-il pas des groupes de résistantes à travers tout Sarda qui s'attaquent ainsi à des cohortes de buprestes et de lachnidés dès que l'occasion s'en présente ? Après la rencontre avec Lorcan, il ne faudrait sans doute pas trop d'efforts à Oihana pour convaincre la mairesse d'agir. Oui, c'est ce qu'il faut faire, c'est moralement… Elle accélère le pas. Elle claudique entre les réfugiées. La silhouette de la mairesse se découpe en tête de file, presque au-delà de l'autre colonne . Oihana se presse. Il n'y aura pas d'autre occasion, il faut agir vite, si elles dépassent le groupe de mineuses, il sera trop tard. Un tiraillement soudain le long de son bras l'arrête en pleine course.

« Attend Nana ! lui signe Usoa en s'interposant devant elle. Tu vas trop vite ! »

Un choc ébranle la grand-mère. Sa petite-fille a l'air aussi épuisée que les ouvrières qui croisent leur chemin. Des larmes ont creusé des rainures dans la crasse maculant son visage. Ses chaussures ne seront bientôt plus qu'un lointain souvenir. Quand Oihana se retourne, c'est quatre fois un portrait semblable que lui présente sa ribambelle de fillettes. Elles sont toutes éreintées par cette marche qui n'en finit pas. Et voilà que leur grand-mère s'élance soudain pour déclencher une bataille rangée… Elle se laisse tomber à genoux.

« Nana ? » s'étonne Usoa.

Pour toute réponse, la grand-mère l'enserre de ses bras, la presse contre son vieux corps, met toute la force de ses bras maigres, ayant perdu depuis longtemps les muscles de leurs années de jeunesse, à la retenir sur son sein. Une autre embrassade vient s'ajouter à la sienne, celle de la ronde de fillettes, Garbi, Irune, Edurne, Amets, et puis même, soudain, celle de son fils. La surprise lui fait relever la tête. Il est là, tout près, son seul enfant, qui n'a plus dit un mot, fait un signe, depuis le départ de sa femme pour les mines. Pourtant, là, le voilà présent. Il n'est pas plus bavard, mais son regard s'anime enfin d'une étincelle perdue depuis longtemps.

« Mon chéri », murmure Oihana.

Et son fils acquiesce.

« Mes cœurs… »

Autour de leur embrassade, la foule s'écarte et poursuit son chemin. Peut-être leur jette-t-on des regards étonnés, ou bien des mines compréhensives, il est tentant, après tout, de s'arrêter pour ne plus se relever. D'autres l'ont déjà fait. Mais la mairesse n'abandonne pas ses électrices facilement. Elle a demandé à chacune de celles qui les quittaient, les raisons, les projets, la destination. Parfois elle n'a pas eu de réponse. Pourtant, elle s'est acharnée. Il ne sera pas dit que la mairesse de Cherchefeuille a abandonné ses administrées. Dès qu'elle s'aperçoit qu'Oihana et sa famille ont ralenti, elle revient sur ses pas.

« Tout va bien ? signe-t-elle après s'être accroupie devant son amie.

– Oui, articule la grand-mère, car toutes ses mains sont prises.

– On peut faire une pause, bientôt, si besoin », poursuit la mairesse.

Elle n'a pas l'autorité d'imposer le repos à leur groupe de réfugiées, mais Oihana apprécie l'offre tout de même. Lentement, elle relâche Usoa, repousse Garbi, Irune, Edurne et Amets, prend le temps de presser les mains de son fils entre les siennes. Derrière elles et autour de leur convoi de travailleuses, les soldats sabès s'agitent. Ils n'aiment pas qu'on s'arrête ainsi, près d'eux et de leurs charges, ces exilées les inquiètent. D'où viennent-elles, où vont-elles, sont-elles une menace et pourquoi n'ont-ils pas été avertis de ce déplacement de population ? La grand-mère connaît une partie de réponse à une partie de ces questions : elle a vu certaines de ses compagnes de voyage abattre des oies messagères sabès et ensuite les cuisiner, leur feu alimenté des missives que leurs proies transportaient. Il ne faut pas traîner. Inutile d'attiser la suspicion des buprestes plus que nécessaire. Les velléités guerrières d'Oihana se sont déjà envolées, ainsi que l'énergie soudaine qui activait ses jambes. Elle titube, une fois debout, doit s'appuyer sur son fils pour ne pas retomber sur les fesses. La mairesse se saisit de son autre bras, d'une menotte de fillettes et, bras dessus bras dessous, leur étrange assemblage reprend sa route. Au loin, le Grand Nédi s'écoule en lents méandres indolents.

Zinia

« Le bâtiment le plus laid de Zinia est, sans conteste, la tour des reines. Voulut par la fille de Maude, terminé sous le règne de sa petite-fille, le quatrième palais de la capitale défigure la ligne d'horizon de la ville, brise l'harmonie des jardins royaux, éventre la falaise de calcaire qui couronne Zinia. Vraiment, chère maman, tu ne rates rien. Il y a trois siècles peut-être que la capitale de Sarda était un spectacle digne d'être contemplé, mais de nos jours, je t'assure, il n'y a plus rien à voir. »

Lettre d'un voyageur anonyme.

Les couloirs des palais de Zinia étaient trop peuplés. Les pages faisaient des allers et retours inutiles entre les appartements de leurs employeurs, les servantes, les domestiques, les valets, les caméristes courraient toute la journée à travers les étages. Même les concubines de Zénobie semblaient n'avoir rien d'autre à faire de leur temps que de paresser dans les halls et les vestibules de l'antique Caserne des condottieres. Omiros aussi participait à ce ballet absurde. Depuis l'aube, le poète multipliait les voyages sans but et les trajets interrompus. Par deux fois déjà il était allé jusqu'aux quartiers de l'ambassadrice, par deux fois déjà il avait rebroussé chemin, brisant une plume au fond de sa poche, froissant un morceau de papier griffonné. Il avait imaginé vaguement, aux alentours de midi, rejoindre le reste de la cour pour le repas, mais l'idée de faire face à Zénobie, aux nobles sabès, à la ribambelle de concubines au regard inquisiteur, avait suffi à lui couper l'appétit. On lui avait trouvé des qualités, autrefois, à Castel. On l'avait appelé créatif, drôle, sincère. Mais jamais personne n'aurait osé le qualifier de bonimenteur.

De tout temps, Omiros avait porté ses émotions pleinement, sans pouvoir les renier. Ce serait tout pareil ici aussi. On parlerait du Sardais dans les geôles, le poète serait incapable de cacher qu'il connaissait Kalyan, qu'il l'avait rencontré plusieurs fois, qu'il n'en avait rien dit et même ! Qu'il avait volé un objet appartenant au fugitif lors de la fouille de son repaire par Zénobie. Oui, tout cela éclaterait au grand jour. Il serait jugé, promptement, pendu, sûrement, son corps exposé aux éléments au faîte des murailles de Zinia. Son œuvre serait frappée d'opprobre et ses affaires détruites. On oublierait son nom avec le temps et plus personne ne citerait ses vers, sauf à vouloir moquer le pire poète que les Sabès aient jamais porté.

Une plainte lui échappa et il se secoua, releva la tête, découvrit qu'il n'était plus du tout dans le même secteur du palais que précédemment. Tout à ses ruminations, il avait dérivé. La même foule ancillaire se pressait tout autour de lui, mais les aristocrates sabès, eux, avaient disparu. Depuis le jardin, les cris et les appels des ouvriers montaient par les fenêtres. Si ce n'avait été pour les quelques lachnidés faisant des rondes paresseuses d'un couloir à l'autre ou ceux tenant des vigiles somnolentes aux intersections, Omiros aurait pu se croire revenu avant la guerre. Seuls des Sardais s'activaient ici. Des quatre tours-palais de Zinia, Zénobie et sa cour occupaient seulement la Caserne ; la Sérénissime et la citadelle de la capitale servaient de logement et de bureau pour l'armée et l'administration. Transformer un état étranger en comtés sabès demandaient autant de pouvoir bureaucratique que militaire ; juristes, intendants et conseillers avaient été dépêchés en tout aussi grand nombre que lachnidés et buprestes. Pourtant, dans ce quartier inconnu d'Omiros, on en oubliait presque la présence des Sabès.

Le poète erra piteusement à travers les étages, s'éleva de palier en palier sans plus croiser de ses compatriotes. Il ne restait qu'une ancienne demeure de la capitale dont il ignorait les recoins. Sur les hauteurs de cette dernière tour-palais de Zinia, les ouvriers régnaient seuls en maîtres. Maçons, charpentiers, tailleurs de pierre et forgerons occupaient les niveaux inférieurs avec leurs ateliers, transformant en large chantier la grande salle du rez-de-chaussée, dont les portes immenses s'ouvraient sur les jardins où se poursuivaient les travaux. Puis ils avaient transformé les anciens appartements en logements temporaires. C'était étrange, pour le poète, de déambuler dans ce qui s'apparentait le plus à un quartier d'artisans sardais, sans soldats sabès à ses côtés, sans l'ombre de Zénobie toute proche. Sans attirer l'attention aussi. On ne lui demanda pas d'où il venait, on ne le questionna pas sur sa destination. Qu'aurait-il pu répondre ? Qu'il aviserait quand il serait arrivé ? Que tout ce qui l'éloignait de son bureau et de l'ambassadrice lui semblait un répit, mais un répit pas suffisant pour éteindre totalement l'angoisse au creux de son ventre. Il avait caché la tasse volée sous l'entièreté de son linge sale, avant de se rappeler l'existence des lavandières. Il l'avait alors dissimulé derrière une rangée de livres sur une de ses bibliothèques, mais n'était-ce pas là le premier endroit où les enquêteurs allaient regarder ? Du moins, c'est ce que suggéraient les romans d'investigation en vogue à Castel. En désespoir de cause, il l'avait relégué au fond de la cheminée, au milieu des bûches qui attendaient le retour d'un peu de fraîcheur pour reprendre du service. La canicule n'en finissait pas, il y avait peu de chance que quelqu'un se risque à allumer un feu. Ce serait de mauvais augure, avec l'incendie qui approchait.

Il échoua sur un coussiège abîmé par le temps. Par la grâce des Grands Saints, le couloir où ses jambes avaient fini par le mener était vide de toute présence, bien qu'il pût entendre les voix des ouvriers venant de l'étage inférieur.

« Si je ne peux plus fuir/ Si je redoute le pire/ Alors dans ton giron j'irai... »

Voilà que même les mots se refusaient au poète. Il n'avait pas écrit depuis plusieurs jours, non pas incapable d'avancer sur le poème qui l'attendait sur sa table de travail, mais redoutant plutôt ce que les vers avaient à lui dire. Car il n'y avait qu'une tâche dont il devait s'occuper, avant de pouvoir reprendre la plume. Une tâche qui lui vaudrait la potence, sans que Zénobie ne pleure la perte de son poète attitré. Quelque part dans les geôles creusées dans le calcaire de la falaise, Kalyan attendait la mort. Paisiblement, peut-être ? Impatiemment ? La peur au ventre ? Le moindre des services que pouvait lui rendre Omiros, après toutes les conversations qu'ils avaient eues, était bien de lui rendre visite et, peut-être, de lui apporter un peu de réconfort. Ce qui viendrait après cette discussion ; ce que le poète ferait une fois devant les grilles de la prison ; mieux valait ne pas y penser.

Il lui fallut bien moins de temps que prévu pour rebrousser chemin et retrouver les couloirs familiers de la Caserne. Il y retrouva les visages connus de certains aristocrates, dont il dut, pour certains, esquiver la conversation. Il vit trois des concubines de Zénobie discutant sur un balcon au-dessus des jardins. Il accéléra. Après avoir gravi tant d'étages dans la tour des reines, il descendit dans les entrailles de la Caserne, chercha les sous-sols légaux du bâtiment, non pas ceux qui avaient abrité Kalyan, mais les autres, qui le détenaient désormais. Il prit chaque tournant une prière aux lèvres, chaque escalier l'auriculaire et l'annulaire repliés contre sa paume, pour éloigner le mauvais sort. Il se faufila aux cuisines sous prétexte d'y prendre un déjeuner tardif et repartit les poches aussi pleines qu'il avait osé les remplir. Son périple touchait à sa fin. Bientôt il serait face à Kalyan, bientôt il serait face à son destin.

« Bonjour Omiros », chanta la voix grinçante de Dylis.

Le cri qui échappa au poète ne fut ni élégant ni distingué et il résonna longuement sous le haut plafond du couloir.

« Oh, il ne faut pas avoir peur ! Ce n'est que moi, reprit la concubine avec un sourire si large qu'il soulevait toute la moitié supérieure de son visage.

– Bonjour Dilys, bafouilla Omiros. Comment allez-vous ? »

La jeune femme pencha la tête de côté et sourit plus encore. Une petite marque en croissant de lune ornait désormais son front, juste au-dessus de la glabelle, là où les rebelles l'avaient assommée. Elle semblait tout à fait remise de cette rencontre infortunée.

« Bien mieux, bien mieux – elle passa son bras autour de celui du poète – grâce aux bons soins de son Excellence, je me porte déjà comme un charme. »

Avant qu'il ne puisse l'en empêcher, elle glissa sa main dans sa poche et en ressortit une pleine poignée d'abricot sec, qu'il destinait à Kalyan.

« Vous prévoyez un festin secret, maître-poète ? On ne vous nourrit pas assez ? Je sais ! C'est toute cette écriture qui vous creuse l'appétit !

– Certainement. »

Délicatement, il chercha à retirer son bras de l'emprise de la concubine. Dylis remit les abricots dans sa poche et serra ses doigts autour de son bras.

« Vous devriez venir dîner avec son Excellence et nous autres dames de chambre, cela fait si longtemps qu'on ne vous a pas vu ! Je vais finir par me plaindre de votre absence à la maîtresse-ambassadrice ! »

Un frisson parcourut Omiros, qu'il dissimula de son mieux par une quinte de toux embarrassée.

« Peut-être une prochaine fois ? suggéra-t-il avec un sourire. J'ai beaucoup de travail, je dois écrire... »

Dylis se fendit d'une grimace déçue, dont elle avait sûrement répété les plis et l'expression devant son miroir, avant de relâcher le poète avec un soupir. Elle fit mine d'essuyer une larme au coin de son œil.

« Si le devoir littéraire vous appelle... Qui suis-je pour m'interposer entre vous et le génie de la poésie... »

Elle s'écarta en gloussant, glissa l'un des abricots entre ses dents.

« À plus tard, maître-poète ! »

Elle disparut derrière un coin de couloir et Omiros crut que ses jambes et son courage allaient l'abandonner. Il tituba jusqu'à ses appartements. La chambre aux hauts plafonds, la petite salle d'eau attenante, les grandes fenêtres donnant sur les jardins, ses quartiers sardais ne lui apportaient plus le réconfort qu'il avait trouvé à son arrivée. Les murs, débarrassés de leurs tentures d'origine pour mieux être repeints aux couleurs de l'empire, devenaient une cellule dans la prison que formait la cour de Zénobie. Nulle pièce n'échappait plus à son contrôle, pas même les souterrains labyrinthiques de la Caserne. Aucun secret ne résisterait très longtemps à Son Excellence l'ambassadrice Zénobie de Roquesière en Vesq. Et ceux d'Omiros tout particulièrement.

Le compartiment secret qu'il avait aménagé sous la vasque de la salle de bain ne soutiendrait pas une fouille approfondie des lieux, mais jusqu'à maintenant, il avait protégé dignement ses poèmes les plus sulfureux, et donc les moins sabès, les quelques lettres pour la ligue modérée qu'il n'avait pas encore trouvé le courage d'envoyer et deux ouvrages rescapés de la purge imposée aux bibliothèques des condottieres. Omiros en retira le brouillon de poème que ses rencontres avec Kalyan avaient inspiré, le dissimula dans une poche de son manteau. Une boîte de gâteaux et des restes de petit-déjeuner remplirent son autre poche et il quitta ses appartements.

Il s'immobilisa sur le seuil. On avait entrouvert la fenêtre dans l'espoir de rafraîchir un peu la pièce. Le parfum chaud et sec des terrasses montait jusqu'à la chambre, agitait les rideaux de son haleine estivale. Le petit bureau devant la cheminée et son siège usé disparaissaient de nouveau sous des montagnes de livres, de papiers, de cahiers, de plumes. Il n'y avait pas beaucoup travaillé, mais peut-être se souviendrait-on de son œuvre quand même ? Il referma la porte en silence, en espérant que l'absence de claquement aux accords définitifs soit porteur d'augure favorable.

Descendre jusqu'au sous-sol de la tour Sérénissime, trouver le chemin des geôles de l'ambassadrice, se présenter aux gardes et les convaincre de le laisser passer, inventer un mensonge dans l'escalier pour quand Zénobie l'interrogerait sur sa présence ici, tout cela fut à la fois simple et rapide. Lorsqu'Omiros se retrouva devant la première cellule, son cœur battait si fort qu'il croyait l'entendre cogner contre ses côtes comme un gamelan funèbre. Kalyan n'était ni derrière la première grille, ni la seconde. Une silhouette recroquevillée dormait à même le sol dans la troisième geôle, trop menue pour être celle de son ami. Omiros s'avança encore dans la pénombre.

« Maître-poète ? »

Dans la bouche de Kalyan, l'appellation sardaise devenait respectueuse. Pourtant, ces quelques semaines en prison semblaient prêtes à achever le vieil homme. Il avait maigri, ses cheveux et sa barbe s'étaient éclaircis. Des ombres maladives obscurcissaient ses orbites. À le voir ainsi, on lui aurait donné près de cent ans.

« Mais qu'est-ce que vous faites ici ? C'est dangereux, si l'ambassadrice….

– Je lui dirais que j'essayais de vous interroger, répondit Omiros en s'approchant des barreaux. Que j'étais curieux de rencontrer un proche du prince Roland et du condottiere Hadi. Quelque mensonge dans ce genre.

– Et vous croyez la convaincre avec ça ? » rétorqua Kalyan en levant un sourcil dubitatif.

Le poète refusa de s'agiter sous ce regard inquisiteur. Au contraire de ses nombreuses descentes aux souterrains, au contraire de son sauvetage de la tasse, toutes ces fois où il n'avait pas réfléchi ni aux conséquences, ni aux motivations de ses actions, il était sûr de sa présence en prison. Il se devait de venir. Ce qu'il n'était pas encore capable de proclamer.

« Je vous ai apporté ceci », dit-il pour changer de sujet.

Les abricots secs n'avaient pas trop souffert de leur voyage dans son manteau.

« Oh. Merci. »

Kalyan accepta cette misérable offrande d'une main tremblante.

« Vous n'auriez pas de l'eau par hasard ?

– Ah… non, je n'y ai pas pensé.

– Tant pis. Merci pour votre aide. »

Omiros acquiesça. Sa démarche lui semblait soudain bien ridicule. Que pouvaient faire une poignée de fruits secs ? Sa comparaison de tout à l'heure prenait des allures offensantes à la lumière des conditions d'incarcération des prisonniers de Zénobie. Sa propre cellule était d'un luxe insolent une fois face à Kalyan.

« Je reviendrais, bredouilla-t-il pour meubler le silence, avec de l'eau, des couvertures, des vêtements… Encore un peu de nourriture…

– Ha ! »

L'exclamation fit sursauter autant Kalyan qu'Omiros, qui s'éloigna de la grille avec un petit cri surpris.

« N'hésitez pas à nous apporter des armes et puis des crochets pour les serrures, reprit la voix sarcastique. Et la tête de Zénobie tant que vous y êtes ! Ça nous fera une belle jambe, tiens. »

Kalyan reprit le premier ses esprits.

« Maîtresse-cavalière, le jeune Omiros n'est pas responsable de notre présence derrière ces barreaux.

– Si le poète de l'ambassadrice n'est pas un peu responsable de ses actes, alors autant laisser les Sabès nous absorber. Tisserandes de tout Sarda unissez-vous au sein des munificents Comtés-Unis ! N'en voulez pas trop aux Sabès elles-mêmes, elles n'ont rien à voir avec les actions de leur pays. »

Kalyan ne renchérit pas, préférant se concentrer sur son maigre repas. Malgré lui, le poète en ressentit une pointe de déception. Il n'avait rien à voir avec les autres membres de la cour de Zénobie, lui n'avait pas choisi de venir en Sarda, on l'avait arraché à Castel sans sommation. S'il avait possédé la moindre influence sur tout ceci, rien de tout cela ne serait arrivé.

« Il vous reste encore quelque chose à grailler ? » demanda, sans la moindre once de gêne, la prisonnière que Kalyan avait appelée cavalière.

Omiros s'approcha de sa cellule. La jeune femme reposait toujours à même le sol, mais elle s'était redressée et l'observait d'un regard hostile, qui ne laissait aucun doute quant à l'aversion que le Sabès lui inspirait. Une large plaie barrait sa tempe, collant de sang et de crasse ses cheveux courts. On lui avait pris le fameux manteau-tissé de son ordre. Omiros était certain que, si l'occasion se présentait, elle le tuerait de ses mains nues. Il lui tendit les quelques abricots restants.

« Quelle générosité », persifla-t-elle en se levant.

Le poète craignit un instant, tandis qu'elle s'approchait, qu'elle ne cherche à le blesser, qu'elle profite de son bras tendu entre les barreaux pour opérer quelque vengeance. La prisonnière se contenta d'arracher les fruits secs de sa paume offerte.

« De rien », marmonna Omiros en récupérant sa main.

En un instant, la jeune femme fut tout près, collée à la grille, son visage froissé de colère. Il fallut beaucoup d'un courage dont il était dépourvu pour que le poète ne recule que d'un pas.

« Merci, mon seigneur, railla-t-elle. Merci d'avoir détruit mon foyer, d'avoir tué mes amies, d'avoir colonisé mon pays. »

Elle cracha à ses pieds.

« Et merci pour ces abricots délicieux. »

Elle retourna s'asseoir au fond de la cellule, face au mur de calcaire blanc couvert des graffitis de ses prédécesseurs. Depuis le cachot suivant, Kalyan s'abstint d'intervenir. Il fallut quelques minutes à Omiros pour retrouver l'usage de ses jambes, la volonté de les activer et le chemin de l'escalier. Il erra dans les couloirs sans s'inquiéter qu'on le questionne sur sa présence près des sous-sols, remonta lentement jusqu'à ses appartements.

Zénobie l'attendait devant sa porte. Parée de toute sa collection de bijoux, gantée de soie et de satin, poudrée comme une comtesse, elle sourit à l'arrivée de son poète.

« Cela fait trop longtemps que nous ne nous sommes vus, cher ami, le salua-t-elle. Les petits-déjeuners en votre compagnie m'ont manqué. »

Omiros manqua déglutir de travers.

« Je suis désolé, bafouilla-t-il, c'est que. En fait. J'ai eu beaucoup de travail…

– Ah oui, la poésie n'attend pas ! s'exclama l'ambassadrice. Loin de moi l'idée de vous reprocher d'écrire. Venez – elle ouvrit la porte de la chambre – buvons un verre ensemble. »

Sa chambre aurait presque pu lui paraître accueillante, après l'obscurité humide des geôles. Si ce n'avait été la présence de Zénobie dans son dos. Les poèmes dans sa poche brûlaient sa poitrine, pesaient de tout le poids de sa culpabilité contre l'étoffe de sa chemise. S'ils échappaient à sa garde, s'ils se répandaient sur le sol de pierre de la pièce, serait-il découvert ? Zénobie se pencherait-elle promptement, poliment, avant qu'il n'ait le temps de faire un geste pour sauver sa peau, ramasserait-elle ces aveux de forfaiture, comprendrait-elle qu'il était celui ayant laissé s'échapper trois de ses cibles les plus précieuses ? Il se réfugia derrière son bureau. Peut-être le capharnaüm étalé sur la table dissimulerait-il son agitation.

« Souhaitez-vous boire quelque chose, votre Excellence ? » demanda-t-il dans une vaine tentative de se rassurer.

On ne lui répondit pas. L'ambassadrice jouait avec un bouton de sa robe, passait la perle d'ivoire à travers le passant jusqu'à ce que l'ornement lui reste entre les doigts. Elle le regarda d'un air interdit, avant de l'empocher sans mot dire et de se tourner vers la fenêtre.

« Je pensais que reprendre Nordeau serait suffisant pour me rassurer, dit-elle enfin, comme si elle ne l'avait pas entendu. Je pensais qu'une fois Berhane et Roland en fuite, leur mage blessé, leur cheffe capturée, je retrouverais le dessus sans effort. »

Elle reprit ses allers-retours à travers la chambre.

« Mais Nordeau est détruite et l'incendie… L'incendie s'oppose à mes plans si précis. »

Par le verre trouble de la fenêtre, ils pouvaient voir les lueurs du feu au loin, dont la menace se faisait chaque jour plus pressante.

« Ces insurgés m'auront bien pourri la vie... »

Elle fit face à son poète et un frisson parcourut l'échine d'Omiros.

« C'est pourquoi j'ai pris une décision qui devrait vous plaire. Après la tentative d'atteinte à ma personne, avec la montée des attaques de rebelles de toutes parts de Sarda et sans compter la mobilisation de mes troupes devant l'incendie, j'ai décidé de vous renvoyer aux Sabès. Afin que vous leur portiez un message de ma part demandant des renforts. »

Un vide s'ouvrit soudain dans la poitrine d'Omiros. Le désespoir devait être grand chez Zénobie pour qu'elle se décidât enfin à réclamer de l'aide aux Comtés-Unis. Sa position en serait particulièrement fragilisée et son influence à Castel amoindrie, on ne lui pardonnerait pas cette marque de faiblesse. Pourtant, ce n'était pas cette partie de la déclaration de l'ambassadrice qui déversait des flots d'angoisse à travers les membres et les intestins du poète. Comme il avait rêvé du retour en Castell ! De retrouver les murs familiers de son appartement, les cafés où il avait ses habitudes, les rues, les musées, les boutiques de son quotidien à la capitale. Ses amis de l'université et des modérés, ses voisins, lui manquaient. Il avait tant voulu rentrer et laisser Sarda derrière lui et voilà que Zénobie le lui offrait sur un plateau d'argent. Le soulagement fut si vif dans sa poitrine que les forces lui manquèrent : il se laissa tomber dans son fauteuil.

« Je comprends que ma décision vous prenne par surprise, poursuivit l'ambassadrice. J'ai gardé ce questionnement tout contre ma poitrine, incertaine que j'étais, je n'en ai parlé à personne. Mais il faut se rendre à l'évidence, nous ne sommes plus en mesure de garder le contrôle de Sarda avec nos forces en présence . »

Elle vint se planter devant lui, presque sincère sous son maquillage d'aristocrate.

« Je souhaite que vous partiez au plus tôt. On vous fera parvenir la missive pour les comtes demain matin, soyez prêt à vous mettre en route immédiatement après. »

Omiros eut seulement la force de hocher plusieurs fois la tête pour marquer son assentiment.

« Très bien, conclut Zénobie. Au revoir poète, nous nous reverrons lorsque les Comtés seront au complet. »

Elle sortit de la chambre dans un cortège de voiles, d'étoles et de rubans, laissant Omiros seul, avachi dans son fauteuil.

Ce soir-là, il n'écrivit pas. Les feuillets sur son bureau restèrent intouchés, les plumes immobiles, les encriers à moitié remplis. Le poète ne fit aucun geste vers son travail. Les mots s'échappaient, l'écriture se refusait à lui. Un maelstrom douloureux semblait siphonner tout le contenu de son esprit, asphyxier toute idée nouvelle, tout vers potentiel. Il resta longtemps à fixer le vide. Lorsque la nuit tomba, il se mit au lit sans même se changer.

Éclat d'Abhel

Début de kharif, an 9 du mandat d'Olivia Flane

Sous la houlette de Basile, le dédale citadin de Sangrisca devenait tout à fait navigable. Le clerc fendait la foule avec la précision d'un esquif, sans jamais heurter de passante, sans gêner la marche d'une citoyenne, sans trébucher ou hésiter. Dans son sillage et avec ses explications, Abhel découvrait la ville sous un angle nouveau. Les rues profondes et bondées devenaient les futurs canaux qui accueilleraient les abondantes eaux de pluie de kharif, lorsque la vie de la ville se replierait à l'intérieur des maisons et que les lézards des omnibus tracteraient leurs véhicules à la force de leur nage. Les longues avancées des toits pour mieux protéger les murs de terre ; les pilotis surélevant les maisons ; les bassins de piscicultures contenant à peine encore quelques litres d'eau et plus aucun de leurs habitants aquatiques trouvaient enfin une explication. Toute la volonté de la cité se lovait autour des particularités de son environnement, des nécessités de sa survie, de l'équilibre précaire de ses violentes saisons. Ville, citoyennes et Plaines se fondaient en une identité commune, aux contours inséparables, à la trame intriquée. Était-ce de même en Sarda ? Ou aux Comtés-Unis des Sabès ? Ces trois aspects s'imbriquaient-ils au point d'en devenir indissociables ? À Sangrisca, les universités prolongeaient les immeubles d'habitations, les marchés naissaient au milieu des bibliothèques et, comme le découvrit Abhel tandis qu'elles arrivaient au bout de leur périple, la Mairie s'ouvrait à tous les vents imaginables et tous les courants possibles.

Basile la guida à travers le bâtiment. Suivant un itinéraire tout en couloirs secondaires, courettes discrètes et salles de travail silencieuses, elles

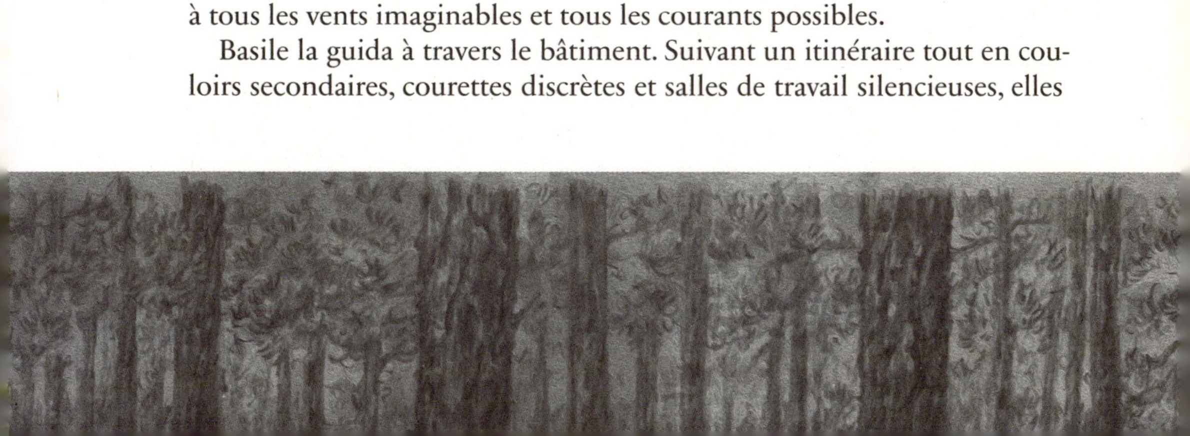

évitèrent la foule de clercs, d'étudiantes, de promeneurs et d'élues qui peuplaient les halls et les allées du siège de la municipalité. Elles marchèrent tant et si bien qu'Abhel crut un instant qu'elles allaient finir par traverser toute la ville.

« Les appartements de la Maire sont à l'opposé de l'entrée, lui expliqua Basile, afin qu'elle traverse chaque jour la Mairie dans son entièreté et soit accessible à qui veut lui parler. Nous avons fait un détour plus discret. J'ai pensé que tu préférerais. »

Abhel lui en fut reconnaissant. La ville libre de Sangrisca était plus grande que toutes celles qu'elle avait visitées, en Sarda ou durant ses voyages avec Shamir et Shinsuke. Plus grande même que Pelagos. La foule semblait ne jamais s'éclaircir, puis soudain on débouchait dans une ruelle feutrée, peuplée seulement de quelques plantes en pots et d'un ou deux tétras vagabonds. Les artères principales de la ville contenaient à peine le flot ininterrompu des habitantes, tandis que les placettes secondaires, les impasses résidentielles, les passages couverts entre les habitations et les petites boutiques restaient inoccupés, connus de leurs seules habitantes.

Il en allait de même pour la cour intérieure où Basile guida Abhel. Coupé en deux par un muret de terre, l'atrium n'abritait qu'une fontaine gargouillant une eau claire et un figuier, dont les branches noueuses offraient généreusement leur ombre. Quelques carreaux de faïence lançaient leurs motifs jaunes, bleus et blancs sur l'un des murs d'argile, déployaient leurs rinceaux géométriques et leurs volutes floraux sous les rares taches de lumière se frayant un chemin entre les nuages. Sur une table basse entourée de bancs dormait une boule de poils roux. C'est là que Basile conduisit Abhel.

« Olivia ne va pas tarder. »

Il sourit, avorta un mouvement qui se voulait probablement une tape amicale et tourna les talons après un dernier signe de la tête.

Abhel refusa à ses jambes lourdes du voyage le réconfort de l'assise. La créature à fourrure venait de s'étirer longuement, révélant des pattes de coq aux écailles jaunâtres et aux ergots acérés. La bête tourna sa petite tête orange vers elle, le dévisagea de ses affreux yeux ronds et verts aux pupilles étroites, bailla à s'en décrocher la mâchoire pour bien lui montrer toutes ses dents en aiguilles et se rendormit prestement. Abhel resta immobile. Les mouvements brusques pouvaient certainement provoquer l'ire de la créature.

« Ne t'inquiète pas, Babur n'a jamais mangé personne. Enfin, pas que je sache. »

La Maire de Sangrisca était à la fois identique et autre, à celle qui peuplait les rêves d'Abhel depuis tant d'années. Les mêmes tresses parsemées de perles et de cauris couronnaient sa tête, le même port altier soulignait ses traits anguleux, le même sourire apaisant étirait ses lèvres épaisses. Pourtant, elle semblait aussi plus âgée et plus espiègle. Un réseau de ridules cartographiait son visage sombre, des frisottis argentés adornaient ses tempes, avant de poursuivre leur course à travers sa chevelure. Elle regardait Abhel et son regard la transperçait.

« Madame Olivia », bafouilla-t-elle.

Cette dernière laissa échapper un rire.

« Oh la la, pas de madame s'il te plaît. Juste Olivia, si tu veux bien. »

Elle la dévisagea longuement, notant sans doute tout ce qui différait de son soi des rêves avec son soi du monde. Comme Abhel l'avait fait avec elle à l'instant. Elle n'osa pas s'agiter sous son attention, malgré le sang qui lui montait aux joues, de peur d'attirer ensuite la curiosité de la bête à fourrure et aux dents pointues qui dormait toujours sur la table.

« Comment veux-tu que je t'appelle ? »

Olivia avait posé sa question d'un ton doux, mais sans ambivalence. Abhel lui en fut gré.

« Je m'appelle Abhel, désormais, répondit-elle. Sophie… Sophie me rappelle trop de souvenirs que je voudrais oublier. Je veux pouvoir m'en détacher.

– Très bien. Enchantée, Abhel. »

Elles se sourirent. D'un geste, la Maire l'invita à s'asseoir sur l'un des bancs, le plus éloigné du monstre Babur, nota Abhel non sans soulagement. Basile reparut alors brièvement, chargé d'un plateau de bois taché, supportant une théière et des tasses de verre, plusieurs assiettes de pâtisseries, une brioche fumante et des gobelets d'étain. Il le posa à côté de la créature et, après un échange de regard avec Olivia, disparut à nouveau entre les murs du bâtiment. La Maire piocha sans attendre dans l'un des plats et enfourna une petite boule de pâte noire dans sa bouche.

« Désolée, dit-elle autour de sa bouchée. C'est le sésame noir, c'est mon parfum préféré. »

Abhel n'hésita pas plus longtemps. À l'ombre du figuier, bercées par le bourdonnement des guêpes et les gargouillis de la fontaine, elles dévorèrent les gâteaux, les beignets, les biscuits, se gorgèrent de miel, de rose, de jus. Une bruine légère tombait sur la ville lorsqu'elles eurent nettoyé le contenu du plateau. Abhel sentit une torpeur légère l'envahir, assommée qu'elle était par le copieux goûter et la chaleur des plaines.

« Depuis combien de temps es-tu Maire ? »

Olivia se rinça la bouche avec une gorgée de jus.

« Depuis neuf ans. J'arrive au terme du deuxième tiers de mon mandat. Si mes électrices et mes électeurs le souhaitent, j'ai encore six ans d'exercice de l'État devant moi. »

Abhel fit un rapide calcul puis écarquilla les yeux de surprise.

« Quinze ans ! s'exclama-t-elle. C'est si long quinze ans.

– Tous les trois ans, on réélit le conseil municipal et si les conseillers ne me renouvellent pas leur confiance, je suis déchue de mes fonctions et on réorganise des élections. Quinze ans, c'est le maximum qu'une personne peut être, en cumulé, Maire de Sangrisca.

– Et pour l'instant, tu as toujours eu leur confiance ? »

Olivia eut un sourire doux et gêné, qui donna envie à Abhel de le lui rendre. L'avait-elle répété ? Maîtrisait-elle suffisamment les muscles de son visage pour donner à voir l'expression exacte qu'elle souhaitait émuler ?

« Aux quatre premières élections, oui. Celles de l'année prochaine seront forcément entachées par la guerre, déclarée ou non, contre les Comtés-Unis. »

Toute tranquillité quitta immédiatement Abhel, sous les assauts soudains d'une vague d'angoisse qui la laissa pégueuse d'inquiétude renouvelée et d'un peu de nausée.

« Comment ça la guerre ? demanda-t-elle au bout de quelques secondes de silence. Sarda… Que reste-t-il de Sarda ? »

Le sourire disparut du visage d'Olivia, qui retrouva tout son sérieux ridé.

« J'oublie que tu ne sais rien de ce qu'il s'y est passé depuis quatre ans… Les Sabès ont envahi Sarda, qui est désormais leur colonie, si ce n'est un énième comté. Des rebelles subsistent encore et nous sommes en pleine conversation quant à l'aide que nous souhaitons ou non leur apporter. »

Elle hésita puis avoua :

« Nous avons eu des échanges avec les cheffes d'un de ses mouvements de résistance, Lorcan d'Utara, Berhane de Nordeau et Brigandine d'Ousterre. »

Un poing glacé referma ses doigts de givre épouvanté autour d'Abhel. Tout allait trop vite, les révélations s'enchaînaient sans lui laisser le temps ni de réfléchir ni de les assimiler. La guerre qu'elle avait quittée était encore en cours ? Les Sabès n'étaient pas revenus sur le même traité d'avant Éliane ? Elle avait cru que Sarda n'avait qu'été matée, pas détruite. Les prénoms de Berhane et Brigandine résonnaient encore à ses oreilles, se livraient à une folle danse dans le creuset de sa mémoire.

« Vas-tu déclarer la guerre aux Sabès, dit-elle enfin, et venir en aide à Bri – elle déglutit – Berhane et les autres ?

– Je réserve ma réponse à cette question pour le conseil municipal de Sangrisca et le parlement des cités-libres. C'est à eux que je rends des comptes.

– Mais tu vas leur donner une réponse ? insista Abhel. Parce que pour l'instant, tu n'as rien dit ?

– Non, je n'ai rien dit. Je sais que si je me prononce, tout risque de basculer en ma faveur. Alors j'attends. »

La colère prit, comme rarement, Abhel par surprise. Elle surgit dans sa poitrine, à travers sa gorge, roula entre langue et palais et buta contre ses dents serrées. Elle contint son emportement. Elle le reflua derrière son cœur, lui passa des chaînes familières, jusqu'à pouvoir respirer sans accroc.

« Tu vas attendre encore longtemps ? »

Seul une touche de fiel avait teint ses paroles. Elle n'avait pas su se défaire totalement de son ire, avait peut-être même voulu l'exprimer malgré tout à Olivia. La Maire eut le bon goût de paraître gênée, mais sans réussir à manifester une angoisse similaire à celle surgissant chez Abhel.

« Plus très longtemps, je t'assure. J'attends juste…

– Une opinion publique favorable ? »

Les sourcils d'Olivia se froncèrent un bref instant.

« Non. J'attends juste que les délibérations soient plus avancées. Les cités doivent pouvoir se décider en leur nom avant que je ne parle à mon tour. »

Abhel se rencogna dans son siège, se réfugia derrière sa tasse de jus. Elle ne voulait plus être ici, dans cette cour de terre claire, à l'ombre de ce figuier. La présence des Gardiens lui manqua soudainement, celle d'Olivia lui parut insupportable. Elle aurait voulu que cette discussion n'eût jamais eu lieu. L'Olivia devant elle semblait une trahison de celle habitant la forêt de ses rêves.

« Je voudrais y aller, murmura-t-elle.

– Comment ?

– Je voudrais partir, répéta-t-elle, plus fort et moins assuré. Mes amis doivent m'attendre. »

Un voile de surprise passa sur le visage d'Olivia, très vite suivi d'une brève grimace déçue, avant qu'acceptation et bonhomie ne reviennent.

« Bien sûr. Je vais te raccompagner. »

Elles quittèrent la cour en silence. Olivia ne chercha pas à s'expliquer. Elle lui présenta quelques collaboratrices et collègues, lui montra divers lieux importants de la Mairie, mais elle ne revint pas sur le sujet de la guerre. Abhel lui en fut reconnaissante. Des explications supplémentaires n'auraient fait que l'agacer encore plus. Elle craignait que, en y pensant trop, des larmes ne lui échappent. Depuis le départ du monastère et malgré sa joie à l'idée de reprendre le voyage, ses émotions semblaient s'accumuler juste sous ses paupières, prêtes, à tout instant, à déborder hors de son regard. Elle ne voulait pas pleurer devant Olivia, elle voulait donner l'illusion que tout cela ne l'atteignait pas, que les décisions et les atermoiements des autres n'avaient pas d'impacts sur elle. Un beau mensonge. Après un passage rapide par la Salle des Paroles, un petit hémicycle aux fauteuils abîmés, siège du conseil municipal, elles retrouvèrent l'entrée de la Mairie et les rues bondées de Sangrisca. Shamir et Shinsuke patientaient sous l'abri d'un auvent coloré. Le petit Gardien dormait, la tête appuyée contre l'épaule du plus grand, mais lorsqu'Abhel les eut rejoints, il ouvrit des yeux parfaitement alertes.

« Alors Abhel-san, brondit Shinsuke dont la tête frôlait le tissu bariolé, content de ta visite ? »

Leur simple présence fit redescendre la pression logée derrière ses yeux. Elle se débrouilla pour leur sourire et même saluer Olivia comme il se devait.

« Merci de m'avoir reçue, je suis contente que nous nous soyons rencontrées pour de vrai, sans la forêt entre nous.

– Je t'en prie, tout le plaisir était pour moi. J'espère que nous aurons l'occasion de nous revoir durant ton séjour. »

Abhel se contenta de hocher la tête, incertaine de sa réponse, mais certaine de ne pas vouloir mentir.

« Juste une petite chose, ajouta la Maire. Il y a des Sardaises présentes à Sangrisca, un groupe envoyé par la résistance. Elles sont logées à la Mairie pour le moment. Je ne leur ai pas parlé de toi, j'ai pensé que toi et ton… fardeau préféreriez l'anonymat. »

Abhel se raidit. Presque sans le vouloir, elle glissa une main sous son manteau pour s'assurer de la présence du baudrier et de l'épée à sa taille. Les Gardiens se redressèrent, se rapprochèrent de leur charge. La même inquiétude devait traverser leurs visages respectifs, car Olivia recula d'un pas et leva des mains apaisantes.

« Tout va bien, personne ne sait ni qui est Abhel, ni ce dont elle s'est retrouvée maîtresse. Et j'irai même jusqu'à dire que personne ne s'y intéresse. La royauté, ce n'est pas vraiment l'ambiance qui prime dans les cités. »

Ni Shamir ni Shinsuke ne parurent convaincus par ses affirmations, mais Abhel se sentit un peu mieux. Elle ne s'était pas rendue à Sangrisca sur un coup de tête. Elle avait choisi de faire confiance à Olivia Flane et sa ville prodigieuse. Et puis, elle n'était pas seule. La présence réconfortante des Gardiens à ses côtés faisait comme une digue entre elle et la sempiternelle marée montante du monde.

« Je ferai attention, répondit-elle enfin. Merci de nous avoir prévenues. »

Olivia acquiesça avec un sourire.

« À bientôt alors. »

La Mairie l'avala sans laisser aux trois autres le temps de répondre. Elles restèrent, un instant, immobiles sur le trottoir, au milieu du flot de passantes, sous la moiteur étouffante des plaines encore exacerbée par la densité urbaine. Un vertige saisit Abhel, comme lorsqu'elle mettait pied à terre après une longue journée de voyage sur le dos de Saté. La ville manquait soudain de stabilité, la foule se faisait menaçante. Shamir lui attrapa le coude avant qu'elle ne perde totalement l'équilibre.

« Longue journée, non ? Et si on allait manger un morceau ? Je connais un bouiboui dans le quartier qui fait un curry si épicé qu'il vous fera pleurer. »

Et sans lâcher leur charge, les deux Gardiens s'éloignèrent de la Mairie. Abhel se laissa guider. Elle n'était plus très sûre des raisons de sa venue dans les Plaines, de son enthousiasme à l'idée de rencontrer enfin Olivia, mais elle savait, en revanche, ce qu'elle comptait faire par la suite. Elle n'attendrait pas une décision des cités avant d'aller en Sarda. Elle y retournerait par ses propres moyens. Qu'y retrouverait-elle ? Le pays qu'elle avait laissé derrière elle, il y a quatre ans, n'existait plus. Pourtant, elle irait, même s'il ne restait que des ruines à arpenter.

Les ruines d'Ousterre-sur-ciel

« Parfois, l'inspiration est comme une mer qui se retire à marée basse. Et moi qui suit au pied de la dune, je dois courir après l'écume. »
Note éparse d'Omiros de Castel en Naudary, poète des Sabès.

Ils atteignirent les ruines de la grande citadelle des cavalières de l'Ouest au milieu de la journée.

Les champs de céréales s'étaient succédé presque sans interruption depuis qu'ils avaient quitté le couvert du bois des reines et ses denses futaies de hêtres et d'érables. Le manteau d'or ondulant des plaines agraires remplaçait depuis celui des ramures. L'horizon s'était ouvert devant les voyageurs. Omiros ne s'y sentait pas moins oppressé. Si les branches des arbres lui avaient paru autant de mains prêtes à le saisir, les ombres de troncs autant d'assassins envoyés par Zénobie, le vol soudain d'un oiseau, une flèche cherchant sa gorge, les têtes dansantes du blé, de l'orge, du lin, en revanche, ne lui avaient apporté aucun soulagement. Qui se cachait entre les tiges ? Qui se dissimulait au milieu des paysans courbés sous le soleil ? L'assurance tranquille de l'escorte autour de lui n'avait rien fait pour le rassurer. Les soldats gardaient des mains hautaines sur la crosse de leurs arquebuses, le capitaine discutait à bâton rompu avec son second. N'avaient-ils pas conscience de la menace rôdant tout autour d'eux ? Étaient-ils ignorants de la fragilité actuelle de leur position en Sarda ?

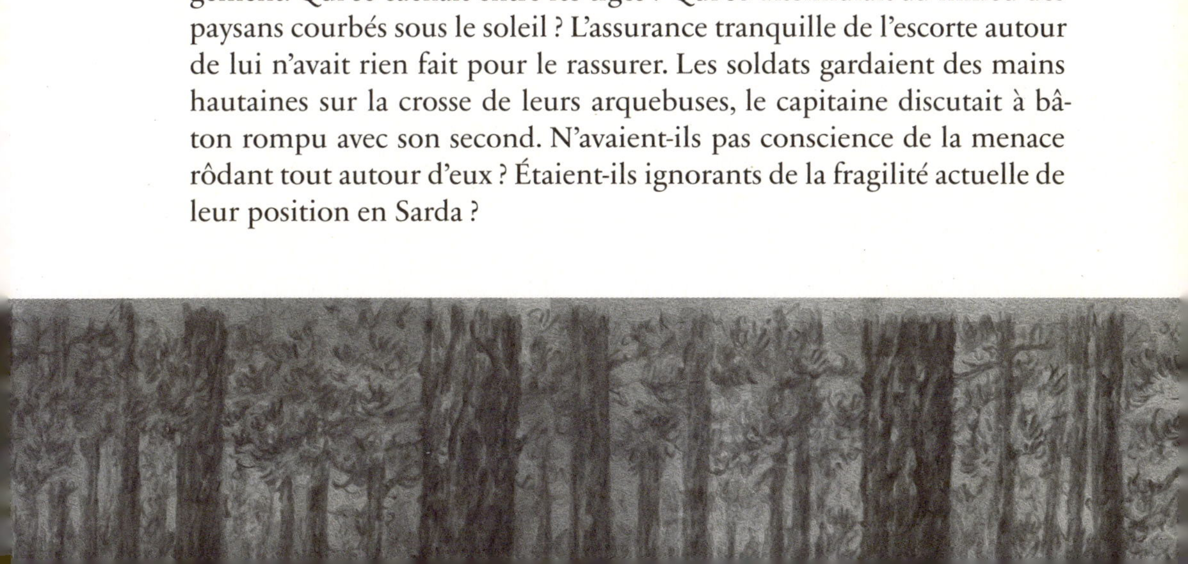

Retranché dans le palanquin, le poète supportait les remous écœurants du voyage sans émettre de plaintes. Il avait à peine eu le temps de rassembler ses affaires avant que l'expédition organisée par Zénobie ne se mette en route, n'emportant avec lui que ce qu'il avait trouvé accessible dans sa chambre le lendemain suivant leur dernière conversation. La quasi-totalité de ses papiers et écrits, une ou deux chemises de rechanges, sa collection de foulards, les bandes pour son torse. Son encrier s'était très vite renversé et il avait totalement oublié de prendre ni plume ni crayon. Toute son existence à Sarda se résumait ainsi à bien peu de chose. L'ambassadrice n'était pas venue leur souhaiter bon vent, lors du départ. Sa silhouette inquiétante s'encadra bien un instant derrière une fenêtre de la Caserne, mais sans qu'elle ne descendît de ses appartements. Seul Omiros avait été surpris par son attitude. Le reste de l'équipée se contenta de sceller leurs montures, d'arranger le palanquin et de prendre la route ; à peine quelques mots avaient-ils été échangés. Ils voyageaient presque en silence depuis bientôt deux semaines.

Lorsque le roulis des porteurs devint véritablement insupportable, le poète se résigna à entrouvrir les rideaux qui l'entouraient et à laisser un peu de l'air chaud de l'après-midi lui caresser le visage. C'est là qu'il les vit.

« Arrêtez-vous », croassa-t-il.

Sa voix sembla faiblarde à ses propres oreilles. Il voulut se racler la gorge et dégobilla son maigre déjeuner sur les bottes du soldat le plus proche.

« Halte ! » cria celui-ci sans se décontenancer.

L'escorte s'immobilisa par à-coup. Les lachnidés avoisinants s'arrêtèrent rapidement, mais l'arrière de la troupe ne put éviter de leur rentrer un peu dedans, tandis que l'avant mettait quelques minutes à s'apercevoir de la perte de leurs compagnons. Après un peu de confusion, le cortège de Sabès retrouva son organisation et Omiros tituba hors du palanquin. Le soldat aux bottes souillées, loin de lui en tenir rigueur, lui proposa un peu d'eau avec laquelle le poète reconnaissant se rinça la bouche. Retrouver la terre ferme sous ses pieds n'apaisa pas les soubresauts de son estomac aussi rapidement qu'il l'aurait voulu, mais après trois pas mal assurés, sa nausée lui sembla un peu moins suffocante. Puis il l'oublia totalement, tandis que les ruines de la citadelle d'Ousterre déployaient leurs ossements calcinés devant lui.

« Vous ne devriez pas vous éloigner, l'avertit le soldat. Mieux vaut être prudent.

– Je ne vais pas loin », mentit Omiros d'une voix un peu plus affirmée.

Les assauts des saisons comme ceux des Sabès n'avaient laissé, après le passage de leurs voraces appétits, qu'une carcasse dissoute, un squelette nettoyé de toute chair, de toute moelle, vidé de sa substance. Les champs mitoyens aux remparts n'étaient plus que des prairies d'herbes folles, où pâturaient des fantômes. Les baraquements, les dortoirs, les tours se réduisaient à des doigts pétrifiés, aux phalanges brisées, tendus vers les cieux en une supplication muette ; à l'égard de la Dame ou des Saints, Omiros n'était pas sûr. Hors du confinement du palanquin, la campagne déployée tout autour de lui, il lui sembla qu'un nœud se relâchait dans sa poitrine. N'apercevoir que des bribes de route entre les rideaux et les voilages avait sans doute participé de son inquiétude, mais le paysage environnant ainsi révélé respirait calmement au rythme d'une brise tiède. Omiros quitta la route, suivit un talus qui séparait deux champs, rejoignit un chemin qui avait autrefois été pavé. Entre les pierres disjointes poussaient des orties et des pissenlits, leurs tiges courbées sous une brise encore parfumée de brasier. Il y avait quatre ans que les cavalières avaient été chassées de ces murs, pourtant, le poète pouvait encore les y voir. Traversant les rues, les cours, les cloîtres de leur citadelle, parcourant leurs vastes terres cultivées, s'élançant sur le dos de leurs dragons depuis les étages. Il s'enfonça entre les ruines. Les coins de sa vision s'animèrent d'éclats de manteaux-tissés, il se retourna plus d'une fois, croyant avoir entendu l'éclat d'une voix emprunte de commandement. Quelques lachnidés l'avaient suivi. Le soldat nettoyait ses bottes avec une poignée d'herbe sèche. Aucun d'entre eux ne semblait à sa place dans l'enceinte de cette ossature éventrée. Omiros lui-même n'aurait pas dû s'y trouver. Ou du moins, pas dans ces circonstances. Dans une autre vie, peut-être, serait-il né en Sarda, aurait-il prié la Dame et sa forêt et aurait-il pu se rendre dans les citadelles de l'ordre la vénérant, en la qualité de pèlerin. De fait, il n'était ici qu'un envahisseur, au même titre que les gens d'armes qui l'accompagnaient. Les ruines silencieuses de la demeure des cavalières ne leur avaient pas barré le passage, mais ils n'étaient pas les bienvenus entre ses murs.

Il rebroussa chemin. Le reste de l'escorte patientait toujours sur la route, les soldats attentifs et aux aguets. Si le capitaine désapprouvait de la courte escapade du poète, il n'en montra rien. Les Sabès reprirent leurs positions de voyage et le cortège son lent cheminement.

Elles leur tombèrent dessus un peu avant le soir.

Assis dans le palanquin, contenant à peine la nausée qui lui retournait de nouveau le ventre, Omiros crut d'abord, quand son escorte s'arrêta, qu'ils avaient atteint l'auberge où ils devaient passer la nuit. Les dix jours de voyages précédents l'avaient entièrement vidé de sa résilience, l'avaient angoissé jusqu'à qu'il sente son corps lui échapper, l'avaient épuisé sans possibilité de repos. Trois fois ce même trajet l'attendait encore. Que n'aurait-il donné pour être une cavalière de Sarda et posséder une dragon ! Il aurait parcouru les forêts et les champs en un battement d'ailes, survolé le Ravin sans crainte, abandonné les Sabès et poursuivi sa route jusqu'à ce que les Confins ne soient plus qu'un mauvais souvenir. Si les maux de cœur ne l'avaient pas terrassé avant. Ainsi, quand le palanquin s'immobilisa, il remercia les Saints d'avoir pris en pitié son estomac. Il écartait les rideaux pour se laisser descendre, quand la première flèche transperça le lachnidés de tête. Omiros bascula brusquement en arrière tout comme le corps du soldat au bas de sa monture.

« Embuscade !

– Repliez-vous ! »

Une vibration inquiétante annonça l'arrivée d'une volée de flèches, juste avant qu'une série d'impacts ne déclenchât clameur et vocifération dans les rangs des Sabès. Quelque part sur la droite, des épées s'entrechoquaient déjà. Omiros se recroquevilla contre le fond du palanquin, tira les coussins et les couvertures par-dessus sa tête jusqu'à ce que le bruit des combats soit en partie étouffé. De toute façon, son pouls rugissait si fort à ses oreilles, qu'on aurait pu lui tomber dessus sans qu'il s'en aperçoive. Le martèlement des ergots des vorombes, des bottes des soldats, alliés comme ennemis, le heurt soudain des corps qui tombent, tous ces tremblements lui parvenaient tout de même, à travers le plancher de la chaise à porteurs. Entre deux lattes, un interstice lui permettait d'apercevoir le sol au-dessous et l'herbe tâchée de sang où agonisait un profil anonyme. Les combats se rapprochèrent. On s'affronta dans le dos du poète. Le duel ne dura qu'un instant, un râle échappa à l'un des combattants et un corps tomba en travers du palanquin, écrasant Omiros sous ses édredons au passage. Il contint tant bien que mal un cri de détresse. Au-dessus de sa tête, on fouilla les voilages, inspecta le contenu du siège. Une lame fendit les soieries tout contre sa tempe. Puis un nouveau cri et la présence se retira, engagée dans le combat suivant. Le poète ne pourrait pas rester caché bien plus longtemps. Son monde n'était plus qu'une pénombre étouffante, le tumulte incohérent des affrontements tout autour, le poids démesuré du cadavre par-dessus les coussins, la peur acrimonieuse brûlant son œsophage. Il s'extirpa hors du palanquin. Une confusion de violence et de sang lui explosa à la figure. Des manteaux colorés de cavalières se mélangeaient aux uniformes plus ternes des Sabès, des arquebuses fumantes tenaient à distance des dragons furieux. Juste devant Omiros, le capitaine de l'escorte livrait une bataille acharnée contre une immense femme au visage tatoué. Le poète se laissa glisser au sol, commença une lente reptation à travers le chaos. Plusieurs fois, il dut se coller à un cadavre, de lachnidé comme de cavalière, ou se rouler en boule près d'un vorombe blessé. À un moment donné, il trempa son pantalon. Lorsqu'il se laissa enfin couler dans le fossé bordant le chemin, pendant que les combats derrière se muaient en massacre, il y trouva le visage pâle et les yeux tristes du soldat dont il avait souillé les bottes. L'empennage d'une flèche dépassait encore de sa poitrine, tremblant en rythme avec la respiration hachée du blessé.

« Poète… » gargouilla ce dernier.

Un soupir et un filet carmin s'échappèrent de la commissure de ses lèvres. Omiros tamponna le sang du bout de sa manche, lui étala sur le menton. Une arquebuse claqua non loin.

« Comment vous appelez-vous ? » chuchota-t-il, malgré son effroi.

Les doigts du soldat se refermèrent autour de son poignet.

« Vous croyez vraiment que c'est le moment de faire connaissance ?

– Le meilleur moment c'est toujours le présent. »

Quelqu'un hurla une charge en sabès, quelque part au-dessus de leurs têtes, des huissements de rage lui répondirent. Un nouvel essaim de flèches fit vibrer ses ailerons mortels. Un puissant soufflement suivi d'un long éclat de lumière orange signala le feu magique d'un des dragons à plume. Ce fut le signal qu'Omiros ignorait attendre. Il s'accrocha au bras du soldat tout autant qu'il le saisit et entreprit de traîner leurs deux survies le long du fossé. Un bosquet étendait les tiges timides de ses noisetiers juste avant une courbe de la route et derrière, gravées dans la mémoire visuelle du poète, se trouvait les premières, ou dernières, traces des ruines de la citadelle. Un espoir insensé, une folie tisonnée par les humeurs que sa pulsion de vie bombardait à travers ses organes. Si les cavalières rebelles ne les tuaient pas, le cœur d'Omiros s'épuiserait sans doute tout seul, d'angoisse et de fuite. Ils atteignirent l'ombre des arbrisseaux. Le refuge tout relatif de leurs bouquets de troncs chétifs n'offrait qu'une maigre couverture, pourtant le soulagement manqua de les faire rire. Ils se continrent mutuellement, la main sur la bouche de l'autre, tandis que toute résistance était écrasée, là-bas, autour du palanquin. Le poète n'osa pas regarder en arrière. Il ne pourrait rien faire si une cavalière avait repéré leur fuite et s'en venait terminer sa besogne de mort, pas plus qu'il ne pourrait supporter de contempler tout ce qu'il venait de perdre. L'entièreté de l'escorte. La totalité de ses textes écrits en Sarda. Il n'avait pas osé emporter la tasse de Kalyan. Il semblait peu probable qu'il ne la revoit jamais.

Des exclamations en sardais confirmèrent à Omiros que son escorte n'avait pas survécu à l'embuscade des rebelles. Ainsi, Zénobie avait-elle eu raison de redouter leur influence sur le territoire de Sarda. Depuis les geôles de la Caserne, à Zinia, il s'en trouverait au moins une pour s'en réjouir, et à travers tout le pays, sans doute plus encore. Un très court instant, à peine le temps d'une respiration, le poète considéra revenir sur ses pas et laisser les cavalières encore rassemblées autour du palanquin… Le soldat à son côté eut un soupir plaintif. Une grande tache brunâtre envahissait lentement l'entièreté de sa tunique. Omiros déchira un morceau de son manteau, l'enroula prestement entour de la blessure, noua un pansement de fortune.

« Merci… siffla son compagnon d'infortune.

– Et vous ne m'avez toujours pas dit votre nom », tenta de plaisanter le poète.

Seul un hochement de tête bancal lui répondit.

Il glissa un bras du blessé par-dessus ses épaules, tenta de le soulever. Le poids du soldat manqua les faire tomber tous les deux. Même sans la peur et la fatigue du voyage, Omiros n'était pas capable de transbahuter un homme adulte à la seule force de ses bras. Il s'acharna malgré tout.

Soufflant et ahanant aussi discrètement que possible, il traîna le soldat avec lui, à travers le bosquet de noisetiers, puis dans les hautes tiges du champ de blé derrière, dans la poussière de sentiers détournés et des bas-côtés ; jusqu'à ce que la nuit les recouvre de son ombre bienveillante et que les ruines de la citadelle des cavalières découpent la silhouette de leur mâchoire édentée à l'horizon.

« On y est presque, anhéla Omiros. Encore un tout petit effort et on pourra se reposer. »

Contre son flanc, ses bras, son épaule, son fardeau était presque devenu un poids mort. Le poète le porta encore. Une vieille arche de pierre, en partie éboulée, où roucoulait une nichée de colombes des rochers, devint un abri de fortune pour les deux rescapés. Omiros installa le soldat aussi confortablement qu'il le pût, arrachant les orties pour lui en épargner la morsure, dégrafant son manteau taché pour en faire une couverture improvisée. Toute vitalité avait déserté le visage de l'autre. Une couche de cendre recouvrait ses traits, un voile terrible son regard, une léthargie de mauvais aloi engonçait ses membres.

« Je crois que nous sommes à l'abri pour le moment », chuchota Omiros.

La tête du soldat dodelina d'une épaule à l'autre. Il cligna lentement des yeux.

« Vous croyez... qu'elles ne viendront pas nous chercher... dans leur ancienne demeure ? croassa-t-il.

– Je n'en sais rien, répondit le poète avec un ricanement nerveux. Mais il fait nuit et je ne vois personne, alors autant souffler un peu avant de reprendre le chemin de Zinia.

– Oui, marmonna le soldat. Il faut prévenir l'ambassadrice. »

Omiros prit une main flasque dans la sienne, pressa les doigts un par un, caressa la paume moite.

« Voilà, mentit-il, il faut que Zénobie sache ce qui s'est passé et je n'arriverai pas à faire le chemin sans vous, donc préparez-vous à un long périple demain.

– Oui. Demain. »

Le menton du soldat glissa à la rencontre de sa poitrine et la main que tenait Omiros lui échappa. Un nœud étouffant obstrua soudain la gorge du poète avant d'échapper à ses lèvres en un gros sanglot étranglé.

« Mais vous ne m'avez pas dit votre nom. »

Omiros ensevelit le soldat sous des pierres arrachées aux ruines. Il ne se soucia pas des regards potentiels des paysannes, il ne chercha plus à se cacher. Qu'elles le rattrapent donc, les rebelles de Sarda, il n'avait pas en lui les capacités de leur échapper ou de leur résister. Il n'était ni guerrier ni espion, ne s'était jamais battu, même dans son enfance. S'il en avait réchappé, la veille, ce n'était que par chance. Ou peut-être les Saints ou la Dame l'avaient-ils pris en pitié, le protégeant des arquebuses comme des épées, le guidant hors de l'affrontement, dissimulant sa présence aux yeux des combattants, jusqu'à la sécurité des noisetiers. La Dame, donc. Sûrement. Si le poète en croyait les prédicateurs des Comtés-Unis, les Saints étaient férus de plus de grandiloquence.

Il reprit la route parcourue avec l'escorte. La pleine chaleur de la canicule frappait sa tête, sa nuque, ses épaules, de son marteau assommant, l'air sec lui havissait la langue, la gorge, les poumons. Lorsque les champs laissaient la place à d'épisodiques parcelles de forêt, l'ombre soudaine des arbres lui semblait presque une étreinte rafraîchissante. On ne chercha pas à le retenir. On ne l'accosta ni ne l'interpella. Il rebroussa chemin pendant trois jours, sans qu'aucune Sardaise ne l'approcha. À pied, sa progression se voyait bien sûr considérablement ralentie, mais au moins ne souffrait-il pas du mal des transports. Lorsqu'une patrouille sabès le retrouva enfin, ayant usé la semelle de ses chaussures trop fastueuse pour la marche, la peau brûlée par le soleil, les yeux hagards, les prunelles comme fatiguées de tous les paysages qu'elles avaient contemplés, il leur fut difficile de lui arracher un récit des événements. La capitaine de ce peloton-là ne parut ni bien surprise ni vraiment alarmée que des troupes résistantes puissent être aussi actives aux abords de la frontière.

« Elles se contentent d'habitude de harceler nos flancs et nos arrières, expliqua-t-elle au poète, mais ça ne m'étonne pas qu'elles s'enhardissent ainsi. Toute la province nord est déstabilisée par l'incendie, et la perte des réserves d'armes et de poudre laisse nos lachnidés là-haut dans une situation difficile. Il paraît même qu'elles ont gagné le soutien des Plaines libres. »

Omiros ne répondit rien. La fatigue jetait des élancements douloureux le long de ses bras et de ses jambes, qu'il ne pouvait soulager qu'en agitant régulièrement les membres, alors qu'il aurait tant souhaité s'allonger. On lui avait proposé de l'eau, puis de quoi se restaurer. Il n'avait pu avaler que quelques gorgées avant que des crampes ne lui tordent le ventre. La capitaine souhaitait rejoindre Zinia et l'ambassadrice au plus vite, le poète demanda à les suivre. Il refusa cependant de monter dans un nouveau palanquin ou de patienter jusqu'à ce que son voyage puisse être mieux organisé. Il préféra grimper en selle derrière l'un des soldats. Malgré l'épuisement, il tint bon jusqu'à la première halte, comme à l'horizon pointaient déjà les franges du bois des reines. Le sommeil le saisit dès sa tête posée sur son manteau roulé en boule. Il fut sans rêve et sans répit.

Geste d'Oihana

De toute sa vie, la grand-mère ne s'est jamais autant éloignée de Cherchefeuille. Elle a, chaque été, quitté la vallée pour les montagnes lors des transhumances, a parfois descendu le fleuve jusqu'à la foire la plus proche, au printemps, pour y vendre sa laine et ses étoffes. Une fois, elle est venue à Passar. Mais jamais n'a-t-elle été si loin, sans qu'un regard en arrière suffise à lui présenter un paysage familier. Les forêts, les champs, les bosquets sacrés, tout ce qui formait le décor de son existence, elle les a quittés pour la première fois. De toute façon, l'incendie a tout dévoré là-bas. Sûrement ne reste-t-il plus que des troncs calcinés, des murs brûlés, des cendres, des kilomètres de cendres, là où avant s'écoulait la vallée. Penser à Cherchefeuille n'apporte plus aucun réconfort à Oihana. Pourtant, elle ne peut s'empêcher de chercher, dans la campagne qu'elles traversent en ce moment, un soupçon, un soupir, un souvenir de son ancien foyer. Il lui semble, malheureusement, que les berges du Grand Nedi ne ressemblent en rien à son village. Seuls les arbres fruitiers des vergers déploient leurs branches sous le regard brûlant du soleil caniculaire. Les rares bosquets sacrés sont réduits à l'état de bouquet. Au loin, quelques collines habillent un peu l'horizon, mais leurs rondes silhouettes dentelées peinent à imposer leur volonté au ciel. Des champs de lavande et des rangées de vignes achèvent de poser le cadre autour du chemin de halage qu'elles remontent lentement. Une main ferme autour de celle d'Uzoa, la grand-mère avance d'un pas qu'elle souhaiterait plus sûr. La conviction de retrouver bientôt Enara devrait lui donner des ailes, éloigner toute fatigue de ses vieux os, pousser ses jambes plus vite et plus loin. L'espoir fait peu contre l'âge. Il faut à Oihana

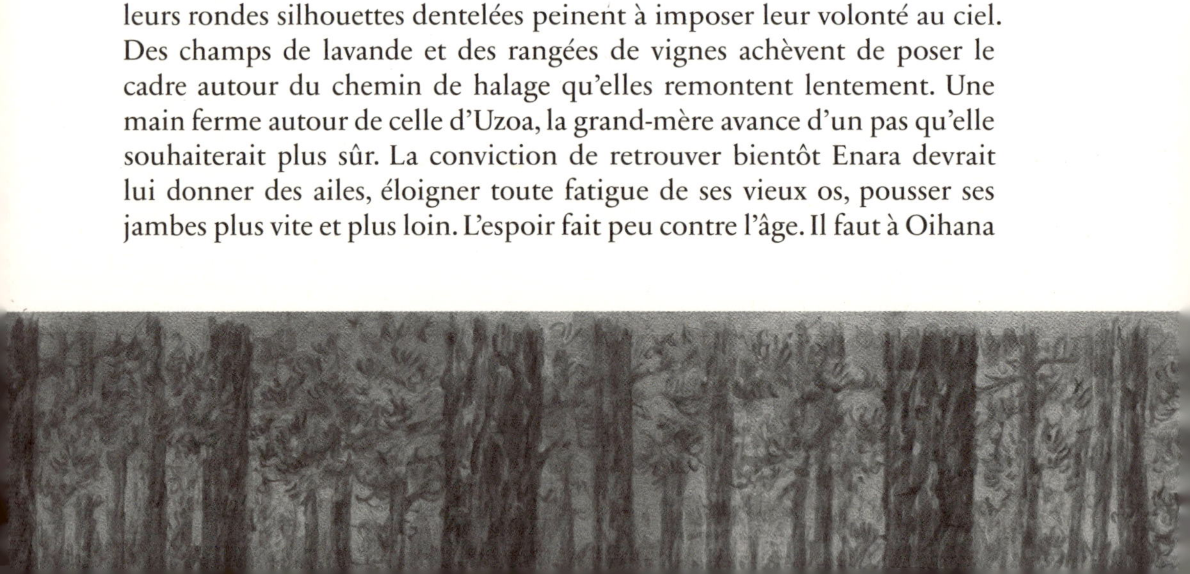

toujours autant de pause et toujours plus de repos. La mairesse et les villageoises qui l'ont suivi n'émettent aucune plainte, ne lui font aucun reproche, comme si sa folle décision n'était que la suite logique de leur fuite, puisque de toute façon elles n'ont nulle part où aller.

Parce qu'elles ont une destination, désormais. Aucune d'entre elles ne sait exactement où se trouve Estari, la citadelle perdue des cavalières de l'Est, là où tant des leurs ont été déplacées, mais cela ne les empêche pas d'avancer. Elles ont si longtemps cheminé sans savoir où aller, qu'elles n'en sont pas dépaysées. Oihana s'est retrouvée en tête un peu malgré elle. Surtout que son allure laisse un peu à désirer. Elle avance lentement, douloureusement, souvent, quand les muscles de ses jambes sont pris de crampes ou quand son dos voûté par l'âge et le travail devient une seule ligne d'élancement. La mairesse vient la soutenir alors. Ou mieux encore, son fils. Il ne dit pas grand-chose, toujours, ce fils, et la grand-mère ne pourrait de toute façon pas l'entendre. Son esprit semble plus présent, tout de même, tourné vers celles qu'il aime et non plus perdu à l'intérieur, noyé dans le chagrin de son cœur.

Leur petit groupe progresse donc, le long du Grand Nedi au lent cours. Elles finiront par atteindre un nouveau village et là elles demanderont leur chemin. Comme elles l'ont fait auprès du précédent, et de celui d'encore avant. Elles préciseront alors leur course, aussi indolente soit-elle, pour toucher un jour au but. Que ce qu'il reste d'Estari le jardin présente ses ruines à leur regard et peut-être, peut-être, auront-elles alors des nouvelles de celles qu'elles ont perdues.

« Qu'est-ce que tu lui diras, signe la mairesse lorsqu'elle peut libérer ses deux mains, quand tu reverras Enara ? »

Oihana lui sait gré de ne pas laisser de place aux si. Elle jette un coup d'œil à son fils, qui guide la ribambelle de fillettes sur sa droite, le nez au vent. Elle les laisse avancer, garde ses pensées pour la seule mairesse.

« Je ne sais pas si je dois être la première à lui parler. Mais quand ce sera mon tour... »

Elle hésite. Elle se sent prise d'atermoiements, découvre soudain qu'elle ne sait pas, vraiment, ce qu'elle dira à Enara lorsqu'enfin, après plus de deux ans, elle la reverra. Il faudra d'abord la faire sortir des mines. Il faudra trouver un moyen de l'arracher aux griffes des Sabès qui la gardent. Elle, et celles qui sont enfermées à ses côtés, toutes les prisonnières du ventre avide de la terre, d'où elles extraient l'argent et le jade pour les coffres des Comtés. Il faudra sortir tout ce beau monde de là, fuir et se cacher, échapper aux représailles des Sabès et ensuite... Ensuite, Oihana pourra prendre sa belle-fille dans ses bras. Elle pourra la serrer contre elle et enlacer aussi son fils, la ronde de fillettes. Usoa, Garbi, Irune, Edurne, Amets. La mairesse, peut-être, le village tout entier, ou du moins ce qu'il en reste. Les autres réfugiées qui marchent avec elles, elles pourront les rejoindre également. La grand-mère est trop vieille pour contenir ses élans d'affections. Elle les cacherait toutes dans son étreinte, si cela pouvait les protéger des Sabès.

Elle veut exprimer tout cela à la mairesse, ou au moins une partie quand elle la découvre inquiète. Autour d'elle, la foule de marcheuses semble s'alarmer. Oihana peut le voir, si ce n'est les imiter : elles tendent l'oreille, cherchent à entendre ce qui vient ou rôde près de leur troupe. Son fils est revenu tout contre elle. Les petites filles se pressent entre leur père et leur grand-mère, Edurne se cramponne aux jupes sales d'Oihana, cache son visage dans les plis du tissu. Usoa signe quelques phrases avortées, s'interrompt plusieurs fois dans un récit sans queue ni tête. Un troupeau approche ? Une cavalcade de chèvres à la sortie des étables au printemps ? Une meute de vorombes sauvages ? La grand-mère commence à sentir dans le sol le tremblement de ce qui inquiète tant ses compagnes de voyage. Elle sert Edurne et Amets tout contre elle. Malgré leur appréhension, les réfugiées avancent et bientôt, elles atteignent un embranchement, un chemin qui rejoint le leur, tandis que les arbres quittent les berges du Grand Nedi et que s'ouvre des champs.

La foule en fuite leur tombe dessus et les embarque dans sa course sans leur laisser le temps de comprendre. Un instant elles sont seules sur le chemin de halage, celui d'après une multitude paniquée les a englouties en son sein. La grand-mère trébuche et titube. On doit crier, certainement, autour d'elle. On doit pousser sa peur par la gorge pour mieux l'évacuer. Il y a une main dans la sienne, minuscule, fragile. Laquelle de ses petites-filles s'accroche encore à elle ? Où sont les autres ? Oihana peut à peine se tourner sans manquer d'être renversée par quelqu'une en pleine course. Pourtant il faut qu'elle sache, il faut qu'elle trouve sa ronde de fillettes. Une épaule contre son épaule, un bras sous son bras. Son fils est là, soudain, portant Garbi fermement contre sa poitrine. La mairesse suit dans son sillage, Irune et Edurne bien accrochées dans son étreinte solide. C'est Amets qui se tient et que la grand-mère retient. Usoa, elle, la plus grande, la courageuse, celle dont chaque jour le visage ressemble un peu plus à son père, court seule à leurs côtés. Lorsque leurs regards se croisent, petite-fille et grand-mère échangent un signe de tête. Comme Oihana y puise du courage ! Elles ne se sépareront pas. Elles vont réussir à échapper à cette cohue au flot incertain.

D'autres vibrations que celle de leur course effrénée viennent bientôt s'ajouter aux ébranlements secouant les berges du fleuve. Un tambourinement de la terre qui semble aussi profond que les racines des montagnes. Le Grand Nedi s'agite. La foule panique d'autant plus en réponse. Qu'est-ce qui secoue ainsi l'entièreté de la campagne de l'Est ? Qu'est-ce qui vient à pas lourds, prêt à tourner sa gueule affamée vers les réfugiées ? L'horizon s'est ouvert devant les fuyardes, pour mieux les exposer au danger. La grand-mère se presse, enroule fermement sa main autour de celle d'Amets, garde un œil sur Usoa. Elle ne se permet qu'un très bref aperçu de ce qui les poursuit, juste un geste avorté du menton vers l'épaule, une esquisse de regard lancée vers l'arrière. Elle croise celui de deux hommes à l'air hagard. L'un noir aux longues tresses, l'autre à la peau de cuivre, aux boucles et à la barbe poivre et sel. Ils sont juste derrière la petite troupe de Cherchefeuille, mais aucun d'entre eux ne cherche à doubler les retardataires, bien que leurs longues jambes le leur permettraient sûrement. Presque comme s'ils assuraient la garde de la poupe. La grand-mère n'a pas plus de temps pour s'étonner de leur étrange attitude face au danger. Ses yeux tombent sur la lourde artillerie sabès qui les poursuit et tout espoir lui échappe, comme ses forces s'épuisent dans la course. Rien ne peut plus les sauver.

Citadelle du sud et citadelle de l'Est

« Tu sais, parfois, je crois que nous sommes les dernières de notre espèce. Les cavalières de nos jours sont d'une autre génération, d'un autre monde. Leurs Matriarches ont oublié les anciennes voies, leurs Aînées perdent la mémoire. Et je ne te parle même pas des herboristes de Nordeau et d'Ousterre, elles ne respectent plus les traités ancestraux. Elles ont délaissé les devoirs de notre rang. Tu sais, parfois, je crois qu'il ne reste plus que nous deux, qui ayons le souvenir du monde d'autrefois. Nous deux face aux bouleversements. »

Lettre d'Oponce, herboriste de Soufeu, à Onagre, herboriste d'Estari, sous le règne de la reine Ariadnê, an 247.

Lorsqu'il émergea de leur cellule qui était une chambre, quelques jours après sa confession, le mage se sentit presque rasséréné. La certitude de la déchéance lui réussissait, sa fièvre était tombée et, pour la première fois depuis leur fuite de Zinia, la forêt n'agitait pas ses aiguilles à la lisière de son champ de vision. Lorsqu'il palpait sa poitrine, la douleur de la blessure ne lançait plus des taches sombres devant ses yeux. S'il n'avait pas perdu la veille, ou plutôt presque quarante ans plus tôt, toute possibilité d'une amitié avec Roland, il aurait pu se dire soulagé. Soulagé du poids du mensonge, soulagé de sa propre histoire. Mais pas au prix d'en avoir confié la charge à un autre. Il se leva, donc, et sortit de leur cellule. Il erra dans les couloirs de la citadelle, puis, après maints tour et détour, descendit un escalier en

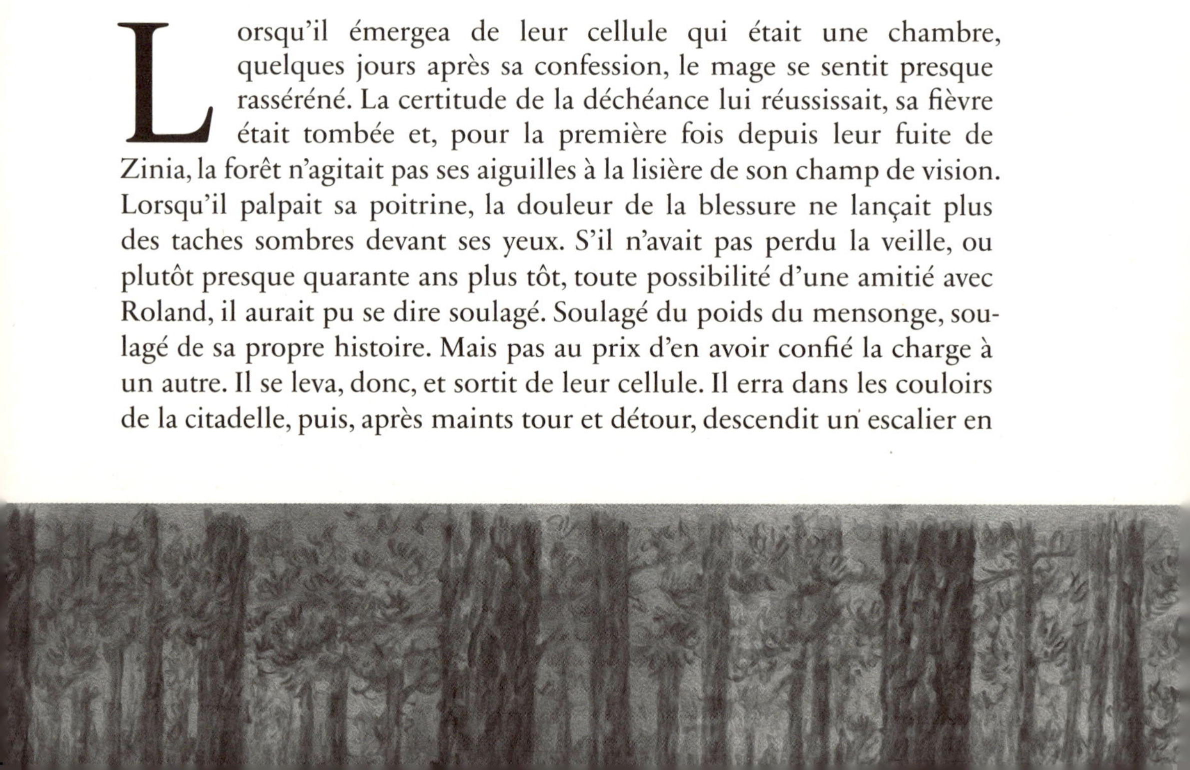

colimaçon usé jusqu'à la roche volcanique, qui s'enroulait sur lui-même de Soufeu à l'océan.

Une minuscule crique accueillait la plage de sable noir où Myrddin déboucha. Les vagues venaient habituellement y écraser leurs rouleaux, mais ce matin-là, une houle douce suffisait à l'océan capricieux du sud.

« Tu sais, lui dit Myrddin en s'avançant jusqu'à y baigner ses chevilles, elles croient toutes que personne ne t'a jamais traversé. Et c'est vrai, en un sens, aucune Sardaise saine d'esprit ne se risquerait sur tes flots. Elles se méfient de toi. Mais on t'a déjà navigué, n'est-ce pas ? De l'autre côté de toi, là où on t'appelle par un autre nom. »

Seule une giclée d'écume lui répondit.

« Typique. »

Le mage retira ses vêtements encore humides de sueur, les jeta en tas informe sur la plage. Il n'avait pas été nu depuis l'incendie de la Ferté. Ou du moins ses débuts, car les flammes continuaient de tout dévorer là-haut, il pouvait presque le sentir, comme une caresse incessante à la base de la nuque. Ce serait pour plus tard. L'océan l'appelait, il plongea la tête la première dans les flots. L'eau froide se rua à sa rencontre, le sel envahit sa bouche et son nez. Il donna quelques coups de brasses énergiques pour s'éloigner encore du rivage. L'étreinte de l'océan l'emportait dans une danse où il devait lutter pour résister à l'appel du grand large. Il faillit s'étouffer avec une gorgée d'eau de mer, lorsqu'il se rendit compte qu'il nageait pour la première fois depuis près de mille ans. Les leçons de Kahina et de Sameera n'avaient pas disparu. C'était presque comme si ses mères nageaient avec lui.

Il creva la surface sans difficulté, aspira de grandes goulées de l'air frais de l'aube, écarta les bras, bascula en arrière, se laissa flotter. L'océan roulait sous lui, caressait et giflait sa peau de ses embruns, lui bouchait les oreilles. L'univers se réduisit au ciel et à l'eau, un cocon aqueux, une bulle de nuée et d'écume. Plus de Sarda, plus de Sabès, plus de forêt des pins bleus. Rien que les deux abîmes, cosmique et océanique, et, au milieu, poussière parmi les poussières, minuscule scorie glissée dans les interstices de l'univers, Myrddin Tanacras, mage aux doigts de feu, magicien de la reine Maude, Ejiro de la vallée fils de Sameera et Kahina, femmes-mages. Ses larmes le surprirent avant d'aller se perdre dans les vagues, tout comme son cri fut englouti par le ressac. Il pleura et l'océan accueillit ses pleurs, les fit siens, les dispersa d'un bord à l'autre de ses rivages.

Lorsqu'il fut étanché de son chagrin, il nagea pour le plaisir de nager. Il retrouva tous les mouvements que ses mères lui avaient appris, prit plaisir à fendre l'eau de son corps. Il plongea jusqu'au sable, le fit ruisseler entre ses doigts, donna de grands coups de talon pour remonter à la surface. Il lutta contre les courants, se laissa porter jusqu'à la plage pour mieux réaffronter les vagues. Le soleil acheva de se lever au-dessus de sa baignade. On devait s'activer aussi, du côté de Soufeu, peut-être remarquerait-on son absence et s'en inquiéterait-on ? Peu importait. Depuis qu'il s'était immergé, le parfum de la forêt avait reflué, la douleur dans sa poitrine s'était tue, tenue à distance par l'océan. Il voulait profiter encore un peu de cette liberté relative.

Quand finalement il se résolut à retrouver la terre ferme, Roland l'attendait sur la plage.

« Ce n'est pas trop tôt, commença froidement l'autre homme, tu... »

Il s'interrompit, écarquilla les yeux.

« ... es nu. »

Le cœur de Myrddin se serra davantage qu'il n'était confortable et sain. En d'autres temps, en d'autres lieux, il aurait répondu par une raillerie, aurait ironisé sur les nécessités de se déshabiller avant de plonger dans l'eau. Il ne pouvait pas, ne pouvait plus se permettre ce genre de remarques. Roland lui tourna le dos.

« Rhabille-toi. Vite. La Matriarche Mira nous attend. »

Son tutoiement n'avait plus rien de la tentative amicale des semaines précédentes. Sans attendre, l'ancien prince tourna les talons et disparut dans la falaise. Myrddin resta immobile au bord de l'eau. Un pincement qui menaçait de devenir familier lui agaçait la poitrine, une vague nausée lui revint, malgré la tendre caresse du soleil sur sa peau nue et le délassement de ses muscles après la baignade. Les bienfaits de son escapade maritime s'évaporaient aussi vite que les gouttelettes d'eau parsemant sa peau noire et ses cheveux tressés. À contrecœur, il ramassa ses vêtements sales et les remit, en grimaçant lorsque leur moiteur suintante se colla à son dos, ses bras, ses cuisses. Une couche de crasse de plus à ajouter à ses exactions. Trahison et disgrâce faisaient autant que sang et sueur, strate après strate.

À regret, il abandonna l'océan. La montée des marches jusqu'à la citadelle lui parut bien trop longue et bien trop courte et, de même, retrouver Roland une félicité et une détresse à la fois. Il lui tardait de le rejoindre et il redoutait de revoir son visage déçu, attente et appréhension se mélangeaient en son sein, ajoutaient du tourment à son angoisse, des remords à ses regrets. Il tourna à gauche en haut de l'escalier. L'aveu ne devait-il pas le soulager ? N'était-il pas sensé déposer ainsi un peu de son faix, si ce n'est alléger sa conscience, au moins libérer sa volonté d'agir ? Il prit un couloir au hasard, déboucha sur un cloître rempli de cavalières, fit demi-tour. Et surtout, il n'était pas sensé garder la moindre étincelle d'espoir, mais au contraire l'étouffer totalement, se concentrer sur ce qu'il pouvait faire pour aider la résistance et y consacrer toute l'énergie dont il était capable, c'est tout. Après une coursive couverte et deux autres escaliers, il déboucha enfin sur l'entrée du conduit menant au salon des Matriarches.

Roland se tenait là. Il lui tournait le dos, mais la lumière matinale rasait les murs jusqu'à peindre des reflets brillants dans ses cheveux, projetait un halo de grâce autour de sa tête. Il se tenait là, debout devant une fenêtre, contemplant l'horizon. La pierre noire de la citadelle semblait n'avoir pour sens que de former un cadre autour de sa silhouette. Il se tenait là et Myrddin ne pouvait pas le lâcher des yeux, malgré le pincement dans sa poitrine qui se transformait en véritable douleur. La houle douloureuse enfla encore, le ramena mille ans en arrière, fit jaillir le visage de Maude de sa mémoire…

Oh. *Oh*.

La douleur se dissipa aussi vite qu'elle s'était manifestée. Ne resta qu'un grand vide au creux de son corps, là où le sternum rencontre l'abdomen, un trou pour y déverser toute la coordination ratée des fils tissant sa longue vie. La Dame ne pouvait-elle arriver à court de lien, dans la tapisserie qui l'enchaînait à l'existence ? Il s'avança sans arriver à baisser les yeux, indigne pourtant de contempler Roland, de graver le souvenir de ce portrait pour l'emporter avec lui, quand l'autre homme avait choisi de se distancer de lui. À juste titre.

« Je suis là », chuchota-t-il, inquiet du son de sa propre voix.

Roland ne se retourna pas, bien qu'il avortât un geste de la tête, une amorce de regard. Myrddin du retenir une supplication. Il ne dit rien, resta en retrait, le menton un peu rentré dans les épaules, comme un garde discret. Les minutes passèrent en silence sans que Roland ne lui fasse face ou ne lui adresse la parole. Un silence qui, quelques heures plus tôt, aurait pu être confortable, ils se seraient entendus, sans avoir besoin de parler. Désormais, Myrddin s'était rendu incompréhensible au prince déchu, comme il était incompréhensible pour lui-même, détaché de ses actions, incapable de les appréhender pleinement. Une énigme ouvrant une cavité en son sein, mais simplifiant tout, aussi. Il ne restait plus que les actes et la résolution de les mener à bien.

L'arrivée de la Matriarche de Soufeu mit fin à leur silence.

« Ah, je vois que vous êtes là tous les deux. »

Savait-elle la vérité elle aussi ? Roland lui avait-il confié les confessions du mage ? Mira semblait égale à celle qu'ils avaient rencontrée la veille, belle, souriante, la tresse reposant sur l'épaule et le manteau-tissé parfaitement drapé autour d'elle. Elle ne foudroya pas Myrddin du regard, ne se jeta pas sur lui pour venger la mort de sa prédécessrice et de toutes celles tombées sous les coups des Sabès. Leur faisant simplement signe de la suivre, elle s'engagea dans l'escalier menant à son salon de thé. Roland la suivit immédiatement. Le magicien attendit un peu, tâcha de reprendre le contrôle de son rythme cardiaque et du serrement autour de sa cage thoracique, avant de se laisser avaler, lui aussi, par les profondeurs de la citadelle.

« Je suis désolée d'avoir repoussé le moment de vous écouter, disait Mira lorsque le mage les rejoignit en bas. Mais parler de Perle m'a bien plus bouleversé que je ne m'y attendais.

– Je comprends, répondit Roland. Cela nous demande parfois plus d'énergie et de courage de raconter que d'affronter une situation. »

Il évita soigneusement de regarder Myrddin, qui s'était figé sur le seuil de la pièce. S'il ne risquait ne serait-ce qu'un coup d'œil vers le magicien, il ne pourrait plus garantir de ne pas le passer par une fenêtre pour une nouvelle séance de baignade, impromptue, cette fois-ci.

« Installons-nous. »

Mira les invita à s'asseoir à nouveau autour de la table basse. Théière et tasses les attendaient déjà, ainsi que les mêmes tabourets, la vue sur l'océan et sa frontière infinie. Roland hésita un instant. La dernière fois qu'il s'était assis là, Myrddin avait tenu sa main, par soutien ou par besoin, lui-même avait puisé chez le mage du courage en quantité. Il serra le poing. Le nœud qui menaçait de l'étouffer depuis six jours faisait une remontée suffocante de ses tripes à sa gorge. Avec effort, le prince s'assit face à Mira, prenant soin de trouver une position qui masquait Myrddin à sa vue.

« Je ne sais pas si je suis plus à même d'être persuadée aujourd'hui, dit la Matriarche, mais je voulais vous laisser une nouvelle occasion de vous exprimer. Maintenant que notre ami mage est totalement remis, peut-être pouvons-nous avoir cette discussion. »

Roland n'eut pas besoin de se tourner vers lui pour savoir que le magicien fronçait les sourcils.

« Combien… combien de temps suis-je resté assoupi ?

– Oh, presque une semaine il me semble, répondit Mira. Vous aviez grand besoin de repos, mais nous nous sommes inquiétées. Nous avons cru que la fièvre allait avoir raison de vous. »

Pour toute réponse, le ventre de Myrddin gargouilla bruyamment.

« Ah, oui, vous devez avoir faim. Attendez-moi une seconde. »

Avant que Roland n'ait pu inventer une excuse pour la retenir, elle s'était levée et avait disparu dans le ventre de la falaise. Il ne resta qu'eux. Malgré le ressac des vagues montant jusqu'aux fenêtres, le grincement des tabourets sous leurs fesses, les murmures de la vie de la forteresse au-dessus de leurs têtes, le silence entre eux creusait un fossé. Là où Roland avait trouvé du réconfort, il n'y avait plus qu'un trou béant, une plaie dont il ignorait comment la résorber. Avait-il même envie qu'elle se résorbe, qu'elle guérisse et s'apaise, que la familiarité de leur compagnie revienne ? S'il ne risquait qu'un coup d'œil vers Myrddin, il pourrait lui pardonner alors qu'aucune de ses actions n'était pardonnable. La colère et le chagrin faisaient, au sein de sa poitrine, deux marées d'un océan houleux, l'une montante, l'autre descendante, et à chaque retrait le sable raclait sa couenne de toutes ses hésitations et de tous ses regrets. Il sentit Myrddin s'agiter derrière lui, mais toute prise de parole fut coupée par le retour de Mira.

« Voilà, de quoi apaiser votre appétit, maître-magicien. »

Elle déposa un plateau de fruits et de biscuits sur la table basse. Le mage se retint un instant, puis il entreprit d'enfourner abricots, sablés et quartiers de pêche entre ses dents. Au moins, raisonna Roland avec un demi-sourire, cela l'empêcherait de parler. La Matriarche patienta pendant que Myrddin mangeait, servit trois tasses de thé, grignota un peu elle-même. Roland la regarda faire, pour oublier celui qui occupait la périphérie de son champ de vision. Lorsqu'enfin elle reprit la parole, le plateau était quasiment vide.

« Bien. Je vous écoute, prince Roland. »

Il resta interdit. Mira le dévisageait sans rien dire, dans l'attente de son discours, patiente et attentive, comme si seuls ses prochains mots avaient de l'importance. Il avait su, pourtant, que viendrait le moment de justifier la patience et l'hospitalité dont avaient fait preuve les cavalières de Soufeu. Depuis l'aube, depuis que Mira les avait fait demander, il savait qu'il devrait enfin chercher à la convaincre. Mais, distrait par Myrddin, les soins dus à sa blessure, le récit de son enfance, les révélations de sa trahison, Roland en avait oublié de préparer quoi que ce soit. Les mots se mélangeaient entre ses pensées. La rhétorique apprise sous l'égide de nombreuses préceptrices lui échappait. Les raisons de sa présence entre les murs de la citadelle s'entremêlaient, se confondaient. Que pouvait-il dire, lui le prince déchu d'un royaume exsangue ? Que pouvait-il déclarer, qui fut d'une quelconque utilité à Sarda?

« Prince Roland ? »

Mira attendait toujours. Et sur le côté, Myrddin le dévorait du regard, comme si le quitter des yeux risquait de le voir disparaître.

« Je… »

Une brise traversa la pièce, porteuse de sel et d'océans.

« Je ne sais pas quoi vous dire. Je ne sais pas ce que vous avez vécu, je ne suis pas sûr de pouvoir le comprendre. Je n'ai jamais eu aucun doute quant à mon identité. Je n'étais pas un très bon prince, je n'étais pas très attentif à la cour, je n'étais pas très intéressé par la politique. J'étais plutôt couard, avec une tendance certaine pour suivre le mouvement qu'on me proposait. Je ne croyais pas en grand-chose, à l'époque, et je ne suis pas sûr de posséder une meilleure boussole désormais. Tout a toujours était facile pour moi. Alors, que puis-je comprendre aux difficultés que vous avez rencontré ? Comment puis-je même imaginer ce que vous avez vécu ? Être séparées de vos sœurs, de votre pays, sous la menace constante d'un revirement des Sabès. »

Il apaisa la sécheresse de sa gorge par de longues gorgées de thé.

« Je ne sais pas quoi vous dire. Si Lorcan, ou Berhane ou Brigandine étaient là, elles auraient les mots justes et le bon résonnement. Moi, je ne peux faire qu'une tentative pitoyable. »

Le visage de Mira ne trahissait aucune expression.

« Il est venu le temps d'agir, notre dernière charge contre les Comtés-Unis, notre ultime baroud. L'incendie de la Ferté brûle depuis un mois déjà. La pluie se refuse à nos champs depuis plus longtemps encore. Partout en Sarda, notre résistance, mais aussi toutes sortes de rébellions locales, individuelles, spontanées, s'activent à travers le pays. Les armées de buprestes et de lachnidés sont à leur plus fragile. Bientôt, l'ambassadrice Zénobie fera appel à ses compatriotes pour renforcer son pouvoir, car nous l'avons presque frappé en son sein. Laisser passer cette opportunité, c'est dire adieu à notre liberté. Il ne nous reste plus que cette chance-là, plus que cette dernière option. Ensuite, le moment sera passé et nous ne pourrons plus rien faire pour endiguer la puissance des Comtés-Unis.

– Je suis d'accord, acquiesça Mira. Actuellement, un moment se cristallise. Mais est-il suffisant ? Peut-on faire basculer la chance de notre côté ? »

Roland prit une longue inspiration, comme Éliane lui avait appris, avant de reprendre la parole.

« Cela n'a pas vraiment d'importance, répondit-il. Car il n'y en aura pas d'autres. La sécurité de l'inaction, de l'attente patiente pour le bon temps, peut sembler confortable, prudente. Mais elle n'est que ça, une attente prudente qui refuse l'espoir. Il faut savoir saisir l'instant. »

Il se laissa glisser à bas du tabouret, s'agenouilla au sol, se prosterna devant la Matriarche.

« S'il vous plaît, rejoignez notre lutte. »

Derrière lui, il y eut un raclement de bois contre la pierre et il sut que Myrddin venait de l'imiter.

« Vos sœurs cavalières ont besoin de vous, notre résistance a besoin de vous, le pays a besoin de vous. Je vous en prie, rejoignez le combat. »

Mira ne répondit pas. Roland n'osa pas relever la tête, préféra scruter le détail de la roche sous son nez, les grains de sable logés dans de minuscules encoches, les traces d'usure ancienne. Puis, quand à ses oreilles le rugissement des vagues menaça d'emplir tout le salon de réception des Matriarches, il se redressa. Mira avait tourné son visage vers le plafond. Une larme dévala la joue de la Matriarche, contourna sa bouche, perla au coin de son menton, se perdit dans les plis de son manteau-tissé. Elle essuya la suivante du bout des doigts. Lorsqu'elle baissa les yeux et que son regard croisa celui de Roland, un sanglot leur échappa à tous deux.

« Votre passion vous honore, votre Sérénissime, murmura la Matriarche. Elles devraient être fières, vos élues, de votre dévotion à leur cause. »

Elle entreprit de ranger sur le plateau leurs tasses, la théière, les restes de leur collation. Roland se redressa, s'assit sur ses talons.

« Mon engagement n'est rien, comparé au leur, répondit-il. Mais si mon discours vous a, ne serait-ce que touché, alors j'ai fait plus qu'hier et c'est cela qui compte. »

Le hoquet de Myrddin dans son dos manqua de le faire se retourner, mais il contint son impulsion au dernier moment. Ce n'était pas une offre de paix, ce n'était pas une main tendue vers le mage. Leurs discussions n'avaient rien à voir avec sa tirade. Il s'agissait simplement des mots justes.

Mira se leva. L'ourlet doré de son manteau flotta autour de ses jambes avant de retomber contre ses mollets. Elle les toisa sans trahir d'émotion. Puis elle reprit la parole.

« Et vous, maître-magicien, que pensez-vous de tout cela ? »

Un cri surpris échappa à Myrddin.

« Moi ?

– Eh bien oui, poursuivit la Matriarche. Vous étiez au Congrès, il y a cinq ans, vous avez ouvertement soutenu Éliane de Nordeau lors de l'élection des condottieres, que croyez-vous que je doive faire ? »

Une bile amère envahit la gorge et la langue de Roland. Devait-il révéler aux cavalières de Soufeu l'étendue de la trahison du mage ? Elles ne le laisseraient pas repartir, elles le tueraient sans doute. Mais n'était-ce pas là la vérité, l'honnêteté qu'il leur devait ? Sarda dans son entièreté ne méritait-elle pas de savoir qui avait joué son destin pour des espoirs fallacieux ? De manière générale, Roland évitait de penser à Sophie Pendragon, après tout il ne l'avait connue que cachée dans l'ombre de sa maîtresse, mais n'avait-elle pas la première souffert des machinations du mage ? Et Roland et Éliane avaient failli à sa protection. Peut-être pourrait-il lui rendre une sorte de justice en dévoilant à ses sœurs cavalières un peu de son destin forcé ?

Il se tourna vers Myrddin, toujours silencieux derrière lui. Le magicien fixait Mira, le visage plissé en une expression douloureuse. Puis il vit Roland et l'appréhension de sa figure s'évapora, il se redressa, sembla trouver les mots nécessaires. Roland se mordit la langue jusqu'à ce que dans sa bouche le goût du sang remplace l'amertume. Il n'en ferait rien. Il ne dirait rien. S'il devait un jour rejoindre Berhane et Brigandine, s'il devait retrouver Lorcan, il le ferait avec le mage à ses côtés. Le secret de Myrddin le suivrait dans sa tombe.

« Je ne peux savoir mieux que vous l'avenir des cavalières de Soufeu, répondit finalement le mage. Cela leur appartient à elles seules. Pour autant… Je suis entièrement d'accord avec le prince. »

À l'évocation de son ancien titre, quelque chose se froissa dans la poitrine de Roland. Il avorta un nouveau regard vers le magicien, usa de toute sa volonté pour garder son attention entièrement concentrée sur Mira.

« Je peux vous garantir, pour avoir été son compagnon de voyage depuis plusieurs années maintenant, au sein de la résistance de Berhane de Nordeau et Lorcan d'Utara, de son dévouement à la cause des rebelles et ceci malgré son précédent statut et ses précédentes responsabilités. Ma parole ne vaut pas grand-chose, mais je vous assure qu'il dit vrai. Il y a une place pour Soufeu au sein de Sarda. Si vous le souhaitez.

– Et croyez-vous que le moment soit venu pour nous de la retrouver ?

– Si je connais un tout petit peu le caractère de Lorcan et Berhane, elles vont tenir le combat jusqu'au bout ; elles vont réussir à convaincre les cités-libres des Plaines de se joindre au combat. Zénobie est fragilisée, il est vrai, elle doit lutter sur de multiples fronts et je pense que notre action infructueuse à Zinia l'a tout de même inquiétée. Nous n'avions, après tout, jamais été aussi près de la toucher. Et puis... »

Il y eut un crépitement et des reflets de lumière sur les parois du salon des Matriarches.

« Nous seules sommes en mesure d'affronter l'incendie de la Ferté-Pluvieuse. »

Roland vit de nouvelles larmes naître au coin des beaux yeux de Mira. Elle ne fit aucun geste pour les essuyer.

« Je peux éteindre l'incendie, si je m'en approche suffisamment. »

Le mage hésita.

« Je crois. »

Un regard de Roland et il se reprit.

« Enfin, j'en suis sûr. »

La Matriarche leur tourna brusquement le dos. Un tremblement léger agitait ses épaules et ses mains, jusqu'à ce qu'elle prenne appui sur le rebord de la fenêtre, plonge son regard dans l'océan plus bas. Ce matin-là, Roland avait été si sûr qu'elle les laisserait partir. Un espoir insensé avait pris le relais de sa colère, tandis qu'il allait sans but à travers la citadelle, incapable de trouver le sommeil, refusant de mettre les pieds dans la cellule où dormait Myrddin. Il avait regardé le soleil se lever avec la conviction soudaine que Soufeu ne les garderait pas plus longtemps entre ses murs. Il s'était vu repartir, sans être tout à fait certain de la présence du mage à ses côtés, prendre la route du nord et rejoindre la résistance, continuer la lutte contre la présence sabès. Mais à ce moment, tandis que son avenir se trouvait une nouvelle fois entre les mains d'une cavalière, soudain il n'était plus convaincu de rien. Il lui semblait que Mira pourrait bien décider d'emprunter n'importe lequel des chemins qui s'ouvraient devant elle, il lui serait impossible de prédire son choix. Un goût amer envahit son palais. Il aurait voulu que les choses soient différentes. Il souhaitait, ardemment, follement, que rien ne se soit passé ainsi, pour pouvoir tendre la main jusqu'à Myrddin et se saisir de la sienne, s'arrimer au mage dans l'attente du couperet. Mais personne ne pouvait remonter le temps et retisser les motifs malvenus de la tapisserie de la Dame. Il serra les dents, replia sagement les mains dans son giron et attendit le verdict de la Matriarche.

Finalement, Mira leur fit face.

« J'ai pris ma décision », annonça-t-elle.

Elle glissa ses bras sous les replis de son manteau-tissé, toisa les deux hommes assis devant elle.

« J'ignore si je fais bien, reprit-elle, j'ignore s'il en ressortira du positif. Peut-être allez-vous fuir et ne jamais revenir en Sarda ? Peut-être les Sabès vous arrêteront-ils à la sortie de nos terres ? La Dame seule sait ce qu'il vous attend par la suite. Moi, je sais ce qu'il va vous arriver aujourd'hui. Je vais vous laisser partir. Vous êtes libre de quitter Soufeu et les Marches du sud. Où vous mènent vos pas par la suite, c'est votre affaire. »

Roland manqua s'étouffer avec sa salive. La sentence était tombée et il leur incombait désormais de décider de la suite des événements. Il n'aurait pas su dire qui du soulagement ou de l'appréhension l'emportait dans le tourbillon nauséeux de sa poitrine. Il se tourna finalement vers Myrddin. Le mage le regardait déjà. Ils n'eurent pas besoin de parler pour se comprendre, bien que Roland soupçonnât qu'il n'aurait rien su dire. Un léger hochement de tête, un lent clignement de paupière et la question fut réglée.

« Merci pour votre hospitalité, salua-t-il Mira. Nous allons alors rejoindre nos compagnes de résistance à Nordeau et reprendre la lutte à leurs côtés. »

Une hésitation.

« Que pouvons-nous leur dire quant à Soufeu ? »

La Matriarche repoussa sa tresse dans son dos et soupira longuement.

« Je ne sais pas. Les idées de Berhane de Nordeau et Brigandine d'Ousterre sont très éloignées de nos croyances. Je ne pense pas que mes sœurs accepteraient de rejoindre un mouvement qui s'oppose aussi radicalement à nos traditions. Elles préféreraient sans doute vous voir remonter sur le trône. »

Roland pâlit, mais Mira poursuivit sans qu'il puisse l'interrompre.

« Cependant, nous avons peut-être suffisamment attendu. Il est temps que Soufeu sorte de sa tanière, d'une manière ou d'une autre. Je suis heureuse d'avoir pu vous rencontrer, vous m'avez beaucoup donné à réfléchir. »

Elle s'inclina brièvement, leur tourna le dos et disparut dans l'escalier.

Elles restèrent plusieurs semaines à l'ombre des contreforts de la Dame. Les bosquets de hêtres et les scialets profonds devinrent leur demeure. Nasrin et Niloufar accueillirent leurs blessées et leurs malades, leur fournirent un peu de leur précieuse réserve. Berhane ne remonta jamais au cœur du plateau, là où survivaient les espoirs d'Estari, mais l'herboriste vint parfois à elle, porteuse d'infusions goûteuses, de bonne humeur, d'anecdotes rocambolesques. La vieille femme s'occupa même de ses tresses abîmées. L'attente parut soudain moins insupportable à l'élue. Où en était Brigandine et celles qui l'accompagnaient ? Que devenait Lorcan ? Myrddin et Roland étaient-ils toujours avec l'autre élue ? Toutes ces questions qui hantaient ses heures d'éveil comme son sommeil semblaient se faire plus discrètes quand Nasrin lui rendait visite. Elles osaient parfois s'approcher des champs cultivés, dans la vallée, emprunter un véritable chemin et non une sente de faisans. Jamais pour longtemps. Elles avaient longé les falaises, visité l'une des reculées du plateau, envahi de forêt et où coulait un ruisseau. Mais, principalement, elles se voyaient au campement de fortune des rebelles. Le risque d'être découvertes était trop grand pour de telles escapades.

Surtout quand reprirent celles de la résistance.

Ife guida quelques-unes des combattantes loin de leur nouveau campement provisoire, les entraîna sur des chemins de traverse jusqu'à ce qu'elle estimait une distance de sécurité suffisante ; de là, elles frappèrent les Sabès à chaque occasion donnée. Si Berhane ne les accompagnait pas, elle recevait tout de même de fréquents rapports l'informant des réussites ou des échecs des rebelles. La prudence d'Ife lui faisait honneur. Elle n'avait que peu de triomphes à raconter, mais jamais de pertes à pleurer. Comme des fantômes, la cavalière et ses acolytes houspillaient les arrières sabès, divisaient leurs rangs, démantelaient leurs lignes. De même, Nisha et Thulile assaillaient tout convoi qui passait à leur portée, avant de revenir, par mille détours nécessaires, jusqu'à l'ombre du plateau de la Dame, chargées, parfois, de ressources bienvenues. Elles avaient opéré ici, il y a quelques années, au début de la résistance, quand elles n'étaient qu'un tout petit groupe fuyant l'avancée des armées sabès. Berhane avait cru, un temps, pouvoir regrouper des troupes à Estari mais très vite, elle avait dû renoncer. Les montagnes étaient alors devenues leur refuge et leur foyer, qu'il neige, qu'il vente, ou que la sécheresse cuise toute la campagne sardaise.

Elle aurait aimé profiter de leur retour pour reprendre contact avec Imogène et sa bande d'insurgées, si tant est qu'une rencontre puisse être organisée, mais l'occasion n'eut pas le temps de se présenter.

Accompagnées d'un petit groupe des leurs, Adèle et elle étaient descendues des flancs de la falaise jusqu'aux abords de la vallée, là où le

Grand Nedi déroulait paresseusement son cours. Les éclaireuses de la résistance y avaient remarqué une nouvelle activité anormale, juste assez inquiétante pour justifier d'aller voir de plus près ce qu'il se passait sur les berges du fleuve. Elles laissèrent les dragons en arrière, s'approchèrent à pied. Les vergers s'arrêtaient à quelques mètres des rives et s'ouvraient soudain sur des champs de blé moissonnés. Berhane hésita à les traverser. Un chemin de halage serpentait le long du Grand Nedi, un sentier tracé dans l'herbe et la terre à force de passage. Elles y seraient exposées, sans possibilité de se cacher facilement, mais la voie semblait libre et elles se devaient de savoir si leur présence près du plateau était menacée.

Adèle s'avança la première. Elle se glissa à travers le champ jusqu'aux berges, inspecta les alentours, fit signe à ses compagnes de la rejoindre. Un murmure venait à leur rencontre, un souffle agité précédant ses porteuses. Elles mirent la main sur leurs épées.

Le flot de réfugiées manqua de les submerger. Elles ouvraient tout juste leur marée affolée pour ne pas s'écraser sur les rochers immobiles des rebelles surprises, mais rien ne leur fit ralentir leur course. Vieillardes et enfants, paysannes, tisserandes, marchandes, artisanes se pressaient tout autour du groupe de résistantes, puis les dépassaient, sans hésiter. Tous leurs corps semblaient rivés vers l'avant, emportés par la fuite, leurs regards, en revanche, revenaient constamment vers l'arrière et ce qui les poursuivait. Berhane se dévissa le cou pour tenter d'apercevoir au-delà de la courbe du chemin. La vague semblait ne jamais vouloir en finir. Et puis, soudain, il n'y eut plus que des retardataires, ralenties par l'âge, la maladie, les bagages, tirant leurs proches par la main ou se laissant tirer. Les dernières réfugiées disparurent derrière Berhane et les rebelles. Elles furent très vite remplacées par le vacarme mécanique et inquiétant de roues et d'engrenages. Deux silhouettes fermaient la marche. Myrddin et Roland avançaient sur le chemin. Les Sabès marchaient derrière eux.

Lettre de Trinh de Zinia,

négociatrice de la résistance de Sarda, représentante en exil du gouvernement élu auprès des cités-libres des Plaines.

Archives personnelles de Berhane de Nordeau

Dame B,

De bonnes nouvelles, enfin ! Le vote semble se profiler à l'horizon, maintenant que les élections de Pelagos sont terminées. Les représentantes de toutes les villes des Plaines vont se réunir à Sangrisca, dans l'assemblée des cités-libres, pour exprimer le choix de leurs électrices et, je l'espère de tout mon cœur, nous venir en aide. J'aurais la possibilité d'y parler moi aussi, mais c'est l'avis d'Olivia Flane qui fera probablement pencher la balance, dans un sens comme dans l'autre. Je suis incapable de te dire ce qu'elle compte faire. Comme beaucoup ici, je donnerai cher pour savoir ce qu'il se passe sous les tresses ornées de la mairesse : va-t-elle envoyer ses citoyennes mourir pour nous ? Ou bien enterrera-t-elle notre résistance d'un bref discours ? Cette énigme me garde souvent éveillée jusqu'au cœur de la nuit. Je redoute et désire de pouvoir t'écrire la conclusion de tout cela…

Mais il y a autre chose que je dois absolument te dire. Nous avons, cette semaine, entendu parler d'une de nos compatriotes ! Il y a bien sûr quelques réfugiées sardaises en Sangrisca, mais elles sont rares, tant le chemin séparant la cité de notre pays est long et aucune d'entre elles n'est une connaissance. Par contre, celle-ci devrait piquer ta curiosité. Tu la connais bien, je crois, car elle a été novice et écuyère de ta citadelle et, surtout, elle porte Lunde et Baldré à sa ceinture. Je n'y croyais pas trop quand la rumeur courait que quelqu'une s'était emparée des trophées de Maude, mais Basile nous l'a confirmé hier. Nous l'avons ratée de peu, semble-t-il. Elle a séjourné quelques jours à Sangrisca puis est repartie.

Olivia l'a même reçue, même si elle a refusé de nous parler de ce qu'elles se sont dit ou de comment elles se sont connues. Il a transparu cependant qu'Abhel était résolue à revenir en Sarda. Peut-être l'auras-tu déjà revue lorsque tu me liras, si ce n'est pas le cas, garde un œil ouvert.

Les choses se précipitent. Je n'ai aucune certitude quant à notre victoire, bien que je la souhaite de toutes mes forces, mais les prochains mois verront sûrement de nombreux changements et tout autant de bouleversements. Puissent-ils être en notre faveur.

Que la Dame te garde et que la forêt vous protège.

T.

Fin de kharif an 9 du mandat d'Olivia Flane ; 22 Arrapan 1045

Lisière de l'incendie

« J'écris ses lignes comme je lancerai des vœux au vent. Dans l'espoir qu'elles te parviennent, que, où que tu sois, tu puisses m'entendre et que nous soyons enfin réunies. C'est une prière qui a peu de chance d'aboutir. C'est une prière que je fais quand même. »

Conclusion des *Jours de Sophie Pendragon* par
Rosaline Ulysienne Mandée Ayrelle, dite Brigandine

Se défaire des lachnidés le chaperonnant fut bien plus facile qu'Omiros ne l'imaginait. Une fois passées les portes de Zinia, le discret remous au fond de son ventre se mua doucement en un tumulte résolu et il sut ce qu'il avait à faire, avec plus de clarté et de détails qu'il n'en avait jamais eu pour l'écriture. Les toitures des tours-palais apparurent au bout de l'avenue, plus vite qu'il ne l'aurait souhaité. Peu importait, il n'avait pas besoin de temps, mais seulement de conviction. Malgré la fatigue, il accéléra le pas, rattrapa la capitaine en tête de cortège où elle faisait son rapport à un garde de la Caserne.

« Excusez-moi, les interrompit le poète. Je sais qu'il faut que je me rende au plus vite auprès de son Excellence, mais pourrais-je quand même prendre cinq minutes pour passer par mes quartiers ? »

Les deux soldats hésitèrent.

« C'est que, commença le garde, l'ambassadrice Zénobie nous a demandé de vous faire paraître devant elle immédiatement.

– Bien sûr, bien sûr, je comprends. Seulement, je n'ai pas eu l'occasion de me laver véritablement depuis trop longtemps et je donnerai

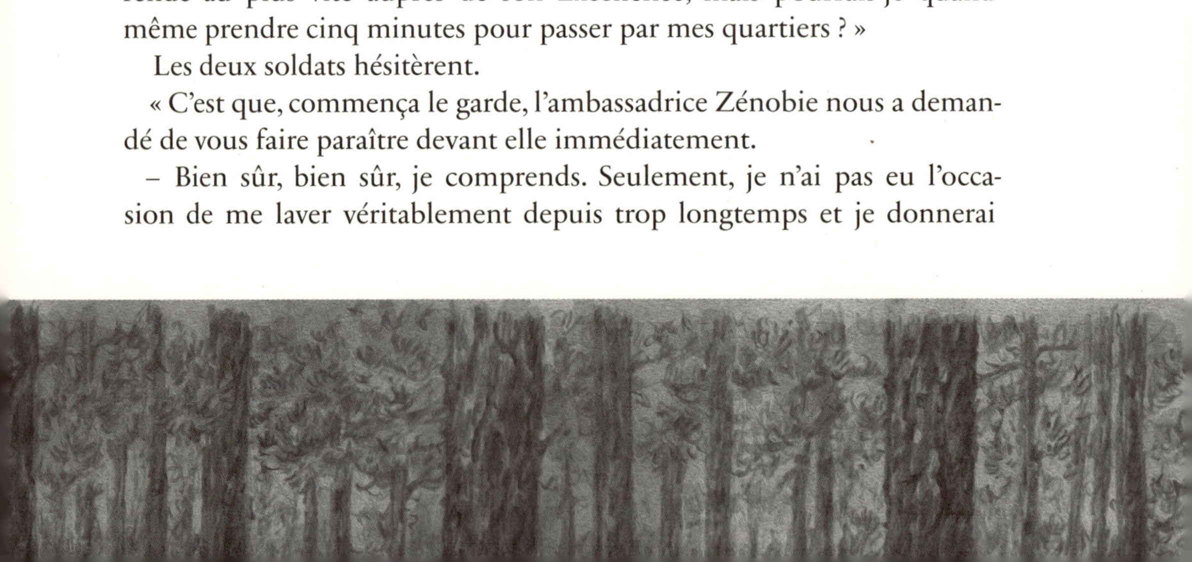

le peu de possession qu'il me reste pour au moins me débarbouiller avant d'être reçu. »

Il tenta sans succès de déglutir, se redressa un peu.

« Les Sabès qui m'accompagnaient seront tout aussi morts dans une demi-heure. Mais j'aurais bien plus les idées claires dans des vêtements qui n'ont pas subi quinze jours de marche forcée à travers la campagne. Je pense que l'ambassadrice souhaite un rapport des plus précis, ne croyez-vous pas ? »

La capitaine d'escouade acquiesça avant que le garde ait pu répondre. Elle aussi devait se languir d'un peu de repos, avant, sûrement, de devoir repartir par le même chemin qu'elle venait de parcourir. Omiros ne se fit pas prier. Il les salua brièvement, tourna les talons et s'engouffra dans les couloirs labyrinthiques des palais.

Il n'avait jamais vraiment attrapé le coup de main que possédaient des personnes comme Dylis ou Alhari pour naviguer aisément à travers les étages de la Caserne. Après trois années, il se perdait encore entre ses quartiers et les jardins d'hiver, le bureau de Zénobie ou les cuisines. Pourtant, en ce jour d'entre tous les jours, il ne pouvait pas se permettre de perdre du temps. Nul doute que Zénobie n'attendrait pas des heures avant de venir le chercher personnellement dans sa chambre et s'il voulait que son mensonge tienne la route, il devrait au moins y arriver avant elle. De toute façon, il n'en aurait pas pour très longtemps. Soit Brigandine d'Ousterre savait forcer une serrure telle qu'elle l'avait prétendu, soit tout cela ne servirait à rien.

Les deux mêmes lachnidés d'avant son départ montaient la garde à l'entrée des souterrains menant aux cellules. Ils ne prêtèrent qu'une attention distraite au poète, plus concentré sur les lueurs de l'incendie qu'on pouvait apercevoir par la fenêtre la plus proche que par Omiros, à qui ils ne demandèrent aucun compte. Cela particulièrement, lui sembla la preuve des difficultés de Zénobie.

À peine eut-il descendu les escaliers et atteint le couloir obscur desservant les geôles, que l'accueillit l'accent sardais et sardonique de la jeune Matriarche.

« Déjà de retour, poète ? Il ne fallait pas vous donner cette peine, nous pouvions nous passer de votre compagnie encore quelques jours. Voire mois. Voire années. Si votre ambassadrice ne nous a pas exécutée entre temps, bien sûr. »

Il ne s'arrêta pas devant sa cellule, d'où, accoudée à la grille, elle le foudroyait du regard, mais poursuivit plus au fond, jusqu'à la bouche béante et ténébreuse renfermant Kalyan. Le cœur d'Omiros se serra. Du vieil homme élégant et courtois qu'il avait rencontré au début de l'été, il ne restait qu'une ombre épuisée par les privations. Une forme émaciée, repliée sur elle-même, drapée dans une couverture rongée par les insectes. Pourtant, lorsque le poète s'approcha, le prisonnier releva la tête et le dévisagea sans ambages, avec la même clarté de regard, sans compromission.

« Kalyan. Je... Je suis revenu.

– Maître-poète. J'ai bien cru qu'on ne vous reverrait plus. Que vous étiez rentré chez vous ou que Zénobie vous avait… Que Zénobie avait disposé de vous.

– Si seulement », grommela Brigandine d'Ousterre depuis sa cellule.

Omiros prit soin de ne pas s'en agacer. Il ne changerait pas l'opinion que la rebelle avait de lui, ni aujourd'hui ni demain, mais cela ne devait pas influencer ses décisions. Pas de machine arrière, pas de regret. Il mènerait à bien la mission qu'il s'était fixée, comme une dernière œuvre à terminer.

« Presque, répondit-il enfin. Zénobie m'a bien renvoyé aux Comtés, mais… Mais j'ai dû faire demi-tour. Je viens d'arriver à Zinia.

– Et vous vous êtes dit que vous alliez nous rendre visite ? rétorqua Brigandine. Comme c'est détestable.

– Ce n'est pas une visite de courtoisie. L'ambassadrice m'attend, je n'ai pas beaucoup de temps. De plus, l'incendie sera bientôt sur Zinia, même si cela devrait vous avantager dans votre fuite.

– Quoi ? »

Omiros revint sur ses pas, s'approcha de l'acerbe Matriarche. Elle leva un sourcil incurieux, resta avachie contre les barreaux de sa geôle.

« Quand je suis venu la première fois, vous avez dit être capable de forcer la serrure. Vous m'avez dit de ramener des armes.

– Plus ou moins, répondit-elle en s'arrachant à la grille.

– Tenez. »

Il détacha la dague et le glaive à sa hanche, ceux que lui avait confiés la capitaine d'escouade pour le rassurer plus que pour le protéger, les tendit à Brigandine. Elle n'hésita pas avant de s'emparer de ses offrandes. Quelques minutes de travail sur la serrure et un déclic satisfaisant plus tard, plus rien ne séparait la Matriarche du poète. Elle le toisa un instant. Sans les barreaux entre eux, il put découvrir que la jeune femme le dépassait d'une bonne tête et que rien ne l'empêchait de faire usage du glaive qu'il venait de lui donner. Il recula d'un pas.

« N'ayez crainte, poète, siffla Brigandine. Je n'ai pas l'intention de vous tuer. »

En deux enjambées elle avait rejoint la cellule de Kalyan et faisait subit le même sort à la grille le retenant enfermé. Le vieil homme fit quelques pas hésitants hors de sa cellule.

« Merci maîtresse-matriarche. »

Il se tourna vers le poète.

« Omiros, chuchota-t-il en lui prenant la main. Êtes-vous sûrs ?

– Il est trop tard pour les regrets, coupa Brigandine. Il faut y aller, nous ne sommes pas encore sorties d'affaire. »

Elle laissa les deux hommes en arrière, se glissa en haut des marches, disparut à l'étage. Il y eut un cri étouffé. Omiros s'accrocha à Kalyan. Une nouvelle plainte, puis deux corps, l'un après l'autre, dévalèrent l'escalier et vinrent s'abîmer à leurs pieds. Les yeux vitreux de l'un d'eux dévisagèrent le poète jusqu'à ce que la voix de Brigandine d'Ousterre résonne sous les voûtes de la prison.

« Dépêchez-vous ! »

Elle jeta un regard peu amène à Omiros, tandis qu'ils la rejoignaient à la sortie. Il tenta de ne pas imaginer toutes les façons dont elle pourrait se débarrasser de lui pendant leur traversée de la Caserne. Dans sa poitrine, l'anxiété s'était transformée en une douleur sourde sous le sein, au-dessus du sternum, comme une vieille blessure se réveillant après plusieurs années. Il lui fallait seulement les faire sortir du palais. Une fois mêlés à la foule des habitants, des réfugiés, des badauds, rien ne s'opposerait plus à leur fuite. Il n'aurait alors plus que le temps de rejoindre ses quartiers en courant et en priant que Zénobie n'y soit pas encore.

Ils slalomèrent à travers les couloirs de la Caserne, allèrent d'arrière-salle en corridor dérobé, suivirent sans hésiter la mémoire de Kalyan, jusqu'à ce qu'enfin, les jardins d'hiver s'ouvrent devant eux. Personne ne s'occupait des plates-bandes et des buissons taillés. Personne ne flânait entre les allées de rocaille. Un ciel jaunâtre et suffocant étendait son dais de fumée et de suie au-dessus de Zinia. Les deux Sardais s'arrêtèrent brusquement.

« Non… »

Le gémissement de la Matriarche se transforma en cri de rage avant d'être étouffé contre ses phalanges.

« Je ne pensais pas que l'incendie nous atteindrait si vite, murmura Kalyan. À ce rythme-là…

– À ce rythme-là, la ville entière va bientôt succomber aux flammes », compléta Brigandine.

D'un bond elle fut sur le poète. Omiros n'eut pas le temps de crier. Son dos heurta violemment l'un des murets du jardin, l'arrêté de pierre taillée, lui meurtrit la colonne vertébrale, une douleur vive lui traversa le bras du coude au petit doigt. Il eut le temps de considérer sa mort. Après tout, la jeune femme ne serait-elle pas justifiée de l'occire ? N'aurait-elle pas tout droit de tuer chaque Sabès croisant son chemin ? Puis le soulagement remplaça l'effroi. Il n'y aurait aucune menace, aucune angoisse dans la mort. Le jugement des Saints ne serait jamais aussi inquiétant que celui de Zénobie. D'ailleurs, avec un peu de chance, il n'y aurait ni Saints, ni Dame, ni Mage à l'attendre, seulement une douce et tranquille obscurité. La forêt des âmes des Sardais semblait peut-être la seule alternative séduisante, sa promesse d'infinis sentiers serpentant à l'ombre de grands pins. Pourtant, il ne devait pas être entendu. Kalyan posa simplement sa main sur l'épaule de la Matriarche et elle relâcha le poète.

« Vous nous avez permis de sortir des geôles de Zénobie, alors je ne vous tuerais pas. Mais priez vos Saints de ne jamais me revoir, poète des Sabès, car je ne serai pas clémente deux fois. »

Elle tourna les talons et Omiros s'affaissa contre le muret. Un mélange d'émotions contraires lui coupait soudain toute force, envahissait ses membres d'un courant douloureux. Les bandes autour de sa poitrine lui parurent trop serrées, des larmes menacèrent sa vision. Kalyan lui prit la main.

« Venez avec nous, poète. Rien de bon ne peut vous attendre ici. Je ne connais pas bien les membres de la rébellion de Brigandine, Berhane et Lorcan, mais je sais quelle compagnie elles ont gardée autour d'elles. Elles ne vous tueront pas. »

Omiros lui sourit pour ne pas commencer à pleurer.

« Kalyan de Zinia, vous êtes trop bon pour le monde qui porte nos pays. »

Doucement, il poussa le vieil homme en avant, vers la Matriarche qui l'attendait et le portillon qui leur offrirait le salut

« Partez vite. »

Kalyan le dévisagea longuement, trop longtemps au goût du poète, avant de reculer d'un premier pas.

« S'il vous plaît », supplia Omiros.

Sans un mot, le vieil homme acquiesça. Il traversa le jardin d'hiver aussi vite que ses jambes fatiguées le lui permirent, rejoignit Brigandine d'Ousterre et lança un dernier regard par-dessus son épaule. Puis ils passèrent le portillon et disparurent derrière le mur d'enceinte. Omiros retourna à l'intérieur de la Caserne.

Comme le jour qui avait précédé son départ, Zénobie l'attendait dans sa chambre. De l'ambassadrice sévère et ravissante, de ses sourires et de ses menaces, de son élégance et de son autorité, il ne restait plus rien. Elle se tenait presque prostrée, derrière le bureau, les cheveux détachés, dans une robe froissée. Lorsque son poète entra dans la pièce, elle ne leva pas la tête. Plus encore qu'au jour de son départ, elle semblait battue. Fixant résolument ses genoux, disparaissant derrière un rideau de cheveux, pas tant assise que retenue par la chaise, elle se faisait l'exact opposé de la jeune rebelle qu'Omiros avait libéré un instant plus tôt. Il referma la porte derrière lui avec délicatesse, de peur qu'un bruit trop brusque ne la fasse sursauter. L'ambassadrice ne réagit pas. Il s'avança, les doigts noués d'appréhension, essaya de ne pas penser aux deux prisonniers en fuite, comme si elle avait pu percevoir sa trahison par télépathie. Il atteignit le bureau. De près, Zénobie paraissait plus fatiguée encore, une légère odeur de sueur émanait de ses vêtements, un tremblement sporadique agitait ses épaules. Entre ses mains, elle faisait tourner la tasse de Kalyan.

Toute idée de fuite déserta le poète avant même d'arriver à se former complètement au sein de son esprit. Il n'y avait nulle part où aller. Il n'y avait nulle part où courir. Des gardes patrouillaient toute la Caserne, tout Zinia. Kalyan et Brigandine étaient sûrement déjà loin. L'incendie menaçait de refermer ses mâchoires brûlantes autour de la capitale. Il n'y avait nulle part, pour le poète de l'ambassadrice, où se cacher. Il se laissa tomber plus qu'il ne s'assit sur le tabouret le plus proche.

« Votre Excellence, bafouilla-t-il, je peux…

– Vous savez, poète, j'ai vraiment cru que je pouvais y arriver, le coupa-t-elle sans pour autant le regarder. J'ai cru que je saurai devenir comtesse, du Comté de Sarda. Zénobie de Zinia en Sarda, cela sonnait agréablement à mon oreille, quand je préparais notre arrivée ici, une allitération toute de z et de s qui devrait plaire à votre âme d'auteur. Je pensais être à la hauteur de la tâche que m'avait confiée l'Assemblée. D'ailleurs, au début, tout s'est déroulé comme je l'avais prévu. Nous avons pris possession du pays, nous avons ouvert de nouvelles mines, nous avons fait fructifier les richesses de Sarda comme jamais auparavant elles n'avaient été exploitées. Le chemin était long, mais si beau à parcourir… »

Elle se leva enfin, posa la tasse sur le bureau entre eux. La porcelaine tinta brièvement au contact du bois.

« Votre Excellence, tenta de nouveau Omiros.

– Mais cela n'a pas suffi. On me reprochera sûrement de n'avoir pas tout fait pour maintenir notre pouvoir en Sarda. On dira que j'ai baissé les bras, que j'ai abandonné trop tôt. On dira que je suis seule responsable de cet échec. Comme je regrette de ne pas pouvoir aller contre ces futures accusations. De ne pas pouvoir sauver la réputation et le nom de ma famille. Je pensais être celle qui les mènerait à la gloire, qui donnerait à Roquesière ses lettres de noblesse. Il n'en sera rien. Je ne rentrerai pas dans l'histoire de notre grand pays, malgré tout le travail, malgré tous les efforts que j'ai donnés à cette noble entreprise. »

Enfin elle tourna son regard vers le poète. Il n'y avait dans les yeux noirs de l'ambassadrice, aucune haine, aucun reproche, si bien qu'Omiros se permit de croire un instant qu'il n'y avait pas de menace dans le soliloque de Zénobie. Seulement, peut-être, une grande lassitude. Puis elle lui sourit et il sut qu'il devrait lutter pour sortir vivant de la Caserne.

« J'ai de nombreuses excuses, bien sûr. Avec lenteur et certitude, j'ai été acculée de toute part jusqu'à ce qu'il ne me reste plus aucune issue. Tous me vouent aux gémonies et conspirent à ma chute et pourtant je serai seule à porter la responsabilité de cet échec. Quelle injustice ! Alors qu'on m'a trahie, trompée et déçue, poète, que mes plus proches conseillers ont les premiers choisis de me tourner le dos ! »

Peut-être pouvait-il encore l'amadouer ? S'il arrivait à l'apaiser, ne serait-ce qu'un instant, peut-être s'ouvrirait alors une chance infime de partir en courant ? L'ambassadrice était une grande femme, mais sûrement, avec l'effet de surprise, le poète pourrait-il s'échapper de ses appartements puis se fondre dans la foule de la Caserne. Une fois dans Zinia, il lui serait plus facile de disparaître au sein des habitants et ensuite de trouver le chemin de la campagne et de la forêt. Pour aller où, dans quel but autre que de survivre encore quelques jours, il n'était pas certain. Cela se déciderait une fois en sécurité, toute relative qu'elle soit.

« Je pensais que la colère me donnerait la force de persévérer malgré tout », poursuivait Zénobie.

Elle contourna le bureau. Omiros recula son tabouret, retint une grimace lorsque les pieds raclèrent bruyamment le plancher.

« Mais finalement, et comme j'aurais dû m'en douter depuis le début, trop de forces se coalisent contre moi et mon projet. Comment pourrais-je réussir seule ? Isolée et abandonnée, je n'ai d'autre choix que d'accepter l'évidence. Ce bilan terrible est le mien, même si je ne dirais pas que j'en suis seule responsable. »

Omiros leva les yeux vers l'ambassadrice. Elle se tenait droite et raide, le regard perdu dans le vide, comme si elle adressait son discours autant au poète qu'à un auditoire imaginaire. Sa robe de chambre flottait autour d'elle, oriflamme décadente de sa gloire passée. Un rayon de soleil accrocha un reflet à l'un de ses bracelets. Malgré la chaleur de la fin d'après-midi, Omiros frissonna. Zénobie se pencha sur lui.

« Je suis tellement désolée, poète, chuchota-t-elle. Je ne pensais pas que nous finirions ainsi. »

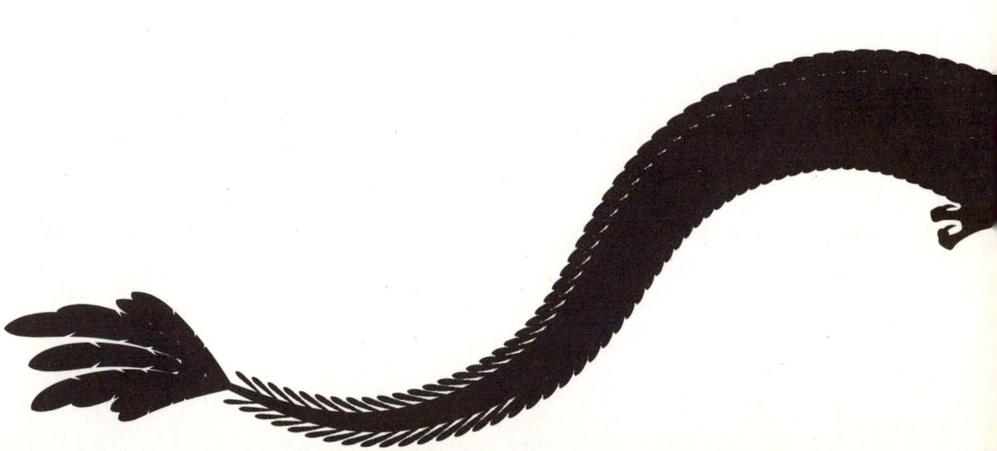

Berges du Grand Nedi

« Je rêve chaque soir de la maison. Pas la ferme où je vis avec Mahaut et les enfants, mais la maison où nous avons grandi toutes les deux. Tu te rappelles ? De l'immense tilleul qui poussait au milieu de la cour ? Des buissons de thé que maman cultivait ? De notre chambre à l'étage, juste sous le toit ? C'est le souvenir qui me réchauffe le plus, lorsque la mitraille sabès nous tombe dessus. Hier, j'ai perdu la moitié de mon escouade dans une percée aussi pitoyable qu'inutile. J'espère que tu t'en sors mieux que moi. Il fut un temps où ton statut de cavalière aurait suffi à me rassurer, mais personne n'est plus solide que cette guerre. Prends soin de toi, ma Kiki, que nous nous revoyons encore, quand tout sera terminé. »

Lettre de la capitaine d'infanterie Bélièvre de Passar
à sa sœur Acquilon de Nordeau.

Un plomb siffla à son oreille et Myrddin roula dans la poussière du chemin. Un nuage de débris végétaux explosa autour de lui, bombarda son cou, ses bras et son visage d'échardes, de tiges brisées et de particules de bois. Il eut tout juste le temps de s'aplatir entre deux troncs abattus avant qu'un nouveau projectile ne fasse éclater le sol à côté de lui. La caravane de réfugiées s'éparpilla comme une volée d'étourneaux à l'approche d'un busard. On criait. On pleurait. On suppliait. Une vieille femme tomba au milieu de branches enflammées. Morte. La fumée couvrait tout, pénétrait les poumons, étouffait les appels. Jugulant tant bien que mal la panique qui remontait sa gorge, le mage se redressa à moitié, tenta de percer le voile de nuées sinistres du regard, de voir au-delà de la foule affolée courant en tous sens.

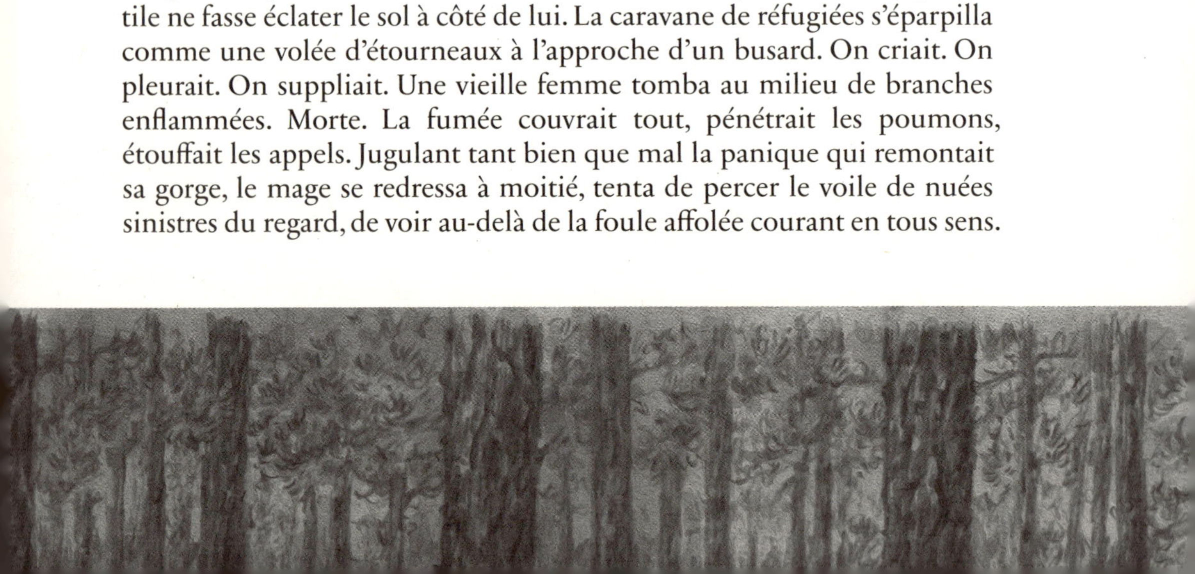

Paysannes, cavalières, tisserandes, rebelles fuyaient, tombaient, rampaient au milieu des restes du bois. Slalomant entre les souches déracinées et les fûts éclatés par les obus sabès, Myrddin invoqua la magie au bout de ses doigts. De la terre gicla en gerbes épaisses sur sa droite. Il se retourna autant qu'il trébucha, lança un bouquet d'étincelles pour éblouir la ligne de lachnidés en approche. Du coin de l'œil, il entraperçut les silhouettes de Berhane et Adèle. Les deux résistantes surveillaient les arrières d'un groupe de réfugiées, l'épée à la main. Une pluie de lances le survola brusquement et il sursauta avant de comprendre qu'un escadron de cavalières descendait de son vol stationnaire pour couvrir leur fuite, en un tourbillon de plumes et de flammes. Pour un temps, les hurlements changèrent de camp. Les bottes glissant dans la boue, trébuchant sur des branches arrachées, laissant des pans de son manteau aux ronciers, Myrddin reprit sa course. La peur et l'inquiétude lui nouaient l'estomac. Il avait perdu Roland de vue dès le début de l'attaque et malgré la cible qu'il devenait, droit et dressé au milieu des silhouettes courbées des fuyardes, il n'avait de cesse de se relever. Au moins jusqu'à ce qu'il retrouve le prince. La blessure à peine cicatrisée en son sein le tiraillait, l'essoufflait. Le vacarme et la mitraille des armes sabès assourdissaient son ouïe, leur feu de poudre brûlait sa peau, les corps écharpés sur son chemin lui tordaient le cœur en soubresauts douloureux. S'il ne retrouvait pas Roland bientôt, la panique l'étoufferait avant les Comtés-Unis.

La voix de Berhane couvrit un instant le tumulte.

« Alliées, sur les hauteurs ! Courrez vers la colline ! »

On reprit son cri. Les rebelles, plus habituées aux fracas des combats, plus promptes à suivre les ordres de leur élue, engagèrent le mouvement. Myrddin s'empressa de se joindre à elle. Une grand-mère flanquée de sa ribambelle de petites-filles peinait devant lui. Chacune des fillettes tenait fermement la main d'une autre. La plus grande soutenait son aïeule. Le mage n'hésita pas, il tendit sa main libre à l'enfant la plus proche, souleva la plus jeune avec son bras libre et leur étrange guirlande poursuivit sa fuite. Une brève éclaircie troua les volutes de fumée noirâtres qui roulaient autour d'elles. La colline promise leur apparue et, sur sa cime auréolée de lumière, des rangées de résistantes.

Puis le brouillard de cendre se referma à nouveau sur les fuyardes.

« Par là », réussit à articuler Myrddin malgré la suie envahissant sa bouche.

La rafale terriblement caractéristique d'une salve d'arquebuses résonna derrière elles. Un dragon s'abattit à leur côté, écrasant sous sa masse de plumes et d'écailles le corps de sa cavalière. Les fillettes hurlèrent.

« Vite ! » les pressa-t-il.

Il accéléra le pas. Tomba nez à nez avec Roland qui rebroussait chemin.

« Myrddin... »

Le soulagement balaya la frousse chez le mage. Il ne put retenir un sourire. D'un regard, sans un mot, les deux hommes se comprirent. Roland prit l'enfant des bras de Myrddin et le relais du chapelet de petites-filles.

« Vous y êtes presque », les encouragea-t-il.

Un dernier regard par-dessus son épaule, à la fois furieux et apaisé, et Roland les entraîna à sa suite. Myrddin leur tourna le dos. Il se mit à courir. Droit vers les lignes sabès. Les machines d'artillerie des Comtés-Unis pilonnaient les bois et leur fuite en un bombardement incessant, mais si le mage leur faisait face, s'il se forçait à regarder la destruction dans les yeux, il pouvait voir venir une partie de leurs attaques. Les grincements de fer des chenilles, les couinements des canons qu'on ajuste, les ordres des sergents buprestes, le concert sinistre des armées sabès se faisait plus puissant au fur et à mesure qu'il rebroussait chemin. Une première bordée d'obus fendit l'air avec un sifflement aigu. Myrddin secoua les mains, appela la magie au bout de ses doigts, sentit le picotement familier des étincelles. Du coin de l'œil, il aperçut le reflet d'un rameau bleu. Un parfum de résine l'effleura. Il tendit un bras au-dessus de sa tête, les doigts écartés, la paume parallèle au ciel. Lorsque les bombes tombèrent sur les Sardaises, un voile d'escarbilles multicolores se dressa entre les villageoises, les rebelles et leur destruction. Le souffle des explosions balaya son rideau de protection, mais aucun des projectiles mortels n'atteignit le sol. Il s'avança encore. Bientôt, il ne croisa plus que quelques rebelles retardataires et des corps abandonnés entre les ruines de la forêt. La route qu'elles avaient suivie avant l'attaque n'était plus qu'un fossé chaotique. Perçant la fumée, les engins de guerre s'approchaient et, leurs canons pointés vers le ciel, préparaient un nouveau tir. Une nouvelle fois les obus sabès percèrent l'atmosphère. Une nouvelle fois Myrddin tendit un dais de magie flamboyante entre la mort et les réfugiées.

La magie embrasait les nerfs de ses bras. Des étincelles sifflaient entre ses dents, perlaient au coin de ses paupières. Suggérer des illusions, jouer de la lumière pour tromper un regard, dissimuler la vérité dans l'ombre, tous ces tours de passe-passe ne l'avaient jamais fatigué. Il aurait pu manipuler mirages et visions sept jours d'affilé sans même y penser, mais convoquer braises, brandons et flammèches avec tant de consistance drainait sa vigueur et son souffle, brûlait des élancements dans sa poitrine. Un parfum de résine, de miel et de terre envahit ses narines.

Encore une fois, les Sabès firent tonner leurs canons. Encore une fois, serrant les dents, contractant les muscles de son dos, Myrddin couvrit la fuite des Sardaises d'une mantille d'étincelles. Des taches sombres vinrent danser devant ses yeux. Un haut-le-cœur le secoua. Une bombe explosa plus loin sur sa droite. La blessure du plomb sous son sein le lançait douloureusement, le força à poser un genou à terre, à presser une main contre la cicatrice fraîche. Il pouvait entendre les troupes sabès qui se rapprochaient. Les ordres des sergents claquaient sèchement, les armures des lachnidés tintaient, les manches des arquebuses jetaient des reflets brillants entre deux roulis de fumée. Myrddin se redressa difficilement. Il reprit enfin le chemin de la retraite, revint sur ses pas d'une foulée mal assurée, trébucha une fois, puis deux. Une silhouette massive surgit soudain devant lui.

« Grimpe, lui ordonna Berhane, une main tendue par-dessus l'aile de son dragon.

Le mage ne se le fit pas dire deux fois. Avec l'aide de la cavalière, il se hissa en selle derrière elle, passa les bras autour de sa large taille, se laissa aller contre son dos. La poigne solide de Berhane vint consolider son attache en se posant sur ses mains. Elles s'envolèrent sous une salve de plombs.

Le temps de recharge de l'artillerie des Comtés-Unis donna aux fuyardes le répit nécessaire à prendre un peu d'altitude et la dévastation s'offrit au regard de Myrddin. Du bois où elles avaient trouvé refuge, il ne restait, vers le nord, qu'une mince bande arborée, toute la forêt avait été renversée par les bombardements. Troncs arrachés, souches déracinées, branchages détruits jonchaient le sol tourmenté et vallonné par les obus. Des tâches de plumages colorés ponctuaient le saccage. Les frêles figures des réfugiées et des rebelles fuyaient difficilement à travers le paysage ravagé, peinant dans les ornières, s'épuisant dans les fossés. Depuis les collines, si proches et si lointaines, les rebelles se préparaient à charger. Il eut beau scruter la scène jusqu'à ce que ses yeux larmoient, le mage ne put repérer Roland. Berhane vira brusquement de bord.

« Là », cria-t-elle par-dessus son épaule.

Myrddin se pencha précautionneusement. Un groupe de résistantes avaient engagé le combat avec une escouade sabès. La silhouette élégante de Nisha, identifiable même depuis leur position élevée, se déchaînait au milieu de la mêlée. Un dragon cloué au sol défendait les arrières de ce qui semblait être Adèle. Une pièce de batterie manœuvrait pour prendre leur position en joue. Avec un juron, Berhane poussa Desta en direction de l'affrontement.

« Il te reste de la magie ? »

Myrddin claqua des doigts, fit naître une poignée d'étincelles que le vent dissipa. Une crampe perclut sa main en retour.

« Pas grand-chose. Je ne pourrais pas arrêter une nouvelle attaque.

– Alors il faut les sortir de là. »

Elles piquèrent vers le sol.

Une grande gerbe de flammes annonça leur arrivée au-dessus des combats. Avec des cris suppliciés qui firent grimacer Myrddin, une partie des buprestes recula et Desta en profita pour se poser. Le mage se laissa glisser à terre. Déjà Berhane se fendait d'un revers de coutelas qui ouvrit la gorge du Sabès le plus proche. Pendant que le soldat s'effondrait, la cavalière fit volte-face.

« Est-ce que tu peux nous cacher ? Et ensuite, cacher les autres ? »

Derrière elle, l'artillerie poursuivait sa manœuvre.

« Je peux essayer, mais il faudra rester groupées… »

Berhane acquiesça et l'attrapa par le bras. Pendant que Desta reprenait son envol, elles se faufilèrent au cœur de l'affrontement. Les premières combattantes qu'elles atteignirent furent aussi surprises que les Sabès auxquels elles faisaient face, mais à la vue de leur élue, elles les suivirent sans tergiversation. Myrddin ne se retourna pas pour voir la réaction de leurs ennemis. Chaque Sardaise qu'il devait couvrir de son sort, chaque extension de magie, le sapait d'un peu plus de force, d'un peu plus de souffle. Le parfum de la sève saturait ses narines, des aiguilles bleues craquaient sous ses pieds. Il serra les dents et goûta un peu de résine.

Nisha leur offrit son plus beau sourire lorsqu'enfin l'illusion l'engloba elle aussi. Thulile et Ife l'accompagnaient, soutenant des réfugiées, portant des blessées. Sans un mot elle pressa l'épaule de Berhane, salua Myrddin de la tête.

« Contente de te voir en vie, magicien. J'espère que tes illusions peuvent nous sortir de cette merdasse. »

Myrddin lui bafouilla un début de réponse avant que Berhane ne relance leur avancée.

« Dépêchons-nous, murmura-t-elle. Si les Sabès n'ont pas encore compris où nous sommes passées, ils ne vont pas tarder à se contenter de faire le ménage, histoire de ne pas laisser place au doute. Il faut rejoindre les collines.

– Alors courons, acquiesça Thulile. Allons récupérer les dernières des nôtres et décanillons ! »

La troupe se remit en marche, slalomant entre les soldats et récupérant ses ouailles. Il vint un point où l'escouade de buprestes se retrouva presque seule au milieu des ruines d'arbres, incapable de retrouver ses adversaires, entourée seulement de fumée et de suie. La panique les submergea aussi efficacement que si Myrddin avait fait surgir des ombres et des monstres de la boue et des nuées. Retrouver Adèle et les dernières rebelles encore debout fut aisé, prendre la fuite vers les collines tout autant. Une ombre indigo encrassait lentement la vision du mage. Une poignée d'aiguilles tomba dans son col, lui chatouilla le cou. Les lignes de rebelles en approche se dessinaient de plus en plus nettement à l'horizon. La sûreté n'avait jamais été aussi proche. La forêt se referma sur Myrddin.

Elles tombèrent sur les rebelles par hasard.

Longtemps, ensuite, lorsqu'elle aurait repris la route, que Sarda serait loin derrière elle, Abhel se demanderait ce qui les avait guidées si précisément. Était-ce les deux Gardiens et leur mystérieuse mission d'accompagnement ? Était-ce le destin, qui, malgré elle, semblait continuellement interférer avec ses desseins ? Était-ce la chance la plus absurde ? Toujours est-il qu'elle et ses Gardiens émergèrent des contreforts des montagnes, puis descendirent la vallée du Grand Nedi, sans effort, sans accroc.

Le chemin de halage leur offrait une avancée douce. L'ombre des tilleuls les protégeait des ardeurs du soleil. Lorsqu'au loin résonna la mitraille sabès, elles n'en crurent d'abord pas leurs oreilles. Puis elles débouchèrent hors de la forêt et l'entièreté de la catastrophe les frappa. Abhel ne pouvait pas rester immobile. Elle talonna Saté et se faufila entre les deux gardiens.

Il n'y avait presque rien, plus loin, près du fleuve, seulement des corps et quelques buprestes désœuvrés qui rebroussaient chemin, retournant à l'ombre des canons. Abhel fronça les sourcils. Pourtant, il y avait eu une bataille, les signes en jonchaient le sol, en constellaient la terre. Des mortes, des épées, des éclats de plomb. Des cratères, des traces de pas, des éclaboussures de sang noirâtre. Il y avait eu des adversaires pour les Sabès revenant aux machines d'artillerie. Ces adversaires avaient disparu. Shamir et Shinsuke lancèrent des avertissements. Abhel pressa les flancs de Saté, s'avança au-delà de la crête.

Un chatoiement arc-en-ciel traversa la forêt dévastée. Puis, comme si on avait tiré sur un fil, au coin de la tapisserie du paysage, l'ensemble de l'ouvrage s'effondra. Une première silhouette en fuite émergea du miroitement multicolore, suivie très vite de toutes les autres, une ribambelle de rebelles échappant au mirage. Abhel contracta les poings si fort autour des rênes que ses ongles se plantèrent dans ses paumes.

Des dragons survolaient un groupe de réfugiées.

Des civiles et des cavalières mêlées courraient à perdre haleine à leur rencontre depuis une colline voisine.

Une femme massive, emmitouflée dans un manteau-tissé qui n'était pas le sien, protégeait les arrières des fuyardes.

Même après toutes ses années, Abhel la reconnut au premier coup d'œil. Nordeau aurait tout aussi bien pu surgir du paysage. Son noviciat, son enfance, ses premières règles, Joran son dragon sans vraiment l'être, Frêne l'herboriste et sa demeure au fond du jardin. Le visage souriant de Pènderyn et sa figure détruite par la guerre, juste avant sa mort. Toute sa vie d'écuyère. Les après-midi en compagnie de Berhane, au cœur de l'intendance de la citadelle et les promenades des montagnes à la vallée. Elle talonna sa monture.

Les cris jumeaux de Shamir et Shinsuke accompagnèrent sa course le long des pentes de la colline. Le vent et la peur sifflaient à ses oreilles. Le martèlement des sabots de Saté faisait écho au tambourinement de son cœur entre ses côtes. Des giclées de terre brune et des mottes d'herbes vertes laissaient une traîne dans son sillage. Vaguement, noyé sous le concert du sang pulsant à ses tempes, Abhel entendit la course des Gardiens derrière elle. Peu importait. Seule comptait la silhouette retardataire à l'arrière du groupe de rebelles. Abhel pressa à nouveau Saté. Encore quelques mètres et elle était sur le groupe. Lorsque son regard croisa celui des rebelles en tête, l'étonnement et la peur qu'elle y lût reflétaient parfaitement son propre maelstrom d'émotion, celui qui secouait chacun de ses organes avec violence depuis son retour en Sarda. Elles étaient enfin là, les amies qu'elle avait quittées il y a quatre ans. Elle avait déjà dépassé le gros des résistantes, slaloma entre trois combattantes surveillant les arrières, croisa le corps affaissé d'un homme dans un fossé. Un plomb lui frôla la joue. Devant elle, à quelques mètres seulement, si près et si loin en même temps, Berhane leva la tête.

Le prénom de l'intendante buta contre ses dents. Pouvait-elle vraiment trouver les mots justes, alors qu'elle retrouvait celle qui avait aimé Pèn au moins autant qu'Abhel ? Le feu des canons, plus bas, bien plus bas et pourtant trop proche, auréolait Berhane d'un éclat orangé. Leur souffle soulevait la multitude de ses tresses et son manteau-tissé dans une même danse macabre. Abhel tendit le bras. Elle était juste à portée de main. Les obus les atteignirent.

Les bombes des Sabès éclatèrent en mille gerbes de fer, de poudre et de morts, dans un fracas à réveiller les défuntes. La terre explosa. Une fumée âcre et grise se répandit en chuintant. Pendant un instant, le monde disparut. Abhel fendit un nuage de suie, saisie la main tendue de Berhane et la hissa en selle derrière elle. Le voile d'étincelle scintilla au-dessus de leurs têtes.

« Soph-

– C'est Abhel.

– Comment...

– Ne traînons pas ! »

D'une pression des talons, Abhel relança Saté vers les hauteurs des collines. Elle se concentra sur leur course, tenta de ne pas s'attarder sur les bras qui enserraient sa taille, l'haleine qui chatouillait son cou, le corps qui se pressait contre le sien. Un sanglot noua sa gorge de soulagement et de manque mêlés. Myrddin les attendait plus loin, un bras tendu devant lui, l'autre pressé contre le flot de sang dévalant ses lèvres et son menton. Shamir et Shinsuke les rejoignirent au moment où le mage laissait retomber sa main, une expression hantée sur le visage.

« *Abhel-san* ! »

La voix du grand Gardien tonna à travers le champ de bataille. Abhel se recroquevilla sur sa selle, chercha refuge entre les bras de Berhane. Mais il n'y avait aucune colère troublant les traits amènes de Shinsuke, seulement une immense inquiétude.

« Je suis désolée, bafouilla-t-elle, je voulais… »

Shamir pressa son bras d'une poigne soucieuse.

« La prochaine fois que tu te jettes ainsi dans la lice, préviens-nous d'abord, d'accord ? »

Abhel se contenta d'acquiescer. Des cris soudains leur firent lever la tête à toutes. Plus en amont du Grand Nedi, derrière ce qui restait des bois, un groupe de réfugiées hésitait dans sa fuite, isolé dans la plaine, incapable de trouver un refuge. Elles faisaient une cible parfaite pour les canons que les artificiers sabès redirigeaient à l'instant. Un hoquet échappa à Berhane.

« Non... »

Les rebelles arrivant en renfort s'aperçurent aussi de la manœuvre et, déjà, elles se séparaient en deux groupes, l'un chargeant les Sabès et l'autre remontant le fleuve vers les Sardaises exposées. Elles ne les atteindraient jamais à temps. Même Myrddin, à genoux au milieu d'un buisson résineux, les deux bras tendus vers le ciel malgré le sang gouttant de son nez, ne pourrait pas arrêter une nouvelle salve de projectiles. Pas à cette distance. Abhel prit très vite sa décision.

« Shamir.

– Oui, petit être ?

– Est-ce que tu peux rapprocher Myrddin ? S'il est à côté d'elles, je pense…

– Tu penses qu'il pourra les protéger ? »

Elle hocha la tête, une main crispée sur les rênes de Saté, l'autre autour de l'avant-bras de Berhane. Elle pouvait sentir l'intendante approuver frénétiquement derrière elle. Les deux Gardiens échangèrent un regard et pour la première fois, Abhel se demanda s'ils pouvaient mourir.

« C'est d'accord », dit finalement Shamir en mettant pied à terre.

Il confia sa monture et son beau manteau blanc à Shinsuke, pressa un baiser sur le dos de la main du grand Gardien. Puis il rejoignit le mage, lui ordonna de se redresser d'un mouvement brusque du menton. Les canonnières sabès grincèrent dans leurs essieux en prenant position. Shamir étira son cou, fit rouler ses épaules. Il arqua son dos et tendit les doigts jusqu'à en faire ressortir les tendons. Un frisson parcourut sa peau. Ses os craquèrent. Et il se glissa dans sa forme de cerf, comme on se glisse dans l'eau chaude d'un bain après une longue journée. Myrddin n'hésita pas longtemps avant de se hisser sur le dos gracile du cervidé. Un bond. Ils disparurent.

« Nous devrions rejoindre la colline, murmura Berhane à l'oreille d'Abhel.

– Oui. »

Mais elle resta figée à fixer les silhouettes lointaines des réfugiées, incapable de talonner Saté. Elle n'avait pas été aussi proche du mage de feu depuis son départ de Sarda, quatre ans plus tôt. Quand Pènderyn était morte dans les bras de Sophie. Quand Myrddin avait essayé de ressusciter la reine Maude. Quand Frêne avait tué le dragon Joran. Quand toute la vie de cavalière d'Abhel s'était effondrée. Et elle venait d'envoyer Shamir au loin, avec l'instigateur de tout cela. Berhane entrelaça leurs doigts, la rappela à elle-même d'une de ses étreintes chaude et puissante.

« Abhel. »

Comme c'était agréable d'entendre son nouveau nom dans une bouche amie ! Cela acheva de l'arracher à ses ruminations et elle fit tourner bride à Saté, lança la chèvre au galop alors qu'explosions et coups de feu reprenaient derrière elles.

À peine Myrddin avait-il pris place sur le dos de l'homme qui était un cerf que celui-ci bondit en avant. Le paysage se tordit, les arbres, le fleuve, les collines se fondirent en un unique tourbillon de verts et de bruns, le vent siffla si fort autour du mage qu'il crut que ses tympans allaient se rompre. Puis tout reprit sa place, la campagne sardaise se rangea et s'ordonna de nouveau. Le cerf qui était un homme posa ses pinces, prit appui, s'élança et, une fois de plus, le monde se plia à leur mouvement.

Cette fois, quand ils retrouvèrent le sol, les réfugiées étaient à portée de main. Myrddin fouilla la foule des yeux tout en mettant pied à terre. Les villageoises et les quelques rebelles qui les accompagnaient semblaient tout autant inquiétées par la menace de l'artillerie sabès, que par la survenue du mage et du cerf. Le temps manquait pour les rassurer. Le mage aurait voulu scruter la foule devant lui, trouver la silhouette chérie et familière de Roland. Il tourna le dos au groupe apeuré. Bien à propos, les bouches des canons crachèrent leurs charges de mort dans une explosion d'étincelles et de fumée. Ses propres escarbilles jaillirent à la rencontre des obus. Immédiatement, un goût de sève et de sciure envahit sa bouche. La première bordée s'écrasa à la surface de son rideau de magie. Myrddin posa un genou à terre. Au loin, une deuxième canonnade retentit. Une main le saisit à l'aisselle.

« Debout. »

Il n'y avait aucune place pour la négociation dans l'intonation de Roland. Il redressa le mage de force, lui fit tendre le bras vers le ciel.

« Sauve-nous encore. »

Les bombes s'abîmèrent contre le dôme d'étincelle. Myrddin toussa du sang et des aiguilles de pin mêlées, se plia en deux pour vomir du pollen jaunâtre. Derrière eux, des cris de joie retentirent et, à travers ses larmes, le mage distingua un escadron de cavalières submerger les artilleurs sabès. Là où Roland le tenait encore, une tiédeur douce irradiait son bras. Un soulagement immense manqua le faire retomber au sol pour de bon. Sans mitraille pour leur choir dessus, plus personne n'aurait besoin de sa magie, la forêt finirait peut-être même par s'éloigner.

Le claquement des arquebuses résonna longuement au-dessus de leurs têtes. Même après que toutes se sont jetées à terre pour échapper à la mort. Même après que les miraculeuses cavalières et leurs dragons aient chargé les buprestes et les aient repoussés. Même après que la douleur fantôme de sa blessure à la poitrine se soit atténuée. La déchirure des armes à feu sifflait encore aux oreilles du mage tandis que les pupilles vitreuses du prince le fixaient d'un regard absent.

« Non ! »

Il s'étouffa avec les dernières glaires de résine encombrant ses bronches, se redressa tant bien que mal, rampa jusqu'au corps arqué de douleur de Roland. Au milieu de sa poitrine, bien plus au centre que la propre plaie du mage, s'ouvrait une gueule béante, aspirant tout espoir de survie aussi vite qu'elle se vidait de sang.

« Non... »

Les yeux de Roland roulèrent dans leurs orbites, ses paupières se fermèrent. Myrddin enveloppa son visage des deux mains, plaqua ses paumes contre ses joues, pressa ses pouces contre ses tempes.

« Non, non, non. S'il te plaît. Reste avec moi, Roro, reste avec moi. »

Malgré lui, des étincelles perlaient de ses lèvres, les entouraient d'une nuée scintillante, tombaient au sol pour faner dans un dernier crépitement. La magie pulsait faiblement, sous ses doigts, au rythme du souffle de Roland. Lorsqu'une escarbille se posait dans la flaque de sang grandissante, elle y ricochait. Tous ces détails s'imprimaient au fond des rétines de Myrddin. Et pourtant, il ne lâchait pas Roland des yeux. Comme si la seule force de son regard pouvait le convaincre de se remettre de sa terrible blessure. Comme si sa seule présence pouvait faire barrière à l'inévitable.

« Magicien. »

Une main se posa sur son épaule. Il l'ignora.

« S'il te plaît, s'il te plaît. »

Chaque supplique qui s'échappait de sa bouche s'accompagnait d'une volée d'éclats clignotants.

« Magicien, reprit l'homme à ses côtés. Magicien écoute-moi. Je peux soigner sa blessure, je peux refermer sa plaie, recoudre sa chair, mais j'ai besoin que tu le retiennes. »

Myrddin leva son visage mouillé de larmes vers le cerf qui était redevenu un homme.

« Comment ? Je n'ai pas posé de marque, je n'ai pas les ingrédients pour la potion, je ne peux rien faire. »

Un hoquet humide secoua Roland, suivit d'une plainte douloureuse alors qu'un nouveau filet de sang échappait à la commissure de ses lèvres. Myrddin lui répondit d'un gémissement miroir, colla son front contre le sien.

« Je ne peux rien faire.

– Magicien – le Gardien s'était accroupi – tu sais faire. Tu connais la Forêt, retiens-le à son orée. »

Il n'est pas difficile pour Myrddin de trouver la Forêt. Elle n'est, après tout, jamais loin. Son ombre s'étend au-devant de lui, son pollen l'entoure de son parfum capiteux, son chant ne s'éteint jamais totalement. La lande grise s'ouvre. Une mer déchaînée s'agite à l'horizon, soulevant des vagues immenses et des gerbes d'écume. Le vent porte jusqu'au mage des embruns salés et quelques grains de sable. Lorsqu'il se tourne, la Forêt est là.

Elle n'a pas changé, en mille ans. Elle n'est pas capable de changer. Elle n'a qu'un but, qu'un objet et rien ne peut l'arrêter ni la détruire. Mais aujourd'hui, le mage n'a que faire de la Forêt. Qu'elle pousse, qu'elle murmure, qu'elle relâche ses spores jaunâtres au-dessus de sa tête. Il est venu chercher Roland et rien ne pourra l'en empêcher. Il s'élance le long de la lisière des pins. L'urgence et l'angoisse le pressent et l'aiguillonnent, la peur lui tient le cœur et les intestins au creux d'un poing d'acier. La frontière des arbres défile sur sa gauche tandis qu'il court. Quel instinct le guide dans cette direction ? Quelle intuition pousse sa course désespérée sur le bon chemin ? Il n'y a aucune indication sur la lande morne et désolée de la Forêt des Lymphes, rien qui permette de s'orienter. Le ciel et le sable sont du même gris cruel. Pourtant, le mage en est persuadé, il va là où il doit aller.

Lorsque la silhouette hésitante et trouble de Roland apparaît à l'horizon, c'est un soulagement, mais pas une surprise. La Forêt ordonne, la Forêt dévore, mais Myrddin la connaît, il a vécu une année entière en son sein et toute sa vie avec son ombre collée à ses pas. Aujourd'hui elle ne peut pas aller contre lui. Pas alors qu'il perçoit sur son épaule la paume réconfortante de l'homme-cerf, à travers le voile de spores qui le sépare de son corps. Pas alors qu'il est tout ce qui se tient entre Roland et la mort. Myrddin ne laissera pas le prince se perdre, ne le laissera pas s'enfoncer sous le couvert des pins, ne le laissera pas rejoindre sa mère, sa sœur ou Éliane de Nordeau.

Il voudrait tonner son nom. Mais le peu de souffle qui lui reste ne peut aller qu'à pousser la mécanique rouillée de ses cuisses, de ses mollets, de ses pieds. Qu'importe un cri, si près de la Forêt des Lymphes. Le mage court. Vole. Se précipite. Si ses flammes pouvaient le propulser plus vite, il se laisserait consumer.

La lande paraît sans fin, la distance à franchir infinie et puis soudain le voilà face à Roland, assez près, presque, pour le toucher.

« Roland. »

Son nom, enfin, lui échappe. À peine un murmure. Il caresse chaque syllabe comme un trésor. L'autre âme se tourne vers lui.

« C'est moi. C'est mon nom. »

Ses sourcils vaporeux se froncent.

« Est-ce que je vous connais ? »

Un frisson parcourt Myrddin. Impossible d'ignorer la présence de la Forêt, là, juste en dehors de leur champ de vision, pressée tout contre eux dans un dernier effort de les absorber. Elle ne l'a pas eu en mille ans, il ne se laissera plus berner.

« Je vous connais, reprend Roland, toujours perplexe. Je suis très en colère contre vous. Je crois… Je crois que je pourrais vous tuer. Ou essayer, au moins.

– Oui, acquiesce Myrddin. J'ai fait quelque chose de terrible. J'ai fait beaucoup de terribles choses et si tu es là c'est à cause de moi. »

Roland le fixe de son regard brun, de ses yeux de biche entourés de khôl. Il n'est jamais maquillé comme ça, dans leur monde, il n'en a pas le temps. Reste-t-il seulement du khôl, dans tout Sarda ?

« Je ne sais pas, répond-il. Je ne crois pas. Vous êtes la concentration de ma colère parce que vous allumez un feu chez moi, qui ne peut pas être étouffé. »

Un nœud douloureux et suffocant qui ressemble drôlement à de l'espoir remonte de l'estomac de Myrddin à sa gorge. À son côté, Roland se tourne vers la plage et cet océan grondeur, tapageur, écumant. Soudain, sa houle est d'huile.

« Roland, souffle le mage, je sais que tu ne me reconnais pas, mais j'ai besoin que tu viennes avec moi.

– Pourquoi ?

– Je… Je ne sais pas, pour vivre ? Parce que si tu restes ici tu vas mourir ? »

Roland le dévisage longuement. Puis commence à faire face à la Forêt bruissant dans son dos. La main de Myrddin jaillit et se saisit de la sienne, interrompant son mouvement, l'encourageant à rester tourné vers l'océan et son calme plat.

« Non. »

Il presse les doigts de Roland entre les siens.

« Restons comme ça, encore un instant. »

Mais le regard de Roland ne le lâche pas.

« Ejiro. »

Comme ces syllabes sont douces dans la bouche de Roland. Un vent terrible secoue la Forêt, des rafales furieuses agitent ses frondaisons, font craquer ses branches, soulèvent des nuages d'aiguilles arrachées. Les pins ragent et tempêtent contre leurs mains unies. Leur appétit ne souffre pas de se voir arracher son dû. De multiples pincements parcourent le corps de Myrddin. Voilà comment la Forêt l'insulte pour oser s'interposer. Les tiraillements deviennent plus aigus, ils se transformeront bientôt en coups de poignard. Aucune importance. Il faut juste qu'il retarde encore un peu l'échéance. Rien ne pourrait l'empêcher de savourer son nom, murmuré par Roland.

« Ejiro, reprend ce dernier. C'est votre véritable nom. Vous me l'avez confié.

– Oui. Tu es le seul de ton monde à ne m'avoir jamais appelé comme ça. »

L'ombre d'un sourire traverse les lèvres de Roland.

« Vous vous racontez à n'importe qui. Mais je crois que cela m'a touché. »

Il fronce à nouveau les sourcils.

« Oui, vous m'avez raconté votre action terrible et la colère et la pitié m'ont submergé. Je ne savais plus quoi vous dire après ça. »

Les hurlements de la Forêt se font plus forts, derrière eux, tandis qu'une herbe dense pousse soudain sous les pieds de Roland. Une large tache rouge fleurit sur sa tunique.

« Ah, murmure-t-il, je dois y retourner, je crois. »

L'herbe croit jusqu'à sa taille, sans s'approcher de Myrddin. Le mage devra dénicher son chemin de retour de son côté, mais cela ne l'inquiète pas. Si Roland est sauf alors il trouvera un moyen. Avant que son âme ne retourne aux vivants, Roland se penche une dernière fois vers lui.

« Je vais être très en colère contre vous encore quelque temps, mais vous ne devriez pas abandonner, Ejiro. Je suis partagé entre bien des sentiments. Et l'un d'eux est la colère et l'un d'eux me pousse à faire ça. »

Il n'y a plus ni lande, ni Forêt, ni océan, quand Roland pose ses lèvres sur les siennes. Il n'y a plus ni vent, ni écume, ni pollen. Seule compte leur étreinte, leurs mains qui s'agrippent, leurs bouches qui se mêlent. Pendant un court instant, les pins n'ont plus la moindre emprise sur les cellules du mage, car elles sont toutes tournées vers Roland. Puis son âme s'évapore d'entre les bras de Myrddin et il reste seul. Une exclamation moqueuse l'arrache à ses pensées. Il lève la tête brusquement, car jamais la Forêt ne s'est adressée à lui de cette manière-là. Une autre silhouette se tient sur la plage. Une silhouette que le mage a déjà vue. Que fait-elle, qui est-elle, comment peut-elle se tenir sur ce bord d'océan au bord de l'existence tandis que la Forêt manque de briser ses pins de colères et sature l'atmosphère d'un parfum de résine.

Myrddin voudrait bien rejoindre la mystérieuse silhouette, lui poser mille questions, la reconnaître, peut-être. Mais le rêve se dissipe.

Geste d'Oihana

Lorsque retombent la fumée et la cendre de ce qu'il paraît juste à la grand-mère d'appeler une bataille, les choses n'en deviennent pas plus claires pour autant. Elle n'a, miraculeusement, perdu aucune de ses petites-filles dans sa fuite et retrouve si vite son fils et la mairesse qu'elle n'a pas même le temps de s'inquiéter de leur devenir. Les pertes sont pourtant considérables. Des réfugiées de Cherchefeuille, du petit groupe de villageoises qui marchait encore à leurs côtés, il n'est pas sûr qu'il reste beaucoup de monde. Tout comme les berges du Grand Nedi sont dévastées, les rangs des Sardaises font tout aussi triste mine. Hébétées, abattues, endeuillées, blessées, leurs silhouettes hagardes errent au milieu des champs brûlés par le soleil. Oihana serre contre elle autant de ses fillettes qu'elle le peut, tout comme son fils la soutient aux épaules, tout comme la mairesse se presse à son côté. Elles attendent comme le reste des errantes qu'on leur dise où aller. Elles ont été si sûres de leur destination, ont avancé sans faiblir depuis si longtemps, mais aujourd'hui, après tant de chaos, laisser à d'autres les rênes du chemin paraît bien plus facile. Du désespoir ou de la fatigue, la grand-mère n'est pas certaine de qui lui coupe les jambes, peut-être un peu des deux. Alors quand enfin un muret se présente, elle s'effondre autant qu'elle s'assoit ; et toute sa compagnie aussi.

« Qu'est-ce qui va se passer, Nana ? Elles vont nous arrêter, les dames avec les dragons ? signe Usoa de mains encore tremblantes de peur.

– Non ma chérie, répond aussitôt sa grand-mère. Je crois qu'elles sont là pour nous protéger. »

La fillette ne semble pas convaincue. À raison, car la discussion échaudée entre les deux Matriarches, au loin, a des airs de violence secrète, tapie sous un vernis de politesses. Du moins, Oihana suppose qu'elles sont Matriarches, car si toutes deux portent un manteau bordé d'or et chevauchent un dragon, les combattantes qui s'alignent derrière la massive femme noire sont loin d'être toutes cavalières. Pour peu, Oihana y reconnaîtrait presque l'une des cardeuses fournisseuses de fil aux métiers à tisser de Cherchefeuille. Il y a des hommes et des femmes de tout horizon dans ce groupe hétéroclite, malgré leurs mêmes armes usées et leurs mêmes mines frondeuses. La grand-mère imagine sans peine leurs origines multiples, leurs histoires respectives, leurs trajets personnels ; toutes venant d'un chez-soi qui chaque jour s'éloigne. Sont-elles désormais liées par une force commune impérissable ? Sont-elles une seule respiration, une seule intention formidable ? Ou bien y a-t-il des tensions et des conflits au sein de leur mouvement ? Comme les réfugiées de Cherchefeuille, se sépareront-elles le long du chemin ?

« Est-ce que les monstres du ciel vont nous attaquer encore ? » demande la petite Amets, accrochée au bras de son père.

C'est la mairesse qui lui répond.

« Pour le moment, je crois bien que nous sommes en sécurité. »

Oihana s'étouffe presque d'envie de la croire.

La grand-mère et la mairesse claudiquent ensemble jusqu'au lieu du débat. Les deux Matriarches sont toujours plongées dans leur discussion animée, bien qu'aux airs concentrés du public autour d'elles, Oihana devine que leurs voix ne portent pas. Elles se chuchotent leurs arguments, cherchent à se convaincre par messes-basses interposées, jettent des regards inquisiteurs aux alentours pour s'assurer de qui peut les entendre. La cheffe des rebelles n'a pas l'air très à l'aise avec l'exercice, mais l'autre, celle dont les beaux cheveux noirs dénoués forment une cascade dans son dos, prend toujours plus de précautions afin que leurs propos restent secrets. Elle se penche parfois jusqu'à murmurer dans l'oreille de l'autre femme. Le reste du temps, en revanche, depuis la souche où elles se sont effondrées avec la mairesse, Oihana peut surprendre sur leurs lèvres un mot ou deux de leur discours.

« Trop dangereux – trop fatiguées. Le mage – l'incendie... »

Semble dire la rebelle.

« Vulnérable – temporaire. En route – vite... »

Lui répond la Matriarche.

Ce n'est pas suffisant pour qu'elle extrapole leur conversation précise, mais l'idée générale est là. Elles vont poursuivre leur route, une fois les flammes maîtrisées. Et même si Oihana ne sait pas exactement comment les rebelles comptent s'y prendre, il semblerait que l'incendie ne soit bientôt plus qu'un mauvais souvenir.

Elles reprennent la route trop vite au goût de la grand-mère, doivent de nouveau s'efforcer de couvrir des distances qui lui paraissent immenses et impossibles. Mais ça doit en valoir la peine, non ? De suivre les rebelles dans leur course effrénée ? De changer à nouveau de cap, de rebrousser chemin, de s'éloigner encore d'Estari et de la piètre promesse de revoir Enara. Alors, la grand-mère entraîne encore sa famille sur les routes. Elles retournent sur leurs pas, traversent la grande étendue de cendre et de ruines où, il y a quelques jours seulement, l'incendie dévorait tout. Elles remontent plus au nord même que ne se tenait Cherchefeuille. Il faut beaucoup de courage à Oihana pour ne pas en chercher le squelette, dans les quelques restes qu'elles traversent parfois. De toute façon, rien n'est reconnaissable. Il n'y a plus ni bosquet, ni forêt, ni champs. De leur campagne il ne reste plus qu'un morne plaine grise. Pourtant, le voyage semble plus aisé à la grand-mère que tous les jours de marche qui l'ont précédé. Entouré de tout ce monde, protégé par des cavalières, le trajet n'est plus l'épreuve qu'elle redoutait. Quand, enfin, s'élève à l'horizon la colline de la Ferté-Pluvieuse, Oihana ne peut retenir un sourire. Peut-être, finalement, vont-elles s'en sortir ?

Leur première nuit sous l'une des tentes montées par les rebelles paraît à la grand-mère le sommeil le plus réparateur qu'elle ait connu depuis longtemps. Aucune des petites-filles ne se réveille, aucun cauchemar ne vient troubler son fils, aucune racine ne lui poignarde les reins. Même l'activité matinale des résistantes et des cavalières ne suffit pas à la déranger.

Le campement provisoire devient très vite un phare dans la campagne sardaise. D'autres réfugiées les rejoignent, chassées des abords de Zinia par l'incendie qui s'avance ; mais aussi de nouvelles rebelles descendant des montagnes et même des cavalières surgissent soudain du passé. La joie de la mairesse lorsqu'elles retrouvent certaines des habitantes de Cherchefeuille et de Persbreuille pourrait déplacer des montagnes. La joie d'Oihana devant les quantités de riz et de céréales qu'elle peut désormais donner à la ronde de fillettes pourrait renvoyer sans effort les Sabès aux Comtés. Elle les bourre de ragoût de viande épicée, les ressert en légumes mijotés jusqu'à ce qu'elles protestent. Voir leurs petites quenottes ne faire qu'une bouchée de leur ration de pain lui apporte un soulagement intense. Bien que dépenaillées, bien que toujours sur leur garde, bien que prêtes à la guerre, les rebelles sont plus que rodées à la survie en terrain hostile. Bizarrement, dans cette vaste plaine calcinée où elles ont trouvé refuge, il n'y a pas d'ennemi à leur poursuite.

Au contraire.

On les rejoint, on s'ajoute à leur nombre. Comment la rumeur se transmet-elle, que sur les flancs de la Ferté-Pluvieuse on bâtit le début de quelque chose qui n'ose pas tout à fait dire son nom ? Qu'on reconstruit ici un renouveau, un espoir ? Oihana n'en a pas la moindre idée. Peut-être les éclaireuses des rebelles laissent-elles des messages secrets pour celles et ceux qui savent les interpréter. Peut-être n'y a-t-il, pour beaucoup d'entre elles, nulle part d'autre où aller. Toujours est-il qu'on afflue sans interruption, sans faiblir. Jusqu'à ce que le campement tourne au village et même, un jour peut-être, à la ville.

La grand-mère ne s'en plaint pas. Dans ce fleuve d'errantes et de réfugiées, de perdues et d'isolées, d'oisives et de déterminées, il n'est qu'une seule figure qu'elle ne peut abandonner de chercher. Elle scrute et scrute encore le flot de nouvelles venues. Jusqu'à ce que ses vieilles mirettes la piquent. Jusqu'à ce que les larmes coulent sur ses joues. Jusqu'à ce que, enfin, elle la voit. Au milieu des réchappées des mines, des ouvrières qui se sont libérées, il y a une silhouette qu'elle connaît.

Enara.

HALEINE DE L'INCENDIE

« Je ne sais pas ce que l'histoire retiendra de Zénobie de Roquesière en Vesq, quand tout cela sera fini. Mais j'espère qu'on ne la glorifiera pas, qu'on n'en fera pas une héroïne, qu'on ne la rendra pas exceptionnelle. Car elle ne l'était pas. Elle était comme n'importe quel comte sabès, comme n'importe quelle aristocrate assoiffée de pouvoir. Elle était vaniteuse et drôle, colérique et festive. Elle était d'une terrible banalité. Il n'y avait rien chez elle de particulièrement corrompu ou pervers, elle souhaitait le pouvoir et une fois qu'elle l'a eu, elle a voulu le conserver. D'autres à sa place l'ont déjà fait. D'autres auraient fait de même. D'autres le feront encore. »

Page volante trouvée dans les affaires du poète Omiros de Castel.

Zinia assiégée par l'incendie exsudait un parfum de cendres et de flammes. Malgré l'écharpe qu'il pressait devant sa bouche et son nez, la fumée faisait tituber Kalyan à travers les rues de la capitale. Sardaises comme Sabès allaient et venaient dissimulées sous des capes et de longs manteaux dans la poisse fuligineuse recouvrant la ville. Les rondes de garde ne surveillaient plus que des ombres et des chimères, quand elles ne fuyaient pas elles aussi vers des atmosphères plus pures. Restait-il un peu du commandement des Comtés dans tout Zinia ? Le pouvoir incommensurable des Sabès trouvait-il ses limites dans l'avancée des flammes ? Kalyan ne s'attarda pas pour le découvrir.

Il n'avait pas fait trois pas hors des murs, dans le sillage de Brigandine, que déjà les regrets lui grignotaient l'arrière de la tête et il ne lui avait pas fallu longtemps pour leur céder en tout point. Il ne fuirait pas sa ville, il ne quitterait pas Zinia. Pas sans Omiros de Castel en Naudary.

Alors, il avait fait demi-tour, sous le regard déçu et méprisant de la jeune Matriarche, droit vers la fumée et le danger.

Sous le dôme jaunâtre du ciel, une ferveur fiévreuse parcourait la capitale. Elle remontait ses artères, s'écoulait entre ses bâtiments, affluait en nombre jusqu'aux tours-palais qui marquaient son centre. Kalyan s'y laissa pousser. L'arrivée de l'incendie avait emporté les derniers repères qui lui restaient, dans le mouvement inarrêtable de sa danse confuse. Brigandine avait filé vers le nord, Omiros n'était pas reparu. Le vieil homme aurait tout donné pour tomber sur un visage familier. Il aurait peut-être même supporté de voir le prince et le magicien.

La silhouette familière de la tour des reines brandit bientôt les cornes de ses toits par-dessus les immeubles et les maisons, flèche lugubre dans l'atmosphère enfumée. Puis vinrent les terrasses et les balcons de la Sérénissime, les longues rangées de fenêtres de la Caserne, les poutres d'envol de la citadelle. Il retrouva le quartier de la capitale qu'il connaissait le mieux. Celui où il était né, avait grandi, s'était amouraché du fils brillant d'une famille matricienne voisine. Dans les rues familières, il lui fallut peu d'effort pour se tracer un chemin qui le mena directement à l'impasse d'où sortait l'accès aux souterrains. Aucun bupreste ni lachnidé ne montait la garde devant la grille rouillée. Kalyan ne s'en étonna pas. Depuis qu'il était sorti des geôles de Zénobie, un pressentiment lui chatouillait l'arrière du crâne. Quelque chose avait changé, dans la capitale, un soupir parfumé d'incendie soufflait la frousse et la confusion dans les rues. La ville ne tarderait pas à céder, si ce n'est à la panique au moins à un désordre dont les Sabès auraient bien du mal à se défaire. Loin d'inquiéter Kalyan, la menace latente, le tumulte à venir, lui semblait comme autant de garanties de sa survie possible. Il s'enfonça sous terre. Des rognons de chandelle formaient un amas blanchâtre au fond des niches creusées de part et d'autre du passage. Les rares lampes à huile s'étaient vidées depuis longtemps. L'explorateur joua pourtant de chance, quand sur les dernières marches avant les ténèbres, il trouva un briquet et un tesson de brique encollé de cire. Cela ne suffisait pas à percer l'obscurité remontant des tréfonds, mais en se reposant sur sa connaissance du réseau souterrain, il pourrait s'en sortir. Sa chance, pourtant, ne dura qu'un temps. Tout concentré qu'il était à ne pas s'égarer dans le noir, il ne perçut le claquement des bottes métalliques des deux buprestes que quand ceux-ci tournaient au coin de l'intersection devant lui.

Les gardes s'effondrèrent avant qu'il n'ait eu le temps de penser à fuir. Une silhouette encapuchonnée se tenait derrière leurs cadavres, l'épée au poing. Kalyan la reconnut au moment où elle se découvrait.

« Lorcan, soupira-t-il de soulagement. Je suis heureux de vous voir en vie.

– C'est grâce à vous, lui répondit-elle en s'avançant. Nous n'aurions jamais pu sortir de Zinia sans votre aide.

– Et pourtant vous revoilà… »

Il n'avait pas voulu lui reprocher son retour, encore moins alors qu'elle venait de lui sauver la vie à son tour, mais la fatigue et la peur faisaient fourcher sa langue. Elle haussa les épaules sans s'en formaliser.

« Je me dis que pour les tentatives d'assassinat, mieux vaut deux fois qu'une. Alors je retente ma chance.

– Vous voulez toujours tuer Zénobie ? »

L'élue hocha la tête avec un petit sourire.

« Il faut bien que quelqu'un le fasse. Mais vous, que faites-vous là ? Je ne peux pas croire que les Sabès ne vous aient pas arrêté. »

Elle fronça les sourcils, soudain méfiante et Kalyan leva les mains jusqu'à ses épaules dans un geste qu'il espéra apaisant.

« C'était le cas, jusqu'à ce matin. Puis on m'a libéré. Moi et une de vos collègues d'ailleurs. »

D'inquisiteur, le visage de Lorcan se mua en espoir.

« Brigandine d'Ousterre, expliqua-t-il, a passé quelque temps dans une cellule voisine à la mienne. Elle a été libérée en même temps que moi et fait désormais route vers le nord, ce me semble. »

Un immense sourire, sauvage et lumineux, étira les lèvres et découvrit les dents de l'élue. Elle rengaina son épée, tira les corps des soldats hors du chemin, les recouvrit d'un drap grossier.

« Vous devriez faire comme Bri, Kalyan de Zinia, et prendre la poudre d'escampette. L'incendie risque de vous rattraper, bien avant les Sabès, si vous ne vous dépêchez pas. Je compte bien suivre sa piste, ensuite, mais je vais d'abord mettre un peu la pagaille ici au sein des palais. Vous n'avez pas envie d'être dans le coin à ce moment-là. »

Il secoua la tête. Il y avait peu de chance qu'une élue de la rébellion puisse comprendre ce qui le poussait à revenir se jeter dans la gueule du serpent, pourtant si près d'avoir échappé à ses crocs. Sûrement le prendrait-elle pour fou ou sénile. Et puis il restait une petite chance, infime, mais réelle, qu'elle cherche à l'arrêter.

« Merci de votre prévenance…

– C'est juste par politesse.

– … mais je dois retrouver quelqu'un. »

Cela sembla faire hésiter Lorcan. Elle se tourna vers lui, le dévisagea longuement, laissa une once de tristesse colorer sa figure.

« Qui vous a libéré ? » demanda-t-elle enfin.

Le croyait-elle vraiment sujet à des hallucinations ? Pensait-elle qu'il vagabondait en Zinia, sans repère, prisonnier d'un délire de vieillesse ?

« Vous l'avez croisé si ce n'est rencontré. Omiros le poète, c'est lui qui nous a sortis des geôles. »

Chez Lorcan, le chagrin céda à la curiosité.

« Oh. Je vois. »

Elles se regardèrent. Puis la lampe à huile qu'avait allumée Kalyan grésilla, tremblota et s'éteignit. L'obscurité des souterrains se referma sur elles. Instinctivement, Kalyan tendit la main, chercha à agripper l'élue, tâtonna dans le noir là où, à son souvenir, elle s'était tenue pour la dernière fois. Il n'y trouva que du vide.

« Lorcan ? »

Une inquiétude qu'il n'avait jamais ressentie au cours de son long séjour dans les sous-sols de la Caserne le saisit soudain. Comme une poigne inflexible, une chape d'ombre totale venait de se refermer sur le couloir et sur ses occupantes. Un silence anormal survint à sa suite. À cette heure de la journée, on aurait dû entendre des bruits de pas, de conversations, de travaux. Les cuisinières, les lavandières, les domestiques de toute la tour-palais auraient dû faire vibrer les murs et les fondations de leurs industrieuses activités. Les rondes des soldats auraient dû faire trembler les antiques planchers. L'humanité occupante aurait dû animer les vieilles pierres. Pourtant, au sein des souterrains enténébrés, Kalyan aurait tout aussi bien pu être le dernier homme encore debout, comme si l'incendie, déjà, avait tout dévasté. L'haleine froide et humide des profondeurs chthoniennes vint chatouiller les joues de son ultime habitant, souleva les franges de son manteau, murmura une promesse que seule pouvait traduire l'obscurité. Puis Lorcan reprit la parole et sa peur se dissipa.

« Je vais assurer nos arrières, vérifier qui rôde encore au sein de la Caserne, expliqua-t-elle. Et ensuite j'irai tuer Zénobie. Récupérez votre poète et rejoignez-moi ici, nous repartirons ensemble. »

Un cliquetis de silex. Une flamme fragile ouvrit un halo orangé entre Kalyan et l'élue reparue. Un nouveau masque de détermination raidissait son visage.

« Vous pensez qu'elle sera seule ?

– Les tyrans le sont toujours dans leurs dernières heures. La Dame veille sur vous, Kalyan de Zinia et puisse-t-elle souhaiter nos retrouvailles. »

À sa première lampe, elle alluma la mèche d'une deuxième, la confia à son confident des ombres et s'éloigna, sans un regard en arrière. Kalyan n'hésita pas longtemps. À son tour, il prit le chemin des entrailles de la Caserne et, peut-être, de la sauvegarde de son ami.

Kalyan trouva Omiros à son bureau.

Meublée sobrement, la pièce servait à la fois de chambre et de lieu de travail. Les mêmes rideaux qui avaient toujours encadré les fenêtres de la Caserne pendaient aux murs, les mêmes tapis recouvraient le sol de pierre. Deux tabourets bas, leur confection familière, encadraient la cheminée où une bûche attendait encore. Il en allait ainsi de l'ensemble des quartiers du poète. Un pincement douloureux saisit Kalyan au cœur. Tout, ici, était comme il avait connu la Caserne, du temps de Hadi. Presque rien n'avait changé, en dehors de quelques affaires personnelles et de la figure assise derrière le bureau.

Ses plumes, ses encres et son papier s'éparpillaient en travers de la table. Les draps étaient défaits comme s'il venait de quitter le lit. Une pile de vêtements sales s'entassait dans un coin, à côté de plusieurs paires de bottes toutes plus extravagantes les unes que les autres et à peine porté. À la poignée de la porte de la salle d'eau pendait une écharpe colorée. Omiros semblait assoupi dans son large fauteuil, la tête affaissée contre une épaule, les bras ballants le long du corps. Une large tache de sang souillait l'avant de sa tunique.

Il fallut plusieurs minutes à Kalyan pour dominer son chagrin, l'enfouir au fond de lui-même, là où il aurait tout loisir de le contempler et de s'y complaire, plus tard. Il traversa lentement la chambre. Un craquement sec. Une plume se brisa sous sa semelle. Un soupir.

« Omiros. »

Avec la lumière changeante des flammes dans l'âtre, il pouvait presque prétendre qu'une expression paisible délassait les traits du jeune poète. Ç'aurait été un mensonge. Un pli cruel et douloureux tordait les lèvres d'Omiros, une ride inquiète barrait son front. Ses yeux ouverts contemplaient des paysages inconnus de Kalyan, à travers le voile trouble qui les recouvrait. D'une main incertaine, le vieil homme fit glisser les paupières closes. Il replia les bras en travers de la poitrine, recouvrit le corps de l'écharpe. Puis il se laissa glisser à genoux, posa sa tête contre une épaule glacée et laissa libre cours à ses larmes.

C'est là que le trouva Lorcan, quelques minutes ou plusieurs heures plus tard. L'élue ne fit aucun commentaire, ne laissa échapper aucune exclamation. Elle vint jusqu'à eux, chaque pas résonnant prodigieusement dans la petite chambre, et pressa une main tout aussi désolée contre la nuque de Kalyan. Elles ne dirent rien, l'une debout l'autre agenouillé, auprès de la dépouille d'Omiros. Après un temps, Lorcan lui saisit délicatement le bras et l'aida à se redresser. Chaque articulation de ses jambes, des hanches aux chevilles, le lançait douloureusement.

« Il faut… »

Les mots s'agglutinaient dans sa bouche sans vouloir en sortir. D'eux deux, Hadi avait toujours été l'orateur. Lorcan patienta. Une déglutition.

« Il faut l'emmener avec nous. Il faut lui donner des rites sardais. Il aurait aimé ça, une dernière provocation contre les Sabès. Ce serait bien.

– D'accord. »

Kalyan sentit ses forces l'abandonner. Serait-il seulement capable d'effectuer le trajet jusqu'aux rebelles ? Leur base de Nordeau lui semblait plus loin qu'il n'avait jamais marché. L'élue s'activait à ses côtés. Elle avait retiré les draps du lit et enveloppait le corps d'Omiros dans ce linceul improvisé, avec soin et respect, puis elle le hissa sur une épaule et elles quittèrent les quartiers du poète. Elles refermèrent soigneusement la porte, poursuivirent leurs visites macabres du palais. Personne ne hantait les couloirs de la Caserne, pas même les nuées habituelles de domestiques. On ne s'enquit pas de leur présence. On ne les arrêta pas. Elles trouvèrent le corps de Zénobie quelques salles plus loin, dans l'ancien bureau des condottieres. Son maquillage avait coulé durant la journée et çachait à peine les cernes et les rides autour de ses yeux. Un même collier écarlate, volontaire semblait-il, ornait sa gorge. S'il en avait eu la force, Kalyan l'aurait traînée dans le couloir, plutôt que de la laisser salir, encore une fois, le bureau de son époux. Il aurait voulu jeter son corps dans l'océan, la priver de sépulture, condamner son âme à l'errance jusqu'à la fin des temps. Peut-être devraient-elles l'abandonner à la foule des réfugiées ? Laisser les Sardaises mettre son cadavre en pièce, comme pauvre rétribution de ce qu'elle leur avait infligé. D'une certaine façon, même dans la mort là aussi, elle leur refusait encore toute détermination. Il jeta un coup d'œil à Lorcan. Le visage de l'élue ne trahissait aucune émotion, face à cette privation de sa vengeance, elle se contenta de l'effleurer du bout du pied avant de se détourner. Elles sortirent du bureau d'un même élan. À quoi bon. Elles en avaient fini du règne de Zénobie de Roquesière en Vesq. Que d'autres se chargent de sa mémoire.

Quitter Zinia fut bien plus facile que Kalyan ne l'imaginait. Il n'y eut personne pour les questionner sur leur étrange fardeau ni pour s'informer de leurs identités. Toute l'attention des lachnidés occupant la ville était tournée vers la menace de l'incendie en approche. Quant aux Sardaises, la tête et le visage voilés pour se protéger de la fumée, elles semblaient trop occupées pour remarquer les deux silhouettes encapuchonnées et leur macchabée. Certaines erraient sans but à travers la capitale, d'autres poussaient des charrettes chargées de leurs plus importantes possessions, d'autres encore se barricadaient chez elles, comme si leur simple volonté pouvait apaiser l'appétit de l'incendie.

Lorcan guida Kalyan non pas vers les portes principales de la ville, mais vers les falaises majestueuses du plateau de la Dame et ses escaliers monumentaux.

« J'ai laissé mes vorombes là-haut, expliqua-t-elle en ajustant sa prise sur le corps d'Omiros. Nous aurons plus de chance de passer inaperçues en voyageant par les hauteurs. »

Kalyan leva les yeux vers la nébuleuse voûte céleste qui semblait vouloir s'abattre d'un moment à un autre sur Zinia. Si l'air était étouffant pour le moment, dans quelques heures il serait tout bonnement irrespirable. Que se passerait-il si l'incendie atteignait la capitale ? Maintenant que Zénobie était morte, quelle Sabès donnerait l'ordre d'évacuer ? Le donnerait-elle ? La pluie finirait bien par revenir, ou l'incendie consumerait tout Sarda. Des montagnes à l'océan, il ne resterait que des cendres. Tout comme elles gravissaient les marches creusées à même la roche, les flammes avançaient inexorablement vers les remparts de Zinia.

Le vieil homme dut s'arrêter un instant pour retrouver son souffle. De la fumée ou de son âge, il n'était pas sûr du responsable de sa dyspnée, mais la taille démesurée des escaliers du plateau de la Dame n'épargnait aucune partie de son corps fatigué. Quelques mètres plus haut, Lorcan aussi ahanait dans l'effort, courbée en deux sous le poids du poète défunt. Il résista à l'envie de jeter un coup d'œil plus bas. Ce qu'il adviendrait de Zinia n'était pas de son ressort, ne l'avait, d'ailleurs, jamais été et pourtant chaque pas qui le menait plus haut et plus loin de la capitale semblait un abandon. Il y était né et y avait vécu l'entièreté de son existence. Y avait rencontré son époux, y avait vieilli. Même quand les Sabès prenaient possession de la ville, assassinaient Hadi et déployaient leurs étendards à toutes les fenêtres, Kalyan n'avait pas quitté Zinia. Dans le secret de ses entrailles urbaines, il avait survécu. N'était-ce pas une défaite que de finir par fuir ?

Lentement, elles gravirent les marches de l'escalier monumental et, quand Kalyan commença à croire ne jamais atteindre le sommet, elles débouchèrent sur le plateau. Là aussi se massaient les réfugiées. Des tentes et des abris sommaires s'alignaient jusqu'à l'horizon, des vorombes, des volailles, des varans erraient entre les allées poussiéreuses, une activité discrète animait ces cabanes de brique et de broc. Quelques petits groupes contemplaient l'avancée de l'incendie, mais beaucoup s'en étaient détournées. Elles préparaient à manger, courraient après des enfants crieurs, reprisaient ce qu'elles avaient réussi à sauvegarder. La fumée s'était faite moins dense, à cette altitude, sans pour autant relâcher son angoissante étreinte. Il n'y avait aucune possibilité de nier l'arrivée du brasier. Pourtant, que pouvait-on faire d'autre que de veiller à nourrir sa famille, ses voisines ? Ne fallait-il pas quand même réparer ses chemises ?

Lorcan les guida à travers le dédale du campement jusqu'à une cahute de branches et de vieilles étoffes. Immédiatement, un jeune garçon émergea de l'abri et se précipita jusqu'à elle.

« Maîtresse-Lorcan ! J'ai bien gardé vos montures, je les ai bien nourris. »

Il jeta un coup d'œil intrigué à Kalyan et au corps empaqueté d'Omiros, mais ne fit aucun commentaire. Il tendit simplement sa main ouverte à l'élue qui y déposa une petite poignée de jade et de cuivre.

« Merci, Komang, le félicita-t-elle. Tu diras au revoir à tes parents pour moi. »

L'enfant hocha la tête vigoureusement avant de disparaître derrière un buisson. Kalyan se laissa tomber sur une caisse renversée avant que ses jambes ne l'abandonnent. Il aurait voulu questionner l'élue, lui demander des explications, qu'elle lui raconte son parcours depuis sa fuite de Zinia, un mois plus tôt, qu'elle meuble le silence entre elles, juste un peu, avec des anecdotes de son cru, pour oublier, ne serait-ce qu'un instant, le macabre de leur situation. Mais rien ne lui venait. Il se contenta de fixer un pan du linceul improvisé d'Omiros, jusqu'à ce que Komang reparaisse, tenant la bride de deux vorombes.

« Voilà ! Voyez, ils vont très bien, même si on n'avait rien à leur donner à manger.

– Aucun problème, répondit Lorcan. On trouvera sur le chemin. »

Elle hissa le corps d'Omiros en travers de sa selle, tendit les rênes de l'autre monture à Kalyan.

« Fais attention à toi, Komang.

– Bon voyage ! »

Le garçon agita la main jusqu'à ce que, une fois en selle, elles se soient mises en mouvement. Il leur souhaita une dernière fois bonne route puis disparut entre les tentes. Elles laissèrent les réfugiées derrière elles. Leur route les mènerait aux limites mêmes du brasier, tout près de son étreinte incandescente. Une fois qu'elles seront descendues du plateau, il n'y aurait aucune barrière naturelle pour les protéger et la fumée, déjà, menaçait de les asphyxier. Kalyan lutta pour trouver une position confortable, avant d'abandonner. Il n'avait pas chevauché depuis trop longtemps, il ne lui restait qu'à tenir, jusqu'à atteindre les rebelles salutaires. Si elles le pouvaient. Si elles y arrivaient et si la résistance les attendait toujours au bout du chemin. Qu'importe, elles n'avaient pas d'autre choix. Si l'incendie ravageait tout, s'il consumait Sarda jusqu'aux rivages de l'océan, ne faudrait-il pas, toujours, bercer les nourrissons, moucher les marmots, aimer ses amies et chanter des chansons, sous l'haleine brûlante de l'incendie ?

L'Incendie

« Au sujet des feux de forêt, les textes sacrés se rejoignent et se contredisent en une série de circonvolutions dignes d'un congrès de lettrées de la Dame. Entre les dogmes, la gestion des bois saints a toujours été un grand sujet de débat, voire de conflits sanglants, et bien sûr les incendies n'échappent pas à ces désaccords. Se posent les questions : sont-ils utiles à nos forêts ? Faut-il les contenir à tout prix ? Qu'est-ce qui renaît de la cendre ? »

La Dame et le breuil, approche laïque et scientifique de l'exploitation de nos bois, Salomé Lishan Roshanak Aalis, Maréchale de l'Est.

Il faisait sombre sous la tente médicinale, mais le mage n'osait pas invoquer d'étincelles pour offrir aux malades un peu de clarté. Sous les remugles fiévreux, sous l'odeur des onguents et des pommades, le parfum de la forêt des pins déroulait ses effluves, imprégnait, imbibait les vêtements de Myrddin. Il gardait son regard fixement attaché au corps inconscient de Roland, tout comme sa main droite retenait le poignet du blessé de peur de le voir s'échapper vers des contrées trop lointaines pour être parcourues par les vivantes. Dans le creux de sa main gauche, pendante à son côté, le mage pouvait sentir la caresse d'un rameau d'aiguilles de la forêt des pins. Une angoisse étouffante lui tenait les entrailles nouées douloureusement. Il n'osait pas détourner les yeux de Roland, car la Forêt l'attendait au coin de sa vision, si elle le surprenait à la regarder, nul doute qu'elle le ferait sien à nouveau.

« Je vais bientôt partir, chuchota-t-il au prince assoupi. Je dois aller éteindre l'incendie, pendant que les autres marchent vers la Ferté Pluvieuse. Tu vas rater toute l'action, ce qui n'est pas plus mal parce que si tu manques encore de mourir je ne sais pas quelle bêtise je vais

faire. J'ai suffisamment fait souffrir pour oublier mes propres blessures, donc il vaut mieux que tu restes en vie. »

Il repoussa une mèche de cheveux collée par la sueur au front de Roland.

« Bon, il y a aussi de très grandes chances que je ne revienne pas. Je vais devoir faire appel à beaucoup de magie pour m'occuper de l'incendie de la Ferté, plus que je ne l'ai jamais fait. Après tout, j'ai plutôt tendance à allumer des feux... »

Il se redressa péniblement, réarrangea les draps autour de Roland, déposa un baiser sur sa joue.

« Alors au cas où nous ne nous reverrions pas, je te dis au revoir, Roland de Zinia, prince de Sarda, dernier de ta lignée. Je suis sincèrement désolé des souffrances que je t'ai causées, à toi et à tes proches. J'espère que tu sauras un jour me pardonner. »

Après une dernière caresse au poignet du blessé, le mage tourna les talons, pour tomber droit sur Berhane de Nordeau. Un sourire empreint de pitié étirait les lèvres de l'élue. Myrddin se renfrogna.

« Depuis quand es-tu là ? » grommela-t-il en la dépassant.

Elles remontèrent l'allée de lits, sortirent de la tente.

« À peine cinq minutes, je t'assure », répondit Berhane.

Elle ne se départit pas de son sourire, confirmant au magicien que ce n'était pas toute la vérité.

« Ce n'est pas la peine de chercher à m'épargner, rétorqua Myrddin, si tu as tout entendu, tu as tout entendu. Tu m'as déjà vu faire bien pire, alors qu'est-ce qu'une confession amoureuse à l'aune de ton expérience ?

– C'était une confession amoureuse ? »

Le sourire de l'élue était passé de la pitié à la malice et elle levait un sourcil amusé dans une grimace qui rendait à son visage sa jeunesse.

« Si tu veux mon avis, magicien, tu peux mieux faire.

– Je n'ai pas besoin de l'avis de qui que ce soit.

– Soit. Mais je t'avoue que ça ne m'a jamais empêché d'en dispenser. »

Il ne lui parla pas du baiser, à l'orée de la forêt des pins bleus. C'était un secret qu'il garderait toujours pour lui, même envers Roland. Si, lorsque le prince se réveillerait, il n'avait aucun souvenir de leur étreinte, alors Myrddin conserverait ce moment pour lui-même, jusqu'à la fin de ses jours. Aussi proche soit-elle.

Elles retrouvèrent le centre du campement des rebelles où une grande tente ouverte à tous les vents abritait le cœur de leurs opérations. Ni Abhel ni ses deux Gardiens n'étaient dans les parages et Myrddin étouffa un soupir de soulagement. S'il voulait épargner sa vue à son ancienne victime, à défaut d'une autre appellation, son départ pour le nord ne pouvait tomber plus à point nommé. La jeune personne avait suffisamment souffert et s'il pouvait la garder de quelque chose, c'était bien de devoir subir la présence du mage. Berhane l'arracha à ses pensées d'une main sur son coude.

« Là », dit-elle en indiquant les dragons sellés et harnachés, en bordure du camp.

On n'avait ajouté des fontes qu'à une seule monture. Elles n'avaient pas besoin de grand-chose pour leur voyage, l'incendie venait autant à elles qu'elles allaient vers lui. Hâte et célérité seraient leurs maîtresses, pour les jours à venir. Le mage caressa la tête du dragon le plus proche, le laissa soulever son manteau du bec pour mieux renifler ses poches et y chercher des récompenses. Il n'osa pas lever le nez et croiser le regard des guerrières de Soufeu qui passaient à proximité, préféra se concentrer sur la silhouette d'Ife, au milieu de la foule de rebelles, de réfugiées et de cavalières mélangées, qui approchait, lentement mais sûrement, de l'élue et du mage.

« Je suis passée voir maîtresse Mira, mais elle m'a dit que tu étais repartie. »

Berhane acquiesça :

« Je souhaite vous voir revenir au plus vite et vous avez beaucoup de route à faire. »

Elle prit la main de la cavalière dans la sienne.

« Sois prudente sur le chemin, la fumée couvrira votre arrivée, mais une fois à terre, Myrddin ne pourra pas vous cacher à de potentiels Sabès.

– Nous serons prudentes. Je serai digne de ta confiance, élue, n'en doute pas.

– Je sais. »

Elles s'étreignirent et le mage se détourna. Pour tomber nez à nez avec l'immense silhouette de Darya. La grande cavalière du sud lui offrit une grimace qui était presque un sourire. Elle se tenait un peu voûtée, un peu penchée de côté, comme si sa haute taille l'encombrait. Elle lui tendit la main et il la serra, maladroitement.

« C'est avec moi que vous chevaucherez, maître Myrddin. Ça ne me dérange pas de partager mon dragon avec le magicien de la reine Maude. »

Il ouvrit et ferma la bouche plusieurs fois sans réussir à parler. Bien sûr, il avait déjà voyagé sur le dos du dragon de Berhane et même, il y a plus longtemps, sur celui de Sophie, bien que les circonstances aient été très différentes. Mais proposé ainsi, presque comme un honneur, par quelqu'une qui ne lui devait rien… Il hésita. Devait-il refuser ? Remercier autant que possible pour une telle gentillesse, mais insister pour se contenter d'un vorombe ? Comme souvent, Berhane coupa court à ses ruminations.

« Il est temps, magicien. Je compte sur toi, ne me déçois pas. »

Aurait-elle voulu le contraindre par la magie, elle ne s'y serait pas prise autrement. Myrddin ne put à nouveau que hocher la tête.

« Très bien. »

Elle le poussa contre Darya qui, sans autre forme de procès, le souleva et le jucha sur son dragon. Il ne pouvait plus protester.

« Faites attention à vous, revenez nous sauves, les pressa Berhane. Et montrez donc aux Sabès comment Sarda maîtrise un incendie. »

Le mage et les cavalières saluèrent une dernière fois l'élue et elles s'envolèrent. Elles voyagèrent vite, sans s'arrêter outre mesure, préférant le couvert de la nuit au regard du jour. Tout comme durant la traversée de la campagne du nord, lors de l'impossible mission dans laquelle il avait accompagné Lorcan et Roland. Une tentative de rébellion parfaitement inutile, qui n'avait que risqué de diviser la précieuse résistance de Berhane. Aujourd'hui, en revanche, il voyageait pour sauver Sarda, sans aucun doute possible, avec de nouvelles alliées à ses côtés. Parfois, des troupes sabès les obligeaient à de plus longs et plus sûrs détours. Ces écarts arrimaient des angoisses aux tripes du mage, l'alourdissaient, à chaque kilomètre parcouru, d'un peu plus de responsabilités. Il redoutait autant qu'il s'impatientait de voir surgir les premières flammes. Pourtant, c'est la fumée qui se fit le héraut de l'incendie. Son épais panache couvrait la campagne de son ombre étouffante, son parfum de soufre saisissait à la gorge toutes celles qui s'en approchaient. Elle avançait par à-coup, poussée par l'haleine fétide du brasier, roulant ses lourdes boursouflures de cendre par-dessus la terre.

Et puis soudain, au détour d'un bosquet déjà abandonné par toutes ses habitantes, derrière une petite colline d'herbe sèche et rase, l'incendie les attendait. Il était temps. Elles se posèrent à l'ombre des arbres morts. Myrddin mit pied à terre, remercia Darya, descendit d'un pas mal assuré le mamelon jusqu'à s'approcher des premières flammes. Il était temps.

Il y a deux incendies qui s'affrontent. Le sien, celui qui brûle en son cœur depuis sa naissance, que ses mères ont voulu lui apprendre à maîtriser, que la forêt des pins a tisonné et encouragé pendant tant d'années. Et il y a celui qui ravage Sarda. Les forêts, les champs, les villages, tout ce qui est devenu sec et cassant sous les mois de sécheresse. Il a franchi sans peine les lits des ruisseaux rendus à l'état de filet d'eau. Il a croqué la pierre et le bois des maisons, leurs toits de chaume comme leurs tuiles d'ardoise. Les flammes descendent de la Ferté depuis presque six semaines et elles ne s'arrêteront devant rien, tant que la pluie ne reviendra pas. Rien, peut-être, sauf Myrddin. Sauf le mage aux doigts de feu, sauf Ejiro de la Vallée. L'incendie est une présence écrasante. Devant le mage, là où il forme un mur de feu dévastateur, et à l'arrière de sa conscience, comme une idée qui lui viendrait après coup. Comme une démangeaison, dont il ne peut ignorer l'existence. Il va falloir faire face, ou périr consumé.

Ife et Darya ne l'ont pas laissé s'avancer seul. Elles tiennent la bride de leurs montures, juste derrière lui, au pied de la colline boisée. Elles n'interviendront pas, ne pourront pas l'aider, ne sauraient pas quoi faire de toute façon, face à l'incendie qui avance. Il n'est pas sûr des raisons qui les ont poussées à le suivre d'aussi près. Veulent-elles s'assurer qu'il ne prendra pas la fuite ? Qu'il se sacrifiera pour Sarda comme il aurait dû le faire il y a longtemps ? Inquiétudes inutiles. Où fuirait-il ? Partout la forêt des pins le retrouverait. Et, bien avant elle, sa culpabilité dévorante. Il n'y a aucun doute quant à sa destinée, tout ce qu'il a vécu, tout ce qu'il a fait, l'a mené à ce point précis. Devant l'incendie qui ravage Sarda. Seul rempart entre le pays de Maude et les flammes.

Il prend une grande inspiration. Comme en miroir, le brasier de la Ferté se tend vers le ciel alourdi de fumées. Un arbre croule et s'effondre quelque part vers la droite. Le murmure du feu gagne en intensité ; il souffle, il craque, il siffle, à chaque buisson qui s'enflamme, chaque herbe qui se combure, chaque pan de campagne qui rejoint l'incendie et tourne au charbon et à la cendre. Sa chaleur serait insupportable, pour tout autre que Myrddin. Pour le mage, c'est presque une douce caresse. Une brise de printemps, comme il y en avait de délicates dans la vallée de ses mères. L'incendie n'est pas un danger pour lui, seulement pour le reste de Sarda.

Il tend un premier bras vers le ciel. S'il lance sa tête en arrière et lève les yeux vers sa main, il peut voir, entre ses doigts écartés, un jeu de lumière et d'atmosphère, un effet de mirage à l'horizon d'un lac en été. La magie ne se bouscule pas le long de ses veines, elle ne débaroule pas au bout de ses doigts, pas comme elle le faisait avant, quand rien ne le faisait se sentir coupable. Il fronce les sourcils. Pourtant, son pouvoir est là. Il peut sentir sa longue ascension jusqu'au creux de sa paume, entre ses éminences thénar et hypothénar. Ses doigts tremblent. Brusquement son index se tend en arrière, son pouce s'ouvre aussi et les trois autres se replient, se recroquevillent, se ferment. Il sent chacune de ses phalanges, individuellement. Les articulations et les tendons de sa main se font douloureux. Il tend son autre bras à la rencontre des nuées de suie qui roulent leurs tuméfactions au-dessus de sa tête.

La forêt des pins surgit à ses côtés. Elle l'encercle et l'embrasse, faufile ses aiguilles sous ses vêtements et contre sa peau. Elle presse ses troncs autour de lui. Couvre ses pieds de mousse et de fleurs violettes.

« Ejiro, murmure-t-elle. Cela fait si longtemps Ejiro. »

Un gargouillement humide échappe au magicien. Il s'étouffe, ses poumons se remplissent d'un liquide visqueux comme le sang.

« Ne veux-tu pas retrouver le couvert de mes pins, Ejiro ? »

Sa blessure à la poitrine se rouvre et suinte de nouveau sa douleur et sa violence. Lorsqu'il baisse les yeux pour comprendre, la sève dorée de la forêt imprègne tout l'avant de sa chemise et goutte sinistrement aux franges du tissu. Il hoquette, de peur et de souffrance. Relève la tête pour retrouver l'incendie, se concentrer sur sa tâche. Il n'y a qu'un horizon de pins bleus tout autour de lui.

« Il faut arrêter de fuir, Ejiro, reprend la forêt. N'as-tu pas envie de revoir tes mères ? Ne veux-tu pas retrouver la vallée ? Je peux t'y emmener, si tu le souhaites. »

Le mage ferme les yeux. Mieux vaut l'obscurité que les rangs sans fin de troncs droits à l'écorce grise, que la voûte infinie de rameaux d'aiguilles indigo. Il cherche à retrouver la présence de l'incendie, celle qui brûlait à l'arrière de sa psyché, la petite braise qui pourrait le rattacher au monde. La forêt des pins semble omniprésente. Même à l'intérieur de lui, elle croit et elle bruisse. Elle murmure ses promesses et ses menaces, elle embaume de sève et de résine. Derrière ses paupières pressées fermement, elle continue de s'étendre, jusqu'à tout recouvrir, jusqu'à tout dévorer. Il sent la magie faiblir au creux de ses mains, sa prise sur le monde s'étiole et se délite. Ses pieds s'enfoncent dans la mousse et l'humus de la forêt, il va basculer en son sein, il va tomber jusqu'à ne plus pouvoir émerger. Et lorsqu'elle aura digéré tout ce qui fait sa substance, qu'elle aura contaminé tous les mondes qui se pressent dans la réalité, seuls les os blancs du mage seront les témoins de ce qui a été. Il sent son genou droit qui s'affaisse à son tour.

« Non », affirme une voix douce à l'arrière de son crâne.

La rage de la forêt est une claque, un coup de tonnerre, une rafale soudaine de vent furieux. Elle mugit, craque et secoue ses cimes dans un accès de colère comme elle n'en a plus eu depuis que Sameera et Kahina s'opposaient à elle. Myrddin manque se plier en deux de douleur lorsque la blessure le transperce de nouveau. L'étreinte de la terre autour de ses chevilles se fait un étau brutal, une pression cruelle. Les arbres se rapprochent encore, pour l'étouffer, pour l'absorber, pour le transformer lui aussi en être ligneux ?

« Laisse-le. »

La voix mystérieuse sonne claire et distincte à travers le boucan emporté de la forêt. Elle ne hausse pas le ton, elle ne crie pas, ne s'époumone pas. Elle dit. Et la forêt recule.

Myrddin ouvre les yeux et Myriam le regarde en retour.

Comme iel a changé, son camarade de jeunesse, comme iel a grandi et s'est embelli ! Iel porte une longue tunique proche de celles qu'affectionnait Adoua et les cheveux si courts qu'on en devine la forme de son crâne. Iel est plus grand que le mage. Iel est la plus belle chose que Myrddin ait vue depuis bien longtemps.

« Salut, Ejiro. »

Les larmes inondent sa vue et ses joues. Un sentiment délicat s'en vient papillonner dans sa poitrine. Myriam lui sourit.

« Ça fait longtemps, pas vrai ? Tu es parti si loin, je n'étais pas sûr de ne jamais te retrouver.

– Comment… »

Il n'est pas certain de ce qu'il demande, mais Myriam le comprend.

« J'y ai passé ma vie. Je suis devenue la Gardienne de notre vallée et j'ai mis une grande partie de mon énergie à comprendre ce qui muait la forêt des pins. Je n'ai pas de réponse définitive, mais je crois que j'ai fait bien des progrès, depuis notre enfance. Tu es très loin de moi, Eji, mais tu n'es plus seul.

– Mes mères ?

– Sont toujours mes voisines. Je ne vais pas te mentir, ton départ les a dévastées. Mais Kahina est revenue et Sameera peut t'attendre, si sa compagne est avec elle. »

L'air force son chemin dans les poumons de Myrddin avec une brusquerie qui le délivre et l'ébranle à la fois.

« Adoua ? »

Le sourire de Myriam perd d'un peu de son lustre.

« Nous l'avons enterrée sous son fayard, comme elle nous l'avait demandé. »

Le mage ne peut qu'acquiescer. Il sent que le temps patiente, que tout s'est figé, en dehors de cette bulle où Myriam les a invoquées. Que peut-il encore lui demander ? Est-iel venu pour le récupérer ?

« Je n'ai pas beaucoup de temps, reprend-t-iel à propos. Je ne peux maintenir mon emprise sur la forêt qu'un instant. Mais cela devrait suffire. Je sais ce que je suis venu faire. Nous nous reverrons, Ejiro mon ami et je chéris d'avance le jour de nos retrouvailles. »

Myrdin voudrait le retenir, lui dire encore bien des choses, peut-être même le serrer dans ses bras, mais déjà Myriam a disparu. Et soudain, les troncs relâchent leur emprise, ouvrent leurs frondaisons. L'incendie refait surface, ses exhalations brûlantes soufflent leur haleine de soufre et de liberté au visage du mage. La magie envahit ses veines avec violence et une nuée d'étincelles multicolores. Le paysage s'étend autour de lui, la campagne sardaise retrouve ses droits. Les bosquets sacrés et leurs rubans de soie, les champs de riz et de tournesol, les villages abandonnés que leurs habitantes ont fui. Le mur de flammes qui s'avance inexorablement sur la capitale et, tout d'abord, sur Myrddin. Il n'y a plus que quelques mètres entre l'avant-garde du brasier et la combe sableuse où il se trouve, le dos tourné à Ife et Darya. De la Gardienne de la forêt, plus aucun signe. Pourtant, iel est là à ses côtés. Iel surveille ses arrières et reste tout près de lui, conteste à la forêt des pins le droit à son attention.

« Concentre-toi, Myrddin, le sermonne-t-iel. Tu as un feu à éteindre. »

Il acquiesce. L'heure n'est pas à l'étonnement, mais bien à l'action. Il tend de nouveau ses bras vers le ciel, tord ses doigts autour de la magie qui pulse dans ses paumes. Il y a deux incendies qui s'affrontent. Celui qui brûle devant lui et celui qui brûle en son sein. Et pour la première fois depuis de très nombreuses années, rien ne domine son feu intérieur, que lui-même. Myrddin aux doigts de feu, mage de braise et de cendre, magicien de la reine Maude Tanacras, contrôle et nourrit l'incandescence qu'il contient. Seul. Le soulagement est tel qu'il menace de le faire flancher. Il le jugule, pour quelques heures encore. Le parfum de résine de la forêt des pins a disparu, il ne reste que la fumée âcre de l'incendie. Lentement, Myrddin tourne ses paumes du ciel vers les flammes. Il inspire longuement, laisse le feu face à lui grandir en miroir, puis il souffle d'un coup tout l'air de ses poumons et ferme les poings dans une giclée d'escarbilles. L'incendie de la Ferté frémit. Il se fige, un instant. Puis dans un déferlement de fumée et de suie, il s'éteint.

Il ne restait que de la cendre et une épaisse poisse fuligineuse qui collait au palais, à la gorge, aux bronches de Myrddin. Une violente quinte de toux le secoua, le fit tomber à genoux. Un dépôt grisâtre marbrait sa peau, traversé par des ruisselets de sueur, incrustés sous ses ongles, dans les replis de ses articulations. Le mage cracha de la salive, du sang et des étincelles au sol. La fatigue s'installait dans ses os et resserrait son étau autour de sa poitrine. L'incendie en son cœur flanchait lui aussi, il vacillait, tremblait, s'accrochait aux derniers vestiges de sa magie. Pouvait-elle s'épuiser ? Pouvait-il s'étioler, le pouvoir que lui avaient transmis ses mères ? Sans la forêt des pins rôdant dans son sillage, hantant ses pas et infestant ses nuits, serait-il plus ou moins puissant qu'il ne l'eût été ? Le feu jaillirait-il toujours au bout de ses doigts ? La lumière de ses illusions se plierait-elle toujours à sa volonté ? Une caresse contre sa joue. Il s'était laissé glisser au sol, jusqu'à s'allonger sur l'herbe jaune, recroquevillé sur le flanc. Le soleil disparaissait derrière l'horizon et, pour la première fois depuis que les flammes avaient conquis la Ferté-Pluvieuse, la nuit tombait à sa suite. La blessure dans la poitrine du mage pulsait faiblement, au rythme de son cœur. Elle resterait probablement un souvenir tenace de l'emprise des pins bleus, un rappel de ce que la forêt lui avait octroyé pendant plus de mille ans. Désormais, il le sentait dans ses reins, ses ménisques, sa nuque, il vieillirait et il mourrait comme tous les autres êtres humains que sa route avait croisés. Comme Maude était morte et leur fille après elle et toute la dynastie Tanacras. Comme Berhane et Lorcan mourraient un jour. Comme Roland avait failli mourir. Un goût de sel dans sa bouche. Les larmes mouillaient ses joues, son nez, son cou. Un sanglot le secoua de part en part, lui arracha une grimace douloureuse quand protestèrent ses muscles endoloris de trop de magie. C'était terminé. C'en était fini, pour lui, de la forêt des pins. Il était libre. Il n'était plus que lui-même.

Darya le réveilla d'une brève pression à l'épaule.

« Il faut y aller, Myrddin. Nous sommes attendues. »

Les yeux bleus de la cavalière scintillèrent d'un éclat lunaire sous la clarté des étoiles. Le mage se demanda combien de temps il avait dormi, roulé en boule à même le sol, avec l'obscurité pour seule couverture. Il se redressa difficilement et avec maints grognements de douleur lorsque ses articulations ankylosées durent se dérouiller. Les dragons chassaient des rongeurs du bout du bec un peu plus loin. Il n'y avait ni vent, ni grondement de flammes, seuls les trilles d'un oiseau, à l'orée du bois. Myrddin se tourna vers ce qu'il restait de l'incendie. Une immense plaine de cendre et de suie s'ouvrait devant lui, semblant étendre sa mante bistre de ruine et de ravage jusqu'aux confins du monde. Il avait dit adieu à Roland, pendant que le prince dormait dans l'infirmerie improvisée des rebelles de Sarda. Non pas qu'il eut cru que l'autre homme ne se remettrait pas de sa blessure, mais bien parce qu'il aurait dû mourir, la veille, lorsqu'il avait éteint l'incendie. La forêt aurait dû le reprendre ou sa magie le consumer. Il n'aurait rien dû rester de Myrddin le magicien, il aurait dû payer de sa vie le salut de Sarda. Maintenant que la menace était passée et qu'il se trouvait debout pour le voir, il constata qu'il n'avait aucune idée de ce que lui réservait le reste de son existence.

« Je suis vivant ? » Demanda-t-il autant à la nuit qu'aux deux cavalières.

Ife posa une main sur son épaule et lui sourit sincèrement.

« Il semblerait que oui. »

Le domaine de la Ferté-Pluvieuse

« De la noble maisonnée de mes mères, vous ferez un temple. Un sanctuaire où puissent venir se recueillir les pèlerines de tout Sarda, et de plus loin encore, si tel est leur souhait. Dans les quartiers qui virent naître Maude, vous ferez une grande salle de prière, vous ornerez ses fenêtres de vitraux et son sol de tapis. Vous y donnerez des cérémonies en l'honneur de la Dame de la Forêt, car c'est dans ces lieux que sa fille préférée vit le jour, et vous y entretiendrez le bosquet de pins bleus d'où émergea le Mage et où vivent nos défunts. Ainsi ferez-vous de la maison des Ayomide, que je suis la dernière à avoir habitée. »

Testament d'Atossa Kasih Mahaut Ayomide, première princesse de Sarda.

Établir un campement sur les ruines brûlées de la Ferté-Pluvieuse semblait à Berhane à la fois une évidence et une hérésie. La colline et sa demeure ancestrale devenue lieu de vénération avaient été le plus sacré de leurs temples, où seules les cavalières avaient le droit d'officier, d'arpenter librement ses corridors, d'y prier et s'y recueillir dans le saint des saints. Pourtant, malgré la bénédiction de la Dame, nulle salle ni couloir n'avait survécu au brasier et les murs croulants de pierres carbonisées faisaient de bien piètres abris contre le vent du sud qui s'était levé. Dans son sillage suivait un essaim d'épaisses nuées obscures dont les boursouflures exhalaient un parfum d'ondée. La pluie laverait bientôt les plaies des Marches du nord, comme

elle le faisait déjà avec celles du sud et de l'ouest. Il leur faudrait alors trouver à se protéger des éléments, mais Berhane n'arrivait pas à s'en faire. Elles avaient tant manqué d'eau. Elles avaient survécu dans des conditions tellement pires. Que viennent orages et averses ! Elles ne doucheraient ici aucun enthousiasme.

L'immense troupe de rebelles et de réfugiées mêlées avait atteint la colline de la Ferté à peine une poignée de jours après la fin de l'incendie. Aux côtés de Nisha, d'Adèle et d'Ilazki la mairesse de Cherchefeuille, Berhane avait guidé la longue file à travers la campagne dévastée et silencieuse. Rien n'avait accompagné leur marche, ni reptiles, ni oiseaux, ni rescapées n'ayant refusé de quitter leurs maisons. Rien que le chant du vent par-dessus la cendre. Elles avaient avancé sans vraiment savoir quel recoin de Sarda les accueillerait, le temps de reprendre une nouvelle fois leur souffle, le temps que retombent les étincelles provoquées par le dernier mois. Si elles n'avaient croisé la route d'aucune Sardaise, depuis le début de leur voyage vers le nord, elles avaient aussi esquivé toute présence sabès ; bien qu'Adèle et ses éclaireuses n'aient pas repéré l'ombre d'un lachnidé durant leur patrouille en tête de file. Berhane avait caressé un temps l'idée de retrouver Nordeau, malgré l'explosion qui l'avait arrachée à la falaise, les fondations de la citadelle pouvaient encore servir de refuge. Mais la Ferté-Pluvieuse s'était imposée en retraite évidente dès l'apparition à l'horizon du mamelon qu'elle occupait. Rebelles, réfugiées et cavalières de Soufeu s'étaient concertées toute une soirée, afin de décider ensemble de la suite des événements. Berhane les avait écoutées, laissé parler, entendues. Son rôle d'élue lui paraissait soudain si pauvre et si petit. Il y aurait beaucoup à faire pour créer en Sarda une république digne de ce nom, pour défaire les habitudes de gouvernance, pour construire quelque chose qui ne soit ni les reines ni les cavalières. Pour cela, elle le savait comme une évidence nouvelle, son lieu de naissance devait être au choix de celles qui la bâtiraient.

Depuis, le travail n'arrêtait pas, pour les Sardaises établies au milieu des ruines. Des cavalières poursuivaient l'avancée vers le nord dans l'espoir de trouver des vivres et des ressources auprès de villages septentrionaux épargnés par l'incendie. Dans l'attente de leur retour, Berhane tentait d'élaborer un semblant de potager, renforcé par les charmes que lui avait laissés Nasrin.

« Besoin d'aide ? »

Le visage rond et souriant d'Abhel, encadré du carré blanc de ses cheveux fraîchement coupés par Nisha, apparu par-dessus un morceau de mur. Berhane ne put que lui sourire en retour. Il lui semblait encore impossible que la meilleure amie de Pèn soit de retour en Sarda, qu'elle pût profiter de sa compagnie, qu'elles pussent se souvenir ensemble de celle qu'elles avaient perdue, sans encourager leur chagrin respectif. Il lui arrivait de tendre la main pour attraper le coude, ou le poignet d'Abhel, quand le doute l'assaillait soudain. Avec ses cheveux de cendre, les silhouettes imposantes de ses deux gardiens, ses vêtements d'une coupe étrangère mystérieuse, elle n'avait plus rien à voir avec l'écuyère colérique d'il y a quatre ans. Berhane ressentait alors le besoin de s'assurer qu'elle était bien là. Vivante. En chair et en os.

« Avec plaisir, répondit-elle. Je ne devrais pas oublier que tu fus d'abord l'élève de notre Herboriste. »

Une émotion humide passa dans les iris d'Abhel, troubla un instant son regard, avant qu'elle ne se ressaisisse.

« Je crois encore savoir activer ce genre de charme simple », dit-elle en enjambant le muret pour rejoindre Berhane les pieds dans la terre et la cendre.

L'élue lui tendit l'une des pelotes de fils colorés et la baguette accrochée au bout.

« Hmm, pondéra Abhel, c'est une fabrication un peu différente de ceux de Frêne, mais je pense pouvoir m'en sortir. »

Elle s'agenouilla à même le sol et creusa une série de trous, du bout de ses doigts. Berhane s'assit à son tour, lui donna l'un des sachets de graines, l'imita à son tour, jusqu'à ce qu'elles aient deux petites rangées de cavités. Elles y déposèrent les semences importées d'Estari, puis Abhel planta le charme botanique en tête de ligne. Berhane l'observa de près, curieuse de saisir un peu de la magie des cavalières-herboristes, mais elle n'entendit ni prières secrètes, ne vit aucun geste mystérieux. Abhel effleura seulement le sommet de la baguette de son pouce et se redressa, une expression satisfaite peinte sur le visage.

« Voilà.

– Voilà ? »

Un hochement de tête.

« Il faudra un peu de temps avant que les plants ne prennent, mais on devrait pouvoir en tirer quelque chose d'ici quelques semaines. Même si l'automne arrive, leur croissance se fera comme au printemps. Tu en as d'autres ? »

Elles s'attelèrent à faire surgir du sol calciné un semblant de jardin. Lorsque les maigres compétences en potager de Berhane furent dépassées, elle se concentra sur la fabrication de clôtures, creusa des trous et des tranchées sous les directives d'Abhel. La mi-journée arriva, les trouva au travail, repartit sans interrompre leur labeur. Les nuages avaient fini par accoster la colline de la Ferté, amenant à leur suite un nouveau genre de chaleur, moite et lourde, chargée d'une humidité qui faisait suer Berhane à grosses gouttes. Abhel, elle, ne semblait pas incommodée. Qu'avait-elle vu pendant ses voyages ? Jusqu'où était-elle allée ? Comment avait-elle rencontré les deux Gardiens qui lui servaient d'ombre ? Il n'y avait plus, dans la silhouette assurée et dodue d'Abhel, que des éclats passagers de l'écuyère irascible et boudeuse d'Éliane. Bien que son jeune âge transparût encore, sa tranquille certitude semblait à Berhane un baume, une confirmation que de belles choses pouvaient naître de la confusion des cinq dernières années.

Un mot interrompit ses réflexions.

« Sophie. »

Berhane se retourna brusquement, ouvrit la bouche pour corriger la nouvelle arrivée, manqua s'étouffer en découvrant Brigandine, dépenaillée, épuisée, échinée, mais Brigandine quand même. Elle déglutit, voulu expliquer, la main d'Abhel se glissa dans la sienne, la réduisant au silence.

« C'est Abhel, maintenant. Ça fait plaisir de te voir, Bri. »

Berhane faillit tomber avec elles quand Brigandine se jeta dans les bras d'Abhel, avec toute la force que quatre années de séparation pouvaient lui conférer. Elle s'écarta légèrement, leur laissa tout loisir de rouler dans la cendre, de manquer écraser leur jardin tout neuf. Leurs rires combinés s'élevèrent de leur étreinte. Berhane laissa une larme lui échapper. Puis elle s'accroupit à leurs côtés et les enlaça à son tour.

« J'y crois pas, j'y crois pas, j'y crois pas. »

Une prière incohérente et reconnaissante tombait en boucle des lèvres de Brigandine. D'une main elle s'agrippait à la nuque d'Abhel, de l'autre elle retenait le coude de Berhane. Leurs trois fronts se pressaient ensemble, comme pour mieux imprimer dans leurs peaux le souvenir de leurs retrouvailles. Entre leurs corps imbriqués se logeait toute une histoire, un passé commun et individuel impossible à détisser les un des autres, un Ordre, un foyer, un Chant.

Brigandine, finalement, mit fin à leur étreinte, sans pour autant les relâcher tout à fait. Des ombres creusaient ses orbites, un pli amer tirait ses sourcils vers le haut, seul le manteau-tissé de Berhane donnait un peu de répit à son profil fatigué. Cela, et l'immense sourire qui étirait ses lèvres parcheminées.

« Que t'est-il arrivé ? demanda enfin l'élue. Après le départ de Nordeau, nous n'avons plus revu aucune de celles parties affronter les Sabès... »

Bri se renfrogna.

« J'aurais préféré profiter un peu de nos retrouvailles avant de passer aux choses sérieuses, je t'avoue. »

Berhane lui effleura l'épaule avec contrition.

« Je comprends. Et je suis désolée de te bousculer – un regard éloquent vers Abhel – je ne devrais pas en avoir le droit. Mais le temps et l'action nous pressent, comme toujours. »

La jeune femme acquiesça.

« Je ne sais pas ce qui est arrivé à mes compagnes de combat, expliqua-t-elle. Nous avons été séparées après notre capture, j'ai été emmené à Zinia et les autres ont été tuées ou déportées. Il y a nombre de nos concitoyennes à libérer à travers Sarda. Dans des prisons ou dans des mines, qui se trouvent directement sous la coupe des Sabès.

– Tu seras heureuse de savoir qu'une partie d'entre elles commencent déjà à se libérer d'elles-mêmes, précisa Berhane. Nous avons été rejointes par les mineuses d'Estari il y a quelques jours. »

Cela amena un semblant d'apaisement au visage de Brigandine. Elle laissa tomber sa tête contre l'épaule d'Abhel avec un soupir épuisé.

« Tant mieux.

– Si tu as besoin, je peux te trouver un lit où te reposer.

– Je ne dis pas non. »

Abhel s'interposa à ce moment-là.

« Je suis désolée, mais il y a quelque chose dont je dois vous parler et quelque chose que je dois faire et j'aimerai ne pas les repousser inutilement. »

En réponse à leurs regards interrogateurs, elle pressa leurs mains dans les siennes.

« Il y a un fardeau que je dois déposer, un fardeau que je charrie depuis huit longues années. Si je veux poursuivre ma route sans encombre, si vous souhaitez vraiment construire une république sans obstacle du passé... »

Elle prit une lente inspiration.

« Alors je dois parler à Myrddin le magicien. »

Les ruines de la Ferté, ses ombres et ses fantômes, n'avaient presque pas changé depuis la dernière fois où Myrddin s'y était tenu, en sa seule compagnie, abandonné de tout espoir, tandis que tout s'effondrait autour de lui. Les cendres et le fraisil avaient été vaguement balayés. Des tréteaux avaient été assemblés contre les murs afin d'en soutenir l'équilibre instable. Aucun cri ne montait du campement. Les derniers feux, au loin, étaient funéraires. La foule se rassemblait au pied de la colline, où Brigandine et les autres avaient installé un quartier général transitoire, le temps d'organiser les actions futures. On se massait donc aux portes tombées de la Ferté, comme les pèlerines s'y étaient un jour pressées, en longues files révérencieuses, portant haut des certitudes et des espérances. Personne n'avait osé, encore, pénétrer dans ce qui restait de la salle des prières. Personne sauf lui. Il n'y avait jamais prié, à son époque, la famille d'Oréna y vivait encore. Mais il s'y était révélé au grand jour, cinq ans plus tôt, dans l'espoir de retrouver Maude. Ou du moins l'ombre de Maude, les vestiges de son âme, l'ultime étincelle qu'il avait réussi à conserver. Cela aussi, désormais, était terminé.

« Tu vois, ma reine, il semblerait que des cendres renaissent parfois des pays tout entiers. »

Il s'avança jusqu'à une colonne couchée, s'assit lourdement pour ne pas flancher.

« Je te connais si bien, tu n'aimerais pas beaucoup ce concept de démocratie. Et pour une fois, tu aurais tort. Il est tellement plus facile d'affronter l'existence toutes ensemble, plutôt que de confier l'avenir à une seule personne, autant toutes se mettre à la tâche. »

Il se pencha en arrière, contempla les effilochés de nuées recouvrant le ciel. La pluie serait bientôt là. Il sourit.

« Voilà, ma douce, tu t'en vas et s'en vient la suite de l'histoire. J'ai été fou de croire que je pouvais arrêter la marche en avant du monde. Adieu, Delemos Estelle Maude Tanacras. Nous nous reverrons à l'ombre de la forêt des âmes, à la fin de ma vie. »

Larmes et escarbilles lui échappèrent sans qu'il veuille vraiment les retenir. Un poids si grand venait de quitter sa poitrine qu'il crut un instant que le vide subséquent l'étoufferait sur lui-même. Il avait tenu les deux promesses qu'il s'était fixé. Que lui restait-il à faire, à part…

« Alors c'est là que tu te caches. »

La voix de Roland perça le silence des ruines et le cœur de Myrddin. Le mage se retourna si vite que la tête lui tourna. Le prince s'appuyait lourdement sur une canne d'emprunt, le visage tiré, ses cheveux bruns tombant sans force sur son front. Lorsqu'il s'approcha, Myrddin put voir la sueur couvrant ses joues. Il lui fallut bien du courage pour ne pas se précipiter jusqu'à lui.

« Tu sais, je ne suis jamais venu ici. La salle de prière de la Ferté-Pluvieuse a toujours était réservée aux cavalières et après la mort de la princesse ma mère, je n'ai plus fait le pèlerinage une seule fois. »

Lentement, Roland atteignit lui aussi la colonne, y trouva un appui plus solide, reprit le souffle que sa longue tirade lui avait arraché. Il regarda Myrddin et le magicien crut qu'il serait celui qui défaillirait.

« On m'a dit que tu étais passé me voir. Quand j'étais blessé. On m'a dit aussi que tu m'avais sauvé la vie, là-bas, sur les berges du Grand Nedi.

– On t'a dit beaucoup de choses. »

La voix de Myrddin semblait devoir s'arracher à toute sa gorge, pousser la barrière de sa langue et de ses dents, si rauque et grave que son âge transparaissait dans chaque syllabe. Roland eut un sourire qui était une grimace.

« Darya avait besoin de vider son sac, je crois. Ta maîtrise de l'incendie l'a beaucoup impressionnée.

– Ah ! – cette fois-ci les mots vinrent au mage plus aisément – je savais bien qu'elle en pinçait pour moi.

– Évidemment.
– Sache que j'ai un charme fou. C'est toutes ces machinations et trahisons, elles me donnent un genre mystérieux. »

Le rire que sa réplique tira à Roland agit comme un baume pour ses appréhensions. S'il pouvait encore amuser le prince, alors il y avait encore de belles choses dans le monde. Il se laissa glisser le long de la colonne jusqu'à pouvoir s'asseoir à même le sol. À son côté, Roland l'imita, s'adossa pesamment contre la pierre brûlée, étendit ses jambes devant lui avec un soupir.

« J'ai fait un drôle de rêve, chuchota-t-il, quand le plomb m'a touché. Il y avait la mer et il y avait toi. »

Myrddin ferma les yeux et les poings. Comme il aurait voulu que cette soirée pluvieuse ne s'achève pas, que le déclin du jour s'éternise à jamais. Mais pas plus qu'il n'avait pu empêcher la mort de Maude, ne pouvait-il arrêter les mots d'échapper à Roland. Malgré sa longue existence, il lui en coûtait trop de dire au revoir.

« Ejiro. »

Roland prit sa main dans la sienne.

« J'ai eu du temps pour réfléchir, dans mon lit de malade, pendant que Berhane et toi, vous sauviez Sarda. Je n'avais pas grand-chose d'autre à faire, entre sieste et sommeil. Et puis il m'a fallu du temps pour que le rêve me revienne. Mais voilà la conclusion à laquelle je suis arrivé : je ne sais pas exactement quand je suis tombé amoureux de toi. »

La plainte qui échappa à Myrddin fut emportée par l'averse, avec quelques scintillements d'escarbilles.

« N'ai pas peur Ejiro, je ne vais pas partir. Je ne suis pas une forêt capricieuse, je ne suis pas une vallée lointaine, je ne suis pas une reine depuis longtemps décédée. Tant que tu me tiens, je ne peux pas partir. Tu n'es plus immortel, je ne suis pas en danger. »

Les étincelles lui échappèrent, explosèrent en bouquet autour d'eux, illuminèrent brièvement leurs visages au sein de la nuit et de l'ondée qui tombaient. Leur baiser crépusculaire devint une étreinte. Myrddin enfouit son visage dans l'épaule de Roland, s'enivra du parfum de sa peau, savoura le goût de l'autre homme dans sa bouche. Ils se tenaient encore la main, tandis que leurs bras libres agrippaient de toutes leurs forces des épaules, une taille. La forêt des pins elle-même n'aurait pas su les séparer.

À son oreille, le prince murmurait des babillages sans queue ni tête, des promesses irrationnelles, des confessions évidentes. Myrddin aurait pu se noyer dans son bavardage et n'en éprouver ni remords ni regrets.

C'est ainsi que les trouvèrent une délégation hétéroclite de rebelles, Gardiens et cavalières, menée, à la grande surprise du magicien, par Abhel de Nordeau. Il voulut se dépêtrer de l'étreinte de Roland, se lever pour faire face à cette assemblée surprise, sentit l'embarras lui monter aux joues. Appuyé contre la colonne effondrée, assis dans la cendre et la poussière, il n'y avait aucune manière d'échapper à leurs regards scrutateurs. Le prince ne le laissa pas s'échapper. Sans lâcher la main de Myrddin, s'appuyant lourdement sur sa canne, Roland se remit debout.

« Bonjour, votre Sérénissime », le salua Abhel.

Un éclat de satisfaction brillait au fond de son œil, une lueur de joie moqueuse que le mage ne lui avait jamais connue. Mais comment lui reprocher ce sentiment de supériorité ? Cette jubilation de voir leurs rôles échangés ? Le prince comme le mage avaient abusé de sa confiance et de son autonomie. Elle méritait cent fois de se moquer d'eux. Lorsqu'elle tourna son sourire assuré vers lui, il déglutit péniblement, mais ne chercha pas à se détourner.

« Bonjour, mage de feu. Ça fait longtemps que nous ne sommes pas vues. Je vais devoir vous arracher à votre… ami, car nous devons parler, vous et moi. »

Il ne put qu'acquiescer lentement. Abhel s'adressa à Berhane.

« Là-haut, c'est ça ? Tu crois que c'est le meilleur endroit ?

– Oui, confirma l'élue. C'est l'endroit qui a remporté le plus de voix.

– Bien. »

Abhel s'approcha de Myrddin, le toisa de haut en bas, malgré leur différence de taille.

« Allons-y », lui ordonna-t-elle avec un geste négligent de la main.

Et elle entreprit de gravir la colline de la Ferté, sans un regard de plus. Le magicien n'hésita qu'un instant. Il s'arracha à Roland à regret et emboîta le pas à son guide, tout en conservant une distance qu'il espéra respectueuse. Que lui voulait celle qu'il avait tant tourmentée ? À sa hanche, bien qu'à demi dissimulée sous son manteau, pendaient Lunde et Baldré, lourds de bien des siècles d'histoire et de bien du pouvoir. Comment réagirait Mira, si la Matriarche de Soufeu apprenait la présence des reliques ? Berhane avait parlé d'un vote, mais les femmes et les hommes réfugiés dans les ruines de la Ferté-Pluvieuse, savaient-elles que de tels symboles se promenaient juste sous leur nez ? Si elles l'apprenaient, ne considéreraient-elles pas Abhel comme… Myrddin se mordit les lèvres pour faire taire ses pensées. Que savait-il des envies sardaises ? Que savait-il des décisions de Berhane ? Il ne lui revenait pas de mettre, encore une fois, des bâtons dans les roues du destin d'Abhel. Elle n'était pas venue le chercher en secret, elle n'essayait pas de cacher leur cheminement à flanc de colline. Et bien que leur discussion soit privée, toutes pourraient les voir parler.

Le sommet exact de la Ferté-Pluvieuse avait été, avant l'incendie des Sabès, un cloître sacré, où des cavalières-herboristes entretenaient un arboretum d'une rare richesse. À l'ombre de ces grands arbres, une stèle à la mémoire de Maude racontait sa légende. Il ne restait rien de tout cela, que quelques pans de murs écroulés. C'est au milieu des souches carbonisées qu'Abhel les guida. Elle n'avait pas grandi depuis leur dernière rencontre. Ses cheveux avaient tourné à la cendre, conséquence de la mort de son dragon, mais elle semblait aussi plus sereine et plus heureuse, que depuis leur confrontation au sommet de la tour des reines. Lorsqu'elle se tourna vers le mage, il en vint presque à souhaiter que la forêt des pins surgisse pour l'engloutir tout entier.

« C'est presque ici que nous nous sommes vues pour la première fois, je crois. Bien qu'à l'époque, je n'avais aucune idée de ce que notre rencontre voulait dire ni de votre implication dans les premières années de ma vie. Alors qu'elle précède même ma naissance. »

Il n'y avait aucun moyen d'échapper à son regard. Les deux Gardiens auraient tout aussi bien pu être là à le tenir immobile. L'idée d'échapper à cette conversation s'envola aussi vite qu'elle était venue ; il ne fuirait pas le discours d'Abhel de Nordeau. Il la laisserait parler, se soumettrait à son jugement, son blâme, son ire. Il la laisserait dire tout ce qu'elle avait à dire et, avec un peu de chance, cela la libérerait, au moins en partie, de lui.

« Notre véritable rencontre s'est bien sûr faite à Zinia, après le Congrès, reprit Abhel. Contre votre soutien à sa candidature comme condottiere, ma Maîtresse m'a vendu. Elle ne devait pas connaître tous les tenants et aboutissants de votre plan, sinon elle aurait vite compris que sa nouvelle position ne durerait qu'un temps. Le temps pour vous de faire renaître Maude, à travers moi. Ce qui m'amène à ma première question, magicien. Que serait-il advenu de moi, si Frêne n'avait pas tranché le cou à la marque magique qui me reliait à Maude ? »

Il voulut déglutir et lui répondre, s'étouffa avec un peu de salive, toussa plus longuement que nécessaire pour retrouver un semblant d'aplomb. Il n'avait pas prévu qu'elle lui demande des explications, il avait cru, bêtement, qu'elle se contenterait de l'écharper verbalement, peut-être même physiquement. Il se serait laissé faire, mais des réponses, en revanche, il n'en avait que de bien pauvres.

« Alors ? le pressa Abhel. Que me serait-il arrivé ?

– Tu aurais fini par t'évaporer, je pense. Tu aurais laissé toute la place à celle de Maude et tu aurais disparu. Est-ce qu'on peut dire que tu serais morte, ou est-ce que tu aurais erré dans la forêt des âmes jusqu'à la fin de toute chose ? Je ne sais pas. Je ne sais, en fait, pas grand-chose. »

Un tremblement agita la lèvre inférieure d'Abhel, mais elle poursuivit.

« Est-ce que vous pourriez ramener quelqu'un qui soit mort depuis plusieurs années ? Les réfugiées disent que vous avez sauvé le prince Roland. »

Le mage secoua la tête.

« Non, je ne peux pas. Ou alors il aurait fallu que je marque cette personne de son vivant. Roland était, seulement, gravement blessé. Je n'ai fait que l'empêcher de s'échapper. Je ne peux pas ramener Pènderyn de Nordeau à la vie, si c'est ce que tu te demandes.

– Dommage », répondit Abhel.

S'il put voir l'effort immense qu'elle fit pour ne pas pleurer, il n'en dit rien.

« As-tu d'autres questions ? »

Elle acquiesça.

« Une, au moins. Que comptiez-vous faire, une fois Maude occupant mon corps ? L'épouser de nouveau ? La remettre sur le trône avec vous à ses côtés ? Fonder une nouvelle famille ? »

Cette question-là le prit bien plus de court que la précédente. Par réflexe il chercha de quoi s'asseoir, un endroit d'où retrouver un peu de contenance, plutôt que, les bras ballants, regarder celle qu'il avait manqué de tuer. Mais il n'y avait plus d'arbre pour s'adosser nonchalamment, plus de stèle sur laquelle poser une fesse hérétique. Les yeux d'Abhel ne le laisseraient pas s'échapper.

« Je ne sais pas, murmura-t-il enfin. Je… je ne sais pas ce qui se serait passé. Je voulais juste… ne plus être seul. Je voulais retrouver Maude parce qu'elle me manquait et qu'elle me manque encore. Je sentais la forêt des pins refermer sur moi ses filets et je pensais pouvoir l'affronter si Maude était à mes côtés. Je me suis toujours cru invincible avec elle.

– Elle vous aimait beaucoup, chuchota Abhel en réponse. Mais elle avait fait son temps, elle avait vécu sa vie et moi... »

Elle serra les poings, avorta un pas en avant.

« Moi je n'avais pas beaucoup vécu, encore. Je n'ai toujours pas beaucoup vécu. »

Son visage, si apaisé au début de leur échange, tournait à l'aigre et au chagrin. D'une main elle s'agrippait à la garde de Lunde, de l'autre elle empoignait les sangles de Baldré, dans une posture qu'il lui avait déjà vue, à l'époque. Au fond de son estomac, plusieurs pierres de regret vinrent déposer leur poids. Puis une certitude, aussi prégnante que le parfum de terre brûlée qui s'élevait encore du cloître ruiné, vint s'ajouter à leur charge. Il n'avait rien à dire à Abhel de Nordeau, qui puisse l'apaiser.

« Je suis…

– Si vous dites désolé, je vous passerai Lunde en travers du corps. Alors vous pourrez retrouver votre épouse. »

Le mage se tut, elle ne dit rien de plus, entre elles s'abattit un épais rideau de bruine. Sans s'annoncer, la pluie revint sur la Ferté. Elle submergea la campagne dévastée, couvrit de son lourd manteau la dévastation de l'incendie, étouffa les odeurs et l'horizon sous une chape aqueuse. Très vite, leurs vêtements détrempés leur collèrent à la peau, les cheveux de l'ancienne écuyère formèrent de grosses mèches mouillées autour de son visage. Si l'une ou l'autre pleurait, le grain eut tôt fait de noyer leurs larmes. Puis, avec une lenteur qui paraissait de la réticence, Abhel dégrafa sa cape. L'averse, immédiatement, inonda sa courte chemise orientale et son pantalon de coton. Elle défit les boucles retenant Baldré à sa taille, se saisit de l'épée dans son fourreau, les tendit devant elle, comme une offrande.

« Ce n'est pas pour discuter que je vous ai fait venir jusqu'ici. Il reste un dernier bagage de cette période que je dois déposer. Si, comme me l'assure Berhane, vous avez à cœur de l'aider, alors vous serez d'accord avec moi : il faut nous débarrasser de Lunde et Baldré. »

De toutes les raisons qui auraient pu la pousser à l'affronter, le magicien ne s'était pas attendu à celle-là.

« Tu veux… que je les brûle ? Que je fasse fondre la lame de… »

Il voulut lui dire non. Impossible. Il ne pouvait pas détruire les dernières preuves tangibles de l'existence de Maude. Peut-être pouvait-elle les lui confier ? Il pourrait les cacher là où personne ne viendrait les chercher. Il l'avait déjà fait. Personne n'avait besoin de savoir ce qu'il adviendrait des reliques, ni où Myrddin irait les planquer. Abhel coupa court à ses tentations.

« Non, trancha-t-elle. On a eu assez d'incendies pour toute une vie, ici, je pense. Et puis les flammes, les étincelles, ce n'est pas la seule chose que ta magie peut faire, si ?

– Heu, non.

– Bien. Alors voilà mon idée. »

Elle posa l'épée et le baudrier à même la terre qui se gonflait d'eau, puis fouilla sous sa chemise pour en sortir un pendentif de bois et de fils que le mage ne reconnut pas. Jusqu'à ce que l'ancienne écuyère vienne le planter entre elles. Un charme de cavalière-herboriste, comme il y avait dû en avoir des centaines éparpillés à travers le cloître, altérant le climat, protégeant des essences habituellement incompatibles. Le plan d'Abhel commença à lui apparaître.

« Je… je ne sais pas si j'en suis capable… Ma magie est au mieux instable au pire destructrice… Je ne sais pas si je peux faire ce que tu me demandes. »

Même à travers l'averse, son regard méprisant le transperça.

« La magie est un outil, mage de feu. Elle n'est ni bonne ni mauvaise, c'est un vecteur, pas une intention. Et puis ne baisse pas les bras avant même d'avoir essayé. Montre un peu de courage pour une fois. »

Il ne put que lui obéir. Abhel sortit un dernier détail de sa poche, une samare aux ailes un peu abîmées. Elle la planta dans la cendre meuble, tout près du charme d'herboriste, rapprocha Lunde et Baldré.

« Bien, commençons. »

À sa grande surprise et bien qu'il aurait dû s'en douter, la magie vint facilement à Myrddin. Lorsqu'Abhel posa ses mains sur les siennes, sous la pluie battante de l'automne victorieux, une nuée d'escarbilles s'échappa de ses doigts pour s'éteindre en grésillant. Lorsque l'ancienne écuyère dirigea son attention sur le sortilège de bois et de laine, et la graine plantée à son pied, un courant tiède et familier le parcourut de part en part. Lorsque la samare entreprit de germer, il eut à peine à y penser, pour que soudain son pouvoir s'écoule le long de ses bras, de ses poignets, de ses mains, puis, à travers celles d'Abhel, jusqu'au charme et au-delà, la terre. Comme il lui sembla simple, alors, de venir s'ajouter à la croissance de la jeune pousse. N'était-ce pas là un peu de la magie de ses mères ? Myriam n'en aurait-iel pas été fier ? Entre Myrddin et Abhel, le bourgeon tourna au semis. Le semis se mua en buisson. Le buisson s'allongea en une tige et dans le cœur de son bois, là où se formaient, en accéléré, cambium et duramen, elle engloutit Lunde ceinte de son baudrier. La samare devint arbrisseau, devint érable. Il étendit ses branches haut au-dessus de leurs têtes, déploya son feuillage, jusqu'à les protéger du crachin. Dans l'ancien arboretum des cavalières, au milieu de la cendre et des ruines, il ouvrit bientôt son houppier tout en rondeur et dissimula en son sein les dernières reliques d'une monarchie révolue.

La circonférence du tronc avait forcé Myrddin à lâcher les mains d'Abhel, le laissant seul devant l'écorce. Une immense fatigue succéda à l'euphorie. Une pointe de douleur et d'inquiétude lui chatouilla le sein, là où le plomb l'avait touché. La forêt allait-elle ressurgir ? Myriam avait-iel échoué à le couper de l'influence des pins ? Il inspira profondément. Seul lui parvint le parfum de boue et de pétrichor qu'exsudait le cloître. Ni relent de résine ni rameau d'aiguilles bleues ne vinrent le parasiter. Il se laissa glisser le long du tronc neuf, s'adossa lourdement à l'érable.

« Tu vois, commenta Abhel en le rejoignant. Ce n'était pas si difficile. »

Elle le considéra un instant, puis :

« Au revoir mage de feu. Puissent nos chemins ne jamais se recroiser. »

Et sur ces mots elle lui tourna le dos, entreprit de descendre la colline pour rejoindre le groupe resté à les attendre plus bas. Allégée de son fardeau, elle lui sembla, soudain, plus grande. Quand elle fut suffisamment loin, il lui murmura ses adieux à son tour.

« Au revoir Abhel de Nordeau, écuyère, voyageuse aux désirs libres et à la résolution souveraine. »

Alors il ferma les yeux, pour une sieste bien méritée.

Geste d'Oihana

Pour la première fois depuis longtemps, le prénom de la grand-mère revient dans la bouche et les mains qui l'entourent.

Oihana ! Oihana !

La saluent les cavalières rebelles quand elle les croise aux abords du campement, leurs longs manteaux colorés saturés de fatigue et de pluie des algues dans les courants brumeux de la bruine. Comme elle aimerait pouvoir en approcher un, le palper, l'étudier. Découvrir ce qui fait sa trame et son motif, la qualité de sa laine et la délicatesse de son ouvrage. Elle n'ose pas demander. Ça a l'air un peu sacré, ces mantes, un peu tabou. Comme les dragons que chacun prend soin de contourner, un chatoyant qui attire, mais ne peut être touché.

Oihana ! Oihana !

L'interpelle la Mairesse, depuis l'une des tables de décisions. On a brodé à son épaule une flamme symbolisant un certain statut, même si la grand-mère n'est pas certaine duquel. Elle voit son amie discuter avec Berhane de Nordeau, rencontrer les nouvelles arrivantes qui se massent au pied de la Ferté, distribuer ressources et conseils. Elle n'ose pas l'importuner. La Mairesse a fort à faire de ses journées, son temps précieux est compté, il faut la laisser à ses nouvelles responsabilités.

Oihana, Oihana.

Murmure et signe Enara quand elle la retrouve. Dans le creux de son oreille, son nom n'est qu'un souffle, une caresse, mais la grand-mère en reconnaît quand même les syllabes. Elle la tient fort dans ses bras, sa belle-fille miracle, leur cadeau de la Dame. Elle essuie ses larmes, sur ses joues creuses. Elle masse ses bras épuisés. Elle berce sa belle tête encore

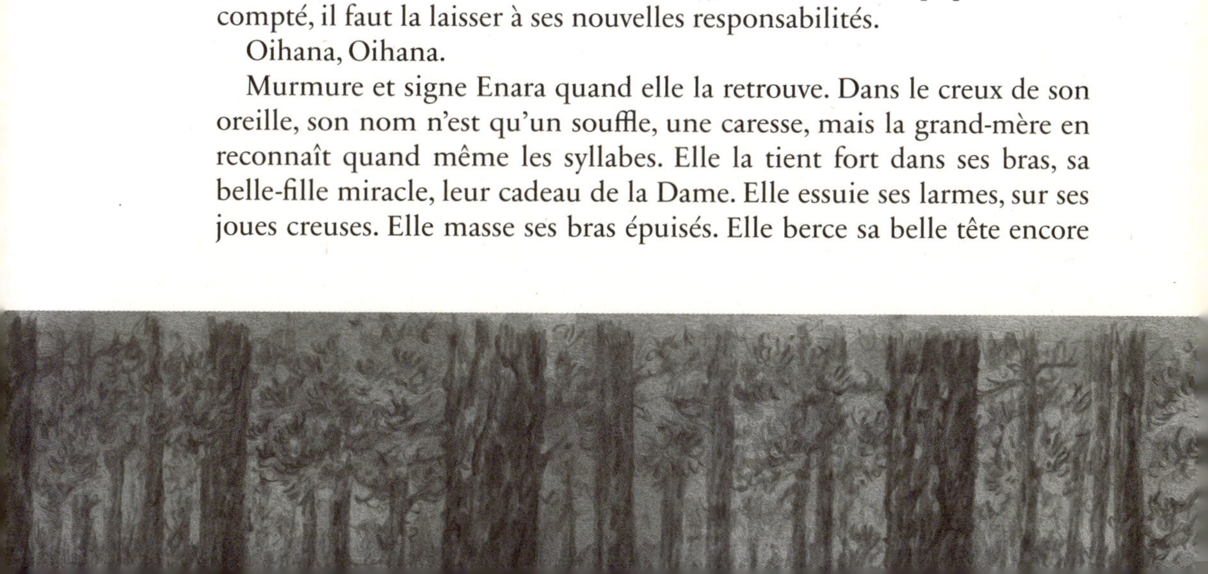

empoissée de poussière et de charbon. Elle chasse, autant que possible, les cauchemars et les ombres, quand même les rires des fillettes ou l'amour du mari ne suffisent plus à éloigner le souvenir de la mine.

Nana ! Nana !

Cri la ronde de petites-filles en dansant autour d'elle. Usoa, Garbi, Irune, Edurne, Amets. Elles sautillent, elles gambadent, elles tourbillonnent. Essaim de mésanges rieuses, volée de gélinottes exaltées. Les fillettes tanguent et gigotent comme si leurs vies en dépendaient. Usoa, Garbi, Irune, Edurne, Amets. Une ronde endiablée entoure la grand-mère de sa joie contagieuse, de ses rires juvéniles qu'elle devine, d'une énergie comme elles n'en ont plus eu depuis l'incendie. Leur maman est là, leur maman est revenue, leur maman les aime. Alors elles dansent et dansent encore autour de leur grand-mère.

Mama.

Chuchote son fils, quand personne n'est là pour le voir s'exprimer. Il retrouve doucement sa voix et ses gestes, ce grand fils épuisé par les années. Il retrouve un peu de lui-même, dans les bras d'Enara, dans la compagnie de ses filles, dans la besogne secrète dont il refuse de leur parler. Il s'éclipse, le soir, quand les petites dorment enfin. Pas encore rassasiées du retour de leur mère, il faut longuement les câliner avant qu'elles n'acceptent de s'installer pour la nuit. Le fils s'échappe, alors, pour quelques heures seulement, il va travailler sous le seul regard des étoiles, avec la lune pour collègue, les ombres comme atelier. Une petite voix murmure bien des espoirs à la grand-mère, quant à ce projet mystérieux. Petite voix qu'elle se refuse à croire. Pour le moment.

Oihana, Oihana !

Chantonnent à nouveau les faines, les glands, les noix tandis qu'elle retrouve ses habituelles virées nocturnes, mais de jour, cette fois. Puisque son fils se permet des cachotteries, la grand-mère aussi reprend du service. Bien sûr, ici, personne ne va l'empêcher de planter quoi que ce soit, alors elle déambule le matin, l'après-midi, parfois jusqu'au début de soirée. À son flanc, une petite sacoche offerte par une cavalière si fripée, si tassée, que la grand-mère s'est demandé si cette dernière n'était pas plus vieille qu'elle. Dans une main, la petite pelle qu'elle a trimbalée à travers la moitié du pays, dans l'autre, la menotte d'Usoa, plus motivée que jamais à participer. Elles reprennent donc leur labeur, grand-mère et petite-fille, pataugeant dans la boue et courbées sous la pluie. La terre accueille sans rechigner leurs petites offrandes. Elle tête goulûment leurs doigts, leur laisse des baisers de terre jusque sous les ongles. Et depuis leur nouvelle demeure d'humus, les graines chantent les arbres à venir.

Mama…

Marmonne le fils, timidement, presque honteusement, avec un geste si crispé qu'elle manque de rater son sens. Ça fait si longtemps qu'il ne l'a pas appelé, qu'il n'a pas fait un signe, elle croirait rêver. Puis il recommence. Mama. L'appelle de la main jusqu'à ce qu'elle le suive. Voilà, jubile la petite voix, c'est la révélation. Elle va enfin savoir, elle va découvrir ce que mijote son fils depuis le retour de sa femme. Il la guide à travers le campement qui tourne au village. Il avance, déterminé, sans laisser sa connaissance de leur destination distancer les claudications de la grand-mère. Sur le flanc ouest de la colline, la part qui se tourne vers le Ravin au loin, un mur long a résisté à l'incendie. Ses pierres roussies par les flammes ont depuis été consolidées, ses fondations renforcées et un préau grossier construits là où s'était tenue sa toiture. Dans l'ombre de ce qu'on ne peut décemment pas appeler un bâtiment, plusieurs silhouettes monstrueuses dressent leurs pattes trapues et leurs échines de poutres. Le cœur de la grand-mère se serre. Est-ce possible ? Comme revenu d'entre les morts, ayant échappé au brasier et à l'abandon, sont-ce la fierté et la joie de Cherchefeuille ?

Mama ! Mama !

S'exclame le fils lorsqu'elle commence à pleurer. Mais, pour la première fois depuis trop longtemps, il n'y a aucun chagrin dans les larmes de la grand-mère. Seulement une intense ivresse.

Nana !

S'écrie la ronde de fillettes lorsqu'elles découvrent les différents métiers à tisser que leur père a bâtis. Leur allégresse dépasse presque celle de leur grand-mère. Il faut empêcher Irune et Edurne de grimper sur les montants de bois, de s'entraver dans les lisses. Les petites-filles la pressent de questions : va-t-elle se remettre à tisser ?

Oihana !

S'enthousiasme la mairesse à la vue des machines. Est-ce que tout le monde croit que c'est elle qui les a faites ? Son fils semble plus fier de savoir qu'il rend à sa mère ses outils de travail que d'avoir construit tout cela lui-même. D'autres métiers l'attendent déjà, leur matière de bric et de broc entassée dans un coin du hangar.

Oihana

Disent les fils de chaîne et de trame.

Oihana

Disent l'ensouple et son contrepoids.

Oihana

L'appelle la foulée.

Reprend ton ouvrage Oihana et transmet à la Sarda qui vient le savoir-faire de la Sarda qui fut.

Retranscription du discours de Trinh de Zinia,

négociatrice de la résistance de Sarda, représentante en exil du gouvernement élu auprès des cités-libres des Plaines, donné devant l'assemblée des cités-libres des Plaines, début de rabi an 9 du mandat d'Olivia Flane ; 10 Roussigna 1045

Archives domestiques de la République de Sarda

« Représentantes de toutes les cités-libres des Plaines, élues municipales, désignées volontaires, tirées au sort, déléguées et mandataires, je vous salue. Je suis Trinh de Sarda et j'ai été envoyée afin que vous puissiez répondre à une question qui, je crois, vous occupe depuis trop longtemps maintenant. En vérité, elle est pourtant très simple. Faut-il ou ne faut-il pas que les cités-libres s'engagent à soutenir les efforts de résistance contre l'occupation de Sarda par les Comtés-Unis ? On pourrait y adjoindre une corollaire : de quelle façon doivent-elles soutenir cet effort de lutte ?

Je me demande bien ce qui a pu vous prendre aussi longtemps.

J'ai traversé tout mon pays, j'ai bravé les cols de montagnes, la longue marche sous le soleil accablant de vos Plaines, j'ai voyagé sans trêve et sans repos, pour venir, humblement, honteusement, vous supplier de m'aider. Pourtant, je ne devrais même pas être là ! Vous n'avez pas besoin de moi pour vous décider, car n'importe qui peut voir ce qu'il serait juste de faire !

La décision qui vous incombe est d'une simplicité sans pareil. Je vous envie, presque, la clarté qui vous est permise. Il n'y a pas de piège, pas de ruse retorse, pas de plan perfide, derrière la demande de celles qui m'envoient. La seule bonne réponse, à la question qui vous est posée, c'est d'apporter tout soutien possible, qu'il soit militaire, matériel ou économique, aux différents groupes rebelles actifs sur le territoire sardais, qu'ils soient alliés ou indépendants les uns des autres, qu'ils aient des élues ou non, qu'ils soient violents ou non. Toute action de résistance aux Sabès doit être soutenue, pour briser l'emprise des Comtés-Unis sur Sarda. Il n'y a pas à tortiller du cul, merde.

(agitation dans l'assemblée)

Quoi ? Mon langage vous dérange ? Vous croyez que les manières importent plus que les convictions ? Vous préféreriez plus de déférence ? Plus de respect ? Que je vous dise merci ? Merci pour quoi. Merci de m'autoriser à parler devant vous ! Bravo ! Dans le confort de vos cités, la destinée des miennes vous intéresse ? Merveilleux ! Votre vertu n'a d'égale que votre générosité, je vous félicite, je vous adoube de mon pardon. Oh, ne commencez pas à pleurer ! Vous croyez que vos avis m'importent ? Que l'apaisement de vos consciences est, d'une quelconque façon, ma responsabilité ? Ah ! La vérité, c'est que vous me faites pitié.

(des cris dans les rangs des souverainistes)

La vérité, c'est qu'il n'y a pas moins de violence dans les décisions terribles masquées de respectabilité que dans mes mots crus, mais véritables. Je dirai même, il y a plus violence dans les discours policés que dans les actions de nos rébellions. Croyez-vous que les Sabès ne soient pas maître du respectable ? Ils disent apporter la stabilité là où nous apportons la confusion. Ils seraient l'ordre quand nous serions le chaos. Non. La vérité, c'est qu'il n'y a qu'une seule réponse adéquate, une seule décision à prendre : vous devez rejoindre Sarda dans ses efforts contre les Comtés-Unis des Sabès.

(applaudissements discrets chez les radicales)

Alors voilà. Je viens devant vous aujourd'hui, acerbe et belliqueuse. Insultante, aussi. Désespérée, surtout. Je viens vous admonester et vous supplier. Vous sermonner et vous implorer. S'il vous plaît, au nom de tout ce qui est juste et grand et beau, votez la sauvegarde de mon peuple.

(applaudissements dans l'assemblée)

La cendre et la pluie

« L'appellation royaume de Sarda devint donc obsolète. Le pays et ses habitantes se trouvaient désormais à la croisée d'un certain nombre de choix : où aller après la destruction de l'incendie ? Que faire des antiques reliques et des vieilles légendes ? Des Sabès ou de la rébellion, qui auraient la main mise sur les terres sardaises ? À nous, cités-libres des Plaines, se posait une question d'importance similaire : choisirions-nous une neutralité prudente ou ferions-nous front commun avec leur résistance ? »

Commentaires sur les « Mémoires d'un messager » d'Adhémar Logos Fikri Altharin

par Olivia Flane, Maire de Sangrisca, Géographe

Les éclaireuses de la résistance les accueillirent bien avant que les ruines de la Ferté-Pluvieuse et les tentes des rebelles ne dressent leurs silhouettes à l'horizon. Leurs vorombes trottaient sans faiblir sur ce qu'il restait des chemins. Leurs ergots levaient à chaque foulée un nuage de poussière et de cendre, comme une oriflamme annonçant leur arrivée. Elles n'avaient pas vraiment cherché à se cacher. De toute façon, il ne restait autour d'elles qu'une immense plaine calcinée, où ne survivaient que de rares buissons, quelques arbres ayant perdu la majorité de leurs branches et les fondations de maisons mastiquées par les flammes de l'incendie ; elles n'auraient jamais pu passer inaperçues. Alors elles chevauchèrent en plein jour, sans plus se soucier des Sabès, talonnées par les premiers nuages que la région ait vu depuis trop longtemps. Lorcan transportait toujours le corps du poète en croupe et après plusieurs jours de voyage, la dépouille commençait à sentir. Elle avait tenté de convaincre Kalyan de procéder à la crémation une fois les murs de Zinia disparus derrière l'horizon, mais rien n'avait

su convaincre le vieil homme. Malgré la fatigue de l'emprisonnement, malgré l'épuisement de la fuite, il continuait de s'accrocher aux rênes et à sa décision, refusait de se satisfaire d'une cérémonie bâclée. Puis une bruine timide les avait rattrapées et il n'avait plus était question d'allumer aucun feu. C'est donc éperonnant leurs montures à travers le paysage brûlé, transformé par le crachin en vaste steppe de boue compacte, que les rebelles les trouvèrent.

Adèle leur barra soudain la route, l'épée à la main, l'arquebuse à l'épaule, suivie aussitôt de cinq de ses femmes qui déboulèrent d'un fossé pour les encercler. Lorcan tira brusquement sur la bride de son vorombe, manqua vider les étriers et perdre son sinistre chargement. Puis l'éclaireuse de tête la reconnut.

« Lorcan ? »

L'élue parvint à lui sourire malgré le rythme affolé et assourdissant de son cœur à ses oreilles. Elle dut tendre une main pour saisir les rênes du vorombe de Kalyan et une autre pour retenir le cadavre du poète, ce qui de nouveau faillit la précipiter à terre.

« Adèle ! S'exclama-t-elle enfin. Tu ne peux pas savoir comment je suis contente de te voir ! »

Le minois toujours froncé de concentration de la jeune femme n'offrait pas un accueil très chaleureux, pourtant, Lorcan lui trouvait soudain une impérieuse bienveillance.

« Berhane gardait espoir, lui répondit l'éclaireuse, mais je croyais que tu étais morte sur le chemin de Zinia et Roland et Myrddin avec toi. D'ailleurs – elle leva un sourcil interrogateur – je présume que tu ignores leur destin.

– Oui, lorsque je les ai quittés ils étaient bien vivants, mais j'ignore tout de ce qui a pu leur arriver depuis. »

Sans qu'elle puisse se l'expliquer de façon satisfaisante, elle garda pour elle la blessure du mage et la situation précaire dans laquelle elle les avait laissés. Kalyan lui jeta un regard étrange qu'elle ignora complètement. Le sourire en coin d'Adèle, en revanche, capta son attention avec force.

« J'ai des nouvelles pour toi alors, dit l'éclaireuse. Et Roland et Myrddin sont vivants, aux côtés de la résistance et c'est le magicien qui a éteint l'incendie de la Ferté-Pluvieuse, où nous sommes désormais installées.

– Ah ! »

Le cri s'était arraché à Lorcan en un souffle impérieux, jaillissant des tréfonds de sa poitrine et d'une espérance tue et cachée. Puis un rire immense la secoua de part en part. Un rire comme elle n'en avait pas eu depuis bien des années. Un rire libre et sauvage que la pluie emporta dans ses ruisselets d'eau boueuse, que la cendre absorba au cœur de ses flocons de suie, que le ciel reçut en offrande.

Elles atteignirent ce qu'il restait du temple de la Ferté-Pluvieuse et ce qu'il s'amorçait du campement des rebelles à la tombée de la nuit. Des patrouilles de cavalières traçaient des sillons obscurs contre la noire voûte du soir, on s'activait de haut en bas de la colline, on creusait des tranchées, on montait des palissades de fortune. Plus d'une résistante leva le nez de sa besogne, au passage de Lorcan, pour la saluer ou lui faire quelques signes de reconnaissance. Plus d'un visage lui parut, aussi, inconnu ou nouveau. Elle n'y vit pas celui de Nisha, choisit de n'en tirer aucune conclusion. Durant son mois et quelques d'absence, les rangs des femmes qui l'avaient élue avaient bien changé, lui restait-il la moindre légitimité à mener, sans même parler de gouverner ? N'avait-elle pas renoncé à toutes prétentions électorales lorsqu'elle avait pris la route de Zinia avec Myrddin et Roland ?

Berhane les retrouva en chemin. Elle ne portait pas son manteau-tissé, remarqua immédiatement Lorcan, mais son dragon la suivait de près, un peu maladroit sur la terre ferme, s'attirant les regards estomaqués de nombre de passantes.

« Tu ne mérites vraiment pas que je te pardonne, la gronda la cavalière en arrivant à son niveau, mais je crains de l'avoir déjà fait. »

Elle attira Lorcan dans une étreinte puissante. L'autre femme s'y laissa aller avec bien plus de soulagement qu'elle ne l'avait anticipé. Bien qu'elle n'aurait pas du douter du pardon de sa collègue, l'amnistie ainsi offerte ôtait de sa poitrine un poids qu'elle ignorait porter. Elle enlaça en retour le corps charnu, épais, vivant de Berhane, y abandonna un peu de ses angoisses, y puisa beaucoup d'espoir.

« Qu'as-tu fait pendant tout ce temps ? » Lui demanda la cavalière en les relâchant.

Lorcan haussa les épaules.

« Oh tu sais, j'ai tué des Sabès, aidé des villageoises à reconstruire la toiture de leur temple, aperçu la Dame dans un bosquet... »

Avant que Berhane puisse la questionner à ce sujet, une exclamation les interrompit.

« Toi ! »

Elles pivotèrent d'un même bloc. Remontant l'allée à grands pas, sa fureur écartant les foules et peut-être même les nuées, Nisha se dirigeait droit sur elles. Ou plutôt, droit sur Lorcan, qu'elle pointa soudain du doigt.

« Toi, toi, toi, toi !

– Ah, grimaça Berhane avec compassion, je crois que je vais vous laisser.

– Non, non, attends une seconde ! »

Mais la cavalière avait déjà disparu entre les ruines de la Ferté-Pluvieuse. Lorcan n'eut que le temps de se retourner vers Nisha, avant que celle-ci ne lui tombe dessus.

« Bonjour » murmura l'élue.

La vue du beau visage à la douce peau de bronze de Nisha, bien que froncé de colère et de détresse, restait tout aussi apaisante pour Lorcan qu'elle l'avait été pendant toutes leurs années d'amitié. Même lorsqu'une main se referma sur son épaule comme une serre autour d'une proie. Elle pouvait sentir trembler le bras de Nisha, pouvait voir les larmes poindre au coin de ses paupières.

« Bonjour, siffla-t-elle. C'est tout ce que tu trouves à dire ? Tu n'as rien d'autre dans ton répertoire ? Pas de beaux discours ? Hm ? Pas de jolies phrases pour justifier tes actions ? Tu devrais te répandre en flatteries et mots doux, jusqu'à ce que ta gorge te brûle et ton palais s'assèche. Tu devrais m'embrasser comme si c'est la dernière fois que tu peux le faire. »

Lorcan ne se fit pas prier. Elle baisa l'angle de sa mâchoire, l'aplat de sa pommette, l'aile de son nez, sa glabelle encadrée par ses sourcils noirs. Et puis, enfin, ses lèvres, à l'ourlet tentateur. Elle voulut saisir un coude, mais Nisha intercepta sa main, entrelaça leurs doigts, planta ses ongles dans la peau de Lorcan. L'élue lui abandonna ce bras, tandis que de l'autre elle entourait ses hanches. Des orteils aux épaules, elles ne se quittaient plus.

« Ta peau est si douce, murmura Lorcan.

– Ne me déconcentre pas quand je suis en colère contre toi, chuchota Nisha en retour.

– Pardon. Pardon d'être partie loin de toi, mais je n'avais pas d'autre choix que de quitter Nordeau.

– Tu aurais dû me dire, tu aurais dû m'emmener, j'ai cru que je ne te reverrai jamais.

– Ma seule façon d'être sûre de revenir, c'était de savoir que tu m'attendais. »

Cela tira un rire ronflant à Nisha. La plus belle de toutes les femmes rejeta sa tête en arrière avec un mugissement amusé qui attira plus d'un regard perplexe. Lorcan, en revanche, la suivit dans l'hilarité, en profita pour bécoter le cou ainsi offert, l'enlaça par la taille pour mieux la soulever. Elles faillirent perdre l'équilibre, trébuchèrent sur des débris plus d'une fois, mais rien n'arrêta leur étrange danse, pas tant qu'il restait la moindre amertume, le plus petit échantillon de rancœur au fond de leurs poitrines. Elles valsèrent ainsi entre les ruines, sans cesser de rire, gonflant le cœur de Lorcan de joie, de joie, de joie.

Berhane organisa pour Kalyan de Zinia la crémation d'Omiros de Castel. La pluie qui n'en finissait pas ne leur laissa d'autre choix que d'élaborer un abri de fortune, un peu à l'écart du campement en construction et des autres bûchers funéraires, avant de réussir à démarrer la moindre flamme. Personne ne se joignit à elles pour la crémation. Elles restèrent longtemps seules, immobiles devant le brasier macabre. Une drache drue et implacable tombait sans discontinuer, détrempait leurs vêtements, rinçait leurs cheveux et leurs visages, formait des ruisselets entre leurs pieds. Les gouttes martelaient les ruines de toute la force de leurs longs doigts, y jouaient une symphonie funèbre assourdissante. La fumée du bûcher funéraire peinait à s'élever, sous la force de l'ondée. À peine ses rouleaux gris échappaient-ils à la protection du préau de fortune, que l'averse les rabattait au sol et les dispersait en filet d'eau fuligineuse. Le brasier flambait, pourtant. Elles chantèrent les chansons de deuil, recommandèrent son esprit à la Dame, donnèrent des conseils pour traverser sans encombre la Forêt des âmes et trouver le chemin de sa première réincarnation. Berhane lui offrit même une complainte de cavalière. Désormais, les derniers rondins achevaient de se consumer, laissant derrière eux un tas de cendres et de braises. La journée touchait à sa fin, bien que rien ne distinguât vraiment le jour du crépuscule dans l'ombre des nuées orageuses.

D'Omiros poète des Sabès il ne restait plus qu'un fraisil gras, une poignée de poussière d'os, une odeur de charbon. Presque rien, en somme.

Elle laissa Kalyan dans une tente presque totalement étanche, avec une réserve de couverture, du thé chaud et un bol de riz noyé de bouillon. Le vieil homme avait rassemblé les cendres d'Omiros de Castel et comptait prier seul pour la réincarnation de l'âme du Sabès. L'élue s'était éclipsée une fois certaine du niveau de confort qu'elle pouvait élaborer. Le chagrin de Kalyan lui semblait impossible à comprendre, mais elle lui donnerait quand même de quoi l'apaiser.

Elle erra dans les allées, entre les tentes et les ruines, au milieu de sa résistance cent fois renouvelée, agrégat hétéroclite de cavalières, de paysannes, de réfugiées, de guerrières. Certaines des combattantes qu'elle croisait ne la reconnaissaient pas, certaines avaient à peine entendu parler d'elle. Non pour la première fois, elle se demanda s'il n'était pas temps de réorganiser des élections. Au milieu du chaos, des combats, des morts, existait-il meilleur moment pour remettre en jeu la légitimité à commander, à décider, qu'elle croyait sienne ? Si elle ne s'y pliait pas maintenant, quelle certitude existait-il qu'elle le fasse par la suite ? Quand elles auraient gagné, si victoire il était possible d'avoir. Elle contourna le corral où patientaient les dragons survivant, où se trouvait Desta, se contenta d'un signe de main à l'attention de ses adelphes. Ife avait bien tenté de trouver les vestiges de l'antique volière de la Ferté-Pluvieuse, sans succès. Les cavalières s'étaient donc rabattues sur leurs habitudes de rebelles. Il y avait là un autre pouvoir dont Berhane devait se défaire. De son étrange statut d'élue et de Matriarche mêlées, de cette identité de civile enchevêtrée à son essence première de moniale, de la cavalière devenue résistante, il fallait trancher dans le vif. Elle ne pourrait pas être, comme le disait l'expression, à la fois princesse et condottiere. Elle devrait choisir où se trouvait son allégeance et se soumettre aux conséquences de cette décision, quelles qu'elles soient.

« Qu'est-ce que tu m'offres si je devine à quoi tu penses ? L'interpella Lorcan en surgissant de derrière une ruine de mur.

Berhane lui sourit avec chaleur. Dans tous les derniers bouleversements traversés par les rebelles récemment, le retour de sa collègue élue l'avait bien plus rassuré qu'elle ne l'avait prévu.

« Ife m'a ramené un peu de vin et je le partagerai avec toi avec plaisir, répondit-elle. Même si tu ne devines pas juste, d'ailleurs.

– Tu ne sais pas jouer, répliqua Lorcan. Tant pis pour toi. Je suis sûre que tu penses aux élections que nous devons organiser. »

Berhane ne s'en étonna pas. Sa collègue avait toujours su lire en elle.

« Ce n'est pas moi qui ne sais pas jouer, répondit-elle avec un sourire. C'est toi qui lis dans les pensées. Marche avec moi. »

Lorcan ne se fit pas prier. Elles cheminèrent entre les tentes. Le campement, si ce n'est la ville, qui se construisait autour de la colline de la Ferté, ne ressemblait plus à leurs camps sauvages, cachés au cœur des forêts et à flanc de montagne. Plusieurs des réfugiées avaient repris leurs métiers, puisant dans les ressources de rebelles pour rouvrir des sortes de petits commerces. En l'absence de pièces, tout se troquait, s'échangeait, se donnait. Berhane aurait aimé qu'elles puissent tout gérer ainsi. En bonne entente, en petits groupes. Ce serait bien plus difficile à l'échelle de Sarda toute entière, mais après tout pourquoi pas. Dans quel matériau frapperaient-elles leur monnaie de toute façon ? Après les razzias des Sabès, il ne devait plus rester ni jade ni cuivre à travers le pays.

« Bon, il faut que je te dise, dit soudainement Lorcan. »

Berhane l'encouragea d'un hochement de tête.

« Je ne pense pas qu'organiser des élections soit si pressant que ça.

– Pourquoi ? Il faut bien que toutes les nouvelles arrivées puissent être représentées, non ?

– Évidemment. Mais si on ne sait même pas ce que vont faire ces futures élues, ce n'est pas très utile de les choisir, non ? »

Berhane y avait rapidement pensé.

« C'est vrai. Mais je me demande aussi si cela ne nous permettrait pas de distinguer nos problèmes les plus importants et de trancher plus vite, ensuite, ce qu'on doit faire quant à eux.

– C'est sûr. Mais si on demande à tout le monde de nous envoyer des représentantes, à chaud, comme ça, est-ce que ça ne sera pas injuste ? Sans qu'elles sachent pourquoi ? Et sans qu'elles sachent pour certaines qui nous sommes ? Nous serions avantagées, Mira serait avantagée. »

Elle s'immobilisa, se hissa sur un muret. La bruine détrempait ses cheveux courts, coulait en ruisselet le long de ses joues, soulignait sa mâchoire. Berhane resta debout face à elle, à peine abritée par une cape d'emprunt.

Si elle levait le nez par-dessus l'épaule de Lorcan, elle pouvait voir le tilleul planté par Myrddin et Abhel et, sous la protection des branches, le mage et Roland, assis côte à côte. À leur échelle, leur conversation devait être tout aussi importante.

« Je pense, reprit Lorcan, qu'il n'y a pas de solution parfaite que nous pouvons importer et appliquer ici. Ça n'existe pas les miracles, un peu de magie démocratique qui résoudrait tous nos problèmes en un seul système infaillible. Ça n'existe pas, tu comprends ? »

Berhane la laissa poursuivre sans l'interrompre.

« Il ne peut y avoir que la somme de tous nos efforts, collectifs et imparfaits, pour trouver ce qui marchera le mieux en Sarda. Ça ne peut venir que de nous. Avec Mira, avec Brigandine, avec les vieilles et les gamines d'Estari, avec Dian qui ne veut pas sortir de sa vallée, avec Imogène qui tue sans se préoccuper d'allégeance. Avec celles qui n'ont rien fait sous les Sabès et avec celles qui ont collaboré. On ne peut pas leur proposer une moitié d'égalité ou une moitié de liberté. Donc il faut que nous soyons toutes à la table de décision. »

Elle reprit son souffle.

« Voilà. Je pense que si l'on veut changer notre pays en profondeur... il va falloir parler beaucoup et toutes ensemble. Avant de pouvoir organiser la moindre élection. »

Berhane leva un sourcil amusé, à la grande exaspération de Lorcan.

« Je sais ce que tu vas dire...

– C'est bien la première fois que je t'entends préférer les discussions à l'action.

– N'allons pas trop vite, je parle seulement de construction démocratique. Pour se libérer des Sabès, c'est autre chose. Si on pouvait les raisonner hors de leur impérialisme, ce serait déjà fait. »

Berhane hocha la tête.

« Il y en a peut-être qui seront favorables à notre cause. Comme ce poète que Kalyan tenait tant à honorer d'une crémation. »

Lorcan leva les yeux au ciel.

« Qu'ils se dénoncent alors, rétorqua-t-elle. On a pas que ça à faire que de leur courir après. Mais je vois ce que tu veux dire, si nous gagnons le soutien des cités-libres, nous pourrions tenter l'envoi d'une délégation groupée... Trinh a l'air de s'en sortir plutôt bien, non ?

– Du peu de lettres d'elle qui nous sont parvenues en deux ans, j'aurais tendance à te dire que oui. De toute façon, c'est une question pour un autre jour. Réunissons tout le monde demain. Et nous aviserons ensemble. »

Lorcan hocha la tête et sauta au bas de son muret.

« Excellent. Si tout ça est réglé, je dois rejoindre Nisha. Elle me regarde d'un drôle d'air quand je m'absente trop longtemps. Et puis, je n'ai pas très envie de m'éloigner, elle m'a trop manqué. »

Et sur ces mots elle tourna les talons et s'éloigna, en agitant la main au-dessus de sa tête. Berhane sourit. Si le lien qui l'avait longtemps rattachée à Brigandine poursuivait son effrangement, il lui semblait tisser avec Lorcan un renouveau de relation. Elle laissa son regard se perdre à l'horizon, ou du moins aussi loin que les nimbostratus chargés d'eau lui permettaient de voir. Leurs longs rubans de brume effilochée formaient des traînées langoureuses à travers le ciel, comme ce qu'elle imaginait être les dragons-rubans qu'Abhel avait décrits. D'autres silhouettes faisaient de brèves apparitions entre les couches de nuages et leurs camaïeux de gris. Des visages familiers, des lieux connus. Après tant de soleil, elle aurait pu se perdre dans leur contemplation. Pèn, cavalière un peu poète, aurait su trouver quelques rimes pour leur témoigner l'estime qu'elles leur devaient, une poignée de vers improvisés pour mieux célébrer l'arrivée de l'automne. Elle aurait eu toutes sortes d'idées pour leur démocratie en devenir. Des belles formules et des concepts solides. Un peu de narcissisme, aussi, certainement. Comme une pointe sous son cœur, le manque faisait un retour. Elle le laissa s'épanouir, la lancer, la tancer de continuer à vivre sans Pèn. Puis elle le sentit réduire, s'apaiser, s'endormir, jusqu'à la prochaine fois. Elle inspira l'air automnal à pleins poumons, tendit un peu de sa conscience vers Desta, se réconforta de sa présence constante. Puis elle reprit son chemin et dans son sillage, une simple cape suivait.

La tête de Roland pesait lourdement sur son épaule et Myrddin aurait donné beaucoup, mais pas tout, pour l'avoir toujours ainsi à son côté. La blessure du prince se rétablissait, pas aussi vite qu'ils l'aient voulu, suffisamment cependant pour que leur projet de voyage puisse se poursuivre.

Leurs maigres possessions, plus quelques ressources allouées par Berhane, attendaient sous leur tente commune. Leurs manteaux séchaient péniblement, Darya leur avait dégotté des bâtons de marche, un enthousiasme doucereux grandissait dans la poitrine du mage. De toutes ses années en Sarda, il n'avait jamais dépassé ses frontières. Il était temps. Contre son flanc, Roland remua.

« Hm. »

Myrddin le regarda ouvrir les yeux avec une attention nouvelle.

« J'ai dormi longtemps ? Lui demanda l'autre homme.

– Une heure tout au plus. Comment vas-tu ? »

Le prince se redressa, s'étira, grimaça quand sa blessure le tirailla. Il remarqua le regard insistant de Myrddin, eut la délicatesse de rougir.

« Et toi ? Répondit-il. Prêt à partir ?

– Oui. Je crois… je crois que j'ai hâte, même. »

Ils se sourirent et les étincelles manquèrent d'échapper aux lèvres du mage. Il se reprit, toussa une escarbille dans sa paume.

« On ne devrait pas tarder.

– Non, on ne devrait pas. »

Roland se reposa contre son épaule.

« Encore cinq minutes. Je pressens que ce groupe de rebelles va me manquer. »

Myrddin se contenta d'acquiescer, appuya sa joue contre les boucles brunes. Abhel avait eu une bien belle idée, avec cet érable. Son feuillage tournant à l'or offrait une généreuse protection contre la pluie, comme il protégerait plus tard du soleil, prêterait son couvert à celles qui viendraient discuter, réfléchir,

Roland se leva le premier, le laissa seul après un baiser qui dura plus longtemps que prévu, mais moins que ne l'aurait souhaité Myrddin. Il eut un instant de solitude puis Lorcan le rejoignit sous l'érable. Lavée des affres du voyage, reposée, rasée de près, ses cheveux roux coiffés par les soins de Nisha, l'élue avait même revêtu une tunique propre. Elle avait fière allure, ainsi. Myrddin ne put s'empêcher de sourire quand elle le prit dans ses bras et il répondit à son étreinte avec force. Il regrettait de la quitter si vite, mais aussi courte que fut leur amitié, il la chérirait jusqu'à son dernier souffle.

« Alors c'est décidé, lui dit Lorcan en le relâchant. Vous partez ?

– Oui, je pense qu'il est temps pour nous de nous faire oublier.

– Comme si j'en étais capable, rétorqua-t-elle d'un ton buté. Il y a un vaste monde en dehors de Sarda, je suppose qu'il mérite d'être vu. Mais ça ne veut pas dire qu'on ne se reverra jamais.

– Ah, cela dépend du chemin que nous emprunterons, et si nous ne nous perdons pas.

– Myrddin… »

Il haussa les épaules avec un sourire, repoussa une tresse perdue derrière son oreille.

« Je vais voir ce que je peux faire. »

Lorcan lui donna un petit coup dans le bras, mais n'insista pas. Myrddin la dévisagea longuement, c'était peut-être la dernière fois qu'il la voyait, la dernière fois qu'il pourrait lui dire ce qu'il ne pouvait lui taire. Si elle l'apprenait d'une autre, ne serait-ce pas une forme de trahison de sa confiance ? Il prit une grande inspiration.

« Il faut que je te dise, commença-t-il, à propos de la grande guerre...

– Je ne veux pas savoir, le coupa Lorcan. »

Elle lui serra le bras avec force.

« Ce que tu as fait par le passé, ça ne me regarde pas. Mieux ! Ça ne m'intéresse pas. Tu sais ce que dit Nisha ? Ce qui compte quand on fait de nouvelles rencontres, c'est qu'elles nous prennent telles que nous sommes. Le bon et le mauvais d'avant, peu importe à nos nouvelles amies, car elles, c'est la somme de tout cela qu'elles fréquentent. Je suis d'accord avec elle. Il n'y a que ce que tu es et ce que tu fais chaque jour depuis que je te connais qui m'intéresse Myrddin, donc arrête de refuser mon amitié. »

Le mage resta abasourdi et l'élue eut un petit sourire. Elle prenait toujours un malin plaisir à le réduire au silence, lui, le magicien immortel de Sarda. Il secoua la tête, délogeant à nouveau les tresses de son chignon.

« En parlant de Nisha, elle t'a pardonnée ? »

Lorcan eut une grimace féroce, lui fit un clin d'œil appuyé.

« Oh elle m'a plus que pardonnée, si tu vois ce que je veux dire... Maintenant bon vent ! Magicien de pacotille. Nous nous reverrons un jour, en Sarda libérée. »

Myrddin lui offrit un vrai et franc sourire.

« Si la Dame le veut. »

Abhel patientait sous un porche esseulé privé de porte comme de murs et qui ne tenait encore debout que par miracle. Sur ses épaules, le manteau de cavalière de Berhane, comme une dernière étreinte. À ses pieds, son paquetage, allégé de l'épée et du baudrier pour la première fois depuis trop longtemps. À ses côtés, bientôt, les deux Gardiens, pour voir encore un peu du monde. Cette fois-ci, elle ne s'embarrassait pas de lettres, ni ne comptait-elle fuir sous couvert du secret et de l'anonymat. Elle avait longuement dit au revoir à Berhane et plus longuement encore à Brigandine, si bien qu'elle pouvait presque encore sentir le corps de son amie entre ses bras. Elle emporterait ainsi le souvenir de sa silhouette.

La pluie ne partait plus. Ses nuages s'étaient rassemblés lentement à l'horizon. Puis le ciel bleu s'était drapé de nuées grises en grand geste empressé. La pluie se cachait dans ses replis. Elle n'avait laissé qu'une bruine timide la précéder, avant de commencer à tomber. Elle avait lavé les chemins, les murs, les fossés. Elle avait lavé les feuilles des arbres et ce qu'il restait des forêts. Ses eaux avaient emporté la poussière, le sang et la cendre dans leurs rigoles, puis en ruisselets sauvages et jusqu'aux fleuves. Sa chanson avait envahi la campagne, tempo régulier et lancinant, suivit de près par son parfum, pétrichor de l'intensité des choses rares. Goutte-à-goutte inarrêtable et effluves mouillés avaient remplacé la chape de plomb de l'été. La pluie régnait et l'automne s'en venait derrière elle.

La dépouille d'Omiros de Castel en Naudary venait enfin d'être incinérée, sous un abri de fortune. Abhel n'avait pas assisté à sa crémation, trop pressée qu'elle était de repartir. La fumée du bûcher ne pouvait pas même s'élever, écrasée qu'elle était par l'humidité ambiante. Les cendres du poète seraient dispersées sans que quiconque ne doive s'en préoccuper, emportées par les torrents du ciel, éparpillées à travers Sarda, rendues à la terre, où il se rachèterait une nouvelle fois auprès des victimes de son pays. Serait-il accepté dans le cycle des réincarnations ? Ou était-il condamné à l'au-delà de la religion des Sabès ?

Deux paires de pas derrière elle, l'une légère l'autre pesante. Les Gardiens gravissaient la colline, menant leurs trois chèvres de monte par la bride.

« Tu es prête ? demanda Shamir.

– Oui – elle désigna son paquetage et le paysage – tout est en ordre. J'espère qu'on aura un peu de soleil sur le chemin quand même. Commencer une nouvelle aventure détrempées, ce n'est pas comme ça que j'imagine la suite de nos péripéties. Vous ne croyez pas ? »

Shinsuke s'inclina gravement.

« Moi aussi, je préfère ne pas voyager mouillé. »

Shamir leva les yeux et les bras au ciel.

« Vous n'êtes jamais content ma parole ! Il faisait une chaleur de désert il y a quelques jours à peine et personne n'avait vu la pluie depuis des mois et tout ce que vous trouvez à dire c'est que vous n'avez pas envie d'être mouillés ! »

Abhel lui sourit de toutes ses dents. Sous le rideau interminable des averses, les silhouettes des Gardiens se troublaient parfois, prenaient des allures de démons cornus et grimaçants, avant de retrouver une forme plus humaine. Elles se mirent en selle. Saté piaffait d'impatience entre les cuisses de sa cavalière, secouaient sa lourde tête cornée, tapait d'un onglon avide le sol boueux. Abhel flatta son encolure déjà mouillée. Il lui tardait tout autant de prendre la route. Alors, d'une brève pression des talons, elle lança sa monture sur le chemin. Ses Gardiens l'imitèrent et les trois voyageuses s'élancèrent vers l'Est. Tandis qu'elles descendaient la colline de la Ferté-Pluvieuse, un chant revint à Abhel :

« Ah comme j'aimerai vous voir, vouloir nous piétiner.
Nous sommes les colères qui enflent.
Nous sommes la vague qui monte.
Nous sommes l'orage qui gronde et les flammes qui dévorent le passé.
Et de toutes vos machinations, de toutes vos injustices,
Nous serons l'incendie. »

Les **Moutons électriques**

Imprimé en Tchéquie
en juin 2024